100 FACTS ON HISTORY
AND CULTURE OF COMMUNITY
FOR THE CHINESE NATION

历史文化中的
中华民族共同体
100讲

全国政协民族和宗教委员会办公室
北京师范大学史学理论与史学史研究中心 编写

人民出版社

《历史文化中的中华民族共同体 100 讲》
编 委 会

顾　　问：张裔炯　蒋建国

主　　任：隋　青

编　　委：瞿林东　郑师渠　晁福林　牛汝极

　　　　　郑大发　杨共乐　窦　文　付长生

　　　　　刘兴元　彭丰文　孙冬冬　牛　锐

主　　编：杨共乐

工作人员：陈　涛　戴品品　常茂源　廖　英

　　　　　刘卓异　朱露川　潘若天　孙　琳

出 版 说 明

为深入学习贯彻习近平新时代中国特色社会主义思想特别是习近平总书记关于加强和改进民族工作的重要思想，贯彻落实党的二十大精神、中央民族工作会议精神，全国政协民族和宗教委员会办公室邀请教育部人文社会科学重点研究基地北京师范大学史学理论与史学史研究中心组织相关专家学者，以"历史文化中的中华民族共同体"为主题，选择 100 个中华民族的历史话题，阐释各民族广泛交往交流交融的过程，剖析中华民族从历史走向未来、从传统走向现代、从多元凝聚为一体的发展趋势。意在以马克思主义中国化时代化的最新理论成果为指导，阐发中华民族形成和发展的道理、学理、哲理，讲好中华民族共同体故事，引导各族干部群众牢固树立休戚与共、荣辱与共、生死与共、命运与共的共同体理念，坚定对伟大祖国、中华民族、中华文化、中国共产党、中国特色社会主义的高度认同。

在本书的编写过程中，我们坚持马克思主义唯物史观、坚持正确的中华民族历史观，注重历史事例的典型性和代表性，关注文章的可读性，力求文字流畅、言简意赅。中学语文、历史、政治等科目的老师，可以采用书中的文章来作教学素材。在本书出版之前，部分文章已在全国政协民族和宗教委员会办公室与中国民族报社合作开设的《历史文化中的中华民族共同体》专栏或其他刊物上刊发，受到社会各界关注。一些地方和统战、民族工作部门通过自身网站、官微转发，多所中小学、高等院校依托该栏目开展阅读分享、广播朗读、推文研习等活动，我们对此深表感谢。

限于时间和自身水平，书中肯定还存在不足之处，敬请读者批评指正。

2024 年 3 月

目　录

中华儿女大团结的广阔舞台

早在 1939 年 12 月，毛泽东同志在《中国革命和中国共产党》这篇文章的开头，就充满自豪地告诉全党、全军和全国人民："我们中国是世界上最大国家之一，它的领土和整个欧洲的面积差不多相等。在这个广大的领土之上，有广大的肥田沃地，给我们以衣食之源；有纵横全国的大小山脉，给我们生长了广大的森林，贮藏了丰富的矿产；有很多的江河湖泽，给我们以舟楫和灌溉之利；有很长的海岸线，给我们以交通海外各民族的方便。"[①]

中华民族的祖先一直生活、生息于这块广袤的土地上。他们创造了伟大的中华文明，而为中华文明提供发展舞台的恰恰是地大物博、宽广优越的中华大地。

在农耕时代，最适合人类生活的地区常常是在大江大河的旁边。世界上几大原生文明如两河流域文明、古埃及文明、印度河流域文明，基本上皆产生于大江大河流域。早在公元前 5 世纪，希罗多德在其名著《历史》一书中曾为后世保留了一张波斯帝国的税收表。在这张记录大流士一世时期波斯帝国的年度税收表中，我们惊讶地发现：第二十税区印度河流域的税额是 4680 埃乌波亚塔兰特；第九税区两河流域地区的税额是 1270 埃乌波亚塔兰特；第六税区古代埃及的税额是 893 埃乌波亚塔兰特。这三个税区的征税总额已达波斯帝国二十个税区总税额的 50% 以上。[②]从这里，我们可以清楚地看到大江大河流域经济在古代所占的地位。

原生的中华文明也诞生于长江与黄河等大江大河流域。这里环境宜居,"生物受气正","其地产厚而类繁"(唐代杜佑《通典》),非常适合人类聚居,也非常适合建成统一的中华文化。尼罗河虽对埃及有恩,但受众有限;底格里斯河和幼发拉底河虽能带来灌溉之利,但洪灾之患不绝于书。中国的江河虽然也有洪水泛滥之时,但中华广袤之土地与整体之统一犹如巨大的蓄水池,能够做到有无互补,较大限度地消除局部之灾异,使文明之火延绵不绝。

就地理形态而言,中国雄踞亚洲东部,西部和西南部有高山阻隔,北部有沙漠,东部与南部滨海有岛屿,自然条件更有利于周边少数民族向内地平原地区发展。与此同时,内地平原因为物产丰富、文化发达,对周边少数民族具有强烈的吸引力。任何一个周边的游牧民族只要踏进以中原为中心的农耕区,就会习惯于农耕生活,并逐渐被农耕文化所融化,主动"亲被王教,自属中国,衣冠威仪,习俗孝悌,居身礼义"③,形成共同的观念理想和文化心理,成为中华民族大家庭中的一员。据测算,至迟到公元 2 年,汉朝人口已达 6000 多万。其数量之众史无前例。④这在人类历史上是一件了不起的大事。它表明中国在民族交往交流交融方面远远走在世界前列。

当中国走过了两千余年的分分合合之后,西方的强国罗马帝国才刚刚起步。文化建设滞后,史鉴意识缺位,罗马帝国所建成的只能是军事政治的联合体,而不可能是靠经济凝合起来的共同体,不可能是"书同文""行同伦"有共同认同的文化共同体。罗马帝国只完成了马上得天下的任务,而没有很好地找到马下治天下的合适路径。再加上罗马的崛起之地意大利,三面临海、一面为山,面积只有 30 多万平方公里,养活600 万—700 万人口。与帝国近 6000 万居民相比,罗马的核心民族罗马意大利人始终处于弱势。这就是说,罗马只能治理一时,而不能统治长久。

地中海是孕育欧洲文明的陆间海。德国哲学家黑格尔曾以欧洲人的自信向世界宣称,地中海是古代世界的核心,是生机勃勃、包容万物的地方。因为"号称历史上光芒的焦点的希腊便是在这里。在叙利亚则有耶路撒冷——犹太教和基督教的中心点。迤西则有特尔斐和雅典,更西则有罗马,还有亚历山大里亚和迦太基也在地中海上。所以地中海是旧世界的心脏,因为它是旧世界成立的条件,和赋予旧世界以生命的东西。没有地中海,'世界历史'便无从设想了:那就好像罗马或者雅典没有了全市生活会集的'市场'一样"⑤。19世纪的黑格尔把地中海置于其"世界历史"的叙事之中,极大地突出了地中海对旧世界的价值,但他似乎忽略了地中海无法维持大一统帝国长久发展的事实。在上面黑格尔所提到的地中海沿岸的地区和国家中,唯有迦太基和罗马国势最强,但迦太基只维持了近700年,罗马也只有千年之国运。事实表明:地中海缺少能够整合众多自然资源的力量,缺少能持续不断地将众多民族融合为一个整体的核心国家。

与地中海世界相对单一的地理环境不同,中华文明源自大江大河流域,但又不限于大江大河流域。就地理而言,中华大地自成整体,但又地形多元,有平原、草原、沙漠、高原、丘陵、山地、河流、湖泊、海洋等,每一个地区都有其独立的文化与风俗,形成中华大地内居民的相互吸引、相互补充和相互融合。多元的地理特征造就了不同的地域文明,而不同的地域文明又不断地丰富着中华文明的内涵,不断地厚实着中华民族的精神。正如梁启超所言:"我中国之版图,包有温、寒、热之三带,有绝高之山,有绝长之河,有绝广之平原,有绝多之海岸,有绝大之沙漠,宜于耕,宜于牧,宜于虞,宜于渔,宜于工,宜于商。凡地理上之要件与特质,我中国无不有之……中国何以能占世界文明五祖之一?则以黄河、扬子江之二大川横于温带,灌于平原故也……故地理与人民二者常相待,然后文明以起,历史以成,若二者相离,则无文明,无历史,其相关之要,恰如肉体与灵魂相待以成人也。"⑥在中华民族的身上,我们既能看到农耕文明的勤劳质朴、崇礼至仁,又能感受到草原文明的热烈奔放、勇猛刚健,更能体悟到海洋文明的海纳百川、敢拼会赢。生活于中华大地上的中华儿女习惯于在不同的环境中奋斗、打拼。他们"已经找到了一种通往幸福之路的生活方式，并沿袭了数千年"。这是一百年前英国大哲学家罗素得出的结论。他甚至依此断言，这种生活方式具有世界价值。"如果世界各国都能采纳这种生活方式，世界将会处于幸福之中。"⑦ 这位到过中国的英国学者得出的结论应该不是溢美之辞，而是理性思考后得出的结论，是正确的结论。

历史表明：中华大地的锦绣河山为中华儿女提供了施展才华的广阔舞台，而素以刻苦耐劳、酷爱自由著称的中华儿女又把中华大地这块广阔的舞台打造成文明延续的典范。百万年的人类进化、一万年的文化开发以及五千多年的文明演进，既是中华儿女成就的体现，更是大地母亲厚德的恩泽。

▌注 释

① 毛泽东：《中国革命和中国共产党（1939 年 12 月）》，载《毛泽东选集》第二卷，人民出版社 1991 年版，第 621 页。

② 希罗多德：《历史》，王以铸译，商务印书馆 1959 年版，第 236—238 页。其他地区税额为 6693 埃乌波亚塔兰特。

③ 费孝通：《中国文化的重建》，华东师范大学出版社 2014 年版，第 28 页。

④ 范文澜：《试论中国自秦汉时成为统一国家的原因》，《历史研究》1954 年第 3 期。

⑤ 黑格尔：《历史哲学》，王造时译，上海书店出版社 1999 年版，第 93 页。

⑥ 梁启超：《中国史叙论》，载《饮冰室合集（一）文集之六》，中华书局 1989 年版，第 4 页。

⑦ 罗素：《罗素论中西文化》，北京出版集团公司、北京出版社 2010 年版，第 37 页。

北京师范大学史学理论与史学史研究中心主任　杨共乐

尊重历史，重视史学，
守护中华民族共有精神家园

习近平总书记在 2021 年召开的中央民族工作会议上强调"要全面推进中华民族共有精神家园建设"。中国史学是中华文化的重要组成部分，也是中华民族共有精神家园的重要组成部分，我们有责任研究它、守护它，使它的精神魅力更出色地展现在世人面前。那么，我们怎样来认识这个精神家园呢？

史学与历史文化认同

在先秦时期的历史文献，如《尚书》《诗经》《春秋》《左传》中，记载了中国古代各民族交往的历史。到了西汉时期，史学家司马迁在国家大一统的政治局面和历史条件下，在《史记》中清晰地描述了中原及周边各民族的历史，从而展现出统一多民族国家的盛大气象。他认真考察、遴选历史文献，以《五帝本纪》作为《史记》的开篇，揭开了中华文明历史舞台的序幕，为后世历代史家不断续写中华民族的历史奠定了基础。

司马迁撰写统一多民族国家的历史，为后人所认同，《汉书》《后汉书》《三国志》都在不同程度上仿效《史记》的作法。唐代的政治家、史学家承认魏收修撰的《魏书》的正史地位，并在新修的《晋书》中以

"载记"记十六国史事。元朝修宋、辽、金三史，使宋、辽、金三朝"各与正统"①，清朝修《明史》等，都是历史文化认同的突出反映。清朝诸帝在祭文中所一贯称颂的"治统"和"道统"，则反映出更加自觉的历史文化认同意识。由此可见，历史文化认同的优良传统，是形成中华民族共有精神家园的前提和基础。

史学与历史经验

史学的一个重要功能，是从对于历史的叙述中，以各种不同的形式总结人们在历史活动中的经验教训，即人们常说的"以史为鉴"。古往今来，许多事实证明，史学中包含的历史经验影响到政治决策，反映出历史经验、历史见识运用于政治活动的重要价值。当然，历史经验的价值并不仅限于此，它有丰富的内涵和广泛的表现。清人王夫之认为，史书之所以为"鉴"，是因为它包含"国是""民情""边防"以及做人的准则等等。②

史学与历史智慧

人类创造了自己的历史，创造了物质财富和精神财富。这些智慧一方面可以通过大量的物质财富折射出来，另一方面又能够以精神产品的形式进行积累和传承。可以这样说，历史是人类智慧的重要源泉。对于这一点，中国古代学人尤其是史学家，在很早的时候就有十分自觉的认识。在唐初，人们对史官的规范性要求很明确，即"必求博闻强识，疏通知远之士，使居其位……是故前言往行，无不识也；天文地理，无不察也；人事之纪，无不达也"③。可见，史官要把前人在社会历史中的创造活动尤其是在创造活动中积累的各方面智慧加以总结和记录，这是严肃而崇高的事业。史学有多方面的社会功能，它能够向人们提供取之不尽、用之不竭的历史智慧。

史学与文化积累

史学作为精神家园的一部分，以文化积累的载体形式陶冶着人们的情操。如果说《春秋》《左传》《国语》等史书较多地记载了先秦时期人们在政治、军事、祭祀、伦理、礼法、风俗、民族等方面的活动和观念，那么《史记》《汉书》等纪传体（综合体）史书所记载的，则包含了前人在历史文化创造中多方面的活动和观念，即今天所说的物质文化、制度文化和精神文化等。以上事实表明，史学作为文化的一部分，或者作为文化演进的载体，不仅具有记录传承的作用，而且具有能动的创造作用。

史学与民族精神

中华民族先民在长期的社会实践和思想认识发展过程中，培育并总结出以爱国主义为核心的民族精神，主要表现在自强不息、革新进取、与时俱进、居安思危等方面。

古人说："天行健，君子以自强不息。"[④] 这句话最能代表中华民族的民族精神，因为一个民族只有自强，才能生生不息，繁衍壮大。历史的发展，又总是同革新进取相联系的。古人说的"苟日新，日日新，又日新"[⑤]，正是在不断地革新进取中实现的。从历史的长河来看，中华民族从不安于现状，而要努力求变，"通其变，使民不倦"[⑥]，说明"通变"是人民的要求。按照宋人苏轼的说法，适应这种要求的人便被尊为"圣人"，因为"圣人"本是与时俱进的人。[⑦]

历史总是要进步的，无论取得任何进步、任何成功，都应居安思危，保持清醒的忧患意识，这同样是民族精神的一个重要方面。孟子说："入则无法家拂士，出则无敌国外患者，国恒亡。然后知生于忧患而死于安乐也。"⑧ 千百年来，人们都在传诵这句名言。它所包含的辩证思想和自警精神，经过长期的积淀，成为中华民族忧患意识的一个突出方面。从史学家对于历史和现实的认识来看，常常反映出他们对于社会前途命运的忧患意识。清人龚自珍曾说："智者受三千年史氏之书，则能以良史之忧忧天下。"⑨ 这揭示了史书所包含和积淀的忧患意识。

史学与历史教育

一个民族，总不能忘记自己的历史。这是因为，历史不仅可以说明一个民族的过往历程、现实状况，还可以指示它的未来方向。关于这一点，世界各国有不少史学家的看法是相同或相近的。在这里，我们要强调的是，中国人对于历史教育的重要性很早就有了自觉的认识。从《周易》说的"君子多识前言往行，以畜其德"⑩，到唐代史学家刘知幾说的人们在读史过程中可以"见贤而思齐，见不贤而内自省"⑪，都说明史书对于历史教育不可或缺的重要性。近代以来，我们要特别提到李大钊对历史教育所作的阐述，他在《史学要论》中写道："即吾人浏览史乘，读到英雄豪杰为国家为民族舍身效命以为牺牲的地方……我们后世读史者不觉对之感奋兴起，自然而然地发生一种敬仰心，引起'有为者亦若是'的情绪，愿为社会先驱的决心亦于是乎油然而起了。"⑫ 这已不只是一般的感召力量，还有一种深层的理性认识的力量——由历史感和时代感相结合而产生的力量。

尊重历史，重视史学，是每一个史学工作者的神圣责任，也是所有国民建设和守护中华民族共有精神家园的光荣义务。在这个精神家园里，我们可以获得无穷无尽的精神动力。

▌注　释

① 任崇岳：《庚申外史笺证》卷上，中州古籍出版社 1991 年版，第 44 页。

② 王夫之：《读通鉴论》卷末《叙论四》，中华书局 1975 年版，第 1114 页。

③ 魏徵等：《隋书》卷三三《经籍二》，中华书局 1973 年版，第 992 页。

④ 王弼注，孔颖达疏：《周易正义》卷一《乾》，阮元校刻《十三经注疏》（清嘉庆刊本），中华书局 2009 年版，第 24 页。

⑤ 郑玄注，孔颖达疏：《礼记正义》卷六〇《大学》，阮元校刻《十三经注疏》（清嘉庆刊本），中华书局 2009 年版，第 3632 页。

⑥ 王弼注，孔颖达疏：《周易正义》卷八《系辞下》，阮元校刻《十三经注疏》（清嘉庆刊本），中华书局 2009 年版，第 180 页。

⑦ 苏轼：《东坡志林》卷五"秦废封建"条，中华书局 1981 年版，第 103 页。

⑧ 赵岐注，孙奭疏：《孟子注疏》卷一二下《告子章句下》，阮元校刻《十三经注疏》（清嘉庆刊本），中华书局 2009 年版，第 6010 页。

⑨ 龚自珍：《龚自珍全集》第一辑《乙丙之际箸议第九》，上海人民出版社 1975 年版，第 7 页。

⑩ 王弼注，孔颖达疏：《周易正义》卷三《大畜》，阮元校刻《十三经注疏》（清嘉庆刊本），中华书局 2009 年版，第 81 页。

⑪ 刘知幾撰，浦起龙通释：《史通通释》卷一一《史官建置》，上海古籍出版社 1978 年版，第 303 页。

⑫ 李守常：《史学要论》，商务印书馆 1999 年版，第 135—136 页。

北京师范大学资深教授　瞿林东

统一是中华民族历史发展的必然要求

中华民族具有突出的统一性，是由历史发展的多重原因促成的。根据丰富的考古资料和考古工作者的研究，距今一万年到七千年前中华大地各地区的交流已经展开，中华早期文明从多元走向一体，从各区域文明独自起源，发展为以中原王朝为引领的历史格局，显示出前所未有的中原王朝在制度层面对周围广大地区实行稳定统治的局面，中华文明的统一性得到显著的增强。① 中国的地理条件带来的自然的内向性与自然的凝聚力的结合，成为维系中华民族各族间的联系的纽带。②

从主观条件看，统一，是中华民族悠久的思想传统，是中华民族坚定的政治诉求，是中华民族各族间交往交流交融的历史主流，以及历史文化认同的传统作为中华民族统一的推动力，使中华民族的统一性成为历史与逻辑相一致的结论。

统一，是中华民族悠久的思想传统

中华文明很早就孕育着"统一"的朦胧意识。《诗经·北山》有言："溥天之下，莫非王土，率土之滨，莫非王臣。"③ 这里说的"溥天之下"，可以看作一种朦胧的"天下"意识，与"统一"意识密切关联。

春秋战国时期，大国争霸，七国称雄，战争频仍，社会动乱，久之，人民思定。孟子见梁襄王，梁襄王向他提出"天下恶乎定"的问题，孟子指出"定于一",表明人民渴望统一的愿景,恰当地反映了当时的历史形势。④ 秦国统一中国,建立起以郡县制为政治体制的中央集权国家。李斯从周朝分封制的历史教训中得到启示,认为不可袭用分封制而实行郡县制。秦始皇说"天下共苦战斗不休,以有侯王"⑤,可谓一语中的,坚持实行郡县制。

即使在分裂时期,统一的思想也在政治人物的筹划之中。东汉末年,诸葛亮为刘备策划的政治蓝图是"霸业可成,汉室可兴"⑥的统一局面。十六国时,前秦苻坚有统一的抱负,认为:"今四海事旷,兆庶未宁,黎民应抚,夷狄应和,方将混六合以一家,同有形于赤子。"⑦北魏拓跋珪建立政权,曾与大臣谈论"天下分裂,诸华乏主"⑧的形势,还称道《春秋》之义,大一统之美⑨,可见拓跋珪也有统一"天下"之志。及至北魏孝文帝时,迁都洛阳,目的是"经营天下,期于混一"⑩。北魏几代君主,都以实现统一为己任。辽宋夏金元时期,政治人物深受"正统论"的影响,把大一统的思想与"正统论"联系起来。金朝海陵王与大臣讨论国策时指出:"自古帝王混一天下,然后可为正统。"⑪ 在元修《大一统志》中,这种大一统思想表现得淋漓尽致,元臣许有壬在序文中写道:"我元四极之远,载籍之所未闻,振古之所未属者,莫不涣其群而混于一。"⑫ 明修《大明一统志》、清修《大清一统志》,都受此影响。至此,中华民族关于统一的古老的思想传统,已达到一个新的高峰。

统一,是中华民族坚定的政治诉求

政治人物对国家统一的信念,深深地植根于中华民族的历史意识和政治意识的土壤之中。刘邦建立西汉后回到故乡,与故人相聚时"自为歌诗曰:'大风起兮云飞扬,威加海内兮归故乡,安得猛士兮守四方!'"⑬ 这三句简单的歌词,反映了秦汉政治统治更迭后的一个中心问题，即如何巩固政治统一局面。唐太宗即位后问左右大臣一个问题：创业难，还是守成难？房玄龄回答说，创业难；魏徵则说，守江山难。唐太宗听后认为房、魏所说都有道理，但指出创业毕竟已经成为过去，希望今后好好致力于守成。⑭ 此后，唐太宗在用人、纳谏、戒奢、慎终诸多方面都谨言慎行，迎来"贞观之治"的盛世局面。

值得注意的是，不论是秦汉的统一，还是隋唐的统一，都展现出一个共同的历史现象，即政治的统一与民族的统一是相互促进的。春秋、战国时期的民族大融合所形成的华夏族，与秦汉政治统一相一致；魏晋南北朝时期的民族大迁移、大交融所形成的新的民族称谓"中华"，与隋唐政治统一局面相一致。这种突出特征在元、明、清三朝又出现了新的表现形式。元顺帝《修三史诏》在两个问题上统一了认识：一是元朝与辽、金、宋有密不可分的历史联系，二是元朝统一是包含了辽、金、宋三朝在内的更大规模的统一。明太祖朱元璋认可元朝的统一局面，并在一道"上谕"中对史臣们阐述了修撰元史的必要性在于"以备一代之史""以垂鉴戒"⑮。清朝统治者也极重明朝历史与明史撰修。清朝建立之初，于顺治二年（1645 年）即着手议修《明史》，经历 90 多年，至乾隆四年（1739 年）正式刊行，足见其用力之勤、之久。当《明史》刊刻即将完成之际，乾隆皇帝又下旨编纂《明纪纲目》，使之上接前人所撰《宋元纲目》以至于《通鉴纲目》，从中可见历史意识与现实的政治统一的密切关系。

从秦汉、隋唐到元、明、清，中国历史上的政治人物（不限于政治人物）对政治统一始终抱有坚定的信心，而这种坚定的信心又是与中华各民族交往交流交融中的共同要求相互关联的。

统一，是中华各民族交往交流交融的历史主流

自秦汉开始，中国成为一个不断发展的统一多民族国家。从中华民

族发展史来看，一方面是，在统一多民族国家范围内，民族矛盾间或存在；另一方面是，各民族在交往交流交融中，每次大的民族组合，都进一步加深了中华民族走向统一的趋势，这已成为一个规律性现象。

这一民族重新组合的规律性现象突出表现在三国两晋南北朝隋唐时期和五代辽宋夏金元时期。

三国时期，匈奴人、氐人、羌人、鲜卑人等入居内地，跟汉人杂居，民族融合的条件增多了。此后，经历了所谓"五胡十六国"的战乱、南北朝的对抗、北朝的分裂，经历了北方各民族的兴替、南方各民族在南朝影响下所发生的变化，经历了南诏的兴起和吐蕃的强大。在长时期的历史性变化中，民族分分合合，使汉族本身得到了一定程度的更新，一些少数民族得到经济上和文化上的提高，全国封建化过程有了进一步的发展。隋唐正是在民族重新组合的基础上建立了兴盛的王朝。

五代时，在五个小朝廷中，就有三个是沙陀人所建立的。北宋的北境，契丹占有燕云诸州，西北境有西夏。元代是民族重新组合的大时代，其深度和广度超过隋唐。不同民族的人们，因军事上、政治上、经济上、文化上、宗教上和婚姻上的原因，不断有大大小小的组合。中国历史上的民族组合，到了元代，可以说是基本上稳定下来了。其后虽有满族的入关，变动并不太大。在这一次民族重新组合中，汉族在经济上文化上的力量继续占有优势，不断地对其他各族人民产生影响。

从整体上看待中华民族从形成、发展走向壮大和巩固与逐步深度统一的历史进程，还应认识到这个深度统一的历史进程，是经历了不同形式、不同区域、不同性质的长时期发展趋势的。在全国性多民族统一的发展过程中，确切不止一次地有分裂状态的存在，但从历史发展的全貌来看，全国性的多民族统一才是主流。⑯

历史文化认同是中华民族各族间
交往交流交融的内在推动力

中华民族在思想统一、政治统一、民族统一的发展中，还始终存在着一种推动力在促进统一趋势的深度和广度发展，这就是各民族间始终存在着历史文化认同的意识和趋向。历史认同包含血缘、地理、治统等，文化认同包含心理、制度、道统等。历史的联系是割不断的，文化的浸润是抹不去的，历史文化认同是一种极深层的推动力。

"治统"是政治统治的继承性，本质上是关于中国历史上历代政权的连续性的观念。司马迁所撰《史记》中的《五帝本纪》《夏本纪》《殷本纪》《周本纪》《秦本纪》《秦始皇本纪》《项羽本纪》及西汉前期诸帝本纪等，还有《三代世表》《十二诸侯年表》《六国年表》《秦楚之际月表》等，已清晰地描述出"治统"的轨迹。历史上种种正闰之争、"中国"之争、正统之争，总的方向都没有脱离"治统"的轨迹。

"道统"在本质上是指周公、孔子以来的思想传统。其人生价值的理想境界，是修身齐家治国平天下，故必须"自强不息""厚德载物"；其立身行事的准则，是仁义忠信；其社会伦理思想，是君君臣臣父父子子；其处事方法，是主张"中庸"等等。从《隋书·经籍志》总序总结儒家经典的教化作用，到清代修《四库全书》经部总序又一次总结中国古代精神文化，其间包含了中国历史上许多民族的思想认同，进一步反映了"道统"的传统。中国历史上的大一统思想正是历史文化认同的一种恢宏的反映。

19 世纪中期以后，中国受到殖民主义、帝国主义的侵略，国人的国家观念、疆域观念、民族观念、文化观念都发生了极大的变化，中国历史上的历史文化认同的优良传统从而进入了一个新的发展阶段。这个新的发展阶段的主要标志，是在多民族的历史文化认同的基础上，产生了"高一层次的民族认同意识，即共休戚、共存亡、共荣辱、共命运的情感和道义"，即自觉的民族共同体意识，这个"多元一体格局"中的"高层"，就是伟大的中华民族。

▌注　释

① 参见王巍：《多元一体，百川归海——论中华文明的统一性》，《光明日报》2023年9月4日，第6版。

② 参见白寿彝主编：《中国通史》第一卷，上海人民出版社1989年版，第148页。

③ 毛亨传，郑玄笺，孔颖达疏：《毛诗正义》卷一三《北山》，阮元校刻《十三经注疏》（清嘉庆刊本），中华书局2009年版，第994页。

④ 赵岐注，孙奭疏：《孟子注疏》卷一下《梁惠王章句上》，阮元校刻《十三经注疏》（清嘉庆刊本），中华书局2009年版，第5807页。

⑤ 司马迁：《史记》卷六《秦始皇本纪》，中华书局1959年版，第239页。

⑥ 陈寿：《三国志》卷三五《诸葛亮传》，中华书局1959年版，第912—913页。

⑦ 房玄龄等：《晋书》卷一一三《苻坚载记上》，中华书局1974年版，第2896页。

⑧ 魏收：《魏书》卷二《太祖纪》，中华书局1974年版，第32页。

⑨ 魏收：《魏书》卷二《太祖纪》，中华书局1974年版，第37页。

⑩ 司马光编著：《资治通鉴》卷一三八《齐纪四》"武帝永明十一年九月"条，中华书局1956年版，第4339页。

⑪ 脱脱等：《金史》卷八四《耨碗温敦思忠传》，中华书局1975年版，第1883页。

⑫ 许有壬：《大一统志序》，载李修生主编：《全元文》卷一一八七《许有壬之八》，江苏古籍出版社1998年版，第124页。

⑬ 司马迁：《史记》卷八《高祖本纪》，中华书局1959年版，第389页。

⑭ 吴兢撰，谢保成集校:《贞观政要集校》卷一《君道》，中华书局 2009 年版，第 14—15 页。

⑮《明太祖实录》卷三九"洪武二年二月丙寅"条，中华书局 2016 年影印版，第 1 页下栏。

⑯ 参见白寿彝主编:《中国通史》第一卷，上海人民出版社 1989 年版，第 90—92 页。

北京师范大学资深教授　瞿林东

当代中国的重大国是
——铸牢中华民族共同体意识的历史内涵和现实意义

习近平总书记关于铸牢中华民族共同体意识的重要论断，反映了中华民族的历史内涵、发展规律和现实诉求，是马克思主义民族理论中国化的最新成果，是当代中国的重大国是。

中华民族共同体是在中国历史进程中形成的

中国自古以来是多民族国家，自秦汉以后成为一个不断发展的统一的多民族国家。从很早的时候起各族间就开启了交往交流和交融。到了商、周之际，武王伐纣时，有庸、蜀、羌、髳、微、卢、彭、濮等族参与。① 在《左传》等历史文献中，我们可以更详细地了解到春秋时期（公元前 770 年—前 476 年）诸华、诸夏与"东夷""南蛮""西戎""北狄"各族交往交流交融的历史，包括战争、会盟、通婚等等。《论语·子罕》篇有"子欲居九夷"② 的记载，表明孔子在民族问题上的见识。

经过春秋战国几百年的民族交往交流交融，诸华、诸夏在融汇各族的基础上，为秦汉以后的发展奠定了基础。"华夏"一词，较早见于《左传·襄公二十六年》"楚失华夏"③，但春秋时期"华"与"夏"合称尚不普遍，"华夏"连称，当在秦汉以后。

　　秦朝建立了统一的多民族国家，实行车同轨、书同文、行同伦等巩固统一的措施，其后又有汉武帝倡导儒家文化，从而极大地推动了华夏民族共同体的形成。到了南北朝时，人们称说"华夏"便习以为常了。④

　　值得关注的是，自南北朝开始，隋唐以降，把"华夏"称作"中华"，是一个新的变化。唐太宗有一句名言："自古皆贵中华，贱夷、狄，朕独爱之如一。"⑤唐代大史学家杜佑从地理条件的不同和文化发展条件的差异，指出"古之中华，多类今之夷狄"⑥，可谓当时最进步的民族观。宋人有"尊中华，事大国，礼一也"⑦的说法，把"中华"和"大国"联系在一起，也是一个新的观念。元、明两代，"中华"一词已写在皇家祭祀的乐章之中，如"天扶昌运，混一中华"⑧，"千载中华生圣主，王气成龙虎"⑨，这显然是把"中华"和王朝联系起来，具有更丰富的内涵。

　　可以认为，秦汉以来，经过魏晋南北朝、辽宋夏金元两次大规模的民族交往交流交融，中华作为一个民族共同体，在吸收其他民族一些成分的基础上不断发展、壮大。

中华民族共同体意识是中国人民在反侵略斗争中的觉醒

　　1840年的鸦片战争，以及此后殖民主义、帝国主义对中国的野蛮侵略和一系列不平等条约的签订，激起了中国人民的反抗斗争。正是在这种反抗斗争中，"中华"作为一种民族共同体的意识，逐步觉醒起来。尽管这种觉醒还处于早期阶段，但已表现出在观念上、认识上的变化。一是以往所谓"夷"，多是与"华"或"夏"相对应的国内民族而言，而鸦片战争后所谓"夷"，多指外国侵略者而言，如魏源所说"师夷之长技以制夷"⑩、梁廷枏著《夷氛闻纪》、魏源著《夷艘入寇记》、曹晟著《夷患备尝记》等。二是与这种称谓相表里的，是一些有忧患意识的士大夫起而致力于边疆史地的研究，如张穆的《蒙古游牧记》、姚莹的《康輶纪行》、何秋涛的《朔方备乘》等。姚莹在《康輶纪行·自序》中写道："莹自嘉庆中每闻外夷桀骜，窃深忧愤，颇留心兹事，尝考其大略，著论于《识小录》矣。"⑪从这几句话可以看出当时的历史形势，也反映出一些具有忧患意识的学人的深刻思考。

19世纪末至20世纪初叶，先后爆发了中日甲午战争、八国联军侵华战争，《马关条约》《辛丑条约》的签订，以及无视中国权益的《巴黎和约》，促使中国的有识之士更加清楚地认识到帝国主义列强的侵略本质，增强了反抗侵略的决心和民族共同体意识。1902年，梁启超在文章中提出"中华民族"这一概念，在学界和政界引发了强烈反响，人们把古已有之的"中华"和"民族"一词结合起来，进而对"中华民族"作了种种解释，一时成为热议。1917年，李大钊发表《新中华民族主义》一文，提出"中华民族"是多民族统一的民族共同体，赋予中华民族共同体意识以准确的含义。近来有学者认为，李大钊《新中华民族主义》一文的发表，可以视为中华民族实现由自在转变为自觉的鲜明标志。这是有道理的。所谓"自觉"，是指对中华民族共同体意识的自觉。

1919年8月，青年毛泽东在《湘江评论》上发表《民众的大联合》一文，文章中有这样一句话："我们中华民族原有伟大的能力！"⑫16年后的1935年，毛泽东在《论反对日本帝国主义的策略》一文中明确地指出："党的基本的策略任务是什么呢？不是别的，就是建立广泛的民族革命统一战线。"他还指出："我们中华民族有同自己的敌人血战到底的气概，有在自力更生的基础上光复旧物的决心，有自立于世界民族之林的能力。"⑬1939年，毛泽东在《中国革命和中国共产党》一文的"中华民族"一节中这样写道："中国是一个由多数民族结合而成的拥有广大人口的国家。""中华民族的各族人民都反对外来民族的压迫，都要用反抗的手段解除这种压迫。他们赞成平等的联合，而不赞成互相压迫。"⑭ 这在当时，是对中华民族共同体意识最好的概括。在抗日战争时期，毛泽东的中华民族观和中国共产党的抗日民族统一战线的指导思想，把中华民族共同体意识提升到新的高度。这为新中国的建立和在建设社会主义国家的条件下中华民族共同体意识的进一步深化，做了充分的准备。

铸牢中华民族共同体意识是中华民族走向伟大复兴的思想基础

1949 年 9 月，新中国成立前夕，中国人民政治协商会议第一届全体会议通过的《中国人民政治协商会议共同纲领》总纲规定："中华人民共和国境内各民族均有平等的权利和义务。"⑮1954 年颁发的《中华人民共和国宪法》序言中有这样的表述："我国各民族已经团结成为一个自由平等的民族大家庭。"⑯1955 年，毛泽东在中国共产党全国代表会议上的讲话中，谈到了关于汉族、少数民族和中华民族的关系，他强调指出："不要以为只是汉族帮助了少数民族，而少数民族也很大地帮助了汉族。""所以，少数民族在政治上、经济上、国防上，都对整个国家、整个中华民族有很大的帮助。"⑰ 这是把处理汉族和少数民族的关系，放在中华民族整体利益上作出的判断，是对中华民族共同体意识的深刻表述。

改革开放以来，尤其是党的十八大以来，全国各族人民在以习近平同志为核心的党中央的正确领导下，在习近平新时代中国特色社会主义思想指引下，各项事业取得了辉煌成就，为世界所瞩目。近年来，习近平总书记多次强调铸牢中华民族共同体意识，要求以此为主线做好各项工作。这是当代中国的重大国是，是马克思主义民族理论中国化的最新成果，具有极其重要的现实意义。

第一，铸牢中华民族共同体意识揭示了中华民族共同体丰富的历史内涵。从诸华、诸夏到华夏，从华夏到中华，从中华到中华民族，贯穿了中华民族共同体形成、发展的历史。认识这一发展过程，是认识中华民族的基本要求。

第二，铸牢中华民族共同体意识揭示了民族共同体意识的重要性。行为是意识的表现，一个人如此，一个民族如此，一个国家亦如此。在中国特色社会主义事业一日千里的新时代，在建设社会主义现代化国家的新征程中，在中华民族充满信心奋力实现伟大复兴目标时，中华民族共同体意识是凝心聚力的思想基础。

第三，铸牢中华民族共同体意识强调"铸牢"这一关键词。近代以来，中华民族共同体意识从自在走向自觉，并经历了革命、建设、改革开放的洗礼，根植于广袤的中华大地。

"铸牢"，要按照新时代的要求，进一步丰富中华民族共同体意识的内涵，使这一共同体意识既具有深刻的历史内涵，又凸显鲜明的时代要求。习近平总书记的一系列重要论述，为我们在新时代提升中华民族共同体意识指明了方向，我们有责任在这方面作出努力。

"铸牢"，必须绵绵用力、久久为功，这是民族长久之计、国家长久之计，一代人应尽到一代人应有的责任。

"铸牢"，需要创造性地做好多方面的工作，学术理论工作者、宣传思想工作者和具体实践工作者都有发挥作用的广阔空间。只要"铸牢"落到实处，中华民族共同体意识就能不断提升。

习近平总书记指出："一部中国史，就是一部各民族交融汇聚成多元一体中华民族的历史，就是各民族共同缔造、发展、巩固统一的伟大祖国的历史。"⑱铸牢中华民族共同体意识是习近平总书记治国理政的一项重要决策，是指导当前各项事业的一条主线，要深刻认识它所包含的丰富的历史内涵和重要的现实意义。

▋注 释

① 孔安国传，孔颖达正义:《尚书正义》卷一一《牧誓》，阮元校刻《十三经注疏》(清嘉庆刊本)，中华书局 2009 年版，第 388 页。

② 何晏集解，邢昺疏:《论语注疏》卷九《子罕》，阮元校刻《十三经注疏》(清嘉庆刊本)，中华书局 2009 年版，第 5409 页。

③ 杜预注，孔颖达疏:《春秋左传正义》卷三七"襄公二十六年"，阮元校刻《十三经注疏》(清嘉庆刊本)，中华书局 2009 年版，第 4323 页。

④ 参见范晔《后汉书》、沈约《宋书》、魏收《魏书》和陈寿《三国志》裴注等。

⑤ 司马光编著:《资治通鉴》卷一九八《唐纪一四》"太宗贞观二十一年五月"条，中华书局 1956 年版，第 6247 页。

⑥ 杜佑撰，王文锦等点校:《通典》卷一八五《边防一·边防序》，中华书局 1988 年版，第 4979 页。

⑦ 脱脱等:《宋史》卷三二八《安焘传》，中华书局 1977 年版，第 10565 页。

⑧ 宋濂等:《元史》卷六九《礼乐三》，中华书局 1976 年版，第 1721 页。

⑨ 张廷玉等:《明史》卷六三《乐三》，中华书局 1974 年版，第 1560 页。

⑩ 魏源:《海国图志·原叙》，岳麓书社 2021 年版，第 2 页。

⑪ 姚莹:《康輶纪行·自叙》，中华书局 2014 年版，第 1 页。

⑫ 中共中央文献研究室、中共湖南省委《毛泽东早期文稿》编辑组编:《毛泽东早期文稿》，湖南人民出版社 2013 年版，第 359 页。

⑬ 毛泽东:《论反对日本帝国主义的策略（1935 年 12 月 27 日）》，载《毛泽东选集》第一卷，人民出版社 1991 年版，第 152、161 页。

⑭ 毛泽东:《中国革命和中国共产党（1939 年 12 月）》，载《毛泽东选集》第二卷，人民出版社 1991 年版，第 622、623 页。

⑮ 中共中央文献研究室编:《建国以来重要文献选编》第一册，中央

文献出版社 1992 年版，第 3 页。

⑯ 人民出版社编：《民族政策文件汇编》第二编，人民出版社 1958 年版，第 1 页。

⑰ 中共中央文献研究室、国家民族事务委员会编：《毛泽东民族工作文选》，中央文献出版社 2014 年版，第 220 页。

⑱ 习近平：《在全国民族团结进步表彰大会上的讲话》，人民出版社 2019 年版，第 7 页。

北京师范大学资深教授　瞿林东

"各民族共同促进历史前进"是历史上民族关系发展的主流

2014 年 9 月，习近平总书记在中央民族工作会议上的讲话中提出"要正确认识我国民族关系的主流"。他指出，汉族离不开少数民族、少数民族离不开汉族、各少数民族之间也相互离不开，这是我国民族关系的真实写照。2018 年 3 月，习近平总书记在十三届全国人大一次会议上的讲话中再次强调，在几千年的历史长河中，中国人民始终团结一心、同舟共济，建立了统一的多民族国家，发展了 56 个民族多元一体、交织交融的融洽民族关系，形成了守望相助的中华民族大家庭。

关于我国历史上的民族关系中的主流问题，多年来存在着不同的认识。一种观点认为，友好、合作是民族关系史上的主流；另一种观点则认为，历史上各民族之间的矛盾、斗争是民族关系的主流。究竟应当怎样看待这个问题？民族关系史研究工作者和其他许多史学工作者对此展开了讨论。

1981 年，白寿彝先生在首次全国规模的中国民族关系史座谈会上发表了自己关于中国历史上民族关系主流问题的意见，后经整理以《关于中国民族关系史上的几个问题》为题正式刊于（《北京师范大学学报》1981 年第 6 期），后又被收入国家民族事务委员会政策研究室编《中国民族关系史论文集》（民族出版社 1982 年版）。这篇文章指出，对于民族关系史上的主流问题的探讨和研究，可以看得开阔一点。我们研究历史，不能采取割裂历史的方法。从一个历史阶段看问题，固然是必要的；从整个历史发展趋势看问题，则更为重要。在某一个历史阶段里，可能民族间的友好合作比较多，朝贡、会盟、和亲都是常见的；在另一个历史阶段里，中原王朝跟周边民族政权冲突，民族政权彼此之间也会发生冲突，这也是存在的。因此，从历史发展的大趋势来讲，在民族关系史上，"友好合作"不是主流，"互相打仗"也不是主流。主流是什么呢？几千年的历史证明：尽管各民族之间好一段歹一段，但总而言之，是许多民族共同创造了我们的历史，各民族共同努力，不断地把中国历史推向前进，这就是中国历史上民族关系发展的主流。

在讨论了认识方法之后，白寿彝先生从三个方面阐释了上述见解。

第一，各民族在社会生活、社会生产中的互相依赖、互相支援，对促进历史发展是很重要的。例如中原人骑马，是跟北方民族学会的；中原人懂得坐椅子，也是从北方民族那儿学来的。反过来说，北方民族、西北民族所用的盐、茶都是由汉族供应的，这是日常生活中互相依赖、互相支援。各民族之间这种互相依赖关系，在生产上表现得也很突出，如历史上一些少数民族在生产上就需要汉族地区的铁器。

第二，从整个国家历史的发展来看，凡是盛大的王朝，都需要少数民族的支持。汉，作为一个大王朝，是在其统治范围内得到了很多少数民族的支援、拥护才强盛起来的。唐，是当时世界上的大国，少数民族给李世民取了"天可汗"的称号，表示佩服他、尊重他。当时长安成为国际市场，经商的有各少数民族商人，还有许多外国商人。从这些事实来看，盛大的王朝，需要各族的支持。

第三，从历史发展的阶段来看，少数民族的进步，同样是中国整个社会进步的重要标志。秦汉时期是封建社会的成长时期，这时期各少数民族登上历史舞台，开始发挥作用。到了魏晋南北朝隋唐时期，中国的封建社会进入发展阶段，其中一个重要的标志就是民族杂居地区进入了封建化。在北方，魏孝文帝提倡"汉化"，按其本质来说就是封建化。

在南方，汉族的大量南迁促进了汉族跟南方少数民族的杂居，也促进了杂居地区的封建化。如果离开了这一时期北方和南方民族杂居地区的封建化，来说明封建社会的发展，就很难认识全面。宋元时期，封建社会又进一步发展了。其中有一个重要的标志，就是广大边疆地区进入封建化。有了这个变化和进步，才能说封建社会继续发展了。明清时期，民族地区的封建化程度进一步加深了。事实证明，每当进入一个新的历史阶段，总是有少数民族贡献力量。同时，汉族的先进生产技术对少数民族也有很大影响。因此，汉族离不开少数民族，少数民族也离不开汉族，各族间相互依存。

此外，各民族共同促进历史前进，还有一个特点，就是越到后期越反映出共同反对民族压迫，共同反对殖民主义、帝国主义的压迫。这种共同的斗争，不一定是这个民族和那个民族经过商量后才去进行的，但事实上是反对了共同的敌人，共同促进了历史的前进。辛亥革命以后，各族人民的联合更为显著。通过抗日战争、解放战争以至中华人民共和国的建立，各族人民在中国共产党的领导下，大大增强了民族间的亲密友好。这是中国民族关系史上的主流在新的历史条件下的新的发展。

总之，各民族相互依赖、相互支援，对于促进历史发展极其重要，我们应该特别珍重历史的主流。

北京师范大学历史学院、北京师范大学史学理论与史学史研究中心

朱露川

正统论：深入理解中国文明的关键概念

　　正统论是中国传统史学的一个核心性理论问题，指的是在历史编纂中史家应采取"正统"王朝的纪年作为编年的标准，这就需要史家对现实中的政权进行一番价值评判，以确定哪一个政权堪为"正统"。这是以历史认识、历史编纂来论证一个政权的止当性和合法性，深刻体现了中国历史上政治与史学的密切关系。

　　正统论，又称为正闰论或正朔论。要讲明正统论，首先要讲明大一统，正统论事实上是大一统观念的体现。大一统观念形成于战国至汉代，反映的是从列国纷争走向天下一统、中央集权王朝国家形成的历史大势。大一统一词出自于《春秋公羊传》①。根据汉朝思想家董仲舒的说法，"统"本来指的是时间之"始"，大一统，就是以"一统"为"大"，指的是接受天命的天子，建国后头一件大事就是重建正朔，即重新确定正月初一。②"一统"（即建正朔）为什么就是"大"呢？按照天人感应的宇宙观，创立新王朝的天子必须通过重建正朔来响应他所接受的新的天命，给天地、百姓、万物一个新的至正的开端，开辟人间历史的新时代，也开辟宇宙气运的新纪元，从而使天道流行贯通，达到"太平"之境。天下政教号令应该并必须统一于天子，于是，从时间上讲的大一统就衍生出空间上天下统一之大义。以九州为中国，加上"四夷"而为天下的古典空间观，出现于《周礼·职方氏》，大致形成于西汉中期至末期。就是在这一时期，形成了这样一种文化价值观念：以天子所在的中国为中心，天下成为一个具有宇宙论意义的神圣共同体。从此，天下一统成为中国历史追求的目标。尽管中国历史上有天下统一的时代，也有政权割据并立的时代，但是，人们总是以统一为常态，以列国为变态，天下分久必合成了中国历史发展的规律。现在看来，天下观正是今天中华民族共同体意识的起源。

汉朝儒家提出了正闰说，即后世的正统论。董仲舒认为，历代的盛衰兴亡其实是黑、白、赤三统的转化循环，秦朝虽然重新统一了天下，但是严苛残暴，违背了三统循环的历史规律，不得为一"统"。③ 西汉后期，刘向、刘歆父子以"木—火—土—金—水"五行相生的宇宙气运规律来解释改朝换代，认为秦虽得水德，但气运正从木德向火德转移，故秦处于"闰位"，不得为"正"，不能采用秦朝纪年来写史。④ 可见，所谓的正闰说，首先是认定天下必须统一，必须是一个政治共同体。然而，一个统一天下的政权是否具有合法性和正当性，史家必须以"道"为标准来加以判定。

东汉之后，中国历史进入长期分裂的魏晋南北朝时代。在这一时期，正闰之争非常激烈，这意味着，在政权并立和南北对峙的历史阶段，人们却始终认为天下仍然是一个整体，天下应该也必须归于一统，所以要争论到底哪一个政权才是凝聚天下的核心即正朝所在。西晋时，陈寿写《三国志》，以曹魏为正统，到了东晋，史家习凿齿写《晋承汉统论》，认为曹魏并没有统一天下，不得为正统，晋朝应该直接继承汉朝而为正统。南北朝时代，南北政权都自命正统。北朝政权为自己争正统的理由往往是占据中原，南朝政权为自己争正统的理由往往是继承晋朝和华夷之辨。但从根本上看，他们都按照汉朝以来流行的"五德相生说"论证自己才是得了天命的正统政权。唐朝统一之后，编纂了《北齐书》《周书》《梁书》《陈书》《隋书》《南史》《北史》，一方面以大一统王朝的眼光平视南北政权，另一方面根据"五德相生说"，上推唐朝的授受关系，而以北朝为正统。

北宋时期，正统论发生重大变化，具有了新的思想面貌。北宋前期仍推五德相生之运，以宋为火德，而欧阳修在仁宗时期所著《正统论》完全否定以五德相生的宇宙气运论正统，斥之为"怪奇放诞"之论，背离了孔子之教。他指出，只能根据"治乱之迹""功业之实"而非虚幻的"天命""德运"来判定正统。⑤欧阳修将统一天下的功业作为正统的标准，认为只有统一天下才能成为天下之正统。这一正统论影响很大，但在当时并不是所有人都赞同他的理论，理学家程颐就主张要按照是否行"王道"来判断正统，而不是是否统一天下，所以他主张在三国时期应以蜀汉为正统。⑥

在北宋，以统一天下为标准的正统论占了主流，史学家司马光在《资治通鉴》中就主张这样的正统论。⑦但是，到了南宋，几乎所有的人都主张蜀汉正统论，在不利的政治形势下申张道德优势，以捍卫南宋的正统地位。朱熹虽然也坚持蜀汉正统论，但他论正统，并不以"王道"为标准，而是仍然以统一天下的功业作为正统的标准，统一王朝的合法继承人是"正统之余"，可以算是分裂时代的正统所在。⑧朱熹就是在这个意义上以东周、东晋和蜀汉为正统，而这也正是南宋之为正统的理由。朱熹的正统论是与他的道统论相互配合的，宋以后流行的道统论由朱熹正式提出，他以北宋五子（即二程等北宋道学家）直接上承孟子，而把汉唐诸儒摒除于道统之外。宋儒发明"道学"，道统在宋，这意味着，只有宋儒才真正掌握了达到理想社会的根本原理和正确方法，也就是说，南宋政权虽地处江南，失去中原，但却掌握着中国文明的形上之理，掌握着中国文明的精神命脉。道统在南宋，这才是南宋为正统更为根本的理由。

南宋朱子在当朝恢复中原无望之时，构建出一套以道统、正统双线整合中国文明的思想体系，给出了一套继承汉朝大一统而有所变化的"中国"原理，将"中国"浓缩、抽象为两大精神原则，即道统和正统。

这是中国文明在精神向度上的深化和形而上学化，意义重大。从此，"中国"超越了具体的民族、地域、国家，而指向"中国"之所以为"中国"的两大精神原则，"中国"成为一种既具体又抽象的历史文化认同。相对于道统，正统即指"治统"之正，元、明、清三代都有关于道统和治统的重要论述。从此，治统和道统成了贯穿中国历史的两大主脉，如王夫之在《读通鉴论》中所说："天下所极重而不可窃者二：天子之位也，是谓治统；圣人之教也，是谓道统。"⑨

为什么中国历史具有一种持续的向心力？正统论中的文化价值——把"合天下于一"的"中国"的绵延永续作为神圣信仰，应该是观念上的一个关键因素。道统相传、正统相继的中国历史之"道"，使种种差异兼容共在，克服、连接了所有断裂而持续存在，这对于当代文明的持盈保泰也有所启发。

┃ 注　释

① 何休注，徐彦疏：《春秋公羊传注疏》卷一"隐公元年"，阮元校刻《十三经注疏》（清嘉庆刊本），中华书局 2009 年版，第 4766 页。

② 苏舆撰，钟哲点校：《春秋繁露义证》卷七《三代改制质文》，中华书局 1992 年版，第 185 页。

③ 苏舆撰，钟哲点校：《春秋繁露义证》卷七《三代改制质文》，中华书局 1992 年版，第 186—187 页。

④ 班固：《汉书》卷二一《律历志下》，中华书局 1962 年版，第 1012 页。

⑤ 欧阳修：《欧阳修全集》卷一六《正统论上》，中华书局 2001 年版，第 266—268 页。

⑥ 程颐：《河南程氏粹言》卷二《圣贤篇》，载程颐、程颢著，王孝鱼点校：《二程集》，中华书局 1981 年版，第 1235 页。

⑦ 司马光编著：《资治通鉴》卷六九《魏纪一》"魏文帝黄初二年四月"

条，中华书局 1956 年版，第 2187 页。

　　⑧ 黎靖德编：《朱子语类》卷一〇五，中华书局 1999 年版，第 2636 页。

　　⑨ 王夫之：《读通鉴论》卷一三《东晋成帝·七》，中华书局 1975 年版，第 352 页。

首都师范大学历史学院、北京师范大学史学理论与史学史研究中心

江湄

弤国墓地：西周时期各民族
交流融合历史的缩影

　　20世纪七八十年代，在陕西宝鸡茹家庄、竹园沟、纸坊头等地，考古工作者进行了一系列发掘，使得从未见于典籍记载但具有鲜明文化特色的弤（yú）国呈现在世人面前。弤国之所以受到广泛关注，是因为它虽位于周王朝统治腹地，却呈现出氐羌文化、古蜀文化和华夏文化融汇交错的文化面貌，是西周时期各民族交流融合历史的缩影。

　　弤国位于今陕西省宝鸡市渭水两岸。这里是早期周人活动的主要区域，在西周王朝建立后仍然是周人的腹心之地，生活着大量王室贵族和王朝公卿。弤国墓地出土了大量青铜礼器，从器型、纹饰到铭文都与西周关中地区华夏贵族的青铜礼器别无二致，属于当时的主流文化。但弤国墓地的很多遗迹和遗物也有极为鲜明的地方特色，显然与华夏文化有不同的来源。

　　比如，弤国墓地大多数墓葬的墓圹、棺椁都呈现出头宽足窄的倒梯形，而典型的周人墓室和棺椁都是头足等宽的长方形。弤国墓地墓葬的填土或椁室内常常发现椭圆形花岗岩砾石块，即通常所说的河卵石，而这在周人墓葬中极少出现。弤国墓地还出土了大量马鞍形双耳陶罐，这种器物基本不见于中原墓葬。

　　梯形墓葬、砾石随葬、马鞍形双耳陶罐，这些意味着什么？当我们把目光往西投向寺洼文化时，答案就很明显了。寺洼文化是分布在甘肃中部及东南部，时间大约从商代晚期延续到春秋初年的一种考古学文化。这种文化最典型的器物就是马鞍形双耳陶罐，头宽足窄的倒梯形墓圹、以砾石随葬等现象在寺洼文化中也很常见。① 考古学家夏鼐、俞伟超都认为，寺洼文化在族属上应当是氐羌民族。也就是说，弫国墓地出现了明确且丰富的氐羌文化元素。

弫国墓地中发现的多件颇有特色的青铜车軎饰，也能印证其与氐羌的关系。軎是一种车马器，一般套在车辕前端，常常雕刻成不同的形象以作装饰。弫国墓地出土的车軎饰雕刻成了披发纹身的人物形象。这种形象在华夏文化中并不多见，但与文献中记载的西戎"被发衣皮"② 的形象比较吻合。

弫国墓地中不仅有氐羌文化元素，而且古蜀文化的色彩也十分鲜明。周代的贵族多兼具武士身份，因此下葬时常常随葬青铜兵器，弫国的贵族也不例外。当时最常见的主战兵器是戈，在弫国墓地中同时出现了两种类型的戈。戈用于攻击的部分被称为"援"，弫国墓地中既发现了中原常见的长援戈，也发现了一种特殊的三角援戈。这种锋刃部分呈三角形的戈，被老一辈金石学者和考古学者称为"蜀戈"，基本见于蜀地和汉中，也就是古蜀文化分布和影响的区域。中原华夏文化的遗存中很少见到"蜀戈"。可以说，"蜀戈"是古蜀人群最显著的文化符号之一。

弫国墓地中最常见的一类陶器是尖底陶罐，很多墓中还出土了同样形制的尖底铜罐。但是，周原地区甚至丰镐、洛邑的周人墓葬中基本见不到这种尖底罐，在四川盆地早期古蜀遗址中却发现了很多类似的尖底陶罐，这是早期古蜀文化中最具代表性的陶器类型之一。

除了发现大量的三角援戈和尖底陶罐这类古蜀文化的典型器物外，弫国墓地出土器物中表现的人物形象也与古蜀人具有极高的相似性。茹家庄 2 号墓中出土了一件女子青铜人像，她的发式十分特别，是将三叉形发饰固定在隆起的发髻上，并在脑后编成发辫。这种三叉形的发饰，也见于四川成都百花潭中学战国墓出土的嵌错铜壶花纹。③ 在花纹第一层的右下方有几位采桑的女子，其中最右边一位女性的头上就有这种三叉形发饰。这是具有浓厚的古蜀文化色彩的特殊发式。

那么，氐羌、古蜀和华夏文化为什么能在𢐖国交融呢？从《尚书·牧誓》中或许能找到答案。书中记载了跟随武王伐纣之师有"庸、蜀、羌、髳、微、卢、彭、濮人"④，"蜀"与"羌"赫然在列。周人兴起的地方在宝鸡一带，这里被称为"周原"，距离氐羌活动的区域非常近，且无明显的地理阻隔。因此，周人在兴起时向西扩张，收服氐羌的部分为己所用，是顺理成章的事情。四川盆地与关中平原之间确实有难以逾越的地理障碍，所谓"蜀道难，难于上青天"。周人或许难以和四川盆地的古蜀人群建立直接联系，但早在商代后期，古蜀文化就已经扩展到汉中地区。考古工作者在汉中的城固、洋县等地发现了大量三角援戈和尖底陶罐，说明这里也是古蜀人生活的地方。因此，关中的周人与汉中的蜀人建立起联系，相对而言就容易多了。

参与牧野之战的蜀人与羌人，可以说是周人争夺天下过程中的"从龙之臣"。周王朝建立后，这批人被分封在周原膏腴之地，与周王室和王朝公卿共同生活在宗周王畿的核心地带。他们作为生活在华夏文化核心区的周王朝封君，深刻地浸染了华夏文化，与此同时，其原有的文化特色并未完全磨灭，而是与华夏文化交融在一起，形成了一种缤纷和谐的文化面貌。𢐖国墓地中同时呈现出氐羌、古蜀和华夏文化，正是民族融合留下的不可磨灭的印迹。

▌注 释

① 卢连成、胡智生：《宝鸡𢐖国墓地》，文物出版社1988年版，第453页。

② 郑玄注，孔颖达疏：《礼记正义》卷一二《王制》，阮元校刻《十三经注疏》（清嘉庆刊本），中华书局2009年版，第2896页。

③ 四川省博物馆：《成都百花潭中学十号墓发掘记》，《文物》1976年第3期。

④ 孔安国传，孔颖达正义：《尚书正义》卷——《牧誓》，阮元校刻《十三经注疏》（清嘉庆刊本），中华书局2009年版，第388页。

北京师范大学历史学院、北京师范大学史学理论与史学史研究中心

刘卓昇

羌——游走在商周之间的少数族群

　　羌族在中华民族史上赫赫有名。《说文·羊部》解释"羌"为"西戎牧羊人也"，许慎认为羌是从事畜牧、以养羊为业的民族，很可能羊就是他们的图腾。古代的羌人，聚居甘青一带。考古学中，西周时期的卡约、寺洼、辛店等文化，与羌人的关系较近。上述文化彼此交融，它们在族属和时代上关系密切。卡约、寺洼文化分布在湟水流域及其支流地区，和历史上羌族的地理范围吻合。这些遗址的墓葬中一般都殉葬马、羊、牛等牲畜，数量很多，表明畜牧业发达。寺洼墓葬遗址中发现火葬，而西北羌族早就有火葬风俗，"羌人死，燔而扬其灰"①，唐代的党项羌亦是"死则焚尸，名为火葬"②。这些考古信息被学者们看作研究上古羌人的重要资料。

　　"羌"与"姜"在古文字上很相似，所以不少学者认为，商代的羌人和中国上古史中的姜部落有关。在商周历史上非常活跃的姜姓应是羌人中最早转向农业生产的一支，发祥于我国的西北黄土高原，尤其是渭水流域。传说我国农业始祖炎帝"神农氏"即为姜姓。古代部落不断迁徙，在交往交流交融过程中发展壮大，在周代最终形成了"华夏"族。这些构成"华夏"族的封国，可以上溯到姜姓的炎帝部落和姬姓的黄帝部落。中华民族至今仍泛称"炎黄子孙"。姜姓部落的农业生产水平和生活条件都是比较先进的。姜姓其中一支"四岳"，辅佐大禹治水有功，彪炳史册。在西周时代，姜姓的申、吕、齐、许等国，都是周王朝的重要股肱力量，和羊有关的图腾崇拜以及和山有关的岳神崇拜，是他们的信仰。随着这些部落集团的迁徙，羊图腾和岳神崇拜也散布四方，后来的"五岳"也与他们有关。甚至夏的始祖大禹，司马迁也说他"生于西羌"；有人说"伯禹夏后氏，姒姓也，生于石坳……长于西羌，西羌夷人也"③。"禹本汶山广柔县人也，生于石纽。"④因此有学者认为夏族和羌人分不开，他们都是时代的精英。但大部分羌人的生产水平还比较低。

羌的历史至少可追溯至商代。甲骨文中有"羌"，他们和商王室关系紧张，是商人的西方敌人。专家根据殷墟卜辞研究商代地理，羌人大致分布于今天豫西、晋南以及陕西东部。殷商卜辞中常有商或其属国与羌人之间的战争记录。

周人和商人不同，他们与姜姓之族或羌人的关系很密切。王国维先生《殷周制度论》认为，周人崛起于西土，和长期生存在东土的夏商二代差别很大。⑤众多古文献记载，姬姓周人的始祖是后稷，母亲为姜嫄，姜嫄踩了上帝的大脚印之后生了弃。婴儿弃被部落考验再三，命大不死，最终成为部落首领，当了上古时期的农官。姬姓和姜姓在尧舜时期就有联姻。最被人们称道的是，在周武王克商的战争中，不仅有姜姓的太公望（也就是《封神榜》里的姜子牙）参加，还有西方的羌人也加入到周人的同盟军中，是《尚书·牧誓》中的反商八国之一。西周时，周王又常娶姜姓女子为妻，比如周武王的夫人，就是太公望的女儿邑姜（沈长云先生认为"邑"就是"吕"的讹误，古文字形似而别，"吕"是姜太公的氏）⑥。周成王的夫人王姜，见于西周青铜器铭文。在周王朝开国之后，有大功于姬周的姜姓势力被分封于东方，于是姜姓族群陆陆续续东迁，在西周与春秋时期历史上发挥巨大作用的申、吕、齐、许等封国就是代表，他们居于中原、南国与东国。也有姜姓人群留在渭水流域，比如"西申"之国，在西周晚期他们勾结犬戎，发动变乱，周幽王兵败身死，周平王东迁洛邑，历史进入到春秋时代。

春秋战国时期，华夏诸国一直在和蛮夷戎狄打交道，有大量的古代部族融入到华夏之中。战国文献中有"姜戎氏"或者"姜姓之戎"，与勾结犬戎灭了西周的姜姓申国——西申有关。西申或者姜戎，以及羌人，都被认为是"戎"的一部分。东迁并渐渐接受了礼乐文明的羌人或者姜姓部族，逐渐成为华夏的一部分；留在西北方，保留着原先生活习惯的姜姓部族，就是"羌"或者"羌戎"。秦国是周王室安插在西部边陲的眼线，长期和戎人共同生存，也受到戎人风俗习惯的浸润，一度中原大国把它当作戎狄，直到商鞅变法之后还被视为虎狼之国；但是在周边戎狄眼中秦人就是华夏。春秋时期著名的青铜器秦公簋铭文中，秦人自己认为"鼏宅禹迹"，即居住在禹迹的范围之内。由于春秋战国时期的人口繁衍，生存压力激增，秦不断把戎人驱逐出自己的势力范围，部分戎人纷纷往西迁徙，就成为汉代甘肃、青海一带黄河上游与湟水流域的"西羌"。但也有不少学者认为，汉代黄河上游、湟水流域的西羌是羌人的大本营，他们祖祖辈辈居住在这里。顾颉刚先生就认为，这里的戎人，因山川阻隔，与华夏的交往绝少，进而能保存他们原来文化、风俗与种族，这才是秦汉时代的河湟羌人。

▌注　释

① 王应麟著，孙通海整理：《困学纪闻》卷一〇，载《全宋笔记》第七编，大象出版社 2019 年版，第 390 页。

② 刘昫等：《旧唐书》卷一九八《西戎传·党项羌》，中华书局 1975年版，第 5291 页。

③ 皇甫谧著，徐宗元辑：《帝王世纪辑存》，中华书局 1964 年版，第49—50 页。

④ 陈寿：《三国志》卷三八《秦宓传》裴松之注引谯周《蜀本纪》，中

华书局 1959 年版，第 975 页。

⑤ 王国维:《殷周制度论》，载《观堂集林》，中华书局 1959 年版，第 451—480 页。

⑥ 沈长云:《"邑姜"、"大姜"辨——周武王后称谓释疑》，载《上古史探研》，中华书局 2002 年版，第 117—120 页。

北京师范大学历史学院　李凯

大夷——华夏文明发展与中华民族形成的关键动力

在很多人的意识里，中华民族的核心是汉族，中华文明的发展主要是由汉族推动的。那些在历史上被称为"蛮夷戎狄"但同样是中华民族一分子的族群，是否只是发挥了次要作用呢？董仲舒的《春秋繁露·精华》将与"华夏"相对的"蛮夷戎狄"分为两类："小夷"和"大夷"。① 所谓"小夷"，指的是赤狄、白狄、犬戎等不具国家形态、未聚合成邦国的夷狄；所谓"大夷"，指的是楚国、秦国、吴国、越国等已形成邦国且国力相当强大的所谓"蛮夷戎狄"。中国的第一个统一封建王朝，就是由"大夷"秦国建立的。"大夷"对于华夏文明发展和中华民族形成所发挥的作用，是不能被忽视的。

首先，"大夷"扩展了华夏文化圈的范围。相较于"小夷"，"大夷"对华夏文化的吸纳是相当深入的。"大夷"的出现本身就是华夏文化圈扩展的结果。在西周时期，诸夏的活动空间主要集中在黄河、淮河流域，很少涉足长江流域及以南的土地。春秋时期楚人经略长江中游，吴越统合长江下游。战国时期楚人征服百越，派遣庄蹻入滇；秦将司马错灭古蜀国，秦人经营巴蜀盆地。至此，长江上中下游的广袤土地均被纳入华夏文化圈，长江以南的土地以至于南越、滇地也受到华夏文化的深刻影响。秦汉以后，由非华夏族群主导的华夏文化圈显著扩张也多次出现。华夏文化圈的扩展，离不开"大夷"之力。

　　其次，"大夷"是时代变革的引领者。譬如，春秋战国时期重大的政治制度变革和战争方式的转变均从"大夷"开始。春秋时期楚国的崛起，原因之一就在于楚国率先推行了县制。中原列国继承了西周时期的封君采邑制度，邦国内部的土地、人口被贵族分割，导致卿大夫权力扩大、国君权力削弱，进而造成君权下移、政出多门、国力分散的情形。县制的推行，让楚国成为春秋时期君主集权程度最高的邦国，能够集中力量进行扩张。秦国能够最终统一天下，关键也在于商鞅变法的成功推行。

　　春秋、战国虽然都是战乱之世，但战争方式大不相同。在春秋的大部分时间里，尤其是在霸主能够主导天下秩序的情况下，灭掉能够参与诸侯盟会的"列国"是不被支持的。即使实力雄厚的霸主，也基本没有灭掉列国的行为。譬如郑、宋、鲁、卫、陈、蔡等邦国，虽饱受霸主欺凌，但很长时间里并无灭国之虞。

　　然而，"大夷"率先突破了这种自我限制。春秋晚期，楚国灭掉了陈国、蔡国，开启了攻灭"列国"的先例。吴国攻入楚国郢都，几乎灭掉了当时的南方霸主楚国。越国在吴国北上争霸时趁虚而入最终灭吴国，是首次将正处在霸主地位上的大国灭掉。这种由"大夷"楚、吴、越开始的不受任何制约、直接且彻底的攻灭兼并，开启了战国时代统一战争的先河。

　　战国的统一战争与春秋时期的战争在形式上也有巨大的区别。后人看春秋时期的战争，会觉得战争烈度很低，甚至有些儿戏。霸主之间的决战，一般是在一个地点进行，持续的时间也不过一两日。战争之中还有颇多礼仪限制，甚至会出现战场上遇到敌国君主不仅不进攻反而向其行礼的情况。战争方式转变为数万乃至数十万人之间转战千里、持续数月甚至数年的大规模决战，也始于"大夷"。公元前506年的吴人入郢之役中，吴国军队沿着淮水迂回数百里，突然袭击楚国；此后数月，吴、楚之间不断在多地交战；最终吴国军队突破楚军防线，攻入楚国的郢都，几乎将楚国灭掉。这样的战争方式，在此前几乎见不到，但在战国统一战争中则成为常态。"大夷"入局，彻底改变了列国之间的战争方式。

中华民族的基本政治制度和核心文化因素，有许多是来自非华夏族群的。陈寅恪先生在论述隋唐制度渊源时指出，隋唐制度最主要的来源之一，是鲜卑人建立的北魏和胡化汉人建立的北齐。② 甚至史学研究的"史学"一词，也是由十六国时期的羯人石勒设置"史学祭酒"而首次出现。先秦时期"大夷"带来的制度变革也给中华民族的历史文化留下了深刻的烙印。楚国的县制和秦国商鞅变法带来的一系列变革，都对此后两千多年间中华民族沿用的制度产生巨大影响。

为什么"大夷"能够成为时代变革的弄潮儿？而那些长期文化昌盛、礼乐发达的诸夏列国为何没能赶上变革的步伐？关键就在于"大夷"实现了自身文化与华夏文化的充分交流融合，因此迸发出新的生命活力。而诸夏列国习惯于原本成熟系统的文化、制度，没有新鲜血液注入，反而趋于保守，落后于时代发展的大势。基于此再审视中国历史叙事中长期存在的"华夷之辨"，应当可以得出更客观的认识。华夏与夷狄，并非简单的主流与非主流，或者高级与落后的关系；而是相互影响、不可或缺、共同对中华民族形成起到关键作用。回看历史上的"大夷"对中华文明发展和中华民族形成发挥的作用，我们可以得到以下几点认识。

其一，"大夷"吸收了华夏文化中先进的成分，仿照华夏的礼乐制度建立起国家形态，这让他们能够实现文明的跨越式发展，从众多"蛮夷戎狄"中脱颖而出成为"大夷"，即所谓"能夏则大"。"大夷"虽被诸夏视作夷狄，但其文化并不一定逊于诸夏。譬如战国时期的楚文化，是高度繁荣且极具特色的，《楚辞》就是楚文化的结晶；又如秦国的文字，直接继承西周文字，较之东方六国的文字更加规范、合乎理据。没有高度发达的文化与相对成熟的国家制度，就不可能在长期的纷乱局势中坚持到最后。

其二，"大夷"并未将华夏的各种制度神圣化，较少存在思想上的桎梏，在需要变革时能够迎合时代的要求进行相应的变革。西周灭亡后，以周王朝为主导、以分封制和宗法制为基础的天下秩序已经崩溃，维系诸侯林立局面的政治体系已不复存在。虽然历史的车轮已经滚滚向前，但诸夏邦国的观念并未随之转变，仍希望通过霸主政治部分维系西周的政治格局，保持诸侯林立的局面。当诸夏邦国还被"崇明祀，保小寡"（《左传·僖公二十一年》）的旧观念制约而不能大胆兼并扩张时，"大夷"已经没有任何负担地放开手脚扩展自己的领土和势力范围。同样，当诸夏各国延续西周制度的惯性继续实行分封采邑制度而导致公室衰弱、中央权力不断分散时，新兴的"大夷"秦、楚、吴、越或因国家新创，没有不断分封导致权力分散的积弊；或因率先变革巩固了公室权力和中央集权。放开手脚大胆扩张且君权强盛、权力集中的"大夷"在面对背负包袱束手束脚且君权式微、政出多门的诸夏邦国时，自然有很大的优势。

其三，回顾中华民族的历史，华夏与所谓"蛮夷戎狄"犹如人之二足、车之两轮，共同构成推动中华民族发展进步的动力。在某种程度上，不可否认华夏文化确实长期居于相对先进的位置。但所谓"蛮夷戎狄"之国的华夏化，并不能简单地理解为落后族群学习了先进文化，因而得到了长足的发展。"华夏化"固然意味着文化、社会、制度层面的进步，但更大的意义在于交流与融合，在交流中挣脱旧制度的束缚，在融合中酝酿变革的火花。中华民族的长期延续与繁荣，固然离不开作为其核心的华夏文化；中华民族在不同阶段能够不断变革以适应历史发展趋势，也离不开"大夷"之力，离不开各族群交流融合给中华民族带来的不断更新的生命力。

▌注 释

① 苏舆撰，钟哲点校：《春秋繁露义证》卷三《精华》，中华书局 1992 年版，第 85 页。

② 陈寅恪：《隋唐制度渊源略论稿·唐代政治史述论稿》，商务印书馆 2011 年版，第 3 页。

北京师范大学铸牢中华民族共同体意识研究基地首席专家　晁福林
北京师范大学历史学院、北京师范大学史学理论与史学史研究中心
刘卓异

从"诸夏"到"华夏"

中华民族是多民族聚合而成的，其发展经历了"滚雪球"式的过程。在先秦时期，这个"雪球"还没有那么大，但已经是诸多族群交融在一起的共同体了，这就是"华夏"。

什么是"华夏"？从字面上看，"华"和"夏"这两个字都是很美好的字眼。"华"在金文中的写法是这样的：

这是草木之花的形象，其实就是"花"的初文。"华"字有美丽、光鲜、荣耀的含义，西周春秋时期有不少人以"华"为名，青铜器铭文的末尾也有"子子孙孙永宝用华"的铭辞，意思就是永远用于彰显荣华。

"夏"的小篆字形是𦰩，《说文解字》对其文字结构的分析是：由页、夊、臼三部分构成，"页"是指头，"夊"是指两只脚，"臼"是指两只手。一个头加两只脚、两只手，就是一个人体。所以《说文解字》对"夏"的解释是"中国之人"①，引申为"大"的意思。夏代之所以以"夏"为名，大概取的就是这两重内涵。西周时期，周人自认为是"夏"的继承者，周人自称为"有夏"，称自己居住的地方为"区夏"，大概也是取"夏"的大美之义。"华""夏"二字的内涵是有一定重叠的，都是表示"美好"的字眼。

周代采取的是分封制，在西周初年，周人的子孙、与周人联姻家族以及臣服于周王朝的族群被分封到各地建立邦国。既然周人自称"有夏"，那么"有夏"之人建立的诸多邦国也就被称为"诸夏"，有时也称"诸华"。"诸夏"是一个复数概念，先有了一个个"有夏"之邦，再有这个集体的统称；个体边界是明确的，一般就是一个邦族；而由这些个体边界共同构成的集体边界也是相对明确的。

那么，哪些邦国属于"诸夏"呢？首先，"周人"建立的邦国必然都属于诸夏。周人既有姬周王室及其分支，也有长期与西周联姻的若干姜姓、姞姓邦族，包括齐、吕、申、许、南燕等国。春秋早期北狄南下攻伐姬姓的邢国时，管仲劝齐桓公前去救援的理由就是"诸夏亲昵，不可弃也"（《左传·闵公元年》）。虞舜、夏禹、商汤后裔建立的邦国，即所谓"三王之后"，包括陈、宋、杞、鄫等国，在西周时期也频繁地与姬周邦族通婚，自然也应属于"诸夏"。

而楚国、吴国、越国都不在"诸夏"的范围内。传说楚国是祝融的后裔，原本是居住在中原的，后来南迁到江汉地区。到西周春秋时期，中原的诸侯已经将楚国视为"蛮夷"。吴国虽然号称是周太王的儿子太伯、虞仲的后代，但到春秋时期吴国人的风俗、礼仪甚至语言都与姬周族群全然不同了。所以吴国北上侵伐郯国时，鲁国大夫季文子称之为"蛮夷入伐"（《左传·成公七年》）。越国的情况也是近似的，春秋末年卫国国君卫出公被驱逐出国后，引越国军队伐卫，被人称为"以蛮夷伐国"。此外，山东半岛上的许多东夷小国也不被视为"诸夏"，如郯、任、宿、须句、颛臾以及邾、莒等国。

到春秋后期，"华夏"的观念开始出现。"华夏"一词首见于《左传·襄公二十六年》，此年蔡国大夫公孙归生向楚令尹子木讲楚材晋用之事，提到此前晋、楚两国的"绕角之役"，晋军因得原为楚臣的析公的建议，使得"楚师宵溃"，从而使中原诸侯离楚附晋，造成了"楚失华夏"的后果。"华夏"即指中原诸侯国。孔子也曾使用过"华夏"一词。在齐、鲁两国君主的夹谷之会上，齐国唆使莱国人劫持鲁君，陪同与会的孔子义正辞严地喝退莱人，其言辞中说道"裔不谋夏，夷不乱华"（《左传·定公十年》）。

从"诸夏""诸华"到"华夏"，一方面，是从复数概念变成了单数概念，从若干邦族的集合体变成了有一致认同的共同体；另一方面，也意味着内部个体界限的逐渐消弭，如同多条河流汇聚成一片湖海。

之所以会产生这样的变化，一方面是由于春秋时期大国兼并小国，在区域内实现了政治与族群的统合，很大程度上改变了以往"万邦林立"的分散局面；另一方面当时北狄大举南下中原，从外部刺激了"诸夏"之间的交融和认同。

"华夏"与"蛮夷戎狄"的区分，不在于血缘和地域。西周春秋时期有姬姓之戎和姜姓之戎，他们与周王朝统治集团中的姬姓、姜姓族群是同姓的，血缘上同源，但周王朝仍将之列入戎狄。戎狄也有生活在中原核心区的，比如"扬、拒、泉、皋、伊、雒之戎"，就生活在中原最核心的伊洛平原一带，距离成周洛邑咫尺之遥。

文化才是区分"华夏"和"蛮夷戎狄"最重要的标准。如钱穆先生所说："所谓诸夏与戎狄，其实只是文化生活上的一种界线。"② 又如顾颉刚、王树民先生所说："划分'诸夏'的主要条件是文化而不是地区、氏族。"③ 譬如夏王室后裔建立的杞国，本应该是名副其实的"夏"，但在春秋中期以后，杞国因靠近东夷而在文化上受到东夷的影响，反而被视之为"夷"。可见，即使是真正的"夏人"，如果失去了共同的文化认同，也会被逐出"华夏"的队伍。反之，原本不属于"华夏"的邦族，如果能认同华夏的文化与秩序，也会被视为等同于"诸夏"。山东半岛上的风姓小国任、宿、须句、颛臾，原本不属于"华夏"，但长期"服事诸夏"。在邾国攻灭须句时，鲁国就以"蛮夷猾夏"为理由讨伐邾国，帮须句复国。

经历了春秋战国数百年的交往交流，中原地区的"蛮夷戎狄"和诸夏列国充分交融，形成了以中原为核心区域的华夏文化圈。这一交融过程固然是以所谓"蛮夷戎狄"学习吸纳华夏文化为主流，但他们也为华夏文明贡献了许多重要的文化因素。比如华夏人群从戎狄学来了步兵战法，从北方草原民族学来了骑马术；楚地孕育的《楚辞》成为中华民族宝贵的文学瑰宝。这些都深刻地影响了中华民族的历史。

▌ 注　释

① 许慎：《说文解字》，中华书局 2013 年版，第 107 页。

② 钱穆：《国史大纲（修订本）》，商务印书馆 1996 年版，第 56 页。

③ 顾颉刚、王树民：《"夏"和"中国"——祖国古代的称号》，载史念海主编：《中国历史地理论丛》第一辑，陕西人民出版社 1981 年版，第 10 页。

北京师范大学铸牢中华民族共同体意识研究基地首席专家　晁福林
北京师范大学历史学院、北京师范大学史学理论与史学史研究中心
刘卓异

民族交融的结晶——晋文公

　　"春秋五霸"有多种说法，最常见为两说：一则为齐桓公、晋文公、秦穆公、宋襄公和楚庄王，一则为齐桓公、晋文公、楚庄王、吴王阖闾和越王勾践。综观诸说，齐桓公"一匡天下"，晋文公"取威定霸"的霸主地位是毫无疑义的，故此人们常把"齐桓晋文"并列。齐宣王欲以"霸道"问孟子，便说："齐桓、晋文之事，可得闻乎？"[①]而晋文公开创的晋国霸业，更是前后相续百余年，堪称春秋史的大手笔，与春秋之际"华戎杂处"的局面分不开。

　　关于"华戎杂处之局"，钱穆先生在《国史大纲》中总结出如下特征：一是史载"华夷"地理位置交错；二是诸夏与戎狄多种姓相同；三是习见华夷通婚；四是华夷联盟屡见。[②]此四方面之于晋文公，均有体现。

　　晋国是周初分封的姬姓诸侯国之一，《史记·晋世家》载"在河、汾之东，方百里"，范围大致为今天的山西省南部汾河流域一带，后来不断扩展。周成王封晋唐叔虞的起因是成王的玩笑："成王与叔虞戏，削桐叶为珪以与叔虞，曰：'以此封若。'"成王在史官"君无戏言"的压力下方封叔虞于唐，后叔虞之子燮继位改称晋侯，唐国改称晋国。[③]"唐有晋水，及叔虞子燮为晋侯云。"[④]分封叔虞的真正原因，或应与《晋世家》所言"武王崩，成王立，唐有乱，周公诛灭唐"相关，最初的唐是异姓。封叔虞更重要的原因是为"治乱防狄"。这也与《晋世家》载周宣王时晋穆侯攻打条戎、于千亩伐戎有功等记载相合。至春秋时期，诸多戎狄部落居于晋国周边，其中重要的有狐氏、骊戎、白狄等。可以说，晋国正是"华戎杂处"的最前线之一。

晋文公，名重耳，其母即狐氏女，称"狐姬"。"重耳母，翟之狐氏女也。"⑤《左传·庄公二十八年》亦载晋献公"娶二女于戎，大戎狐姬生重耳，小戎子生夷吾"。重耳、夷吾两兄弟皆为晋献公与戎狄女之后。关于狐氏，《元和姓纂》曾言此狐氏是蛮夷中的姬姓（姬姓不只在华夏，也有一部分在蛮夷），他们中的狐突、狐毛、狐偃、狐溱、狐射姑等人皆与晋文公有较密切的关系，狐偃在晋文公流亡、归国和称霸的过程中扮演了重要角色。"狐氏，姬姓，周平王之子王子狐之后，以名为氏，或言晋唐叔之后，世为晋卿……盖戎国不足贵矣，所贵者狐氏，则知王子狐之后有居于戎者也。"⑥从中可见狐氏只是生活习俗、居住空间和春秋时期华夏贵族不同，他们身上还可能有周王室的血统。钱穆先生言："诸夏与戎狄亦多种姓相同，如晋献公娶大戎狐姬，又娶骊戎女骊姬，则戎有姬姓。"⑦无论狐氏族源如何，其居戎已与戎狄融合，晋文公即为华戎混血，是华戎通婚之后。

后来晋献公伐骊戎，得骊姬而生奚齐，又十分宠幸骊姬。因骊姬构陷，太子申生自杀，夷吾逃亡至梁国，重耳逃往其母所居狄国。《晋世家》载，献公二十二年，献公使宦者勃鞮杀重耳。"重耳逾垣，宦者逐斩其衣袪。重耳遂奔狄。"至此，晋文公开启了流亡生涯。在狄国时，晋文公又迎娶廧咎（qiáng gāo）如之女。廧咎如是赤狄的别支。"狄伐咎如，得二女：以长女妻重耳，生伯鯈、叔刘；以少女妻赵衰，生盾。"⑧"狄人伐廧咎如，获其二女叔隗、季隗，纳诸公子。公子取季隗，生伯鯈、叔刘；以叔隗妻赵衰，生盾。"⑨两则记述关于姊妹二人谁嫁给了晋文公虽相互矛盾，但此为华夷通婚的又一例证，且通婚已不限于诸侯公子，卿士亦有与戎夷通婚者。最终，在晋文公归国继位后，狄国将其狄妻送回晋国。

至于狐氏之狐偃，正是晋文公的舅舅，又称子犯、舅犯、咎犯。"齐之管仲，晋之咎犯，楚之孙叔敖，可谓功臣矣"，"内足使以一民，外足使以距难，民亲之，士信之，上忠乎君，下爱百姓而不倦，是功臣者也"⑩，足见评价之高。《吕氏春秋·不广》言："（晋文公霸于诸侯）举事义且利，以立大功。文公可谓智矣。此咎犯之谋也。出亡十七年，反国四年而霸，其听皆如咎犯者邪！"此言实非虚美。如史载，在晋文公诸多重要抉择之际，狐偃的建议都起到了重要作用。晋文公亡狄国、适齐国均听取了狐偃的分析；在五鹿受辱时，因狐偃的劝谏晋文公方忍辱负重。周襄王落难遣使告于秦晋之时，狐偃审时度势谏曰："民亲而未知义也，君盍纳王以教之义。若不纳，秦将纳之，则失周矣，何以求诸侯？不能修身而又不能宗人，人将焉依？继文之业，定武之功，启土安疆，于此乎在矣，君其务之。"文公从之，因此占据了"尊王"之先；城濮之战晋师"退避三舍"军吏不解之时，狐偃释曰："二三子忘在楚乎？偃也闻之：战斗，直为壮，曲为老。未报楚惠而抗宋，我曲楚直，其众莫不生气，不可谓老。若我以君避臣，而不去，彼亦曲矣。"⑪上述记载，反映了狐偃辅文公图霸的重要作用。

此外，被视为戎狄之国的秦国与蛮夷之国的楚国，虽则出于各自政治利益的考量，但也为晋文公归国行了方便。尤其是前者秦国，与晋结"秦晋之好"，在晋文公初继位之时助其挫败瑕甥、郤芮的刺杀行动，进而"晋侯逆夫人嬴氏以归。秦伯送卫于晋三千人，实纪纲之仆"⑫。钱穆先生总括晋之霸业，称其为春秋之时"诸夏结合之第二期"，这一期"东部、中部之外，又加入中北部，即黄河中游之北岸也"。从晋文公出生、流亡、继位及图霸的过程，亦得见华戎之间的交往交流交融。

▌注 释

① 赵岐注，孙奭疏：《孟子注疏》卷一下《梁惠王章句上》，阮元校刻《十三经注疏》（清嘉庆刊本），中华书局 2009 年版，第 5807 页。

② 钱穆:《国史大纲(修订本)》,商务印书馆1996年版,第55—56页。

③ 司马迁:《史记》卷三九《晋世家》,中华书局1959年版,第1635页。

④ 班固:《汉书》卷二八下《地理志下》,中华书局1962年版,第1649页。

⑤ 司马迁:《史记》卷三九《晋世家》,中华书局1959年版,第1641页。

⑥ 郑樵撰,王树民点校:《通志二十略》第四《氏族略》,中华书局1995年版,第128页。

⑦ 钱穆:《国史大纲(修订本)》,商务印书馆1996年版,第56页。

⑧ 司马迁:《史记》卷三九《晋世家》,中华书局1959年版,第1657页。

⑨ 杜预注,孔颖达疏:《春秋左传正义》卷一五"僖公二十三年",阮元校刻《十三经注疏》(清嘉庆刊本),中华书局2009年版,第3940页。

⑩ 王先谦撰,沈啸寰、王星贤点校:《荀子集解》,中华书局1988年版,第249页。

⑪ 徐元诰集解,王树民、沈长云点校:《国语集解》,中华书局2002年版,第255页。

⑫ 杜预注,孔颖达疏:《春秋左传正义》卷一五"僖公二十三年",阮元校刻《十三经注疏》(清嘉庆刊本),中华书局2009年版,第3943页。

北京师范大学历史学院　李凯

"蛮夷戎狄"是中华民族的重要构成

　　上古时期，华夏和"蛮夷戎狄"都是历史舞台的主角。经济的发展、政治的交往与文化的交流，促进了民族往来。经春秋至战国，华夏同王朝周边氏族部落的交融大大加速。

　　夷狄与诸夏的区分并不是绝对的。先秦时期，"蛮夷戎狄"很大程度上是对周边各部族的泛称，与南北西东的方位不绝对相关。西周时期的金文中有"东夷"，也有"南夷"；《史记·匈奴列传》中有"北蛮"；《左传·昭公十六年》中有"戎""蛮"连称。由这些记载可知，《礼记》所载的"东夷""南蛮""北狄""西戎"，是汉代人以华夏为视角，对各部族位置进行的整齐化归类。夏、商、周王室与夷戎存在杂居的现象，他们在血统与文化习俗上相互影响。《国语·周语》中，周人回忆说："我先王不窋，用失其官，而自窜于戎狄之间。"①《孟子·离娄下》中，孟子说："舜生于诸冯，迁于负夏，卒于鸣条，东夷之人也。文王生于岐周，卒于毕郢，西夷之人也。"②西周时期的大分封，推动部族之间的交融，使得周文化被相当数量的"蛮夷戎狄"所接受，其中有大量人口转化成为周王朝子民。随着犬戎攻陷镐京以及春秋时期夷夏摩擦加剧，周人眼中的"蛮夷戎狄"逐渐出现了"戎狄豺狼，不可厌也"③的贬义色彩。

　　部族之间的差异并不能以单纯的"先进""野蛮"进行判断。苏秉琦在《中国文明起源新探》中提出文化区系类型学说④，把新石器时代的考古发现划分为六个区系类型；傅斯年提出"夷夏东西说"⑤；徐旭生提出华夏、东夷、苗蛮"三大集团说"⑥。可以看到，从氏族发展到国家的过程，也是中华文明发展的过程。"蛮夷戎狄"的史前文化并不落后。例如，龙山文化时期的蛋壳陶达到了我国史前制陶技术的高峰，红山文化的玉器制造技术十分高超，三星堆遗址出土的神树、青铜立人、青铜面具令后世叹为观止。从文字上看，"蛮夷戎狄"的释义侧重文化特征以及生存方式，不应该简单地视为价值上的贬低。"蛮"的字形结构，可能反映了养蚕和吐丝的过程。商周时期的"猃狁"亦可理解为从事狩猎的人群。《礼记·王制》中记载了"蛮夷戎狄"外貌特征与行为习惯的差别："东方曰夷，被发文身，有不火食者矣。南方曰蛮，雕题交趾，有不火食者矣。西方曰戎，被发衣皮，有不粒食者矣。北方曰狄，衣羽毛穴居，有不粒食者矣。中国、夷、蛮、戎、狄，皆有安居、和味、宜服、利用、备器。五方之民，言语不通，嗜欲不同。达其志，通其欲，东方曰寄，南方曰象，西方曰狄鞮，北方曰译。"汉代学者承认各部族能"安居、和味、宜服、利用、备器"，并没有对他们过分贬低。⑦

到春秋时期，"蛮夷戎狄"的生产方式已不仅仅依靠游牧，也包含农、渔、猎。在《逸周书·王会解》中记载了天子会诸侯时各部族所奉贡品，山戎的贡品为菽，说明这一时期山戎已具备种植豆类的生产条件。虽然人们会用"蛮""越"称呼吴国、越国和楚国的居民，但他们的文明成就非常突出，吴越的青铜铸造技术就是典型。湖北省荆州市望山楚墓群1号墓出土的越王勾践剑，体现了当时短兵器制造的高超水平。金属货币的使用，说明这一时期以货币为流通手段的商品交换是频繁的。研究者根据河北、山西等地出土的宽头尖首刀上的铭文，推断出肥、鼓、仇由、鲜虞为春秋时期白狄的分支，白狄诸国都在铸造发行货币。⑧义渠能够"筑城数十"；白狄的分支鼓国面对晋国围城，能够持续抵抗三个月。由此可见，春秋时期的"蛮夷戎狄"中，有些部族能筑城，从事农业生产；有些部族具有中原列国不具备的知识与本领；有些部族已经形成更为先进的思想。

驹支是春秋时期姜戎首领。在《左传·襄公十四年》中，晋国大夫范宣子指责驹支向楚国使者泄密，这一冲突被驹支成功化解。范宣子说，驹支忘记晋国分土地之恩，不像以前那样侍奉晋国国君，存有异心，于是不允许驹支参加向地的会盟。但驹支却回应得不卑不亢，他在感念晋惠公的恩德之余，说明所赐之地是"南鄙之田，狐狸所居，豺狼所嗥"，他们不仅"驱其狐狸豺狼，以为先君不侵不叛之臣"⑨，而且一直积极参加作战，并赋诗《青蝇》而退，讥讽范宣子轻信谗言的行为，有理有节。

介葛庐是春秋时东夷介国国君，据说他能听懂畜语。《左传·僖公二十九年》记载，他去朝觐鲁僖公，听到牛叫，指出这头牛所生的三头小牛都被人用来祭祀了，所以它发出这样的声音。后来人们发现，事实果然与介葛庐说的一样，人们不得不称奇。

邾文公是邾国国君，姓曹，名蘧篨。他主张把社稷和子民的利益放在首位，在得知迁都的占卜结果不利时，他说："苟利于民，孤之利也。天生民而树之君，以利之也。民既利矣，孤必与焉。"⑩ 这体现出朴素的民本思想。这位戎狄首领所具备的精神境界，远远高于同时代的不少君王。

驹支、介葛庐、邾文公三位戎狄之君见于典籍，作为春秋时期杰出的精英被人们称道。"蛮夷戎狄"为中华文明的形成发展作出了巨大贡献，是中华民族的重要构成。

▌注　释

① 徐元诰集解，王树民、沈长云点校：《国语集解》，中华书局2002年版，第3页。

② 赵岐注，孙奭疏：《孟子注疏》卷八上《离娄章句下》，阮元校刻《十三经注疏》（清嘉庆刊本），中华书局2009年版，第5927页。

③ 杜预注，孔颖达疏：《春秋左传正义》卷一一"闵公元年"，阮元校刻《十三经注疏》（清嘉庆刊本），中华书局2009年版，第3867页。

④ 苏秉琦：《中国文明起源新探》，生活·读书·新知三联书店2000年版，第35页。

⑤ 傅斯年：《民族与古代中国史》，上海古籍出版社2012年版，第63—71页。

⑥ 徐旭生：《中国古史的传说时代（增订本）》，文物出版社1985年版，第37—39页。

⑦ 郑玄注，孔颖达疏：《礼记正义》卷一二《王制》，阮元校刻《十三经注疏》（清嘉庆刊本），中华书局2009年版，第2896页。

⑧ 黄锡全：《从尖首刀面文"邦""鼓"等谈到尖首刀的国别、年代及有关问题》，《中国钱币》1998年第2期。

⑨ 杜预注，孔颖达疏：《春秋左传正义》卷二三"襄公十四年"，阮元校刻《十三经注疏》（清嘉庆刊本），中华书局2009年版，第4246页。

⑩ 杜预注，孔颖达疏：《春秋左传正义》卷一九"文公十三年"，阮元校刻《十三经注疏》（清嘉庆刊本），中华书局2009年版，第4022页。

北京师范大学历史学院　李凯

来自"蛮夷"之地的博雅君子
——季札

春秋时期吴国有一位博雅君子，司马迁如此评价他："延陵季子之仁心，慕义无穷，见微而知清浊。呜呼，又何其闳览博物君子也。"① 延陵季子即季札，因受封于延陵一带（大约在今常州、江阴等吴地沿江地区）而得名。季札不仅品德高尚而且渊博睿智。司马迁为什么如此肯定他呢？

季札是吴太伯的后人，和周王室同宗。吴太伯（又作泰伯）、仲雍和季历同为公亶父的儿子，公亶父想立季历和他的儿子昌。太伯察觉到了父亲的想法，便和仲雍来到荆蛮之地，将之命名为"句吴"。孔子认为太伯"可谓至德"，曾"三以天下让"。这种美德由季札传承了下来。

季札是吴王寿梦的四子，也是寿梦眼中合适的继承人。但季札坚决不要君位，于是寿梦的长子诸樊即位。诸樊在除丧之后又向季札提出让位，他仍推辞说道，曹国的国君曹宣公死了，诸侯与曹人认为子臧适合当国君，子臧一听赶紧远离了曹国，君子认为子臧"能守节"。所以季札也愿效法子臧，追求子臧的节义，避免因继承纠纷带来的国家动荡。

诸樊去世，传位给弟弟馀祭，并授意通过"兄终弟及"的方式，一定使王位传给季札。这样既遵循了先王寿梦的意愿，又成全了季札的道义。《春秋公羊传》中记载，这些哥哥们甚至"轻死而为勇"，在每顿饭前祷告说，"天苟有吴国，尚速有悔于予身"②，让季札赶紧继位。馀祭、馀昧相继去世后，没想到季札再次推让，吴人于是立馀昧之子为吴王，就是后来被专诸刺杀的吴王僚。这中间，季札"弃其室而耕"，曾逃归延陵，像他的先祖太伯一样。

春秋时代，祸起萧墙的事件屡见不鲜，郑伯克段于鄢、骊姬之乱、曲沃代翼……在内乱的相残过程之中，季札和他兄弟之间的逊让之德显得弥足珍贵，这深刻地影响了吴文化。有人形容，他以"让"德显天下，受其教者，无论智愚贵贱，皆重大义，轻禄位，"以推梨让枣为足钦，夺刍攘骨为可耻"。这样季札之道推而广之，可以无争，无争就无刑罚，无刑罚就无战乱，那么他所泽及后世的，岂止是"疗疾苦"和避免兵争呢？这就是后人无比钦佩他的原因。

为了帮助新立的国君与诸国交好，季札离开吴国到中原进行聘问。他"见微而知清浊"，与中原贤士交流，品评人物，向中原诸国展示吴地风貌，消弭"荆蛮"文化落后的印象。

来到鲁国，季札见到叔孙穆子（即叔孙豹），十分投缘，提及"君子务在择人"的话题；来到齐国，见到当时即将被齐景公召回执掌国政的晏婴，也一见如故，便劝他尽快交还封邑和政权，晏婴深以为然。最终果如季札所设想的那样，晏婴免于祸难。季札继而聘问郑国，他赠送给子产礼物，并叮嘱他执政以礼，谨慎处事。他以敏锐的政治嗅觉，感知到郑国祸难将至。到达卫国后，季札与蘧瑗、公子荆等人相谈甚欢，坦言道："卫多君子，未有患也。"③聘问晋国时，季札十分欣赏赵文子、韩宣子、魏献子，对政治形势洞若观火，预言晋国的政权大约归于三家。

季札从卫国去晋国的时候，路途中在戚地住宿。戚地是卫国大夫孙林父的封邑。孙林父为人傲慢，曾经出使鲁国时与鲁襄公并行登殿，十分失礼；还攀附晋国，逐君叛卫，干扰国君废立。季札路过戚地时，忽闻钟声，他感叹：奇怪啊，我听说发动变乱而不修德，必定遭到杀戮。孙林父见罪于国君，害怕还来不及，又有什么脸皮可以寻欢作乐的呢？国君还未出殡，难道可以这样吗？于是便不在此地停留，孙林父听到这番话，终生不听琴瑟。足见其"见微而知清浊"背后，是博洽多识的渊博和"贤士安国"的机敏。④

聘问中原的过程中，很被人称道的，就是季札出使鲁国时观周乐的故事。在这一过程中，季札展示了他对周乐的熟悉及精妙理解，被后人认为，他的言论是现存的我国古代首篇乐评。季札观《韶箾》、听《唐风》，仰慕陶唐氏和大禹的典范；听《周南》《召南》《豳风》《秦风》，感怀周王朝的鼎盛往昔；听《邶风》《鄘风》《卫风》《齐风》《魏风》，赞扬诸侯国国君的贤德。⑤ 这是一个来自南蛮之地的吴人，在展示他对中原礼乐文化的理解与高度认同，传达出重贤尚德的价值取向，以及"节有度，守有序"的中和审美态度。

在出使途中，他北行路过徐国。徐君十分喜欢他的佩剑，但并未说明。季札心里清楚，但因为有出使上国的任务，不便把宝剑献给徐国国君。等到回到徐国之时，徐君已经去世了。季札十分悲痛。他到徐君墓地吊唁，解下身上的佩剑，挂在了墓前的树上离去了。有人问他："徐君已经去世了，您这把剑还要送给谁呢？"季札回答说："当初我心里实际上已经把剑给他了。现在不能因为他去世，就违背我原先的心意。"可见季札的守信，即便是心里允诺也会遵守。

晋朝陆机的《吴趋行》曾评价道："穆穆延陵子，灼灼光诸华。"⑥季札所展示出的逊让、博洽、重诺，植根于自太伯以来的文化传统，生长于中原文化的温床中。在交往交流交融中，人们改变了对吴国"蛮夷之邦"的认识。在礼崩乐坏的春秋时代，季札"高节显于华夏"的表现，正所谓"礼失求诸野"，构成了解读中华优秀传统文化的重要维度。

▌注　释

　　① 司马迁:《史记》卷三一《吴太伯世家》,中华书局 1959 年版,第 1475 页。

　　② 何休注,徐彦疏:《春秋公羊传注疏》卷二一"襄公二十九年",阮元校刻《十三经注疏》(清嘉庆刊本),中华书局 2009 年版,第 5023 页。

　　③ 杜预注,孔颖达疏:《春秋左传正义》卷三九"襄公二十九年",阮元校刻《十三经注疏》(清嘉庆刊本),中华书局 2009 年版,第 4361 页。

　　④ 司马迁:《史记》卷三一《吴太伯世家》,中华书局 1959 年版,第 1475 页。

　　⑤ 杜预注,孔颖达疏:《春秋左传正义》卷三九"襄公二十九年",阮元校刻《十三经注疏》(清嘉庆刊本),中华书局 2009 年版,第 4356 页。

　　⑥ 郭茂倩编:《乐府诗集》卷六四《杂曲歌辞》四《吴趋行》,中华书局 1979 年版,第 934 页。

北京师范大学历史学院　李凯

一次失败叛乱造成的华夏文化大传播
——王子朝奔楚

　　2012 年 8 月 21 日，习近平同志在国际天文学联合会第 28 届大会开幕式上的致辞中提到："早在 2300 多年前，中国伟大的诗人屈原就发出了'遂古之初，谁传道之？上下未形，何由考之？'的著名'天问'。"屈原是楚国的大诗人，他写的《天问》是《楚辞》中的名篇，辞藻华丽、文采绝伦的《楚辞》是先秦文学的最高峰之一。孕育了《楚辞》的楚国，无疑是文化昌明之地。然而，也会有人想到春秋时期楚武王自称"我蛮夷也"，楚人以蛮横粗野的态度对待周边的邦国。从文化上看，楚国似乎分为前后两个阶段，前一个阶段呈现出一种粗放的形态，而后一个阶段则是文化高度发达的形态。这其中的转折点，来源于春秋晚期周王朝的一次内乱。

　　周王朝的内乱为何会造成楚国文化的大发展？这要从内乱的主角王子朝讲起。王子朝是周景王的儿子，很受父亲的宠爱。周景王本想立王子朝为储君，但因突发心疾去世而未果。而后拥戴王子朝和反对王子朝的势力就展开了旷日持久的斗争，周王朝出现了王子朝与周敬王二王并立的局面。王子朝是一位很有文化修养的人物，吸引了很多周王朝的卿大夫归附于他，比如召氏、毛氏、尹氏、南宫氏这些从西周时期就很有权势的大族都有人支持王子朝，因此他一度在内乱中占据上风。不过，春秋时期的周王朝实际上已经是一个仰晋国鼻息的小邦，晋国不支持王子朝而支持周敬王。在经历了19年的分裂后，周敬王终于在晋国的支持下取得了胜利，而王子朝及其支持者们只得出奔到晋国的对手楚国那里。

王子朝失败时，写下了一封《告诸侯书》（《左传·昭公二十六年》）。从文学角度讲，这是先秦散文的经典之作，只不过因为王子朝是政治斗争的失败者，此文历来不被人重视。但这封《告诸侯书》足以说明王子朝是一位文化修养极高的贵族。这一点非常关键，因为王子朝出奔楚国时，还不忘"奉周之典籍"。

此时距离周王朝建立已大约500年，即使平王东迁后周王朝的实力已大不如前，但仍然是天下的文化中心。纵然是强大的晋国，在文化上也远不是周王朝的对手。晋国人引以为傲的"范武子之法"，是范武子出使周王朝被周定王教育后，决心"讲聚三代之典礼"而修成的法典（《国语·周语中》）。晋国的中兴之主晋悼公，也是长期"留学"于周王朝的优秀人才。王子朝的父亲周景王，在面对晋国使臣籍谈时痛骂他忘记了自己祖先的职守，给后世留下了"数典忘祖"这个成语（《左传·昭公十五年》）。

可以说，此时的周王朝，除了一点天子法统外，最核心的竞争力就是冠绝天下的文化，而这些文化的载体，就是数百年积累下来的"周之典籍"。王子朝带着这些典籍到了楚国，人为地造成了一次华夏文化的大传播。十余年后，失去利用价值的王子朝被楚国抛弃，周敬王派人去楚国将之杀死。但王子朝带去的这些典籍给楚国留下的影响不仅没有消弭，反而十分显著且深远。

在王子朝奔楚之前，包括楚王在内的楚国贵族多呈现出一种十分粗放的文化气质。比如春秋五霸之一的楚庄王，听说自己的臣下申舟在出使途中被宋国人杀掉，气得瞬间暴走，光着脚往外跑，一直跑到郢都闹市区，他的座驾才追上他（《左传·宣公十四年》）。又比如曾担任楚国最高军事长官（司马）的子反，居然在楚王宴飨晋国卿大夫郤至的国宴上搞恶作剧，在宫殿的地下室里提前布置了编钟乐队，郤至上殿时突然脚下声乐大作，吓得他转身就跑（《左传·成公十二年》）。仅仅在王子朝奔楚的约 20 年前，晋国的上卿韩起和上大夫叔向出使楚国，楚灵王为了羞辱晋国，居然打算砍掉韩起的腿，让他做看门人；阉割掉叔向，让他做宫中内侍（《左传·昭公五年》）。由此可见，楚国的贵族阶层中虽不乏聪慧能干之人，但较少受礼乐文化的影响，在文化上还是相当粗粝的。

王子朝"奉周之典籍"出奔楚国后，楚国君主的气质就大不一样了。楚灵王的侄子楚昭王晚年病重时，曾卜问疾病的来源，结果是"黄河之神作祟"。卿大夫们都要求祭祀黄河以求平安，但楚昭王坚决拒绝了。他的理由是"三代以来的祭祀，都不能越过国家的边界"，而黄河在楚国边界之外，不在楚国人能够祭祀的范围之内。孔子对此大加赞赏，认为楚昭王是懂得"人道"的（《左传·哀公六年》）。孔子所认为的"大道"，就是周王朝的礼制。楚国早已称王，此前的楚王并不在意周王朝的政治秩序，屡屡有问鼎中原、争夺天下的志愿，何曾被三代以来的礼制所束缚？楚昭王深信"大道"且践行"大道"，很显然受到了礼乐文化的深刻影响。

从 20 世纪后半叶开始，楚地陆续发现了很多竹简帛书，其中有不少是早已失传的上古诗书典籍。譬如"清华简"《周公之琴舞》，是一组乐诗，其中大部分不见于《诗经》。李学勤先生曾推断，《周公之琴舞》之所以流传到楚地，"可能与周王朝发生的王子朝之乱有关"①。战国楚简中还有一些《尚书》《逸周书》的佚篇或体裁与之接近的文献，其来源大概也是王子朝带到楚地的"周之典籍"。

有了如此丰富的文化财富，战国时期的楚国孕育出屈原、宋玉这样的大文学家，产生《楚辞》这一中华民族文学瑰宝，也就是顺理成章的事情了。《楚辞》固然有浓厚的楚文化色彩，但如果没有大量华夏文化中神话传说、历史故事和名物典章，恐怕也很难登堂入室成为先秦文学的高峰。尤其是《天问》，名为诗篇，实为一部天文地理和历史传说的百科目录，除非有极其丰富的典籍文献作为支撑，否则绝不可能提出这些问题。其中保留的一些历史信息，在其他先秦典籍中都是见不到的。我们甚至可以想象，屈原进入楚国藏书秘府中阅读那些数百年前保存下来的"周之典籍"，在文化知识大大丰富的同时也对这个世界产生了更多的疑问，这些疑问日积月累下来，形成了亘古至奇之作《天问》。

王子朝携周王朝典籍出奔到楚国，堪称中国历史上第一次"衣冠南渡"。虽然这次"南渡"的人很少，但这些人带过去的"周之典籍"深刻地影响甚至改变了楚国上层贵族的文化面貌。楚地本来在华夏文化圈的边缘若即若离，在此之后不仅成为华夏文化圈的一部分，还孕育出颇具地方特色的高度发达的楚文化。楚人融入华夏共同体具有重大意义，这是先秦时期华夏文化圈最大规模的一次扩展，此后南方的百越、滇地更深刻地受到华夏文化的影响并频繁交往交流交融，都是在此基础上得以进行的。

▌注　释

① 李学勤：《新整理清华简六种概述》，《文物》2012 年第 8 期。

北京师范大学历史学院、北京师范大学史学理论与史学史研究中心

刘卓异

春秋时期华夏认同形成
与发展的原因

　　华夏是中华民族的滥觞。春秋时期是华夏形成的重要阶段，表面上看，此时期文献中有不少对"华夷"冲突（华是指华夏，夷指古代华夏对异于自我之他者的统称，有时也称为"夷狄""蛮夷戎狄"等）的记载，强调不同人群的区分，这似乎符合当时人群矛盾加剧的现实。但仔细看，其中蕴含着更深刻的融合与团结。第一个层面，华夷冲突肯定了华夏内部的"合"：华夏共同体已经初步形成，内部已产生了认同——尽管华夏认同的根源可能追溯到更早，但现存文献中最早的"华夏""夷狄"等概念就出现在这一时期。第二个层面，"华夷之分"也蕴含着华夏与夷狄的融合，因为区分并不排斥二者相互转化的可能，自认为华夏的人不断与所谓的夷狄发生接触与交流，后者逐渐华夏化并产生了华夏认同；发展至战国时期，大量夷狄已融入华夏之中了。在此判断的基础上，我们结合史事不难发现，春秋时期乃至此后，华夏共同体在冲突背景下能够不断发展，与以下两个特点密不可分。

　　第一，华夏存在的根基在于政治、文化认同而非血缘认同。

　　华夏的文化认同内容丰富，既基于语言、饮食、农耕等生产、生活因素，更与礼乐制度密不可分。由于文化是后天习得的，华夏认同也具有灵活性，反映出华夏是一个开放而非封闭的共同体。于时人而言，是否认可与接受华夏文化则是判断其属于该共同体与否的首要标志：原先的夷狄人群在采用华夏文化后，有被接受为共同体成员之可能；而抛却共有文化的华夏成员，则会被排斥出共同体。这一标准首先被华夏人群所认可。《左传》记载，伊川地区（这是华夏活动的核心区域）有部分人使用夷狄礼仪，这被华夏贵族视为该地区即将夷狄化的标志，理由是"其礼先亡"（《左传·僖公二十二年》）。同时，文化标准也被夷狄所接受，春秋时期，不少夷狄贵族接受了华夏礼仪乃至价值观，如戎狄的一支——姜戎的首领戎子驹支，一方面他宣称自己身为夷狄，语言、习惯等与华夏有显著差异；另一方面，他却能引用华夏的《诗经》文句表明心志。南方的楚国人曾被华夏人群视为夷狄，但其国君楚庄王不仅熟知华夏文献，更自觉地以周人的"德"约束自身，他也被后世视为春秋五霸之一。以文化作为判断华夏与否的标准，得到了华夷人群的共同认可。因此，接受保持华夏文化，是华夏凝聚自身、夷狄融入华夏的最重要手段。

政治上的密切联系是华夏文化认同能够形成与存在的前提，这不仅是因为华夏的文化建立在以周天子为核心、受封诸侯为骨干的政治架构内，也是因为现实中政治联系的扩大，促进了华夏政治观念的发展，华夏人认可自身的政治统治权力，且认为夷狄生活在同一"天下"之中，这就为人群之间的融合打开了通路。

政治凝聚也是华夏认同的重要目标之一。礼乐文明的核心要素之一，便是在等级制下维护华夏的政治秩序。春秋时期，当华夷冲突剧烈之时，华夏曾经的核心——周天子已经威信扫地，甚至出现了天子被诸侯国大夫击伤的情况，但具有政治属性的礼乐制度却被不少人认可与继承，特别是维护最高政治权威的传统得以保持，这背后反映的是共同利益及认同。晋国、齐国等华夏诸侯国，形式上仍然认可周礼与周天子，并对周王权保持形式上的尊重，这有助于联系各诸侯国。而此时，强大诸侯国进行争霸的目标之一也是维系华夏的生存，如齐桓公能团结各诸侯，北抗戎狄，南御强楚，维护了华夏的活动空间，故而被诸侯拥戴为霸主。

华夏的政治传统甚至被某些夷狄贵族所接受，春秋时期"楚庄王问鼎"之传说，既反映出曾被视为夷狄的楚庄王，已部分地承认华夏的最高权威，更反映出楚人试图通过夺取最高权力的象征物——鼎，获取统治的合法性，这正是楚人认同华夏政治文明的表现。及至战国时期，尽管周天子权威彻底丧失，但战国七雄均以获得最高统治权为目标；取得胜利的秦，更是通过一系列措施，在广泛意义上实现了华夏的统一。

与政治和文化相比，血缘对于华夏共同体的形成虽具有一定意义，但重要性有限。华夏承认同姓人群的血缘联系，同姓贵族即使来自不同诸侯国，也易产生亲密感，春秋时期所谓"诸姬"（即多个姬姓诸侯国的统称，常与他姓人群对立而言）概念产生的背景就是如此。此外，先秦流行异姓通婚，使得华夏可通过联姻得以巩固和发展。不过，血缘毕竟不是华夏认同的最核心标准，如黄帝作为华夏共同体的共同祖先，这在后世被广泛接受，但此观念形成较晚，它更像是华夏共同体稳定后的产物而非其形成原因。春秋时期，部分属于同姓的人群，却分别隶属华夏和夷狄，如同为姜姓，有些人是华夏齐国的贵族，有些人则被视为夷狄，可见以血缘为标准判定华夏身份并不可靠。从本质上看，血缘对华夏认同的意义主要是联系的纽带，而非障碍与界限，华夏人并不以血缘界限阻止其他人群融入自身，相反，春秋乃至后世，部分夷狄在政治、文化认同华夏的基础上，构建起与后者的血缘关系，以达到获得华夏身份的目的；某些建构的血缘甚至得到华夏人群的认可，这正是华夏对夷狄融入自身的接受。

第二，华夏人群对共同体的发展趋势有明确倾向，即希望自身不断发展壮大，并对此怀有强烈信心；而不少"夷狄"也有积极融入华夏的愿望。

春秋时期，华夏文化确实具有一定的先进性。尽管文化交流常表现为双向甚至多向的融合，但华夏历史积淀深厚，产生了灿烂的文化成果，特别是其具有较系统的礼乐制度，在当时备受"夷狄"的推崇，前述楚庄王、戎子驹支等人，均主动学习华夏文化，并进而认同华夏。而华夏人群则相信自身文化具有较强穿透力与吸引力，也希望通过文化实现对其他人群的教化，以达到更深远的政治目的，这就是孔子所说的"远人不服，则修文德以来之"（《论语·季氏》）。此外，这一时期的政治、军事形势处于变化之中，华夏在与夷狄的竞争中逐渐取得并扩大了优势，进一步提高了华夏文化的地位，增强了华夏人群的心理优势。

华夷的转化，在先秦时期不仅存在，甚至曾发生在同一人群身上，如周王室是华夏共同体的重要内核，但周人祖先曾经出现过夷狄化现象，周人不否认这段历史，但更颂扬能够恢复农耕和定居传统的先祖，因为他们对华夏共同体贡献巨大。在儒家经典中，《公羊传》等作品，对能够华夏化的夷狄给予了积极评价；孟子也称"吾闻用夏变夷者，未闻变于夷者也"（《孟子·滕文公上》），欣赏夷狄向华夏的转化，这都是此倾向的明确表现。此态度不仅表明了华夏共同体的开放性，也促使越来越多其他人群融入华夏之中。

先秦时期华夏认同的形成与发展史，对中国历史产生了深远影响，尽管在当时和后世的某些时期，不同群体之间的冲突也曾很严重，但主流方向仍是华夏共同体的不断稳固和发展，特别是不少过去被视为夷狄的人群，都因为政治、文化认同而逐渐融入华夏之中，并被华夏人群所接受，这些对中华民族的历史发展具有重要意义。

北京师范大学历史学院、北京师范大学史学理论与史学史研究中心

李渊

楚庄王的政治文化认同与其历史意义

　　楚庄王是春秋时期楚国的君主，被称为"春秋五霸"之一。据《左传》记载，楚庄王，名旅，鲁文公十四年（公元前 613 年）立，卒于鲁宣公十八年（公元前 591 年）。他在位期间，楚国势力迅速扩张，积极向中原发展，与其他诸侯国的交流日益频繁。在此过程中，庄王并非只倚重武力，利用对周的政治与文化认同也是其参与角逐的手段之一，这对推动人群融合具有重要意义。

　　历史典故"问鼎中原"的主角就是楚庄王。《左传》记载，鲁宣公三年（公元前 606 年），楚庄王以征伐陆浑戎为由，挥师中原，在周王室疆域内检阅部队，并向周天子派来慰劳楚军的王孙满大胆询问"九鼎"之轻重。"九鼎"在当时象征着周王朝的至高权力，因此楚庄王的行为被后人视为意图取代周天子，但楚庄王在接待天子使臣时仍以臣下自居，其政治野心虽明显，却主要是言语试探。这反映出在形式上楚庄王不否认周天子的统治权，并力争更好地融入周共同体之中。值得关注的是，面对楚庄王的挑衅，王孙满提出"周德虽衰，天命未改"，他承认周的德性已衰败，但楚人尚不足以取代周王室的统治，楚庄王不应觊觎周鼎。[①]其中提到的德性与权力之关系，是周政治传统的重要特征，在西周初年的《尚书》篇章中已有体现。庄王并未反驳王孙满，更未用武力推翻周的统治，其行为可能受到现实的制约，但此时周天子已威信扫地，楚国力量也早已超过周王室，楚庄王此举也反映出其对周政治传统的认同。

楚庄王对周的文化认同也值得重视。鲁宣公十二年（公元前 597 年），晋、楚两军在今河南境内的邲地交战，这是双方的争霸战争。楚庄王利用对手弱点，果断出击，对晋军造成重创。战后，楚庄王拒绝用晋军尸体建造"京观"以宣扬武功。相反，他认为息战与和平才是合理选择，并解释"武有七德"，包括"禁暴、戢兵、保大、定功、安民、和众、丰财"，显然其内核在于政治安定与人民富足。② 庄王并未因为晋楚两国的敌对状态而排斥晋人，而是关注普通民众的利益，用一致的道德标准对待两国士兵。他的"武德"思想与周的传统也是一致的。在《尚书·泰誓》等篇章中，有"天视自我民视，天听自我民听"等语，③ 周人早就将天命与君主之德相联系，更指出后者要通过人民得以体现。庄王此处对"武德"的理解，是他积极追求"天命"的必然选择，也是他对周文化认同的充分展示。此外，楚庄王在阐述观点时，多次引《诗》中的文句，表明他不仅对周文化有深入了解，而且也能熟练运用，与中原贵族已无明显差异。庄王的言论发生在楚国君臣之间，是他真实的情感表达，是其自发的文化认同体现。

楚国曾与周王室和各诸侯国政治关系疏远，文化也有一定差异，因此长期被中原诸侯国视为"蛮夷"，但为何楚庄王对周的政治文化产生高度认同感？其中既有现实政治利益的驱动，也是楚庄王积极学习的结果。根据《国语》记载，《春秋》《诗》等文献，是当时楚国对贵族进行教育的重要资料，这为增进对中原的政治与文化认同提供了基础。

楚庄王的政治文化认同，对楚国乃至先秦历史具有重要意义。首先，它进一步改善了楚人长期被排斥的局面，为民族交融创造了条件。楚人曾长期受到中原诸侯国的歧视，尽管在庄王之前，楚国的周边环境已有一定改变，但庄王积极进取的行为，极大地提升了楚国地位，使楚国能更积极地参与中原事务，从而扩张了其势力范围，也为后世统一国家的形成做了一定准备。而在楚国自身发展过程中，庄王以政治文化认同作为依托，凭借武力和怀柔政策，推动原先依附于晋的陈、郑等国向楚臣服，客观上削弱了战争对各诸侯国造成的伤害，一定程度上有助于增强地区间联系与民族融合。在联系加强的同时，楚人也不断吸收中原文化以发展自身文化，使楚文化成为中华传统文化的重要组成部分，为中华民族的发展贡献了力量。其次，楚庄王的政治文化认同和楚国地位的改变，改变了当时中原诸侯国对楚国的认识，对促进民族交融具有积极意义。在楚庄王认同感日益增强的背景下，楚国的措施也引起了其他诸侯国的关注。尽管晋楚矛盾很深，但邲之战时，晋国将领士会还是称赞楚庄王"德立、刑行、政成、事时、典从、礼顺"，指出楚国的面貌已经与此前大不相同，楚人是值得尊敬的对手。在此基础上，加上楚国的实力，楚国的霸主地位也逐渐被各诸侯国接受，至楚庄王之子共王时期，仍能够利用其父余威会盟诸侯，这又进一步增进了诸侯国之间的联系，加强了先秦时期各区域间的关系，有助于消除差异、促进融合。

春秋时期是中华民族发展的重要阶段，以楚庄王为代表，楚、秦、吴等周边诸侯国的一批贵族不断提升自身对周的政治与文化认同，强化各自与中原诸侯国的联系，对加快民族融合与发展、推动秦汉大一统政权的建立具有积极影响。

▌ 注　释

① 杜预注，孔颖达疏：《春秋左传正义》卷二一"宣公三年"，阮元校刻《十三经注疏》（清嘉庆刊本），中华书局 2009 年版，第 4056 页。

② 杜预注，孔颖达疏：《春秋左传正义》卷二三"宣公十二年"，阮元校刻《十三经注疏》（清嘉庆刊本），中华书局 2009 年版，第 4087 页。

③ 孔安国传，孔颖达正义：《尚书正义》卷一一《泰誓》，阮元校刻《十三经注疏》（清嘉庆刊本），中华书局 2009 年版，第 385 页。

北京师范大学历史学院、北京师范大学史学理论与史学史研究中心

李渊

战国中山王：崇尚儒学的彬彬君子

　　大约公元前 8 世纪，在冀中平原崛起了一个由鲜虞部族建立的政权。鲜虞是白狄的一支，早期在今陕北晋西一带活动，后来迁徙到今太行山地区。鲜虞部族的名称就来自鲜虞水。鲜虞水即今源出五台山西南、流注滹沱河的清水河，这一带是鲜虞部族发祥地。春秋战国时期，鲜虞部族日益发展壮大，成为白狄诸部首领，建立了自己的政权——中山国。战国时期，中山国一跃成为"方五百里"的千乘之国，于列国争霸中崭露头角。

　　作为北方狄族的分支，战国时期的中山国仍然保持着明显的游牧民族文化特点和风俗，一派"大风飘谷，桑麻遍野，牛马杂牧，农畜并茂"的景象，社会风气也颇为开放。中山国统治者秉持原始的山神崇拜观念，最能代表其文化特色的山字形大铜翠高度近 1.2 米，重 56.6 公斤，造型庄重，立于木柱之上，排列在帐前，作为仪仗陈设，凸显了君王权威。[①] 翠是贵族彰显身份威仪的器物，列国君王普遍使用，中山王也不例外。为充分体现自身特色，他命人将铜翠首制作得很大，并且呈方正规矩的山字形，富有神秘感和震撼力。此外，还有祭拜山神的陶俑模型，奇巧别致。

　　1974 年开始，考古工作者在河北省石家庄市平山县勘探中山国都城——灵寿故城。该城面积约 18 平方公里，在城市功能、布局和规划等方面，与其他诸侯国都城无二，勘测发掘出城墙、宫殿区、官署区、手工业作坊区、居住区、王陵墓葬区等区域，② 分布合理，规划整齐，堪称冀中平原上一颗耀眼的明珠。故城遗址还出土了大量燕国、赵国的刀币，说明中山国与燕、赵等国存在着紧密的经济联系。

贵族墓葬中常见陶鼎、陶豆、陶壶，这是战国时期各诸侯国普遍盛行的礼器组合，可见华夏礼仪早已在中山国贵族的心中留下了深深的烙印，成为一种文化自觉和认同。在很多墓室里还随葬有石圭，这明显是受中原地区流行的石圭入葬风俗的影响，印证了各民族行合趋同的大势。

公元前 328 年，年仅 16 岁的太子舋（音 cuò）继承王位。由于祖桓公、父成公两代君主励精图治，王舋即位时，中山国正值鼎盛时期，在战国纷争的形势中，王舋开创了新局面，使得中山国与燕、赵、韩、魏"五国相王"。他平定燕国内乱，趁机占领了燕国大片疆土，就连周天子都派人给王舋贺功。兼并争霸、树立武功，是战国诸侯追逐的目标，王舋也不例外，与此同时，王舋还是一位效法周礼、崇尚儒学的彬彬君子。

王舋效法周礼表现在用鼎制度上，王舋墓中出土了多件青铜鼎，可细分为升鼎、陪鼎、细孔带流鼎三种。其中，最能代表墓主身份的礼器当属 9 件升鼎，它们虽为拼凑的一套，但尺寸依次缩小排列，内盛有猪肉、羊肉和肉羹等熟牲肉。③ 除青铜鼎之外，还出土了各种青铜器具，有铜鬲、铜甗、铜豆、铜簠等配套的食器，铜壶、铜鐎等酒器，铜盘、铜匜等水器，功能齐全、礼仪完备，与同时期中原诸侯国君的礼用器物一般无二。

"郁郁乎文哉"的人文精神，是周文化的内核，整个周代最能体现这种精神的载体就是青铜器铭文，即金文。中山王舋墓中出土的铜鼎、方壶和圆壶，皆有长篇刻铭，被誉为"中山三器"。尤其是铜鼎铭文，字数多达 469 字，仅次于台北故宫博物院收藏的毛公鼎，是目前所见的商周青铜器铭文长度第二的器物，是异常珍贵的历史资料、国之瑰宝。

"中山三器"铭文的内容，主要是赞颂王𰯎的功勋伟业和良行美德，强调儒家的忠信礼义，文辞雅驯，古韵十足，很多字句辞例与《论语》《诗经》《礼记》《周礼》《左传》等儒家经典高度相似，由此可见中山王𰯎崇尚儒学、尊崇儒家的执着和品位。铭文内容不仅洋溢着大道人伦的思想，而且铭文的书法水平在当时也堪称一流。铭文字体接近三晋文字，修长匀称，素雅明快，装饰意味浓厚，颇具悬针篆色彩。

除了文字材料之外，中山王𰯎墓中还出土了大量玉器。如果按照广义宝石类的概念统计，加上水晶、玛瑙、石器，多达1000余件。④ 这在同时期的诸侯王墓中是独一无二的。这些玉器既有专门用于陪葬的，也有随身佩戴的，其中有很多是中山王生前喜爱收藏的，它们的形制纹饰及使用方法与中原地区基本相同。

中山国地处燕南赵北之地，深受中原文化熏陶。中山王𰯎的外在行为、思想观念和审美追求深受中原文化濡染，中山国也与各诸侯国拥有共同的文化底色。"地薄人众""悲歌慷慨"，是汉代学者对今河北地区古国民风的描述。值得注意的是，在《史记·货殖列传》中，司马迁称这片区域为中山国，但到了东汉时期，班固撰《汉书·地理志》时，在中山国的前面加上了"赵"。从这一微妙变化亦可以看出，随着历史的发展，中原地区早已视中山国为浑然一体的家邦。

▌注　释

① 河北省文物研究所:《𰯎墓——战国中山国国王之墓》，文物出版社1995年版，彩版一。

② 中国社会科学院考古研究所:《中国考古学·两周卷》，中国社会科学出版社2004年版，第245—248页。

③ 河北省文物研究所:《𰯎墓——战国中山国国王之墓》，文物出版社1995年版，第110、111、114页。

④ 河北省文物研究所:《𰯼墓——战国中山国国王之墓》，文物出版社1995 年版，第 508 页。

北京师范大学历史学院　田率

赵武灵王胡服骑射

中国古代的经学家很早就注意到一个现象，就是"经典无'骑'字"。①所谓"经典"，即"六经"，就是中国最早的几部典籍，包括《尚书》《易经》《诗经》《春秋》《仪礼》等。这些典籍，大多都是西周春秋时期成书的，其中从未出现过后来十分常见的"骑"字。为什么会出现这种现象呢？主要是因为在战国之前生活在中原地区的人并不会骑马，自然也无从发明出"骑"这个字。

中华先民驯养马的历史是很久远的，至迟在商代已经开始使用马车。当时贵族日常出行会用马，但不是骑马，而是用马拉车，大多数时候是四匹马拉一辆车，周天子的马车会用六匹马。商周时期的战争中也使用马，但同样不是骑马，而是用四匹马拉一辆战车。战车很小，上面却要站三个人，居中的一位叫"御者"，必须由训练有素的驾车能手担当，他要同时操纵四匹马驾车在战场中纵横奔驰；站在左边的叫"车左"，由神箭手担任，他手持弓箭，负责远距离攻击；站在右边的叫"车右"，由一位大力士担任，他手持戈，负责近距离攻击，如果车陷进泥坑里，他还要下来推车。在战车后面，还跟着若干名步兵，以配合战车行动。

四匹马拉一辆小车，速度是飞快的。这要求车上的三位战士必须有出色的身体素质、高超的作战技能和默契的战场配合，这需要有良好的生活条件和长期训练才能实现。因此，车兵基本都是由贵族担任。周代贵族接受教育时要学习"六艺",包括礼、乐、射、御、书、数,其中"射"和"御"都与车战有关。

相对于单纯的步兵,四匹马、一辆车、三位训练精良的车兵加若干步兵构成的战争机器的速度和冲击力显然是压倒性的。所以,在相当长的时间里,车战都是中原大地上最主要的战争方式。但是,车战的问题也很明显,这些问题随着华夏文化圈的不断扩展而逐渐被放大。

首先,车战必须在相对平坦宽阔的平原上进行,土地略有起伏就会影响战车的行进。比如齐晋鞌(ān)之战中齐国大败,晋国借机要求

战国晚期战车复原图②

齐国将境内的农田田垄都改为东西向,其目的就是方便晋国自西向东进攻齐国。(《左传·成公二年》)由此可见,连小小的田垄都会影响战车行进,如果遇到更显著的地形变化,战车基本是无法发挥作用的。另外,车战必须在植被稀少的旷野进行,如果树木茂密,缰绳就很容易被树枝挂住,导致车马无法运动,春秋初年的晋哀侯就是因此被杀掉的。(《左传·桓公三年》)

当华夏人群主要活动在中原大平原时,车战是很好的作战方式;但在水网密布、植被茂盛或山岭纵横的地形中,车战是无法适应的。正如顾炎武所说:"春秋之世,戎狄之杂居于中夏者,大抵皆在山谷之间,兵车之所不至。齐桓、晋文仅攘而却之,不能深入其地者,用车故也。"③(《日知录》卷二十九)实际上在晋文公时,为了应付居于山林之中的戎狄,就进行了一次划时代的军制改革。晋文公在晋国军中建立步兵建制——三行,包括中行、右行、左行三支纯粹的步兵部队。春秋时期华夏人群开始成规模使用步兵,受到了戎狄的直接影响。

三家分晋后,赵国继承了晋国北部的土地。此时,华夏文化圈已经向北大大扩展,接近了北方大草原,而赵国正是直面北部草原游牧民族的列国之一。当时赵国北面有东胡、楼烦、林胡三个精于骑射的游牧部族,统称为"三胡",时常骚扰赵国的北境。面对来去如风的游牧骑兵,战车与步兵都难以与之对抗。因此,赵武灵王不顾强大的反对力量,毅然开展了"胡服骑射"改革。

所谓"胡服",就是要求战士不再穿华夏传统宽袍大袖的衣服,改穿北方游牧民族的窄袖短衣,这样就大大提升了战斗时的灵便性。"胡服"改革对中华民族的衣冠文化有深刻的影响,我们今天所熟知的很多传统服饰的要素,其源头都是"胡服"。比如赵武灵王效仿北方游牧民族冠帽而形成的"貂蝉冠",即前插貂尾为饰的帽子,很长时间里都是中原王朝官员的官帽;又如靴子,也是北方游牧民族的产物,华夏人群原本只穿履而不穿靴,赵武灵王"服靴"之后,靴子很快在华夏文化圈中普及开来。其他例子还有很多，王国维先生曾写过《胡服考》④，有很详细的讨论。

"胡服"的目的，是为了服务于"骑射"。赵武灵王模仿北方游牧民族骑兵的训练和装备，组建和训练了一支强大的骑兵部队。赵武灵王攻占原阳，利用这里的广阔丰美的草原养马练兵。兵源主要通过招募边地善骑之民、招揽收编胡人骑兵等方式进行扩充。马匹则主要依靠胡马，因为中原马匹长期用于驾车，并不适宜直接用作骑兵战马。很快，赵国就有了一支强大的骑兵部队。

"胡服骑射"改革的成功，标志着中国古代的战争方式开始由车战转向骑战，这在军事史上是有划时代意义的。战车具有很高的速度和冲击力，但机动性很差，且车兵的训练极为严苛，需要具有相当经济基础的贵族子弟经过长期训练才能胜任，这就严重限制了兵源；步兵机动性好，训练相对简单，但速度与冲击力很不足；骑兵则兼具速度、机动性与冲击力，骑术虽然也要经过训练，但相比于车兵训练要简单许多。因此，骑兵出现后，其巨大的优越性很快体现出来。在赵武灵王推行胡服骑射后不久，就攻灭了赵国百余年的心腹之患中山国；向北驱逐"三胡"，将代地纳入赵国的疆域。此后赵国北御匈奴、西抑强秦，凭借的都是这支强大的骑兵部队。在秦始皇陵兵马俑中，也有骑兵部队；到了汉代，车战已经基本退出战争舞台，卫青、霍去病北击匈奴，主要依靠的也是骑兵。此后，骑马成为中华民族最主要的出行方式之一，骑兵也成为中国古代最主要的精锐兵种。

习近平总书记在2019年9月27日全国民族团结进步表彰大会上的讲话中指出，"中华文化之所以如此精彩纷呈、博大精深，就在于它兼收并蓄的包容特性"，并以"赵武灵王胡服骑射""中原盛行'上衣下裤'、胡衣胡帽"为例进行说明。"胡服骑射"确实在中国古代各民族交往交流交融的历史画卷中留下了浓墨重彩的一笔，是各民族共同创造中华文明的典型历史事件。

▊ 注　释

---

① 杜预注，孔颖达疏：《春秋左传正义》卷五一"昭公二十四年"孔疏，阮元校刻《十三经注疏》（清嘉庆刊本），中华书局 2009 年版，第 4583 页。

② 刘永华：《中国古代车舆马具》，清华大学出版社 2013 年版，第 123 页。

③ 顾炎武著，陈垣校注：《日知录校注》，安徽大学出版社 2007 年版，第 1654 页。

④ 王国维：《观堂集林》，中华书局 1959 年版，第 1069 页。

北京师范大学历史学院、北京师范大学史学理论与史学史研究中心

刘卓异

秦始皇"书同文字"

秦始皇是一位有争议的历史人物，但他统一天下后推行的"书同文字"政策在历史上并没有什么争议。从古至今，人们都将"书同文字"看作秦始皇最重要的历史贡献之一。"书同文字"的意义，不仅在于加强中央集权、维护国家统一，也在于这是一项在漫长的历史中保证中华民族得以凝聚团结的关键举措。

在春秋战国漫长的历史时期，中华大地上的文化发展呈现出两种趋势：一种是统一，另一种是分裂。由于西周王朝的影响，天下一统的观念有深厚的历史渊源，在很大程度上深入人心，是主流的思想观念；但同时也要看到，由于长时间的分裂和对峙，列国之间文化的差异也逐渐凸显。这两种趋势在语言文字上都有所表现。

上古三代以降，远方与中原沟通交流，需要"重译"才能实现。所谓"重译"就是经过不同语言的辗转翻译。而华夏诸国的语言文字相同，距离再远也无须"重译"。据《左传》记载，春秋时诸夏贵族相会，周旋揖让，每每要赋诗言志，所用的言语称"雅言"。可见，在华夏之间言语是相通的。周天子和华夏诸侯的周边居住着众多的"蛮夷戎狄"族群，他们与华夏虽然有"言语不达"的情况，但好像也无须"重译"，这说明他们很可能是使用双语的。《左传》有"驹支不屈于晋"一节，记载春秋前期晋国与"戎狄"的一次相会。晋国执政的范宣子恃强凌弱，无理责难戎子驹支。驹支当场辩驳，通篇言辞委婉却正气凛然。结束后，"赋《青蝇》而退"。身为"戎狄"君长，能当场作长篇论辩，还能赋诗言志，这足以令人惊奇了。《青蝇》的主旨是警惕谗言，和睦友邻，用来讽喻范宣子的无礼行为再恰当不过了。由此可见，当时的"戎狄"上层人士不但能操雅言，还有很高的华夏文化修养。

《左传》记载，吴国被认为是"蛮夷"，春秋中后期，吴国的公子季札在鲁国庙堂上当众对代表华夏文化最高成就的礼乐发表评论，其见解之深刻，评价之中肯，让深谙周礼的鲁国贵族大为叹服。而同样被认为是"蛮夷"之邦的楚国，同一时期有能读懂《三坟》《五典》《八索》《九丘》的人才，这也让诸夏使者大为惊讶。其实，长期以来所谓"蛮夷戎狄"与华夏诸国在政治、经济、文化、婚姻等方面交流颇多，言语相通也就不奇怪了。

《诗经》的《国风》涉及十余国，采自各地的诗歌韵脚大体相同，说明当时各地的语音是大同小异的；战国时期，合纵连横，策士周游列国，纵横捭阖，他们在七国君主面前，铺张扬厉，施展辩才，从文字史料中看不出有任何语言障碍，这说明虽然各地有风俗、方言、方音差异，但书同文和语同音应该是主流。这是秦始皇"书同文字"政策得以出台和顺利推行的传统依据和历史契机。

然而，由于地区文化差异的存在，再加上春秋诸国分立，战国七雄对抗，各地文化差异也愈发凸显，最主要的表现就是文字的分化。在商周乃至春秋时期，全天下的文字体系是唯一的。而战国时期各地文字开始分化，形成了秦、齐、燕、晋、楚五系文字，彼此之间字形差异很大，未经专门训练者已经难以尽识各国文字。今天出土的战国简帛、印玺和铜器铭文已经很多，可以非常清楚地看到各系文字的差异。① 如果分裂继续下去，汉字很可能分化成若干种独立的文字体系，彼此难以辨识；一旦文字体系分裂，统一的语言也将难以维系，会形成彼此之间交往交流的障碍。

所以，秦始皇推行"书同文字"政策是十分必要且及时的。据《史记·秦始皇本纪》记载，秦始皇二十六年（公元前221年），即统一天下的当年，他颁布巩固统一的诸多政令，其中就有"书同文字"一项。东汉许慎的《说文解字》序中也有关于此事的记载。许慎认为，战国七雄崇尚暴力政治，蔑视王权，放弃礼制和典籍，各行其是，结果出现了"田畴异亩""车涂异轨""律令异法""衣冠异制""言语异声""文字异形"等现象。有惩于"文字异形"，李斯建议加以统一，废除与秦国文字不一致的写法。然后，由李斯作《仓颉篇》，中车府令赵高作《爱历篇》，太史令胡母敬作《博学篇》，都是根据史籀大篆，有的字给予简化和改变，写成标准的"小篆"。小篆是官方标准文字，当时官吏和民间更通行的文字是隶书，"书同文字"也涉及了隶书。2012年公布的《里耶秦简》中有统一某些字的隶书写法的规定，比如要求将"皇""旦"等字统一改为新的写法。

以秦国文字为蓝本统一天下文字，不仅仅由于秦国主导了天下一统，也因为在当时秦国文字是最典雅、最有理据的。秦人在西周时期活动在甘肃东南部一带，平王东迁时秦襄公护驾有功，被册封为诸侯，获封周之旧地。因此，秦国得以继承西周的文字风格。加之秦国地处西陲，与其他华夏诸国交往较少，所以历经春秋战国数百年而仍较多地保持西周文字的古朴风格。东方列国文化相对发达，字体变易也较大，很多文字的字形失去了理据，有严重的符号化倾向。

秦始皇推行"书同文字"，给中华民族留下了一个统一的、规范的、理据明晰的文字体系，这对中国这样一个幅员辽阔、民族众多的国家至关重要。各地区各民族可能习俗不同、观念不同，说话也有方言甚至语言的差异，但唯有汉字是能够通行各处的，这是中华民族和统一国家得以延续和发展的基础保证。在秦始皇之后的两千多年间，汉字都是华夏文明传播的急先锋，汉字文化圈实际上要比严格意义上的华夏文化圈范围还要大。汉字是中华民族最核心、最持久、最通用的文化要素，是增进观念认同、促进文化交流、加强民族凝聚的关键纽带。时至今日，汉字仍然是维系全球华人最重要的文化因素之一。

▌注　释

....

① 参见李学勤:《战国题铭概述》,《文物》1959 年第 7 期、第 8 期、第 9 期。

北京师范大学史学理论与史学史研究中心　蒋重跃

周、秦两次一统：推动中华文明不断发展壮大

我国历史悠久，自古就是多民族国家。古人常常使用大一统一词来形容国家政治上的整齐划一。大，指的是重视、尊重；一统，指的是天下诸侯之"统"，皆系于周天子。《公羊传·隐公元年》说："何言乎王正月？人一统也。"徐彦疏："王者受命，制正月以统天下，令万物无不一一皆奉之以为始，故言大一统也。"① 这是说王者命令上传下达，地方诸侯听命于中央，不得擅作主张。《汉书·王吉传》记载："《春秋》所以大一统者，六合同风，九州共贯也。"② 不仅天子实现了政令的上传下达，更形成了统一的思想文化。春秋是一个诸侯争霸的时代，大一统成为有识之士的政治理想。中国自秦汉以后，大一统王朝成为古代政治的常态。与西周分封制不同，秦汉郡县制不是靠血缘纽带和亲戚关系，而是靠政治体制和统一标准。

西周曾经是居于今陕西岐山、扶风一带的臣属于商的方国。周武王时期周人灭商，然后在宗法制的基础上封藩建卫，建立起一个以周天子为共主、诸侯林立的邦国统一体。它的疆域东起海滨，西到今甘肃，北达今辽宁，南到长江以南，较之以今河南中部为中心、"邦畿千里"的殷商，气象更为宏大。而它的文化影响比政治力量影响的范围更为广阔。这种情形，是旷古以来未曾有的。

《史记·周本纪》记载，武王灭掉殷纣王，在举行登临王位仪式的

祭神策文中，尹逸以上天的口吻宣称："殷之末孙季纣，殄废先王明德，侮蔑神祇不祀，昏暴商邑百姓，其彰显闻于天皇上天。"武王表示对上天致礼之后，尹逸又接着代天宣称："膺更大命，革殷，受天明命。"③在这里，武王及其大臣强调，商朝之所以失去政权，是因为他们得罪了神灵上天；上天抛弃了纣王，将政权交给了英明的周武王。武王将自己置于"天子"的地位，"天子作民父母，以为天下王"④，自己的权力根源在于上天；自己的一举一动，都受到上天的监督；一旦冒犯上天，就会被上天所抛弃。所以，周朝前期的君王都特别重视"天"的观念。一方面，把对天的祭祀当作国家最重要的事情；另一方面，强调不能做坏事，否则就会受到上天的惩罚。"惟厥罪无在大，亦无在多，矧曰其尚显闻于天。"⑤意为君主如果对权力不慎重，无论犯的罪过大小、多少，都会被上天明察，并得到报应。《尚书》等文献要求统治者时刻想到天命无常，只有行善才可以得到天命保佑，作恶则会失去天命人心。要想享有政权，就要搞好政治教令。强调天意，从一定程度上起到了限制君主滥用权力和防止政权腐败的作用，有利于保持国家的长治久安。

周天子把国都附近的地区划为王畿，由王室直接统辖。王畿以外的广大地区分封给许多诸侯，各建邦国。诸侯主要有三种类型：一为周王的同姓（姬姓）亲属，二为功臣，三为古帝王之后。这些人主要是其他一些较强大的部落或方国的首领，其势力盘根错节。《荀子·儒效》说："（周公）兼制天下，立七十一国，姬姓独居五十三人。"⑥说明周人宗亲足以决定大局。诸侯与天子是臣属关系，要承担各种义务，如镇守疆土，捍卫王室，交纳贡税，朝觐述职等，和周王室的政治联系非常紧密。诸侯在所封的区域之内，亦实行分封制度。但这不是封邦建国，而是将土地分封给自己的大夫，作为采邑。大夫又把所封采邑的土地分封给士，他们可能只是拥有土地的租税权。自天子至于士，层层分封，形成"天子—诸侯—卿大夫—士"的宝塔式统治。从长远发展看，周朝的这种统治方式对于维护领主贵族的统治，控制并开发黄河流域为主的要冲地区，行之有效。西周青铜器铭文反映出，周天子实现了对王朝的有效治理。

秦人兴于西方，他们的先祖曾做过周天子的马夫。和其他封国不同，秦人在春秋初始封为诸侯，经 500 余年的奋斗，其势力由西向东不断扩展，最后在公元前 221 年统一了天下，建立了中国历史上第一个多民族的中央集权王朝，揭开了中国古代史新的一页。秦王朝的版图，"东至海暨朝鲜，西至临洮、羌中，南至北向户，北据河为塞，并阴山至辽东"⑦，较之西周要大得多，可谓当时世界上最大的国家。秦王朝建立后，推行郡县制、北伐匈奴、筑长城、平百越，这一系列超乎寻常的举措，威震四方。

秦统一中国，顺应了历史发展的趋势。秦结束了春秋战国时期各诸侯国割据混战的局面，建立起统一的政权，并在此基础上确立了至高无上的皇权。在中央实行三公九卿制，在地方废分封设郡县；颁布秦律，"以法为教，以吏为师"⑧。统一度量衡，定车宽以六尺为制，一车可通行全国。通过修建驰道、直道等措施，构筑起全国性的交通网。四通八达的全国交通系统，好比是秦大一统王朝的动脉和经络，为政令的传达提供便利条件。统一文字，以小篆作为标准字体，通令全国使用。这是对我国古代文字发展、演变的一次总结，也是一次伟大的文字改革，对中华文化的传承发展起到了重要作用。但秦政权急于求成，激化了社会矛盾，致使短命而亡。

周秦之际是我国古代历史上一次重大社会转型。西周至秦，政治体制上由世卿世禄的贵族政治逐渐转变为军功授爵制度，同时地方制度上则从封邦建国制转变为大一统中央集权制。周制和秦制，既有差别，又有一脉相承之处，推动中华文明不断发展壮大。

▍注 释

① 何休注，徐彦疏：《春秋公羊传注疏》卷一"隐公元年"，阮元校刻《十三经注疏》（清嘉庆刊本），中华书局2009年版，第4766页。

② 班固：《汉书》卷七二《王贡两龚鲍传》，中华书局1962年版，第3063页。

③ 司马迁：《史记》卷四《周本纪》，中华书局1959年版，第126页。

④ 孔安国传，孔颖达正义：《尚书正义》卷一二《洪范》，阮元校刻《十三经注疏》（清嘉庆刊本），中华书局2009年版，第403页。

⑤ 孔安国传，孔颖达正义：《尚书正义》卷一四《康诰》，阮元校刻《十三经注疏》（清嘉庆刊本），中华书局2009年版，第435页。

⑥ 王先谦撰，沈啸寰、王星贤点校：《荀子集解》，中华书局1988年版，第114页。

⑦ 司马迁：《史记》卷六《秦始皇本纪》，中华书局1959年版，第239页。

⑧ 王先慎撰，钟哲点校：《韩非子集解》卷一九《五蠹》，中华书局1998年版，第452页。

北京师范大学历史学院　李凯

孔子对边地民族知识的积极学习
及其"夷夏"观念

　　春秋战国时期，旧有的统治秩序逐渐被打破，各种矛盾冲突频繁出现，各族间的交往融合空前加深。这对文化的发展传承、对人们的民族观念都产生了深刻的影响。作为一名承上启下的思想家，孔子的"夷夏"观集前人思想之大成，客观反映了民族关系发展的历史实际，在中国古代民族观念发展中具有重要地位。

　　鲁昭公十七年（公元前 525 年），郯国国君郯子来朝见鲁公。在一次宴会上，鲁昭子问起郯子少昊时以鸟名官的缘故，郯子条分缕析，作了详细的应答。孔子听说这件事后，便去拜见郯子，向他请教相关历史情况。回来后，孔子很感慨，对人说："吾闻之，天子失官，学在四夷，犹信。"① 孔子主张明"夷狄""诸夏"之别，提出"裔不谋夏，夷不乱华"②，主张各族互不侵扰。但是，他认为这种差别并非不可逾越，边地民族也可以在文化上处于"先进"地位。向居于"夷地"的郯了虚心学习古制的故事，生动反映了他承认"夷夏"有别，客观看待"夷夏"之别的理性和开放的认知。

　　孔子高度重视恢复周礼，把文化发展水平作为衡量"夷狄"与"诸夏"的根本标准。在"礼崩乐坏"的时代背景下，孔子把"克己复礼"作为达成自己政治理想的途径。由此，他跳出从血统、种族、疆域上划分族裔的旧有认识，把是否遵从"礼"作为判别"夷"、"夏"的根本标准。

如秦僻处西方，与"戎狄"杂处，周礼的影响很弱，就以"戎狄视之"；楚居于南方，经济社会发展程度并不低于中原各国，只因不行周礼，亦被视为"蛮夷"。此外，孔子又提出，"夷狄"与"诸夏"之间存在共同的道德标准，无论"蛮貊之邦"，还是州里之地，只要"言忠信，行笃敬"，就可以通行无阻。"言忠信，行笃敬，虽蛮貊之邦行矣。言不忠信，行不笃敬，虽州里行乎哉!"③以文化区分"夷夏"，对我国古代各族认同、追求同一种文化，进而凝聚形成统一的文化心理，具有深远的历史影响。

孔子充分肯定边地民族在文化上的优长之处，认为"夷狄"和"诸夏"可以互变。先进的文化具有普适性，无论什么民族，都可以学习、传承。这是孔子积极向"诸夷"学习的思想基础。在他的观念中，所谓"夷狄"和"诸夏"只能指称不同文化程度的人群，而不能规定一成不变的上下尊卑。能行周礼，则可进于"诸夏"，反之即为"夷狄"。所以，孔子对有些"夷狄"的态度，非但少有歧视，甚而有赞许的倾向。"夷狄之有君，不如诸夏之亡也"④，对于这句话，朱熹解释说，"夷狄且有君长，不如诸夏之僭乱，反无上下之分也"⑤，说明在有些方面，"夷狄"要长于"诸夏"。孔子还曾想"居九夷"，"乘其桴栰浮渡于海"⑥，在"夷狄"之地安身立命，推行大道。修订《春秋》时，对于能够"舍夷礼"的政权如楚、吴，孔子不再称其为"蛮夷"，而是与"诸夏"同样称为"楚子""吴子"。对此，唐代韩愈一语中的："孔子之作《春秋》也，诸侯用夷礼，则夷之；夷而进于中国，则中国之。"⑦华、"夷"互变揭示了我国民族关系发展的内在规律，在更深刻的层面上推动了民族间的交往融合，在古代民族观念演变中具有标志性、转折性意义。

孔子不赞成以武力对抗解决民族之间的矛盾和争斗，主张实行"以文化成"的民族政策。他认为，"以文化成"吸引"四方之民"主动归附，"远人不服，则修文德以来之。既来之，则安之"⑧，是消弭民族隔阂、冲突的根本之策。具体的办法，就是上行下效，形成风气，用先进的华夏礼义文明来感染、教化"夷狄",形成"协和万邦""天下归心"的政治局面。在《论语》中,有许多这样的记述:"子曰:'近者说,远者来。'"⑨"上好礼,则民莫敢不敬;上好义,则民莫敢不服;上好信,则民莫敢不用情。夫如是,则四方之民襁负其子而至矣。"⑩ 这里的"远人""四方之民",主要指的就是华夏之外的"夷狄"之民。对这个问题的反复致意,体现出孔子"四海之内皆兄弟"⑪的宽阔胸怀,更体现出他"一匡天下"⑫的大一统政治理想。这种包容、一统的民族观,为中华民族历经接触、混杂、联结和融合,最终形成我中有你、你中有我的多元统一体,奠定了坚实的思想基础。

作为儒家思想的创始人,孔子的"夷夏"观念也是奠基性的,它在很大程度上确定了中国古代民族观念的价值标准和基本范畴。在文化上明"夷夏"之辨,同时在大一统的政治前提下推动民族关系和谐发展,成为古代中国政治家、思想家、史学家们不懈追求的目标。经过两千多年的潜移默化,经过时代的大浪淘沙,孔子所倡导的一些思想观念至今仍在发挥作用。如追求和维护国家统一、坚持各民族相安共处的主张,在近代以来各族人民争取民族独立、国家富强的共同斗争中得到科学传承,今天已经成为中华民族精神血脉的核心内容之一;而"四海之内皆兄弟"的政治理想,则为解决人类面临的共同挑战、构建人类命运共同体,提供了重要启示。深入挖掘、发扬光大孔子思想中的积极因素,是铸牢中华民族共同体意识,更好服务于新时代党的民族工作的题中应有之义。

▎注 释

① 杜预注,孔颖达疏:《春秋左传正义》卷四八"昭公十七年",阮元校刻《十三经注疏》(清嘉庆刊本),中华书局 2009 年版,第 4526 页。

② 杜预注,孔颖达疏:《春秋左传正义》卷五六"定公十年",阮元校

刻《十三经注疏》(清嘉庆刊本),中华书局2009年版,第4664页。

③ 何晏集解,邢昺疏:《论语注疏》卷一五《卫灵公》,阮元校刻《十三经注疏》(清嘉庆刊本),中华书局2009年版,第5467页。

④ 何晏集解,邢昺疏:《论语注疏》卷三《八佾》,阮元校刻《十三经注疏》(清嘉庆刊本),中华书局2009年版,第5356页。

⑤ 朱熹:《论语章句集注》卷二,中国书店1985年版,第9页。

⑥ 何晏集解,邢昺疏:《论语注疏》卷五《公冶长》,阮元校刻《十三经注疏》(清嘉庆刊本),中华书局2009年版,第5372页。

⑦ 韩愈:《韩愈文集》卷一《原道》,中华书局2010年版,第3页。

⑧ 何晏集解,邢昺疏:《论语注疏》卷一六《季氏》,阮元校刻《十三经注疏》(清嘉庆刊本),中华书局2009年版,第5476页。

⑨ 何晏集解,邢昺疏:《论语注疏》卷一三《子路》,阮元校刻《十三经注疏》(清嘉庆刊本),中华书局2009年版,第5447—5448页。

⑩ 何晏集解,邢昺疏:《论语注疏》卷一三《子路》,阮元校刻《十三经注疏》(清嘉庆刊本),中华书局2009年版,第5446页。

⑪ 何晏集解,邢昺疏:《论语注疏》卷一二《颜渊》,阮元校刻《十三经注疏》(清嘉庆刊本),中华书局2009年版,第5436页。

⑫ 何晏集解,邢昺疏:《论语注疏》卷一四《宪问》,阮元校刻《十三经注疏》(清嘉庆刊本),中华书局2009年版,第5457页。

中央党史和文献研究院科研规划部　李珍

天下一家：先秦时期的天下观念

"天下一家""天下国家"，是中国古代高超的政治理想，也是中国人的信念。周人创造的天下国家观念，促使中华文化具有普遍性和开放性，它并不必然意味着天下一统，然而，如果说其开启了中华传统思想中大一统、天下国家的理念，殆无可疑义。

产生于西周时期的天下观念，显示了
周人无远不至的理想

"天下"一词，早在西周时期就已经出现。西周中期的豳公盨铭文中，即有"天下"一词。① 铭文大意是：上天命令大禹铺土治水，疏导山川，依据各地情况设立官正，降生下民，监察其德。上天在下地设立与天所匹配的人王，为下民生王，作民之父母。以德为贵，于是民众好德用德，天下和顺。铭文中，并未突出"天下"所当有的"普天之下"的含义，但这是目前所见最早的关于"天下"的记载。

"天下"又见于《尚书·周书》中的若干篇目，其"广阔无垠"的含义较为突出。八诰之一的《尚书·召诰》指出，作为王，当立于德之首，小民才能够效法，以此行于天下，则王之光显发扬。《立政》篇记载周公晚年告诫周成王如何治国理政、任用官员，弘扬文武之功业。他鼓励成王务其远大，步大禹之绩，普行天下，至于海角，无有不服。

《顾命》篇则记载成王之后，召公、毕公辅佐康王即位，康王在庙中接受册命，册命辞中说统御周邦，遵守大法，协和天下，以答扬文武之明训。《立政》《顾命》篇中的"天下"所蕴含的以天子为中心、扩展至无边无际且无所不包的意义已经十分突出了。

"天下"所表达的四海之内、无垠无涯的意义，在《诗经·周颂·般》中更为显豁。其中"敷天之下"的说法，包含的意思是强调全天之下而囊括万有。

在西周金文中，与"天下"相当的观念有"四方""四国"以及"万邦"等，其并非实指，而是周人所想象的无边无际的境况。对于周人而言，他们并不在意这虚指的天下与其所实际控制的区域并不相吻合这一事实，天下观念表达的是周人无远不至的理想。

协和万邦、"天下远近小大若一"的高远情怀，是天下观念的重要内容

"天下"虽非实指，但在周人的头脑中，却对天下四方应有的状况有了最初的设想。这一点，在世界古代文明中极其罕见。

在天下观念形成之初，周人所描绘的理想的"天下"景观是在周人所统御的海内，周王为之典范。他慎重刑狱，任用官长，由近及远，将一套准则推行于海内（《尚书·召诰》）。

在对天下景象的描摹中，周人不乏以自我为中心的设想，典型的如《礼记·曲礼下》所谓"九州之长"东夷、北狄、西戎、南蛮等，自低于中间之国的君长，庶方小侯进入中央之国则地位更低。在《曲礼》的描述中，周位于天下中心，自别于边缘，有高出一等的优越感。

但是，必须指出，周人所设想的天下四方，更为常见的是安定平静、民众大安的局面。西周金文中"奠（定）四方""畯尹四方"屡屡得见，表示周人有着周之政权安定四方、四方永恒大治的政治理想。而在四方

之内，长久地导正民众（《大盂鼎》），民众安和，"零四方民亡不康静"（《师询簋》）。周人"迨受万邦"（《史墙盘》），"绥万邦，屡丰年"（《诗经·周颂·桓》），万邦协和。周人怀柔远方、优抚近地，远迩皆来，形成以周天子为核心的天下格局，这一幅政治蓝图，正如西周铭文所概括的那样："溥求不僭德，用谏四方，柔远能迩。"（《番生簋》）

此后，循着这一思路，人们发展出中国与四方民，修其教、尊其性的意识，谓五方之民，语言相异，爱好有别，但是他们的志趣、欲念都应受到尊重和圆满实现。人们又有布教四方，从而形成"内平外成"局面的理想。春秋战国时人们认为，舜曾举八元使布五教于四方，从而"内平外成"。唐儒孔颖达指出，以此五教推行至四方，诸夏夷狄从之，就达到了"内平外成"的局面。[②] 平、成，皆有"和"义，属近义字对举。在这个构想中，舜举八元至四方推行教化，诸夏夷狄皆从其教，四方同风，遂整合为一个天下皆和的共同体。周人还设想，普天之下，不分彼此，没有此疆与彼界的区分与隔绝，几至"天下远近小大若一"[③]（《公羊传·隐公元年》）。《诗经·周颂·思文》说，上天命令，一切人都要养育，都要有谷可食，在这一点上没有此邦和彼国的界限。因此，周人的"天下"，自西向东、从南至北，四方之内，无分彼此、没有区隔。在天下之域，消弭了中心与边缘，模糊了"我者"与"他者"。周人的天下观念，并非单纯地强调中心的单方面作用，而是着重描摹全天之下平等、安和的局面，四方之内，其民大安，远近咸至。这一高超的政治理想，承载了传统中国广阔的情怀。

周人的天下观念有助于中华民族共同体的形成

天下观念，出自周人的创造，这一概念，与周人所发明的"天"的观念息息相关。

周人的"天"，是一个无所不包的至高权威，因此周人的"天下"，不局限于一族一姓，也超越了一城一邑，其意义不仅仅是赋予周之政权放眼四海的豪气，更在于其中蕴含着高远的人类理想，对于普天之下全部有所安顿。这种高远理想，体现出周人的世界是整体的"天下"，一个具有统一倾向的共同体由此形成。

有此铺垫，"普天之下"（《诗经·小雅·北山》）、"天下一家"（《礼记·礼运》）、"天下远近小大若一"的观念在稍后的时段中应运而生，"天下定于一"（《孟子》）、"四海之内皆兄弟"（《论语·颜渊》）成为中国传统文化中根深蒂固的观念。

▌注　释

① 李学勤：《论簋公盨及其重要意义》，《中国历史文物》2002 年第 6 期。

② 杜预注，孔颖达疏：《春秋左传正义》卷二〇"文公十八年"，阮元校刻《十三经注疏》（清嘉庆刊本），中华书局 2009 年版，第 4042 页。

③ 何休注，徐彦疏：《春秋公羊传注疏》卷一"隐公元年"，阮元校刻《十三经注疏》（清嘉庆刊本），中华书局 2009 年版，第 4774 页。

北京师范大学历史学院、北京师范大学史学理论与史学史研究中心

罗新慧

"传国后嗣，世名忠孝"
——从金日磾看归汉匈奴人对中原的认同

  汉武帝晚年，决定立少子刘弗陵为太子。武帝临终前，刘弗陵年仅8岁。选好辅政大臣，是维护西汉王朝统治的关键。他最中意的两位托孤大臣是霍光和金日（mì）磾（dī）。当武帝嘱咐霍光行周公辅成王之事时，霍光推让，认为自己不如金日磾。金日磾是归降汉朝的匈奴人，武帝为何会选择一位匈奴人为托孤大臣？金日磾有何过人之处，就连霍光也自认不如，武帝对此又有何考量呢？

尽职尽责，忠心耿耿

  《汉书》记载，金日磾本是匈奴休屠王太子，后被赐姓金。汉武帝元狩二年（公元前121年），骠骑将军霍去病在河西之战中多次击败匈奴，迫使昆邪王（也称浑邪王）、休屠王率众降汉。在归降过程中，休屠王一度后悔，被昆邪王所杀。金日磾与其母休屠王阏氏、弟弟金伦因此沦为官奴婢。当时金日磾年仅14岁，被安排在宫中养马。

  从养尊处优的太子沦为一介马夫，金日磾并没有自暴自弃。身为游牧民族之后，他对养马牧马耳濡目染，将宫中的马养得又肥又壮。有一天，汉武帝宴饮交游，与后宫佳丽一起观赏宫中之马。数十人牵马经过殿下，莫不偷窥。只有金日磾目不斜视，加上他身材魁梧，容貌威严，喂养的马匹又十分肥壮，在人群当中显得格外突出，引起汉武帝的注意，并得到召见。

汉武帝非常欣赏金日磾，擢升他为马监，后又晋升为侍中、驸马都尉、光禄大夫，成为武帝的亲近之臣。金日磾对武帝忠心耿耿，尽职尽责，深得武帝的信任和喜爱，出则陪乘，入则陪侍左右，得到非常多的赏赐。①

金日磾以忠信著称，在平定马何罗谋反过程中发挥了重要作用。马何罗与引发"巫蛊之祸"的江充关系亲近，其弟马通在诛杀戾太子过程中力战封侯。后来，武帝认为戾太子是因惶恐而不是谋反起兵，就下令灭江充家族，并诛杀其同党。马何罗兄弟惧怕受牵连，图谋为逆，引起金日磾的警觉。金日磾即使身患小病，也仍然陪在汉武帝身边。马何罗兄弟发兵反叛，阴谋行刺汉武帝，被金日磾识破。金日磾紧紧抱住马何罗，高呼"马何罗反"，并生擒马何罗，保护了武帝的安全。

孝顺恭谨，整齐家风

金日磾的成长，与其母亲的教导密切相关。金日磾母亲教诲两子，"甚有法度"，得到汉武帝的表彰。金日磾母亲去世后，武帝下诏将其画像放于甘泉宫，并且尊重其习俗和故号，题署为"休屠王阏氏"。金日磾每次入值甘泉宫，都要拜谒母亲画像，睹像思人，感念母亲的辛苦养育和教导。后来，金日磾孝敬母亲的故事广为流传，汉画像石、壁画中就有"金日磾拜母像"②。

金日磾以身作则，行事谨慎，为后代树立了榜样。虽然成为了汉武帝的近臣，金日磾面对武帝，数十年却从来不敢直视。汉武帝赐给他宫女，他不敢亲近。汉武帝想将他女儿纳入后宫，他也婉言谢绝，不想凭借外戚身份获取更大的权力。武帝安排首辅大臣，霍光推让，金日磾也谦逊地说，自己是外族人，这样做会使匈奴轻视汉朝。金日磾自觉地站在汉朝立场上，从汉匈关系考虑，认为霍光是更合适的人选。金日磾恭谨审慎，谦退自守，以忠孝著称。他的后代人才辈出，西汉中后期七位皇帝的近侍之臣中，总有金氏子孙的身影。班固作《汉书》评价："金日磾夷狄亡国，羁虏汉庭，而以笃敬寤（wù）主，忠信自著，勒功上将，传国后嗣，世名忠孝，七世内侍，何其盛也！本以休屠作金人为祭天主，故因赐姓金氏云。"③

认同汉朝，融入中原

汉武帝以开放的心态，接纳匈奴归降之人，并且尊重其习俗，例如，以"休屠王阏氏"名号称呼金日磾的母亲。流传至今的汉画像石、壁画中，休屠王阏氏佩戴有两根飘带的尖顶帽，具有典型的胡人形象特征。金日磾则不同，他改汉姓、说汉语、穿汉服，已完全融入中原文化。他本人及后代以"忠孝之道"闻名于世。匈奴呼韩邪单于归汉，班彪称其"忠孝弥著"。④匈奴称"孝"为"若鞮"，羡慕汉朝皇帝的谥号皆有"孝"，于是在单于号中也加入"若鞮"。⑤

从金日磾开始，金氏家族已完全融入汉朝，努力学习中原文化。其后代金涉、金钦通晓经术，并且通过"举明经"获得功名，金氏家族逐渐发展成为中原世族。鉴于金日磾之后家世忠孝，汉朝重视其作为匈奴休屠王之后的特殊身份，让他们处理一些民族事务。如，金岑担任主客，负责接待往来的少数民族客人；金参一度奉命出使匈奴，加强了汉与匈奴之间的联系。

历史上，以金日磾及其家族为代表的匈奴人不断认同中原、融入中原，为推动经济社会发展、加强各民族交往交流交融作出了贡献，金日磾也因此成为中华民族交往交流交融史上的代表人物。北魏孝文帝改革，鲜卑旧族多有反对，唯有于烈一族没有参与，孝文帝认为他的志节气概不亚于金日磾。⑥ 唐初,突厥人阿史那忠为实现大一统立下赫赫功勋,《唐书》称"时人比之金日磾"⑦。

▌ 注　释

① 班固:《汉书》卷六八《金日磾传》,中华书局 1962 年版,第2960 页。

② 洪适:《隶续》卷六,中华书局 1985 年版,第 377 页。

③ 班固:《汉书》卷六八《金日磾传》,中华书局 1962 年版,第2967 页。

④ 范晔:《后汉书》卷八九《南匈奴列传》,中华书局 1965 年版,第2946 页。

⑤《后汉书》卷八九《南匈奴列传》李贤注:"匈奴谓孝为若鞮。自呼韩邪单于降后,与汉亲密,见汉帝谥常为孝,慕之。至其子复珠累单于以下皆称若鞮,南单于比以下直称鞮也。"参见范晔:《后汉书》卷八九《南匈奴列传》,中华书局 1965 年版,第 2939 页。

⑥《魏书·于烈传》载:"高祖嘉其忠操,益器重之。叹曰:'……烈之节概,不谢金日磾也。'"参见魏收:《魏书》卷一九《于烈传》,中华书局1974 年版,第 738—739 页。

⑦ 刘昫等:《旧唐书》卷一〇九《阿史那忠传》,中华书局 1975 年版,第 3290 页。

北京师范大学历史学院　凌文超

解忧公主：心系西域，为国解忧

西汉甘露三年（公元前 51 年），汉宣帝收到远嫁西域乌孙的解忧公主的上书。①公主在信中说，自己年老思乡，"愿得归骸骨，葬汉地"②。宣帝为之动容，派人将她接回。当年冬天，年近七旬的解忧公主回到阔别 50 年的长安，受到汉宣帝高规格接待和安置。两年以后，解忧公主在长安辞世。

解忧公主一生历经武帝、昭帝、宣帝三朝，先后嫁给三位乌孙君王，为加强中原与西域的联系作出了重要贡献，在促进各民族交往交流交融的历史上书写了浓墨重彩的一笔。

年少出塞，入乡随俗

解忧公主（公元前 120 年—公元前 49 年），是汉朝宗室之女。汉武帝太初四年（公元前 101 年），与乌孙和亲的细君公主离世。当时，乌孙兵强马壮，能参军作战的壮年男子将近 19 万人，是西域最强盛的邦国之一。为了延续汉朝与乌孙联合抗击匈奴的策略，年轻的解忧公主受命学习乌孙语言，远嫁乌孙君王军须靡。

乌孙习俗与匈奴相近，"父死，妻其后母；兄弟死，皆娶其妻妻之"③。军须靡去世后，解忧公主尊重乌孙习俗，先后嫁给军须靡叔父之子"肥王"翁归靡、军须靡与他族妇人之子泥靡。她与翁归靡生有三子两女，长子元贵靡，后成为乌孙大昆弥（昆弥为乌孙王号）；次子万年，任莎车王；三子大乐，为乌孙左大将；长女弟史，为龟兹王绛宾之妻；小女素光，为翎侯若呼之妻（翎侯为乌孙官名）。

老莎车王无子，特别喜欢万年。莎车王死后，为获得西汉和乌孙的支持，维护莎车安全，莎车上书汉朝，请求册封万年为莎车王，获得汉朝许可。

可以说，解忧公主及其后人是维系中原与西域关系的重要纽带。

促进交往，加强联系

西汉与乌孙的和亲，促进了双方在各方面的联系。张骞通西域时，曾出使乌孙。乌孙遣使回送张骞，向汉朝献马数十匹作为答谢。乌孙使者此行领略到中原的富庶与先进，此后，西汉与乌孙之间的关系进一步密切。

汉武帝时，乌孙君王为了获得汉朝支持，摆脱匈奴控制，再次遣使献马，请求和亲，并以良马千匹作为聘礼，先后迎娶细君公主、解忧公主。乌孙的良马为加强西汉的军事实力提供了帮助。为了支持乌孙发展，钳制匈奴，汉朝非常重视与乌孙和亲，为和亲公主配备了大量车乘、服饰，并派遣成百上千名属官、宦官及侍从，将中原的礼仪制度、先进文化带到了乌孙，促进了乌孙经济社会快速发展。

乌孙以牧业为主，逐水草而居。和亲公主将中原先进的农耕文化带到乌孙，促使农业在当地发展起来，谷、粟逐渐成为日常食物。与此同时，和亲公主带去的能工巧匠营建宫室、修筑城池，推动当地居住方式逐渐从游牧向定居转变。汉朝还时常将中原的物资送往乌孙，提高了当地生活水平。

为了进一步学习中原先进文化，解忧公主次子万年曾来到长安，学习中原王朝的治理经验并带回莎车。

安邦兴国，巩固边疆

解忧公主一方面尊重乌孙习俗，关心乌孙经济社会发展，另一方面与后辈、随从等积极争取西域各邦国的支持，密切中原与西域的友好关系。

西汉昭帝、宣帝时期，匈奴不断侵犯乌孙，甚至要求乌孙交出解忧公主，断绝与西汉的往来。解忧公主不断上书汉朝，请求出兵，昆弥表示愿意"发国半精兵，自给人马五万骑，尽力击匈奴"[④]。宣帝本始三年（公元前 71 年），西汉发兵 15 万骑，联合乌孙，大败匈奴，成功瓦解了匈奴对乌孙的威胁，进一步强化了乌孙与中原王朝的联系。

陪同解忧公主一起来到西域的随身女侍冯嫽，善于书写，熟谙事理。她受解忧公主的派遣，持汉节，出访和赏赐西域诸邦国，赢得了信任和敬重，被尊称为"冯夫人"。[⑤] 后来，冯嫽嫁给了乌孙右大将。当解忧公主离开乌孙，乌孙因继位问题引发内乱之际，冯夫人担负起沟通西汉与乌孙的重任。汉宣帝曾召见她，了解乌孙政局。在冯夫人的建议下，汉宣帝诏立解忧公主长子元贵靡为乌孙大昆弥，初步化解了乌孙危局，维护了西汉与乌孙的关系。

元贵靡的儿子星靡继位后，为维护乌孙稳定，冯夫人再次上书朝廷，请汉朝派遣使者辅佐星靡，并且按中原官制，赐予乌孙大吏、大禄、大监金印紫绶。这些建议，都得到了汉朝的采纳许可。乌孙的政治制度也因此与汉朝更为接近。

解忧公主远嫁乌孙后，尊重当地习俗，积极适应当地生活，她把中原地区的政治制度、礼仪文化、经济技术等带到西域并大力传播开来。解忧公主及冯嫽等人积极主动地推动西域与中原王朝加强联系，为维护祖国统一、增进民族团结、促进边疆发展作出了不朽贡献。

┃注 释

① 孟凡人认为,纳伦河、特克斯河、裕勒都斯河流域应为乌孙的主要活动地域。乌孙首府赤谷城当在今新疆温宿县、乌什县之北,特克斯河之南。参见孟凡人:《乌孙的活动地域和赤谷城的方位》,《甘肃师大学报(哲学社会科学版)》1978年第1期。

② 班固:《汉书》卷九六下《西域传下》,中华书局1962年版,第3908页。

③ 司马迁:《史记》卷一一〇《匈奴列传》,中华书局1959年版,第2879页。

④ 班固:《汉书》卷九六下《西域传下》,中华书局1962年版,第3905页。

⑤ 班固:《汉书》卷九六下《西域传下》,中华书局1962年版,第3907页。

北京师范大学历史学院　凌文超

中华女子学院国际教育学院　谭　翠

维护汉与匈奴安定团结的王昭君

在今天呼和浩特市的西南郊，阴山主峰大青山下的大黑河边，矗立着一座土丘，这就是被当地人称为"青冢"的王昭君墓，千百年来吸引着无数中华儿女来此瞻仰凭吊，或发思古之幽情，或抒民族团结之温馨，这一切还要从两千年前昭君出塞、汉匈和亲的历史说起。

保塞为藩　合为一家

汉宣帝本始三年(公元前71年)，西汉与乌孙联军大败匈奴。此后，匈奴逐渐衰落，内乱不断，五单于争立。呼韩邪单于被郅支单于打败后，决定臣服于汉，遣子入朝为质以示忠诚，从而寻求汉王朝的帮助。甘露二年（公元前52年），呼韩邪单于亲至五原塞，请求第二年正月正式朝拜天子。汉宣帝并没有因为呼韩邪单于落难来投而加以刁难歧视，而是接受了他的请求。

甘露三年正月，汉宣帝在甘泉宫以高于诸侯王的礼仪接待呼韩邪单于，并且按照华夏礼仪赏赐他冠带衣裳、黄金玺盩绶①、玉具剑、佩刀、弓矢、棨戟、安车鞍马、钱帛等，显示出中央政府优待少数民族的宽容大度。汉宣帝向呼韩邪单于颁发"匈奴单于玺"，正式确定了他们之间的君臣名分，也确定了匈奴隶属于汉王朝的藩属地位，这有利于维护汉与匈奴经济文化和平交往交流交融。汉宣帝款待呼韩邪单于，得到热烈支持，史称汉宣帝登渭桥，"诸蛮夷君长王侯数万"咸称万岁，②反映出这是一次增进民族团结友好的盛大聚会。

在汉王朝的大力支持下，呼韩邪单于率领的匈奴部众逐渐恢复、发展、壮大。即便如此，呼韩邪单于也未背离汉朝，而是继续保塞为藩。汉与匈奴刑白马，歃血为盟："自今以来，汉与匈奴合为一家，世世毋得相诈相攻……令其世世子孙尽如盟。"③ 匈奴背靠汉朝，与汉朝友好团结，有助于呼韩邪单于北归单于庭，匈奴民众逐渐归附，社会生活随之安定下来。

汉匈和亲　长久安宁

汉元帝建昭三年（公元前36年），西域都护甘延寿与副校尉陈汤诛斩郅支单于，呼韩邪单于重新统一匈奴。鉴于汉王朝强大的实力，呼韩邪单于深知只能继续依靠汉朝，保塞守藩，才能实现匈奴的稳定与发展。于是他上书"常愿谒见天子"④，对此，汉元帝倍感欣慰，称赞他"不忘恩德，乡（向）慕礼义"⑤，答应了他的请求。

竟宁元年（公元前33年），匈奴呼韩邪单于再次朝拜汉天子，言"愿婿（婿）汉氏以自亲"⑥，希望成为汉朝女婿。元帝遂以后宫出身于"良家"⑦ 的女子王嫱（字昭君）赐婚单于。呼韩邪单于欣喜万分，上书愿意保证北部边疆的稳定。

昭君出塞，受封"宁胡阏氏"，寓意王昭君给匈奴带来了安宁。汉元帝为了纪念汉匈和亲，改年号为"竟宁"。"竟宁"即境宁，昭示呼韩邪单于据边守塞，边境得以安宁；更高的期待则是将"竟宁"之"竟"理解为终极，指永远安宁，汉与匈奴无战事，内地边疆俱得安宁。出土的西汉后期瓦当、铭文砖中也发现了"单于和亲""单于和亲，千秋万岁，安乐未央"等字样，为汉匈和亲的历史见证。

昭君出塞巩固了汉与匈奴的君臣之义，也增进了双方和平友好的关

单于和亲瓦当⑧

单于和亲砖反字拓本⑨

系。在此期间，汉与匈奴"边城晏闭，牛马布野，三世无犬吠之警，黎庶亡干戈之役"⑩。汉与匈奴长期敌对状态的结束，不仅使汉王朝节省了大量军费开支，与民生息，也促使匈奴方面整顿混乱，安抚百姓。汉与匈奴维持了长达 60 年"边人获安,中外为一,生人休息"的和平安定局面。⑪

团结友好　民族凝聚

昭君出塞以后,很快适应了当地的环境气候,与呼韩邪单于育有一子。呼韩邪单于弥留之际,告诫子孙后代要遵守盟约,维持汉匈的和平友好关系,以报答汉朝天子的恩德。呼韩邪单于死后,王昭君又奉汉成帝的指令,按匈奴习俗,嫁给呼韩邪之子复株累若鞮单于,又生育两女。长女须卜居次云⑫,小女当于居次。

从呼韩邪单于开始,四代匈奴单于相继将自己的儿子送到汉朝作为质子,以表达匈奴与汉友好往来的决心,边塞真正实现了"数世不见烟火之警,人民炽盛,牛马布野"的和平景象。⑬汉平帝时,王昭君女须卜居次云入朝奉侍太皇太后王政君,是汉与匈奴密切交往的反映。昭君出塞和亲带来的汉与匈奴和平友好关系一直延续到西汉末年。

王昭君奉旨与匈奴和亲,一生都没有回过内地,所生的一男两女及其女婿,在汉匈友好关系上都发挥了积极的作用。她的和亲不仅带来了汉与匈奴和平友好的关系,两地关市畅通,交往密切,而且为匈奴带去了中原先进的生产技术,推动了当地农耕、纺织、建筑、冶炼、漆器等生产工艺的发展。在汉匈的深度接触交往中,不断增进相互之间的友好与了解,加速了交融,增强了民族凝聚力,为中华民族大家庭的形成和团结友好相处积累了有利条件。昭君出塞不仅对于当时汉匈关系和社会生活作用巨大,她的精神也被后世传承、颂扬,对于中华民族大团结的发展持续发挥着积极作用。

王昭君从国家利益出发,为了民族团结出塞和亲,使长城内外和平安宁,是中华民族凝聚力在历史长河中不断增强的一个缩影。两千多年来,昭君出塞一直被人传颂。围绕着她的和亲事迹,无数人写诗作赋、填词作曲、著书立说，成为中华民族交融史上里程碑式的人物。董必武同志评价道："昭君自有千秋在，胡汉和亲识见高。"周恩来总理赞美王昭君是"为发展中华民族大家庭团结有贡献的人物"。习近平总书记在2019年全国民族团结进步表彰大会上深刻指出："在历史长河中，农耕文明的勤劳质朴、崇礼亲仁，草原文明的热烈奔放、勇猛刚健，海洋文明的海纳百川、敢拼会赢，源源不断注入中华民族的特质和禀赋，共同熔铸了以爱国主义为核心的伟大民族精神。"[14]昭君出塞就是这样的历史佳话。

▌注　释

① 绶（ㄇ）绶，诸侯工佩的印绶，色黄而近绿，因用綟草染制，故名。

② 班固：《汉书》卷九四下《匈奴传下》，中华书局1962年版，第3798页。

③ 班固：《汉书》卷九四下《匈奴传下》，中华书局1962年版，第3801页。

④ 班固：《汉书》卷九四下《匈奴传下》，中华书局1962年版，第3803页。

⑤ 班固：《汉书》卷九《元帝纪》，中华书局1962年版，第297页。

⑥ 班固：《汉书》卷九四下《匈奴传下》，中华书局1962年版，第3803页。

⑦ 良家，汉时指医、巫、商贾、百工以外的人家。

⑧ 徐跃：《汉代瓦当：见证鼎盛时代》，《内蒙古日报》2021年3月23日，第4版。

⑨ 张永强：《单于和亲十二字砖赏析》，"金石契"微信公众号，2021年5月29日。

⑩ 班固：《汉书》卷九四下《匈奴传下》，中华书局1962年版，第3832—3833页。

⑪ 范晔：《后汉书》卷八九《南匈奴列传》，中华书局1965年版，第

2953 页。

⑫ 须卜为姓氏，居次相当于公主，云为名。

⑬ 班固：《汉书》卷九四下《匈奴传下》，中华书局 1962 年版，第 3826 页。

⑭ 习近平：《在全国民族团结进步表彰大会上的讲话》，人民出版社 2019 年版，第 6 页。

北京师范大学历史学院　凌文超

西域都护：守卫西域，建设边疆

西域都护是汉代西域最高军政长官，保护南、北两道。早在汉武帝、昭帝时期，就在轮台（今新疆轮台县）、渠犁（今新疆尉犁县一带）等地屯田，[①] 皆有田卒数百人，置使者校尉领护，以供给往来使者。这一做法为设置西域都护积累了经验。

宣帝地节二年（公元前 68 年），侍郎郑吉受命在渠犁屯田积谷，与匈奴争夺车师。郑吉率兵攻破车师，因功晋升为卫司马，领护鄯善以西的"南道"。神爵二年（公元前 60 年），匈奴日逐王与单于争权结怨，率部归降汉朝，郑吉率领屯兵及渠犁、龟兹军民迎接日逐王部。至此，西域"北道"亦通，遂以郑吉为骑都尉，兼护车师以西"北道"。因郑吉总护南、北两道，故以"都护"为号（"都"，即"总"的意思）。西域都护之置始于此，西域由此被纳入西汉直接进行军事管辖的范围。

西域都护的设置

《汉书·西域传》云："西域以孝武时始通，本三十六国，其后稍分至五十余，皆在匈奴之西，乌孙之南，南北有大山，中央有河，东西六千余里，南北千余里。东则接汉，阨（è）以玉门、阳关，西则限以葱岭。"[②] 西域原有三十六个部族邦国，至西汉哀帝、平帝时发展至五十多个邦国，以天山为界，分为南北两部分，自玉门、阳关出西域，有南、北两道。

西域诸邦曾一度为匈奴所役使。随着汉朝国力日益强盛，匈奴逐渐衰落并向汉朝称藩，西域诸邦向汉朝遣使贡献，通过和亲等方式，寻求汉朝的军事保护和行政治理。汉朝先后在西域设置西域都护、戊己校尉、西域长史等官职进行治理。西域日益服从于汉朝，并提供土地、山川、户数、道里远近等数据。

西域都护，本为加官（于本职外兼领的其他官职），西汉时常以骑都尉、谏大夫加"都护"一职领护西域。东汉时发展为实职。作为军政长官，西域都护的俸禄等级为"比二千石"，其行政级别相当于郡国守相，职责主要是代表汉朝中央政府镇抚西域诸邦国，往往文武并用，达到维护当地稳定的目的。西域都护府还设有副校尉，也由朝廷直接任命，俸禄等级为"比二千石"，与都护级别相当，但职权次于都护，又称副都护，其属官有丞一人，司马、候、千人各二人。西域都护及其府署的设立，使汉朝号令颁行于西域，标志着中央政府开始系统治理西域。

自第一任都护郑吉至王莽末年的李崇，西域都护之职连续不断，共计 18 人任职。姓名见于史册的有宣帝时郑吉，元帝时韩宣、甘延寿，成帝时段会宗、韩立、廉褒、郭舜，平帝时孙建、但钦，新莽时李崇。东汉光武帝建武二十一年（45 年），西域诸邦请求复置都护。然而，直至明帝永平十七年（74 年）才以陈睦为都护。和帝永元三年（91 年）将兵长史班超平定西域，出任都护，驻龟兹境。他为政宽简，深受西域诸邦欢迎和支持，五十余国都遣质子臣服于汉。班超还遣甘英出使大秦（古罗马帝国），抵达安息（今伊朗）西境。后来继任都护者有任尚、段禧。至安帝延光二年（123 年），以班超之子、生长于西域的班勇为西域长史，复平西域，遂以长史行都护之职。

守卫西域

为了防范匈奴，西域都护除了在各地驻军和重点设防外，还协助西域诸邦设立相应的机构，册封"击胡侯""击胡都尉""击胡君"等。例如，为了铲除匈奴郅支单于对西域的威胁，元帝建昭三年（公元前36年），西域都护甘延寿、副校尉陈汤率领西域各地军队共4万人分两路进攻，斩杀郅支单于，维护了西域的和平局面。

西域都护府建立以后，还经常调解西域各民族内部以及相互之间的矛盾与纠纷，为维护社会稳定作出了重大贡献。例如，汉宣帝时期，乌孙发生内乱，首领被刺杀，汉使和亲的解忧公主被围困。西域都护郑吉按照朝廷的指令，谋划派兵征讨，派解忧公主的随从冯嫽进行斡旋，最终化干戈为玉帛，避免了一场战争。

建设边疆

西域都护有力维护了汉代西北边疆的稳定，促进了西域与中原各方面的交流。西域的良马、骆驼以及名贵毛织品输入中原地区，葡萄、石榴、苜蓿、胡桃等作物移植中原；中原生产的丝织品、金属工具以及铸铁、凿井等技术传到西域，推动了中原和西域的发展。西域都护非常重视当地的农业生产，使"不田作种树"的乌孙开始发展农业，③灌溉、井渠等技术流传至今。西域屯垦政策产生了深远影响，为以后历朝历代开发边疆、建设边疆提供了有益的借鉴。

西域都护的设立还促进了中外经济文化的交流，保障了丝绸之路畅通。今天，考古工作者在新疆地区发现了大量汉代五铢钱和波斯银币，反映了当时丝绸之路的繁华。商路的畅通不仅密切了各族人民之间的友好关系，还促进了边疆地区的开发与建设。

❙ 注 释

① 今新疆轮台县草湖乡羊塔克其该遗址、尉犁县乌如克阔坦、刻坦阔坦，以及克亚斯库勒遗址即当年的屯田遗址。参见达吾力江·叶尔哈力克：《汉武边塞与西域屯田——轮台、渠犁屯田考古发现初论》，《历史研究》2018 年第 6 期。

② 班固：《汉书》卷九六上《西域传上》，中华书局 1962 年版，第 3871 页。

③ 班固：《汉书》卷九六下《西域传下》，中华书局 1962 年版，第 3901 页。

北京师范大学历史学院　凌文超

《史记》民族史传的创立
与统一多民族国家的发展

  中国是一个统一的多民族国家，中国古代史学重视反映各民族的历史。早在先秦时期，从甲骨文、金文到"六经"经传，从诸子著作到私家史著，浩如烟海的文献典籍是对各民族历史的反映。如《诗经·商颂·殷武》叙及成汤之德，就有"维女荆楚，居国南乡。昔有成汤，自彼氐羌，莫敢不来享，莫敢不来王"① 之说；《诗经·鲁颂·閟宫》颂扬鲁僖公功德，有"至于海邦，淮夷蛮貊。及彼南夷，莫不率从"② 的记述；《尚书·牧誓》所记周武王牧野誓师，参与者除本部族之外，还有庸、蜀、羌、髳、微、卢、彭、濮等八个部族。至于《春秋》《左传》《国语》《世本》《竹书纪年》《战国策》等私家史著，反映的民族史内容则更为丰富。如《国语》中的《楚语》《吴语》《越语》等，记述了春秋时期南方各民族历史。

  司马迁是系统反映中国古代少数民族历史第一人。作为中国历史学之父，司马迁对中国传统史学作出了巨大贡献：一是创立了纪传体通史体裁，开启了此后两千余年中国史学史"正史"撰述的先河；二是第一次系统记述了上自黄帝、下至汉武帝约三千年中国历史，成就了中国史学史上第一部通史著作；三是创立了民族史传，第一次将少数民族的历史纳入"正史"记述当中，成就了中国史学史上第一部中华全史。

《史记》关于少数民族历史的记述，主要采取民族史传的形式，也有一些内容散见于其他篇目当中。《史记》一共创立了《匈奴列传》《南越列传》《东越列传》《朝鲜列传》《西南夷列传》和《大宛列传》等六个少数民族传记，对当时中国境内各少数民族的历史，也包括曾经在这块土地上生存繁衍而现在已经消失的民族的历史，第一次作出了全面、系统的记述。从体例特点而言，六个民族史传被编入全书的"七十列传"之中，与其他类传形成一种并列关系，不存在主次之分，这就从编纂体例上使少数民族历史记述成为中华全史的重要组成部分。从记述特点而言，《史记》的民族史传以中央政权为中心，着重反映民族关系史。之所以如此，一是因为少数民族的历史如果没有跟中央政权发生关系，往往不易引起史家的重视，甚至会不为所闻；二是出于史家宣扬中央政权统治力的政治需要。

《史记》创立民族史传，不但在历史编纂上为此后历代"正史"所效仿，成为中国统一多民族国家历史撰述的基本形式，而且对统一的多民族国家的发展产生了深远的影响。概言之，这种影响主要体现在以下三方面。

一是构建了中华各民族同源共祖的血缘谱系。《五帝本纪》说："于是舜归而言于帝（尧），请流共工于幽陵，以变北狄；放驩兜于崇山，以变南蛮；迁三苗于三危，以变西戎；殛鲧于羽山，以变东夷。"③ 这就明确告诉人们，所谓"北狄""南蛮""西戎"和"东夷"，其实是华夏首领将有罪之臣贬到四方，由此产生了"四夷"民族。从民族同源共祖思想出发，《史记》在相关"世家"和"本纪"中认为，"越王勾践，起先禹之苗裔，而夏后帝少康之庶子也"④；吴太伯是周太王古公亶父的长子；"楚之先祖出自帝颛顼高阳"⑤；"秦之先，帝颛顼之苗裔"⑥。《匈奴列传》也说"匈奴，其先祖夏后氏之苗裔也，曰淳维"⑦。正是从这种民族同源共祖的思想出发，《吴太伯世家》说"中国之虞与荆蛮句吴兄弟也"⑧。《史记》构建的中华民族各民族同源共祖的血缘谱系，虽然并不完全符合今天的考古学和民族学研究反映出的史实，然而其民族关系思想对于增强中华民族共同体的内在凝聚力、促进中国统一多民族国家的发展，无疑具有非常重要而深远的意义。

二是肯定少数民族为中国历史的共同创造者。从《史记》的记载来看，中央政权早在大禹时期就已经对"四夷"实行了五服制，从那时起，"四夷"之于中央政权就存在一种行政隶属关系。自此以后，"四夷"与中原交往日益频繁，关系不断加深。他们多以藩臣的身份参与各个时期的政治事务，并起到拱卫中央大一统政权的作用。在《太史公自序》中，司马迁说南越"保南藩"、东越"葆守封禺为臣"、朝鲜"葆塞为外臣"、西南夷"请为内臣受吏"等⑨，说明这些边疆民族实际上肩负起为中央大一统政权保守一方之土的重任。在司马迁的眼里，中华民族的历史从来都是由各民族共同创造的，在中国历史大舞台上登台亮相的是各民族。司马迁通过对历史事实的叙述，从政权隶属和历史活动诸方面说明华夏民族与"四夷"从来就是一个不可分割的整体。

三是反对民族之间的相互征战。《史记》的民族史传从维护统一的立场出发，既反对"四夷"对中央政权的侵扰或反叛，也反对中央政权挑起对"四夷"的战争。前者如，《匈奴列传》记载了匈奴不断侵扰边地，造成边地人民受到侵害的具体史实；《东越列传》记载东越之所以会遭遇"灭国迁众"，是因为越王余善反对汉朝中央政权而要自立。后者如，关于汉朝与匈奴的战争，司马迁叙述了战争造成的汉朝兵马伤亡、府库益虚和百姓劳敝，其对汉武帝发动对匈奴战争的态度是显而易见的。从历史唯物主义的立场来看，无论战争还是和平往来，我国各民族交往交流交融的历史走向是极为清晰的。

《史记》被誉为"史家之绝唱，无韵之《离骚》"，其对大一统的追求和"华夷一家"理念的宣扬，对于中华民族多元一体格局的形成和统一多民族国家的发展具有深远而积极的影响。

▍注　释

①　毛亨传，郑玄笺，孔颖达疏：《毛诗正义》卷二〇《殷武》，阮元校刻《十三经注疏》（清嘉庆刊本），中华书局2009年版，第1354页。

②　毛亨传，郑玄笺，孔颖达疏：《毛诗正义》卷二〇《閟宫》，阮元校刻《十三经注疏》（清嘉庆刊本），中华书局2009年版，第1332页。

③　司马迁：《史记》卷一《五帝本纪》，中华书局1959年版，第28页。

④　司马迁：《史记》卷四一《越王勾践世家》，中华书局1959年版，第1739页。

⑤　司马迁：《史记》卷四〇《楚世家》，中华书局1959年版，第1689页。

⑥　司马迁：《史记》卷五《秦本纪》，中华书局1959年版，第173页。

⑦　司马迁：《史记》卷一一〇《匈奴列传》，中华书局1959年版，第2879页。

⑧　司马迁：《史记》卷三一《吴太伯世家》，中华书局1959年版，第1475页。

⑨　司马迁：《史记》卷一三〇《太史公自序》，中华书局1959年版，第3317页。

北京师范大学历史学院、北京师范大学史学理论与史学史研究中心

汪高鑫

少数民族内迁与民族融合

汉末魏晋时期，居住在塞外的匈奴、鲜卑、羯、氐、羌等少数民族大规模内迁。其中，匈奴遍居西北诸郡，尤以并州、河东诸郡居多；鲜卑各部中，东部鲜卑从云中、五原东抵辽水，北部鲜卑进入云中、五原、定襄诸郡，西部鲜卑活动于甘肃河西走廊一带；羯人主要居住在并州上党郡、新兴郡一带，其中上党羯人隶属于匈奴左部，石勒等人便是跟着匈奴左部帅刘渊反晋的；氐人主要分布在武都、阴平、关中、陇右等郡县；羌人在魏晋之际主要分布在秦州、雍州、凉州和益州等地，西晋时已经遍布关中地区。少数民族持续内迁，形成了"关中之人百余万口，率其少多，戎狄居半"①的局面。

如何治理内迁的少数民族？魏晋统治者的基本做法是利用与防范相结合。如，曹魏对待南迁的匈奴，就是安抚可用者，征讨不服管治者。西晋把内迁的少数民族编户为民，征发为兵，派以苛捐杂税。因不满西晋王朝统治，晋泰始六年（270年）鲜卑人树机能起义，元康四年（294年）氐人齐万年起义。西晋王朝的灭亡，既有"八王之乱"严重削弱国力的因素，也是各种起义直接打击的结果。

西晋灭亡后，在中国北方出现了以"五胡"为主建立的一系列地方政权，历史上称作"五胡十六国"。其中，匈奴人建立了汉、前赵、夏、北凉等政权，鲜卑人建立了前燕、后燕、西燕、南燕、西秦、南凉等政权，氐人建立了成汉、前秦、后凉政权，羯人建立了后赵政权，羌人建立了后秦政权。当然，十六国政权也有一些是汉人建立的，如前凉、西凉、北燕等。十六国后期，拓跋鲜卑崛起，建立了北魏政权，并于 439 年统一北方，结束了中国北方分裂局面。此后，北魏分裂为东魏和西魏，接着则是北齐、北周的建立，历史上称作"北朝"。

从十六国到北朝，中国北方长期处于少数民族政权统治之下。这些政权统治的突出特点是积极推行汉制改革。如，十六国时期，后赵建立者石勒重用汉族士人张宾，采取倡导儒学、颁行法令、劝课农桑等改革举措；前秦皇帝苻坚重用汉族士人王猛，采取整顿吏治、崇尚法治、发展生产、抑制豪强等改革举措。当然，这一时期最有影响的政治改革当属北魏孝文帝改革，涉及的内容有经济上实行均田制、租调制和三长制，制度上采用中原王朝的官制、礼乐、刑法等典章制度，习俗上禁胡服胡语、改姓氏、定族姓、倡导鲜卑贵族与汉族通婚，等等。经过持续不断的汉制改革，一方面北魏社会实现了跨越式发展，加快了封建化进程；另一方面促进了匈奴、鲜卑、羯、氐、羌等与汉族的民族大融合，隋唐大一统政权的建立便是以这次大规模的民族融合为基础的。

显然，没有"五胡"等政权的汉制改革，就没有大规模的民族融合，而"五胡"等政权之所以会大力推行汉制改革，则与他们对中华历史文化的高度认同密不可分。纵观"五胡"等各民族对中华历史文化的认同，主要表现在以下三个方面。

一是重视身份认同。据《晋书》记载，匈奴人刘渊认同自己为刘汉后裔，称其所建政权是"绍修三祖之业"，"三祖"即指汉高祖、汉文帝和汉武帝；匈奴人赫连勃勃"自以匈奴夏后氏之苗裔也"[②]，其建立的政权号为"大夏"；鲜卑建立的前燕政权，以"有熊氏之苗裔"[③]自居；氐人苻氏以"有扈之苗裔"[④]自居；等等。《周书》记述，后周建立者鲜卑宇文部"其先出自炎帝神农氏"[⑤]，匈奴、鲜卑是炎黄之后，稽胡、库莫奚、突厥等也是华夏古圣王的后代。《魏书》详尽地叙述了鲜卑拓跋氏自黄帝以来的世系。少数民族对华夏血缘的认同，旨在论证其政权的合法性，客观上有助于消解"夷"、夏之别。

二是重视以中华正统自居。十六国与北朝政权在政治统绪上，都以中华正统自居。为了与东晋和南朝争正统，这些政权大力宣扬五德相生说，作为王权合法性的依据。如，匈奴人建立的刘汉政权"以水承晋金行"，承认并继承西晋，自然就终止了东晋的金德，从而否定了东晋政权的合法性；北魏以水德上继西晋金德，则是对东晋、南朝正统地位的否定。《魏书》的华夏正统自居色彩很浓厚，该书一方面认为"居尊据极，允应明命者，莫不以中原为正统，神州为帝宅"⑥，肯定只有占据中原的北魏政权才是正统所在；另一方面创设《岛夷列传》，以"岛夷刘裕""岛夷萧道成""岛夷萧衍"来记述宋、齐、梁三朝史事，从"夷"、夏之别角度来树立北魏政权的正统性。很显然，《魏书》是视鲜卑政权为华夏治统的当然继承者，以及南北朝时期华夏正统之所在的。

三是重视对中原文化的学习。"五胡"等地方政权都普遍重视学习中原先进文化，他们热心儒学，研习"六经"和《史记》《汉书》等经史典籍。据《晋书》所载，汉（前赵）建立者刘渊年少时即师从上党名儒崔游，研习经史著作，"《史》、《汉》、诸子，无不综览"⑦；后赵建立者石勒重视学习中原文化，"常令儒生读史书而听之，每以其意论古帝王善恶，朝贤儒士听者莫不归美焉"⑧；前秦统治者苻坚常与大臣讨论中原王朝的历史，对刘邦建汉之事有独到见解。北魏孝文帝更是一位对中原文化有着深厚修养的统治者，《魏书》称他"雅好读书，手不释卷。《五经》之义，览之便讲，学不师受，探其精奥。史传百家，无不该涉"⑨。在学习中原文化的过程中，这些少数民族帝王自然也借鉴了历代中原王朝的治国思想与文化。

▌注 释

① 房玄龄等：《晋书》卷五六《江统传》，中华书局1974年版，第1533页。

② 房玄龄等：《晋书》卷一三〇《赫连勃勃载记》，中华书局1974年版，第3202页。

③ 房玄龄等：《晋书》卷一〇八《慕容廆载记》，中华书局1974年版，第2803页。

④ 房玄龄等：《晋书》卷一一二《苻洪载记》，中华书局1974年版，第2867页。

⑤ 令狐德棻等：《周书》卷一《文帝纪上》，中华书局1971年版，第1页。

⑥ 魏收：《魏书》卷一〇八《礼志》，中华书局1974年版，第2744页。

⑦ 房玄龄等：《晋书》卷一〇一《刘元海载记》，中华书局1974年版，第2645页。

⑧ 房玄龄等：《晋书》卷一〇五《石勒载记下》，中华书局1974年版，第2741页。

⑨ 魏收：《魏书》卷七下《高祖纪下》，中华书局1974年版，第187页。

北京师范大学历史学院、北京师范大学史学理论与史学史研究中心

汪高鑫

十六国时期北方少数民族正统观的嬗变

十六国时期，北方少数民族政治势力异军突起，主导北方政局，开创了北方少数民族争正统的历史先河，在中国统一多民族国家发展史上写下了浓墨重彩的一笔，具有重要的历史意义。

正统观的渊源与内涵

正统观是中国古代根深蒂固、源远流长的一种政治、历史观念，是人们对当时以及历史上王朝政权合法性地位的评判。正统观发轫于春秋战国时期，形成于两汉时期。魏晋时期，正统观已经成为中原社会主流政治意识，并向周边少数民族特别是少数民族上层社会渗透。正统观逐渐成为中国古代各民族共同拥有的政治、历史观念，始终存在于各个历史阶段，在改朝换代之际其意义尤为彰显。

中国古代评判王权正统性有多重标准，主要包括以得天命为正统、以华夏为正统、以据有中原为正统、以完成疆域统一为正统、以尊奉华夏文化为正统等。

天命正统观位于各项正统标准之首。商代已经出现天命思想，西周时期出现了天命无常、唯德是辅的观点，强调君主有德才能获得天命。西汉时期，董仲舒提出"天人合一"的理论，认为上天通过自然界的祥瑞或者灾异现象显示对君主的品德、能力是否满意以及是否授予天命。因此，自然界的祥瑞灾异现象成为君主是否获得天命、王权是否正统的重要标志。这一观点为后世统治者普遍信奉和采用。天命正统观为历代王朝的兴替、特别是少数民族政权在中原地区的建立提供了有利的理论依据。

春秋战国时期，存在"华夷之辨"民族观，认为华夷之间有优劣、贵贱、内外之别，因此唯有华夏民族才能统治中原。在这一观点的基础上，逐渐形成了华夏正统观和中原正统观，即认为天下统治秩序只能是华夏为君、夷狄为臣，由华夏据有中原、主宰天下，夷狄不可为君。例如，西晋末年名臣刘琨认为，"自古以来诚无戎人而为帝王者，至于名臣建功业者，则有之矣"①。由于"华夷之辨"以文化作为区分华夷的标准，人们也把奉行华夏礼乐文明的政权视为正统王朝。

自汉代以来，中国古代社会逐渐形成以完成疆域大一统的政权为正统的观念。人们普遍将国家的分裂视为国家、民族、个人的巨大痛苦与不幸，将完成疆域统一的王朝视为当之无愧的正统王朝。

先秦至魏晋时期的正统观具有巨大的包容性、灵活性和适应性。特别突出强调统治者应当有德、奉行礼仪文明、完成统一大业，为中国历史上各民族参与正统之争预留了理论空间和实践空间，使得正统观在中国历史上具有强大恒远的生命力，其影响贯穿了中国古代整个历史发展进程。

十六国时期北方少数民族的历史性突破

十六国时期，北方少数民族入主中原，积极参与正统之争，使得魏晋以来的正统观发生了嬗变，推动了中国古代正统观的传承与创新。

十六国时期，北方少数民族争正统者人数众多。前赵、成汉、后赵、前秦、后秦、后凉、夏、北魏和五燕政权等十三个少数民族政权的统治者均参与了正统之争，占据十六国政权的大多数。而他们的正统观并非先秦魏晋时期正统观的简单复制，而是既有传承又有突破。

首先，涌现出一批挑战华夏正统观的少数民族统治者。他们突破华夏正统观的影响与束缚，以天命眷顾有德之人的观念为思想武器，为自己称帝建国寻找理论支撑，从理论和实践两个方面有力地驳斥、否定了"夷狄不能为君"的传统偏见。例如，前赵政权创立者刘渊宣称："当为崇冈峻阜，何能为培塿乎！夫帝王岂有常哉，大禹出于西戎，文王生于东夷，顾惟德所授耳。"② 前秦统治者苻坚认为："帝王历数岂有常哉，惟德之所授耳！"③ 到十六国后期，"夷狄不可为君"的观点已经逐渐淡化。

其次，十六国时期，众多北方少数民族统治者不约而同地选择占据中原以后称帝王、争正统，中原正统观取代华夏正统观，成为十六国时期北方社会、特别是北方少数民族社会认同正统地位的唯一实质性标准。例如，刘渊建立政权之初自称"汉王"，在进据河东、蒲坂和关东其他地区之后，匆匆"即皇帝位"。慕容俊称帝也是选在前燕攻占大片中原地域之后的短暂时期内。苻健、姚苌、赫连勃勃等人也基本如此。在十六国时期北方少数民族统治者心目中，夷狄身份不再是他们争夺正统地位的障碍，占据中原才是拥有正统地位最重要、最关键的因素。

正统观嬗变的原因

为什么十六国时期北方少数民族统治者能够实现正统观的嬗变？笔者认为，主要有以下三个方面的原因。

首先，中华文化具有厚重的历史底蕴和巨大的包容性。例如，把"有德"作为获得天命的标准，把礼仪文明作为区分华夏与夷狄的依据，这些观念为十六国时期北方少数民族跨越思想上的藩篱、突破华夏正统观提供了有力的理论基础。

其次，先秦以来，各民族密切交往交流交融，北方少数民族由此实现政治、经济、文化等方面的显著发展，为他们参与正统之争提供了自信的心理基础。

再次，十六国时期，北方少数民族深受中原文化影响和濡染，呈现出明显的汉化趋势。例如，刘渊、慕容俊、苻坚喜爱儒家典籍，崇尚儒家文化，以儒家政治思想治国理政。北方少数民族社会对中原文化的推崇，为正统观的嬗变提供了良好的社会基础。

十六国时期，北方少数民族的实践丰富和深化了中国古代正统观的内涵，影响了中国古代正统观的整体演变方向与演变进程，凸显了少数民族对中国历史进程的重要影响与贡献，具有重要的历史意义。

▌注　释

① 房玄龄等：《晋书》卷一〇四《石勒载记上》，中华书局1974年版，第2715页。

② 房玄龄等：《晋书》卷一〇一《刘元海载记》，中华书局1974年版，第2649页。

③ 房玄龄等：《晋书》卷一一四《苻坚载记下》，中华书局1974年版，第2935页。

中国社会科学院民族学与人类学研究所、中国民族史学会　彭丰文

披览史书，振兴儒学
——十六国时期各民族政权的镜史之道

十六国时期，十六国政权为适应形势亟需从既往的历史尤其是两汉以来的历史实践中汲取走向一统的方略。这种汲取，主要有以下两方面的内容。

一是披览史书，汲取澄清天下的历史智慧。

十六国时期，北方政权对峙，战乱频仍，社会现实激发了人们活学活用历史的内在需求，史学的社会功能再次凸显。西汉建始二年（公元前31年），东平王刘宇入朝觐见，上疏求诸子及《太史公书》。汉成帝询问大将军王凤的意见，王凤认为："诸子书或反经术，非圣人；或明鬼神，信物怪；《太史公书》有战国纵横权谲之谋，汉兴之初谋臣奇策，天官灾异，地形厄塞：皆不宜在诸侯王。不可予。"汉成帝采纳了王凤的建议，明令东平王学习五经，并指出"五经圣人所制，万事靡不毕载。王审乐道，傅相皆儒者，旦夕讲诵，足以正身虞意"。大意是说，五经都是圣人写的，对万事万物都有记载，足够日常习用。其实，真正的原因是，《史记》这类史书乃"天子之书"，与王朝的治乱兴衰关系甚巨，岂是诸侯王所能觊觎的。这件事情特别收录在东汉史学家班固所著《汉书·宣元六王传》当中，足见史学之于社会的重要作用。①

十六国时期，有一位研习历史积极学习"天子之书"的人物，他就是后赵政权的建立者石勒。石勒是羯族人，雅好文学，经常让儒生为他读史书，"每以其意论古帝王善恶，朝贤儒士听者莫不归美焉"。有一次，他让人读《汉书》，当他听到郦食其劝刘邦把六国的后代封为王侯时，大惊失色："此法当失，何得遂成天下！"待听到留侯张良谏言阻拦，他才松了一口气："赖有此耳。"② 由此可见，石勒通过学习历史，学出了政治智慧。

石勒是抱着走向一统的政治理想来学习历史的。有一次，石勒问大臣徐光，他可以和自古以来的哪位开国皇帝相比，徐光赞颂他超越汉高祖、光武帝，"自三王已来无可比也，其轩辕之亚乎"。对此，石勒说，"人岂不自知"，如果遇到汉高祖，应该向他北面称臣；如果遇上光武帝，将会和他在中原一比高低，"朕当在二刘之间耳，轩辕岂所拟乎"。③ 石勒对自己的定位，体现出清醒的历史自觉，这种历史自觉促成了他的政治追求。

石勒之外，十六国时期其他出身少数民族的君主亦不乏爱好经、史、文学者。

二是振兴儒学，汲取和合天下的历史智慧。

振兴儒学也是十六国时期各民族政权汲取历史智慧的重要方面，主要表现在对学校教育的重视上。前赵建立者刘渊，匈奴人，执政时期就开始留心教育，其子刘曜即位后，下令设太学和小学，立国子祭酒、崇文祭酒，逐步形成一套完备的办法，类似东晋的相关制度。后赵石勒在戎马倥偬之际，犹不忘学。攻占襄国后（襄国位于今河北省邢台市的襄都区），于襄国四门立宣文、宣教、崇儒、崇训等十余所小学，选将佐豪右子弟百余人以教之。石勒还设置了经学祭酒、律学祭酒、史学祭酒、门臣祭酒以及文学掾等学官，于襄国城西起明堂、辟雍等皇家礼制建筑。他曾经亲临太学和小学，考诸生经义，赏赐优秀者。他对地方教育也很重视，命郡国立学官，每郡置博士祭酒二人、弟子一百五十人，培养和选拔人才。后赵第三位君主石虎统治残暴，但教育方面也有一些作为。比如，令郡国立五经博士，于大小学博士之外，复置国子博士、助教，派人到洛阳抄写石经，将国子祭酒聂熊所注《谷梁春秋》列于学宫作为教材等。

前燕政权奠基者慕容廆，鲜卑人，倡儒学、立庠序、置祭酒，大力发展文化教育。其后人慕容皝、慕容儁、慕容暐也都重视文教，选用人才。慕容皝爱好儒学，长于撰述，经常到东庠讲学，并施行重农轻商之策。慕容儁立小学于显贤里，以教胄子，他自己也雅好文籍，常与大臣谈经论史，考辨义理。慕容暐设国子祭酒、国子博士，大开讲论。后燕、南燕的君主也很重视教育。南燕慕容德即位后，立学官，选拔公卿以下子弟及二品士门二百人为太学生。

氐族建立的前秦政权，始终重视教育，苻坚在位时期的举措最为突出。主要有：崇儒道，教学主以经义；课试太学生，依课试等第任官；郡国遍设学校，贵族平民子弟一并入学受业；置学宫中，禁卫将士及男女宫隶资质较高者皆受业；奖励博学有才、高行廉吏及孝悌力田等方面的人才。

羌族建立的后秦，姚苌在位时，于各地置学宫，培养和选拔人才。姚兴即位，大兴儒学和佛教。置经学大儒及其徒众教授于长安，学生达万人以上，并制定了便于诸生开展学术交流的政策。此外，姚兴还非常重视律学，以减少冤狱的产生。

总之，十六国时期各民族政权在学校教育上，虽然重视程度有高下、兴废时间有长短、实际效果有差别，但其教育举措、教育目标始终蕴含着两汉以来所奠基的天下一道的政治追求，这是其积极的历史贡献。

▌注　释

----

① 班固：《汉书》卷八〇《宣元六王传》，中华书局 1962 年版，第 3324—3325 页。

② 房玄龄等：《晋书》卷一〇五《石勒载记下》，中华书局 1974 年版，第 2741 页。

③ 房玄龄等：《晋书》卷一〇五《石勒载记下》，中华书局 1974 年版，第 2749 页。

北京师范大学历史学院、北京师范大学史学理论与史学史研究中心

王志刚

十六国时期的史学发展与
大一统历史观的广泛传播和深刻认同

十六国时期，经历着列国纷争、民族重组和文化争鸣。尤其是在政治理想上，无论民族，无论大小，无论强弱，也无论存在之短长，诸政权几乎毫无例外，皆以两汉时代为参照，致力于重构天下一道的大一统局面。这些历史的实践，在当时的史学著述中都有生动的反映。回望当时各民族政权的历史记载，可知这种大一统历史观不仅深刻地影响了十六国史家，而且也经由他们的史学活动对历史实践产生了积极影响。

断代为史与宣扬大一统的史学精神

十六国历史撰述多通记一代，类似班固"断汉为史"。当代史家从史学与民族精神的层面曾作了深入剖析，认为班固"断汉为史"不仅在内容上提供了时代所需的历史教材，而且在构史体系上也取得了继司马迁之后的又一个突破和创造，从而奠定了著史的新格局。这一格局适应了中国传统社会王朝更迭的周期性特点，相沿近两千年而不衰。① 十六国历史撰述的断代为史，像《汉书》一样体现了十六国史家自觉的大一统历史观。

族源回溯之同宗共祖所显示出来的历史文化向心力

当时内迁各族已然久沐中原文化，西晋亡而中原文化却相承不绝、持续传播，其中一个很重要的表现就是内迁各族对两汉以来各民族同源共祖观念的认同。当时的史家对此多有记载。今天看来，这种族源上的认同传说和假托的意味多一些，但是，也不可否认它们实际上所产生的历史效应和影响。在历史进程中，它们对当时各民族政权的立国和治国起到了聚合人心的作用。

各民族政权以两汉为蓝本的天下一道政治理想

列国纷争是十六国时期的基本历史格局，各民族政权虽然旋生旋灭，但多数都向往两汉西晋以来天下一道的政治局面。这顺应了当时中国北方社会走向统一和人心思安的历史大势。

例如，刘渊曾说："夫帝王岂有常哉，大禹生于西戎，文王生于东夷，顾惟德所授耳。今见众十余万，皆一当晋十，鼓行而摧乱晋，犹拉枯耳。上可成汉高之业，下不失为魏氏，何呼韩邪足道哉！"② 苻坚曾讲，"今四海事旷，兆庶未宁，黎元应抚，夷狄应和，方将混六合以一家，同有形于赤子"，"非为地不广、人不足也，但思混一六合，以济苍生"③。

这些记载都反映了当时史家对各民族政权君主所持的大一统政治理想的肯定，既用这种观点塑造了这些君主，同时也表达了史家自身的民族观点和文化理想。而历史的发展也充分表明，一些有作为的君主，其主观向往和历史实践是一致的，后赵石勒、前秦苻坚可谓典型，他们不仅在一个时期内实现了中国北方的统一，而且还致力于当时全中国的统一。在中华民族的形成史上，都是值得永远记住。当然，也有从继续尊奉华夏正统方面来维系中国统一的，比如羌族的首领姚弋仲，"常戒诸子曰：'吾本以晋室大乱，石氏待吾厚，故欲讨其贼臣以报其德。今石氏已灭，中原无主，自古以来未有戎狄作天子者。我死，汝便归晋，当竭尽臣节，无为不义之事。'乃遣使请降"④。

记录中原士人之倾心辅弼

各民族君主的政治理想得到了当时一大批有志建功立业的中原士人的鼎力支持，这些也都被十六国史家记载下来了，比如所记后赵张宾和前秦王猛就是其中杰出的代表。如张宾面对西晋末年的纷扰局面，常以张良自喻，期待明主，终于遇到石勒这样一位有政治理想的君主，成就了一番事业。各民族政权的君主和中原士人双方结成了信任无间的君臣关系，廓清天下的理想和风栖明主的期待水乳交融，让他们共同创造了这段走向天下一道的历史。

唐初史家这样评价他们，比如评后赵石勒君臣："观其对敌临危，运筹贾勇，奇谟间发，猛气横飞。远嗤魏武，则风情慷慨；近答刘琨，则音词偶悦。焚元超于苦县，陈其乱政之詈；戮彭祖于襄国，数以无君之罪。于是跨蹑燕赵，并吞韩魏，杖奇材而窃徽号，拥旧都而抗王室，褫氊裘，袭冠带，释介胄，开庠序，邻敌惧威而献款，绝域承风而纳贡，则古之为国，曷以加诸！"⑤

这些话出自历史落定之初唐深具正统观念的传统史家笔下，更加反衬出了十六国君臣处乱世而思一统的历史自觉和自信。

称许各民族政权的治理成就

前秦苻坚王猛时期，在当时君臣和百姓的共同努力下曾经出现了十六国时期难得的和平发展景象，这令史家追念不已：

　　自永嘉之乱，庠序无闻，及坚之僭，颇留心儒学，王猛整齐风俗，政理称举，学校渐兴。关陇清晏，百姓丰乐，自长安至于诸州，皆夹路树槐柳，二十里一亭，四十里一驿，旅行者取给于途，工商贸贩于道。百姓歌之曰："长安大街，夹树杨槐。下走朱轮，上有鸾栖。英彦云集，诲我萌黎。"⑥

　　行道树伴随着交通网而来，某种程度上标示了国家的统一和繁荣。行道树，秦主以青松，自西汉历唐宋主以槐树，明清始转以柳树。汉代长安大道两侧尽植槐树，称槐路。⑦文学作品中，对此也颇多描述，如西晋左思："驰道如砥，树以青槐，亘以绿水。"⑧南朝梁元帝萧绎诗："洛阳开大道，城北达城西。青槐随幔拂，绿柳逐风低。"⑨陈后主叔宝诗："青槐夹驰道，御水映铜沟。"⑩而史家之相关纪实，则从文化和社会心理的深层表达了平民阶层向往太平与和平的心声。

▌注　释

　　① 陈其泰：《再建丰碑——班固和〈汉书〉》，生活·读书·新知三联书店1994年版，第45—48页。

　　② 崔鸿：《十六国春秋·前赵录》，载《太平御览》卷一一九《偏霸部三》，中华书局1960年版，第574页下左。

　　③ 房玄龄等：《晋书》卷一一三《苻坚载记上》、卷一一四《苻坚载记下》，中华书局1974年版，第2896、2914页。

　　④ 房玄龄等：《晋书》卷一一六《姚弋仲载记》，中华书局1974年版，第2961页。

　　⑤ 房玄龄等：《晋书》卷一〇七《石季龙载记下》，中华书局1974年版，第2798页。

　　⑥ 房玄龄等：《晋书》卷一一三《苻坚载记上》，中华书局1974年版，第2895页。

⑦ 游修龄：《槐柳与古代的行道树》，载《农史研究文集》，中国农业出版社 1999 年版，第 436—442 页。

⑧ 左思：《吴都赋》，载《全上古三代秦汉三国六朝文》第四册，河北教育出版社 1997 年版，第 770 页。

⑨ 萧绎：《洛阳道》，载逯钦立辑校：《先秦汉魏晋南北朝诗》(下)，《梁诗》卷二五，中华书局 1983 年版，第 2033 页。

⑩ 陈叔宝：《洛阳道》组诗之五，载逯钦立辑校：《先秦汉魏晋南北朝诗》(下)，《陈诗》卷四，中华书局 1983 年版，第 2507 页。

北京师范大学历史学院、北京师范大学史学理论与史学史研究中心

王志刚

苻坚的民族政策

在所谓"五胡"(匈奴、鲜卑、羯、氐、羌)的历史上,氐族是汉化与内迁较早的民族。但是,氐族也在很长时间内一直保持着氐族部落组织。苻氏原只是氐族一个不大的部落,苻健率领其军事部落集团从关东枋头西返关中建立政权时,氐、羌贵族势力豪横,无君臣之体。苻生继位后,大杀酋帅重臣,为前秦建立强大的皇权清除了障碍。苻坚以政变方式推翻苻生统治而登上大秦天王位,他依靠汉人王猛大刀阔斧地实行改革,打击豪强,建立了强大的中央集权制度,是十六国时期最有光彩的一位政治家。苻坚的治绩、苻坚统一北方的功绩、苻坚对民族融合的贡献,是十六国历史上所仅见的。

加强中央集权

从中枢制度说,苻坚实行的也是魏晋以来的三省制。虽设三公,但只是崇尚大臣的虚位。他亲自控制三省。尚书省是政务中枢,苻坚曾经到尚书省视察,"以文案不治,免左丞程卓官"①,可见其对尚书省的重视。中书与门下是决策中枢,他委任王猛、薛瓒为中书侍郎,权翼为给事黄门侍郎,以中书与门下的中级官吏"并掌机密",也就是参与诏令的起草、发布,即所谓"出纳诏命",作为他实行决策的助手。王猛、薛瓒和权翼都没有氐羌酋豪背景,苻坚提拔他们进入权力核心。王猛是符坚最器重也是最信任的汉人士族大臣，在符坚的权力支持下，王猛在朝廷和地方上打击违法的氐族豪强，杜绝酋帅豪强对朝政的干预，维护了集权制的君主制度。他协助符坚实施"修废职，继绝世，礼神祇，课农桑，立学校"②以及推举德才兼备之人、抚恤贫困百姓等一系列政策措施。

此外，符坚还推行出征或出镇时由朝廷配给士兵的"配兵制"。这种兵、将分离的制度有利于防止将领专兵与军队中依附关系的发展。

实行以"夷狄应和"为目标的民族政策

"夷狄应和"③是符坚建立新型民族关系的理想。这一政策包括对投降的异族首领及其贵族的优礼制和对边境异族的羁縻制。

如果说符坚厚待来降的慕容垂，是出于"方以义致英豪，建不世之功"④的考虑；那么，他优礼投降后迁到长安的以慕容暐（wěi）为首的鲜卑贵族，就是为了追求"夷狄应和"的目标。

灭前燕后，符坚"迁慕容暐及燕后妃、王公、百官并鲜卑四万余户于长安"，"封慕容暐为新兴侯、以燕故臣慕容评为给事中；皇甫真为奉车都尉、李洪为驸马都尉，皆奉朝请；李邦为尚书、封衡为尚书郎、慕容德为张掖太守；燕国平叡为宣威将军、悉罗腾为三署郎，其余封署各有差"⑤。而慕容氏贵族国灭后，叹寄人篱下，怀复国之思，期东山再起。太史令张孟和符融劝谏符坚诛杀慕容暐及其子弟，符坚却以严厉的口气斥责符融，并把优容礼遇慕容鲜卑贵族之制与"黎元应抚，夷狄应和，方将混六合以一家，同有形于赤子"⑥的目标联系在一起。羌酋姚苌投降前秦后，也受到符坚的礼遇，拜官封侯。

在对待前燕慕容暐和鲜卑贵族的问题上，符坚的确广受质疑。当时，很多人对此极不理解，持反对意见的除符融外，还有王猛及秘书监朱彤等人。但符坚之所以执着地实施他的优礼政策与制度，是因为他自信自己的政策与制度能够感化他们，以达到"夷狄应和""混一六合"的伟大目标。

符坚对边境异族则采取羁縻制。羁縻制是西汉以来中原政权控制周边少数民族的一种方式，所谓"欲朝者不距，不欲者不强"⑦。符坚在派遣吕光进军西域时，对吕光说："西戎荒俗，非礼义之邦。羁縻之道，服而赦之，示以中国之威，导以王化之法，勿极武穷兵，过深残掠。"⑧

对待凉州西陲氐、羌，符坚也是从"夷狄应和"出发，以"抚谕"为先。史称："初，秦人既克凉州，议讨西障氐、羌，秦王坚曰：'彼种落杂居，不相统一，不能为中国大患，宜先抚谕，征其租税，若不从命，然后讨之。'乃使殿中将军张旬前行宣慰，庭中将军魏曷飞帅骑二万七千随之。曷飞忿其恃险不服，纵兵击之，大掠而归。坚怒其违命，鞭之二百，斩前锋督护储安以谢氐、羌。氐、羌大悦，降附贡献者八万三千余落。"⑨可见，符坚的羁縻制很得民心，大受拥护。为贯彻其"夷狄应和"的民族政策和制度，符坚曾亲自巡抚夷狄地区，也数次遣使巡视戎夷部落。

虽然民族矛盾、家国仇怨的消泯并非易事，但符坚的民族政策是在朝着民族关系和缓的方向努力，只是时间太短暂，而淝水之战来得太快了。田余庆先生曾经对前秦的兴亡作过精辟的分析，他说："符坚之兴，兴于他缓和了民族矛盾；符坚之败，败于他远未消弭民族矛盾。民族矛盾在相当程度上被他的民族政策的成就暂时掩盖起来。"⑩

符坚在民族关系极为复杂的情况下，既维持强势的中央集权，也实行比较合理的民族政策，构建了一个在十六国中政治最为清明、最为稳定的社会。他为促进民族和解、缓和社会矛盾，而坚持抛弃民族偏见、反对民族歧视的理念是非常宝贵和值得称道的。

注 释

① 司马光编著:《资治通鉴》卷一〇〇《晋纪二二》"穆帝升平元年十二月"条,中华书局 1956 年版,第 3167 页。

② 房玄龄等:《晋书》卷一一三《符坚载记上》,中华书局 1974 年版,第 2885 页。

③ 房玄龄等:《晋书》卷一一三《符坚载记上》,中华书局 1974 年版,第 2896 页。

④ 房玄龄等:《晋书》卷一一三《符坚载记上》,中华书局 1974 年版,第 2891 页。

⑤ 司马光编著:《资治通鉴》卷一〇二《晋纪二四》"海西公太和五年十二月"条,中华书局 1956 年版,第 3239—3240 页。

⑥ 房玄龄等:《晋书》卷一一二《符坚载记上》,中华书局 1974 年版,第 2896 页。

⑦ 班固:《汉书》卷九四下《匈奴传下》,中华书局 1962 年版,第 3815 页。

⑧ 房玄龄等:《晋书》卷一一四《符坚载记下》,中华书局 1974 年版,第 2914 页。

⑨ 司马光编著:《资治通鉴》卷一〇四《晋纪二六》"孝武帝太元元年十二月"条,中华书局 1956 年版,第 3280—3281 页。

⑩ 田余庆:《东晋门阀政治》,北京大学出版社 1996 年版,第 250 页。

北京师范大学历史学院　陈琳国

北京师范大学历史学院、北京师范大学史学理论与史学史研究中心

陈涛

北魏的历史记忆整合与国家认同建构

中国统一多民族国家与中华民族的形成，历经数千年的历史演进，蕴含丰富的历史经验，也积累了一定的历史教训，对铸牢中华民族共同体意识具有重要的启发意义，值得深入挖掘和总结。北魏是中国历史上第一个统治中原长达一百余年的少数民族政权，在北魏对北疆各族早期历史记忆的整合与国家认同的建构中，蕴含重要的历史经验，体现了文化整合措施的积极意义，是北魏得以国祚绵长的重要原因之一。然而这方面尚未引起学界的充分关注，是当前研究中的一个空白。

历史记忆蕴含国家、民族的政治文化体验和共同情感，是文化的重要组成部分，也是国家认同、民族认同赖以形成的根基。北魏统治者对北疆各族早期历史记忆的整合是文化整合措施的一部分，不仅为建构北魏的国家认同、巩固北魏统治奠定了重要的社会基础，而且客观上促进了中华文化的传承与发展，推动了中华民族共同体的形成，具有重要的研究意义。

拓跋鲜卑族源记忆的整合

秦汉大一统以后，中原主流社会深受"华夷之辨"民族观的影响，认为只有具备华夏民族身份才有资格称帝建国，成为天子。历代入主中原的少数民族统治者往往面临民族身份困境，其创建的政权在中原主流社会面临正统性、合法性的质疑。在十六国北朝时期，这一问题尤为凸显。同时，也有不少少数民族统治者主动认同华夏族源。

北魏统治者拓跋氏源自北疆塞外，与十六国北朝少数民族统治者面临相同的身份困境，其应对的基本思路大致相同，同样主动认同黄帝后裔身份，力图实现从"夷狄"到"华夏"的身份转换，化解身份困境。拓跋鲜卑源自黄帝谱系的观念深得其族人以及北魏治域内华夷各族的认同，成为诏令、家谱、传记、墓志广泛宣扬和强调的内容。北魏统治者为何能实现这一点呢？实施文化整合措施是不可忽视的重要途径。

北魏统治者对《史记》《山海经》等中原传世文献资料和《真人代歌》这一拓跋鲜卑早期民间口传资料进行了充分整合与精心建构，最终通过北魏国史书写的形式，建构了拓跋鲜卑源自黄帝、居于北土、与中原华夏同源共祖的族源叙述体系，缓解了北魏统治者所面临的民族身份困境，促进了北魏治域内的民族融合，推动中原汉人对北魏王朝的文化认同和民族身份认同。与此同时，北魏统治者保留拓跋鲜卑的早期历史记忆，尊重拓跋鲜卑部人对祖先的情感认同，从而增强了拓跋鲜卑部人的凝聚力，巩固了北魏统治。对于不符合统治者政治需要和拓跋鲜卑部人情感需要的族源叙述，北魏统治者一律加以严厉禁绝。通过实行系列文化整合措施，拓跋鲜卑早期历史记忆不仅没有被废弃或忽略，而且得以保留、改造、转化和提升，为中华文明增添了新鲜血液，与中原文化共同组成中华文化的靓丽图景。

"代""魏"新旧国号的整合

国号是王朝的身份标识，是标榜正统、凝聚人心的政治符号，是中国古代国家认同的重要载体。北魏最初以"代"为国号，入主中原以后，大部分时期实行"代""魏"新旧国号兼用的做法，这是一个值得思考的历史现象，是北魏统治者对北疆各族早期历史记忆与中原文化进行整合的重要体现。

对北疆各族特别是拓跋鲜卑而言，"代"这一国号蕴含悠远的历史记忆，凝聚了北疆各族关于云代、北土的深厚的乡土情结。"魏"这一国号则蕴含中原汉族士人和拓跋珪对于中华正统的共同追求。拓跋珪下诏以"魏"为国号之后，"大代"在北魏仍然长期使用，贯穿北魏统治的大部分时期。结合传世文献资料与石刻资料来看，北魏入主中原后，"代"主要使用于寺庙碑记、造像记和墓志铭等民间文字题材中，且主要用作纪年，"魏"则在官方和民间等各种场合广泛使用。

"代""魏"双国号并用的做法是北魏统治者对北疆文化与中原文化进行整合的结果。"代"这一国号承载北疆各族关于代国政权绵远悠长的早期历史记忆，蕴含北疆各族对云代、北土这一祖先世居地和发祥地的深厚情感，具有政治、地域、民族与乡土的多重内涵，在北魏社会特别是北疆各族群体中具有深厚的政治、文化影响力。"魏"这一国号则承载北魏统治者继承中华正统、争为中华之主的远略雄心，寄托了中原汉族士人尝试改造拓跋氏政权的政治理想，也反映了他们尝试认同拓跋氏政权的政治心理。

北土旧俗与中原礼制的整合——
北魏的国家祭祀体系

"北土旧俗"是指历史上北疆各族的传统习俗，亦被泛称为"胡俗"。它承载北疆各族形成于塞外的关于生产、生活的历史记忆，蕴含关于云代、北土的朴素的乡土情结，具有浓厚的草原地域特色和游牧民族风格，是北疆文化的重要组成部分。在入主中原后，北魏统治者出于争夺中华正统地位、巩固统治的需要，不断吸收中原文化，采用中原礼俗。现试以北魏国家祭祀体系为中心，通过考察祭天之礼、祭祖之礼和祭祀华夏人文初祖、圣王先贤及历代帝王之礼三类典型意义的国家祭祀礼仪来进行探讨。

祭天之礼是统治者宣扬本朝以及本人获得天命、位居正统的不可缺少的国家仪式，是建构和强化国家认同的重要方式，负有重要的政治使命，秦汉以后在中原文化中逐渐演变为皇帝的专属权力。北魏国家祭祀体系中的祭天之礼包括西郊祭天与南郊祭天、圜丘祭天三种礼仪。西郊祭天具有浓厚的北土旧俗特点，南郊祭天和圜丘祭天为中原华夏礼制，二者同样是北魏国家祭祀的重要组成部分。西郊、南郊和圜丘三种祭天之礼在北魏长期共存，显示了北土旧俗与中原礼制长期交融共存于北魏国家祭祀体系的基本格局。祭祖之礼是统治者增强血缘认同、历史认同与政治认同并祈祷祖先庇佑的重要方式。北魏统治者入主中原后，在国家祭祀体系中引入中原祭祖之礼，确立七庙祭祀制度。然而值得注意的是，北魏统治者始终保留北土旧俗的祭祖仪式，如白登山庙祭。而且在北魏前期，北土旧俗的祭祖仪式占有较大比重。北魏中后期，统治者对于源自北土旧俗的祭祖之礼有所裁减压缩，但是始终在国家祭祀体系中保留了一定的位置。此外，北魏历任统治者非常重视对华夏人文初祖和圣王先贤的祭祀，多次祭祀黄帝、孔子、尧、舜、禹等，这是他们认同中原政治统绪与文化、认同黄帝后裔身份的表现，也是塑造和巩固正统地位的重要方式。

北魏国家祭祀体系是对北土旧俗与中原礼制进行充分整合的结果，反映了北疆文化与中原文化在北魏政治文化体系中交融并存的格局。同时以孝文帝亲政时间为分界点，二者呈现此消彼长的态势。

北魏国家认同建构的历史经验

伴随北魏入主中原、统一北方的步伐和多元文化整合的历程，北魏王朝在纷乱的历史时期成功建立相对稳定的统治，形成了以认同北魏王朝为核心的相对稳固的国家认同。从文化研究视角来看，北魏的成功很大程度上应当归功于文化整合措施。北魏统治者对历史记忆的整合与国家认同的建构蕴含丰富的历史经验，对铸牢中华民族共同体意识具有重要的启发意义，以下三点值得格外重视。

首先应重视各民族文化的整合与凝聚。文化整合是中华文明生生不息、经久不衰的重要因素。中国各民族的文化都是中华文化的组成部分，是中华民族共同的精神财富。加强各民族的文化整合与凝聚，有助于吸收各民族的优秀文化养分，推动中华文化的繁荣发展，巩固中华民族多元一体格局。

其次应重视中华民族的共同历史记忆。记忆是认同的基础。中华民族共同体意识是各民族在历史上密切交往交流交融、长期共同奋斗中逐渐形成的。共同的历史记忆是维系中国统一多民族国家认同、中华民族认同、中华文化认同的情感纽带，也是铸牢中华民族共同体意识的文化根基和精神源泉，值得加倍关注、珍惜与呵护，使其转化为凝聚各民族的精神源泉和推动中华民族共同体发展的动力。

再次应重视情感认同。重视情感认同因素有助于增强各民族同呼吸、共命运的共同体意识，使中华文化成为各民族自觉自愿的心灵归宿与情感依赖，从而不断铸牢中华民族共同体意识，实现中华民族的伟大复兴。

中国社会科学院民族学与人类学研究所、中国民族史学会　彭丰文

北魏孝文帝及其改革

　　鲜卑拓跋氏由部落走向国家，建立魏国，经历了漫长的发展。从西汉时代到东汉末年，拓跋氏终于自东北方向遥远的故地南迁到毗邻汉王朝的匈奴故地。魏晋之际，拓跋氏与汉朝的关系比较和好，开始接受汉文化。之后，拓跋氏历经十六国时期代国的兴亡，在前秦与东晋的淝水之战以后，再次发展壮大。公元398年，拓跋珪称帝，在平城继承汉晋之统，建立魏国。传了六代五位皇帝，出了又一位雄才大略的人物孝文帝拓跋宏（467年—499年）。孝文帝在位的29年间（471年—499年），武功虽不如先辈显赫，但在政治上多有作为，进行了一系列改革，史称孝文帝改革。

　　对于孝文帝及其改革的评判，在其去世后不久，有志编撰北魏国史的李彪就上书朝廷，盛赞"先皇有大功二十，加以谦尊而光，为而弗有，可谓四三皇而六五帝矣。诚宜功书于竹素，声播于金石"。这二十项功绩里面，不少都与孝文帝的改革直接相关，比如第五到第七项功绩，"迁都改邑者，先皇之达也；变是协和者，先皇之鉴也，思同书轨者，先皇之远也"，第十七到第十九项功绩，"开物成务者，先皇之贞也；观乎人文者，先皇之蕴也；革弊创新者，先皇之志也"。① 五十多年以后，至北齐天保五年（554年），史官魏收撰成《魏书》，对孝文帝及其改革继续作了肯定性的评价：

有魏始基代朔，廓平南夏，辟壤经世，咸以威武为业，文教之事，所未遑也。高祖幼承洪绪，早著睿圣之风。时以文明摄事，优游恭己，玄览独得，著自不言，神契所标，固以符于冥化。及躬总大政，一日万机，十许年间，曾不暇给；殊途同归，百虑一致。至夫生民所难行，人伦之高迹，虽尊居黄屋，尽蹈之矣。若乃钦明稽古，协御天人，帝王制作，朝野轨度，斟酌用舍，焕乎其有文章，海内生民咸受耳目之赐。加以雄才大略，爱奇好士，视下如伤，役己利物，亦无得而称之。其经纬天地，岂虚谥也！②

这些来自当时史官的评价，基本都集中在孝文帝的汉化改革上，并持充分肯定的态度。

北魏自建国以来，始终面对如何处理广大地区的民族关系这一最大问题，尤其是如何对待汉族的先进生产方式、汉族的文化问题。到了孝文帝时期，终于选择了系统的汉化之路，改革政治、经济上落后的状态，缓解与汉族之间的民族矛盾。

改革吏治

北魏初年规定，不论治绩，地方官一任都是六年，期满离任。这导致许多官吏对民生之事毫不热心，却竭力追求个人财富。如公孙轨，当地方官时，"其初来，单马执鞭；返去，从车百两，载物而南"③。这样的事例在北魏官场中屡见不鲜。有一次，孝文帝问大臣高祐，怎样才能平息盗贼。高祐答说，盗贼也是人，如果地方官治化有方，就不会有贼，而是有人了。孝文帝听了深以为然。为此，北魏采取两条措施以整顿吏治，缓和阶级矛盾。一是实行俸禄制，改变了原先不给官员薪俸的习惯；二是根据治绩决定地方官的任期，好则留，不好则去。这样，官员的俸禄和升迁都跟治绩好坏关联在一起，官员对于民生不得不有所考虑和关心。吏治的改革，为后来各项改革的推行打下了基础。

迁都洛阳

北魏的汉化过程，时有起伏曲折。孝文帝开始把汉化作为一项基本国策来推行。定都平城（今山西大同）时代的北魏，平城区域的气候条件、生活习惯各方面都与鲜卑故土相近。然而，随着北魏国势朝向中原的拓展，而且平城颇多保守势力的掣肘，平城越来越不利于控制整个北方，很不利于孝文帝"经营天下，期于混一"④ 的雄心。

当时新都的选择有二，洛阳和邺城。洛阳是汉魏晋以来的政治文化中心，是"中夏正音"之所在。邺城则是当时中原经济最发达富庶的地区，是大河之北主要的粮食和丝绵产地。孝文帝权衡再三，决定选择汉文化底蕴深厚的洛阳，作为加速鲜卑汉化的重要区域。迁都洛阳，对于世代居处北方的鲜卑人来说，震动极大。原先游牧为业的生产方式要转向农业，生活方式也要相应变革。迁都所引发的从行动到观念上的剧变，遭遇到来自拓跋氏内部保守势力的不满和反抗。493年，孝文帝不得不打着南伐的旗号，率领步骑 30 万，由平城向南进发。尚书李冲、安定王休等带头反对和苦劝孝文帝不要南征。孝文帝说不南伐也行，但必须迁都，群臣不得不同意到洛阳。孝文帝的儿子，也就是太子，到了洛阳后政治上目光短浅不求上进，生活上怕热，常想回到北方，就趁着父亲出游嵩山，轻骑奔返平城。孝文帝为保证汉化顺利推行，毅然将其贬为庶人，又将其毒死，以绝拓跋元老之所望。之后，留守平城的元老军将，打算据有平城，起兵反对迁都。孝文帝当机立断，派遣其信任又得力的任城王元澄率兵平叛，挫败了反对派。

经过复杂的斗争，洛阳终于成为拓跋鲜卑人心目中的都城，成为北魏经营中原接受汉化的象征。伴随着佛教的传播，洛阳继续其汉晋故都的历史文化生命。杨衒之在《洛阳伽蓝记》这本与郦道元《水经注》同样闻名于后世的书里，满怀对故国的深情，用绚烂的文笔，记录下了北魏洛阳的满城浮屠和烟花易冷。

变革风俗

太和二十年（496年），孝文帝下诏改姓。孝文帝把鲜卑氏与汉文化联系起来，宣称："北人谓土为拓，后为跋。魏之先出于黄帝，以土德王，故为拓跋氏。夫土者，黄中之色，万物之元也。宜改姓元氏。"⑤

孝文帝又下令禁穿胡服，改穿汉服，服装样式与南朝流行样式大抵相同。对此，孝文帝下了很大决心，不允许有任何松懈。太和二十三年（499年），孝文帝从前线回到洛阳，他坐在车中，留意街上行人的服饰，见到仍有人穿鲜卑旧服，大为不满。第二天，他对群臣说："朕昨入城，见车上妇人冠帽而著小襦袄者，若为如此，尚书何为不察？"任城王元澄解释说：穿旧装的少，不穿的多。孝文帝立即反驳：你这话说得奇怪，难道还想满城都穿旧装吗？孝文帝甚至引申说："一言可以丧邦者，斯之谓欤？可命史官书之。"⑥

北魏初入中原时，以征服者自居，不仅自己讲鲜卑语，还命令所有任职于魏的汉人官吏也要讲鲜卑语。为了提高鲜卑族的文化水平，便于读汉人书，接受汉文化，孝文帝宣布："今欲断诸北语，一从正音。年三十以上，习性已久，容或不可卒革；三十以下，见在朝廷之人，语音不听仍旧。若有故为，当降爵黜官。"⑦"正音"，就是当时通行的汉语。

迁都洛阳后，孝文帝仿照南朝的形式，在郊祀宗庙礼节方面，也实行了汉化，放弃了拓跋氏原来的天神崇拜，改用汉礼。在官制和律令方面也进行了仿效汉制的改革。

实行均田制和三长制

实行均田制是孝文帝改革的一项重要内容，具有十分重大的意义。均田制的出现，有经济和政治两方面的考虑。在经济上，是为了增加生产，迅速改善农业生产的落后状况。孝文帝即位后，对农业的重视，较之前代，更是孜孜以求，他一再号召"宜简以徭役，先之劝奖，相其水陆，务尽地利，使农夫外布，桑妇内勤"⑧，然而天灾几乎连年发生，粮食问题始终没有解决。在政治上，是与豪族地主争夺人口和土地，遏制民无田业、人口流亡的现象，把农民固定在土地上，并把农民从豪族地主的荫护下解脱出来。较之南朝的政权，北魏有大量荒地，北魏的皇权也足够强大，能够辖制地方豪强，土地能被官府掌握和支配。

485 年，孝文帝开始实行均田制，主要内容如下。

1.男子十五岁以上，授给露田四十亩、桑田二十亩，妇人授露田二十亩。露田加倍授给，以备休耕。露田不得买卖，身死或年满七十者归还官府。桑田则永为个人所有，不须归官。桑田在一定条件下可以买卖。桑田须种桑五十株、枣五株、榆三株。不宜种桑之地，男子给麻田四十亩，妇女五亩。

2.奴婢和耕牛参加授田。奴婢依一般农民授田。耕牛每头授田三十亩，限四牛。

3.田地缺乏地区，允许农民"逐空荒"，迁至他郡。

4.犯罪流徙户或绝户，其土地归国家所有，作均田授田之用。

5.地方官吏按官职高低，授以公田。刺史十五顷，郡丞、县令六顷。公田不得买卖。

同年，又宣布实行三长制。五家立一邻长，五邻立一里长，五里立一党长。三长皆由本乡有威望者担任。三长制代替了过去的宗主督护制，改变了"民多隐冒，五十、三十家方为一户"⑨的状况。原来趁着管理混乱，荫庇大量人口的汉族大地主群起而攻之。当时掌控朝政的孝文帝的祖母文明太后拒不为所动，坚持立三长，则"课有常准，赋有恒分，苞荫之户可出，侥幸之人可止，何为而不可"⑩。

与均田制、三长制相辅相成的还有新的租调制。规定一夫一妻出帛一匹、粟二石；其他人口、耕牛，就按此类推。家庭作为受田纳税单位，人民负担有了一定之规。新的租调法施行后，"计省昔十有余倍，于是海内安之"⑪。

孝文帝的改革不可能彻底解决当时社会的根本问题，改革带来的弊病和原有的矛盾，数十年后引发了六镇起义。但是，从改革的汉化思路和方向来看，孝文帝所追求的天下一道的政治理想，毫无疑问地完全顺应了中华民族共同体的封建化进程。因此，匡亚明主编的《中国历代思想家评传丛书》将孝文帝列入其中，而历代帝王鲜有被视作思想家的。孝文帝的改革最终确立了北魏的制度和文化，成为中原王朝制度与文化的主要继承者之一。同时，这场改革运动还对隋、唐王朝产生深刻影响，与辽、西夏、金、元、清等少数民族所建王朝的制度和文化，也有着一脉相承的历史关联。⑫

▌注　释

① 魏收：《魏书》卷六二《李彪传》，中华书局1974年版，第1394—1397页。

② 魏收：《魏书》卷七下《高祖纪下》，中华书局1974年版，第187页。

③ 魏收：《魏书》卷三三《公孙表附公孙轨传》，中华书局1974年版，第784页。

④ 司马光编著：《资治通鉴》卷一三八《齐纪四》"世祖永明十一年九月"条，中华书局1956年版，第4339页。

⑤ 司马光编著:《资治通鉴》卷一四〇《齐纪六》"高宗建武三年正月"条,中华书局 1956 年版,第 4393 页。

⑥ 魏收:《魏书》卷一九中《任城王元澄传》,中华书局 1974 年版,第 469—470 页。

⑦ 魏收:《魏书》卷二一上《献文六王列传》,中华书局 1974 年版,第 536 页。

⑧ 魏收:《魏书》卷七上《高祖纪上》,中华书局 1974 年版,第 143 页。

⑨⑩ 魏收:《魏书》卷五三《李冲传》,中华书局 1974 年版,第 1180 页。

⑪ 魏收:《魏书》卷一一〇《食货志》,中华书局 1974 年版,第 2856 页。

⑫ 程维荣:《拓跋宏评传》引言,南京大学出版社 1998 年版,第 7 页。

北京师范大学历史学院、北京师范大学史学理论与史学史研究中心

王志刚

天下一道——郦道元《水经注》的
大一统历史撰述旨趣

郦道元（472 年—527 年），字善长，范阳涿州（今河北涿县）人。他撰写的中国古代综合性地理专著《水经注》因水文以描摹天下一道蓝图，表达了作者对汉晋以来天下重新走向大一统的历史认识和撰述旨趣。

并称南北朝年号

郦道元虽身在北朝，他著的《水经注》却多处使用南朝年号。南朝宋"景平"年号见诸卷三十五《江水》、卷三十九《赣水》，"元嘉"年号见诸卷五《河水》、卷二十八《沔水》、卷二十九《湍水》、卷三十五《江水》、卷三十六《温水》和卷三十八《湘水》，"泰始"年号见诸卷三十二《肥水》、卷三十五《江水》，"元徽"年号见诸卷三十二《肥水》。齐"建元"和"永明"年号，见诸卷三十二《肥水》。梁"天监"年号，见诸卷三十《槐水》。这些南朝年号，常在一卷之中反复使用，如"元嘉"在《江水注》中出现三次、在《温水注》中出现四次。①

年号关涉封建政权的正统地位与合法性，不可丝毫错用和妄用，但身在北魏的郦道元却于《水经注》中屡次使用南朝年号，原因何在？郦道元前半生正当北魏最有希望走向天下一道的太和年间，后半生却不得不眼见北魏一天天走下坡路。孝文帝改革的鸿图伟业渐成明日黄花，郦道元于现实政治不能有所作为，便将这满腔的历史思考和向往倾注在《水经注》的字里行间。可以说，郦道元因水经的自然之势、自然之理，将南北史事统摄于《水经注》一书，以示天下一道之义。

不论南北的天下观

《水经注》的历史叙事，纯然以水为根本，而不以当时南、北朝的统辖范围为限。其中的原因，既取决于水系空间分布的自然特点，更取决于郦道元对天下一道的深刻历史认识。

在郦道元看来，天下一道可以由某个更符合历史发展大势的王朝来承担，比如郦道元曾经对自己身处的北魏寄予殷切希望。但区域性的北魏并不能等同于作为全体的天下，从有天下之名到有天下之实是一个漫长而艰巨的历史过程。郦道元追求对于实至名归的天下的书写，因此他在编纂《水经注》时，把南朝和北朝看作同一个历史地理时空。

向往大一统局面

郦道元对关于朱崖、儋耳二郡史地情况的引录，体现了他对大一统局面的向往。朱崖、儋耳两郡都设置于汉武帝时期，它们的位置在"大海中，南极之外，对合浦徐闻县"，"清朗无风之日，迳望朱崖州，如囷廪大，从徐闻对渡，北风举帆，一日一夜而至"。② 朱崖和儋耳位于今海南岛，郦道元虽未南下，却对这两个空间与时间距离上都显得比较遥远的西汉属郡表现出特殊的关注。历史地理学家陈桥驿就此评论说，郦道元在内心深处是"如何地向往历史上曾经出现过的那繁荣昌盛的大一统局面"③。

澄澈的自然之爱

明末清初学者张岱曾说："古人记山水，太上郦道元，其次柳子厚，近时则袁中郎。"④ 可见，郦道元的确是爱山水、爱自然之人。

比如，郦道元对家乡山水田园的描述，他一生在家乡的时间是很短暂的，但是对家乡的山水却充满了热爱："巨马水又东，郦亭沟水注之，水上承督亢沟水于遒县东，东南流，历紫渊东。余六世祖乐浪府君，自涿之先贤乡爱宅其阴，西带巨川，东翼兹水，枝流津通，缠络墟圃，匪直田渔之赡可怀，信为游神之胜处也。"⑤

又比如，他对随父亲到青州临朐时所见熏冶泉的追忆："水色澄明而清泠特异，渊无潜石，浅镂沙文，中有古坛，参差相对，后人微加功饰，以为嬉游之处，南北邃岸凌空，疏木交合。先公以太和中作镇海岱，余总角之年，侍节东州，至若炎夏火流，闲居倦想，提琴命友，嬉娱永日，桂笋寻波，轻林委浪，琴歌既洽，欢情亦畅，是焉栖寄，实可凭衿。"⑥

郦道元成年之后追忆旧游，笔端别具雅致，风物和人物如在目前。他探访孟门之后写道："孟门，即龙门之上口也。实为河之巨阨，兼孟门津之名矣。此石经始禹凿，河中漱广，夹岸崇深，倾崖返捍，巨石临危，若坠复倚，古之人有言，水非石凿，而能入石，信哉。其中水流交冲，素气云浮，往来遥观者，常若雾露沾人，窥深悸魄。其水尚崩浪万寻，悬流千丈，浑洪赑怒，鼓若山腾，浚波颓叠，迄于下口。方知慎子下龙门，流浮竹，非驷马之追也。"⑦ 孟门就是今天的壶口瀑布，位于陕西宜川和山西吉县之间，由于两岸山势和水文地质条件的共同作用，黄河河床骤然由两三百米缩至三五十米，形如壶口倒悬，以此得名。历史地理学家史念海就郦道元的描述评论说："这完全是壶口的一幅素描，到现在也还是这样。到过壶口的人一定会感到这话说得真切。"⑧ 这类人水关系的历史叙事，不仅承载着郦道元的自然之爱，也在历史文化认同方面体现了他对大一统的向往。

历史学家杨向奎曾这样概括中国人的大一统理念和实践，说它"三千年来浸润着我国人民的思想感情，这是一种凝聚力。这种力量的渊泉，不是狭隘的民族观念，而是内容丰富，包括有政治经济文化各种要素在内的实体。而文化的要素更占有重要地位"⑨。人与自然是生命共同体。深入研究《水经注》对自然之爱和天下一道的书写，将会给我们以更多来自历史的启示。

▌注　释

① 陈桥驿:《郦道元评传》，南京大学出版社 1994 年版，第 39 页。

② 郦道元:《水经注》卷三六《温水》，上海古籍出版社 1990 年版，第 688 页。

③ 陈桥驿:《郦道元评传》，南京大学出版社 1994 年版，第 37 页。

④ 张岱:《琅嬛文集》卷五《跋寓山注二则》，国学研究社 1935 年版，第 98 页。

⑤ 郦道元:《水经注》卷一二《巨马水》，上海古籍出版社 1990 年版，第 253 页。

⑥ 郦道元:《水经注》卷二六《巨洋水》，上海古籍出版社 1990 年版，第 510 页。

⑦ 郦道元:《水经注》卷四《河水》，上海古籍出版社 1990 年版，第 63—64 页。

⑧ 史念海:《历史时期黄河在中游的下切》，载《河山集二集》，生活·读书·新知三联书店 1981 年版，第 174 页。

⑨ 杨向奎:《大一统与儒家思想》，北京出版社 2011 年版，第 264 页。

北京师范大学历史学院、北京师范大学史学理论与史学史研究中心

王志刚

《魏书》的大一统历史观

北齐史官魏收主持编纂的《魏书》是我国第一部以少数民族政权为叙事主体的史学著述，在整体上及众多具体问题上，都显示了大一统历史观的积极影响。白寿彝主编的《中国史学史教本》，说它是"中国封建社会历代'正史'中第一部以少数民族上层集团为统治者的封建皇朝的皇朝史"，同时"从中国历史发展来看，《魏书》不仅是西晋末年以来中国北方各少数民族历史进程的生动记录，而且是这个时期中国民族组合与融合新发展的历史总结"。①

家国一体：家传性的列传

《史记》和《汉书》以来，史书列传很少附记传主的后人和亲戚，南朝沈约（441年—513年）《宋书》却一改此例，"开以子孙之传附于父祖之传的先声"②。同在门阀士族占主导地位时代的《魏书》亦然，基本上是"博访百家谱状"③而来，而且"它的列传具有比《宋书》更为突出的家传色彩"④，如崔玄伯、穆崇、李顺、裴叔业等人的传，一卷之中父子兄弟祖孙连缀叙述，少则十人二十人，多则五六十人，且魏收撰写了大量颂扬家族门风的"史臣曰"。

魏晋南北朝时期，门阀地主取代了世家地主成为在政治上占据主要统治地位的阶层，重门第、尚名教成为当时社会的风气。与此同时，家史、谱牒和各种名目的别传大量涌现，成为史学活动的时尚，以编纂史书的形式鲜明地反映了这个时期门阀地主的政治要求和意识形态。⑤

《魏书》列传较之《宋书》有着更为鲜明的家传色彩，原因在于：其一，十六国以来便逐渐发展，尤其是北魏以来取得巨大进展的大一统历史观撰述传统的影响。魏收之前的史家，邓渊、崔浩时代，意在追求能体现"别造一天下"宗旨的国史。至李彪、崔鸿、郦道元时代，则更是以描摹太和改革所呈现的天下一道蓝图为己任，对于这一国史撰述的脉络，魏收在主持编纂《魏书》之际是自觉贯彻并发展了的。其二，十六国北朝社会特别是孝文帝时期自觉走向门阀化的民族融合的背景。门阀化是拓跋鲜卑民族走向天下一道这一历史进程当中最重要也是最成功的制度建设之一，因而与南朝已然呈现末路的门阀相比，北朝的门阀却是一股新兴的力量。魏收对此也有着非常自觉的认识，他所设立的《官氏志》就是明证。"官"即官制，"氏"即姓族，魏收认为设立《官氏志》有反映"魏代之急"的作用，今天看来，这无疑表现了魏收高明的史识。其中所载太和十九年辨定姓族诏，既是对孝文帝门阀化事业的肯定，也是对崔浩以来北魏国史撰述天下理想的默认。因而，《魏书》家传性的列传深受大一统历史观的影响，而不仅仅是关于门阀本身的记述。

"僭伪君臣"：对十六国东晋南朝的记载

《魏书》对十六国东晋南朝史事的记载，与零星散缀于帝纪和他处者遥相呼应，也突出地反映了以占据中原的北魏为这一时期历史活动中心的大一统民族观。此前，崔鸿汇综十六国史事之际，就明确地表示了"仰表皇朝统括大义"⑥的观点和立场，《魏书》则进一步从大一统历史观撰述的角度将之系统化在纪传体当中了。

《魏书》将有关这些政权的史事编同列传，而且附于诸传之末，在篇幅上大加删削，存其概略而已。在开始记述"僭伪君臣"事迹之先，魏收以一篇序论，抒发了其贬退之义和统括之情。首先，表明了撰写《魏书》的大一统立场，"夫帝皇者，配德两仪，家有四海，所谓天无二日，土无二王者也"，接着就以汉、曹魏、西晋为正统，纵论当时僭伪之局面。而十六国时期，由于"晋年不永，时逢丧乱"，致使"异类群飞，奸凶角逐，内难兴于戚属，外祸结于藩维。刘渊一唱，石勒继响，二帝沉沦，两都倾覆。徒何仍衅，氐羌袭梗，夷楚喧聒于江淮，胡虏叛换于瓜凉，兼有张赫山河之间，顾恃辽海之曲。各言应历数，人谓迁图鼎"，这一段议论，魏收以铿锵激越之笔将指斥之情发挥到了极致。紧接着就是对北魏拓跋鲜卑正面的礼赞，太祖、世祖依次道来，述至高祖也就是孝文帝的时候，更是极尽其功业之美。虽然后来"魏道将亏"，但"魏德虽衰天命未改"，最后这个正统被北齐武帝接过去了，是以"自二百许年，僭盗多矣，天道人事，卒有归焉，犹众星环于斗极，百川之赴溟海"。⑦

此外，有关各卷篇末"史臣曰"也与序论遥相呼应，使否定"僭伪"之义更为彻底，如"司马叡之窜江表，窃魁帅之名，无君长之实，踽天蹐地，畏首畏尾，对之李雄，各一方小盗，其孙皓之不若矣"⑧。

魏收在历史编纂上贬退他们，但并不排除他们，"今总其僭伪，列于国籍，俾后之好事，知僭盗之终始焉"⑨，这样就形成了完整的彰显以北魏为中心的天下一道之义。而在客观上，十六国东晋南朝曾经或正在占据的地域是北魏这个"天下"的重要组成部分。这突出表现了魏收以拓跋鲜卑之北魏为中心的大一统历史观。

"一统天人之迹"：贯穿十志的义旨

《魏书》的十志部分，在丰富和构建典志体史书编纂传统的过程当中具有承前启后之功。在撰述旨趣上，十志对汉晋以来典志撰述传统有着强烈的认同意识，并有所发挥；在编纂体例上，十志选取众多有代表性的史实，继承和创立了相应的志体，其中尤以《食货志》《官氏志》和《释老志》突出反映了北朝社会在制度文化发展方面鲜明的时代特点，显示了以魏收为代表的史家不同凡响的史识、史才和创新精神。这里仅就其中所显示的强烈历史文化认同意识，略作陈述。

《魏书》十志依次是《天象志（一至四）》《地形志（上中下）》《律历志（上下）》《礼志（一至四）》《乐志》《食货志》《刑罚志》《灵徵志（上下）》《官氏志》《释老志》，它们与帝纪列传相配合，由天道说到人事，从制度记载的角度表现了这部民族通史所蕴含的大一统民族观。如《天象志》和《灵徵志》就天道和帝德之间的关系作了比较积极的描述，其中当然有神化君权的一面，但同时也蕴含着以天道的异常运行来警示和限制君权的一面。这是传统政治思想一个突出的特点，拓跋鲜卑也不例外。《礼志》《乐志》追叙了拓跋鲜卑封建王朝制度的渊源。自宗周以来的中原社会在某种程度上是礼乐社会，魏收做志，天道之后以礼乐为人事之本，这也是拓跋鲜卑继承中原礼乐文明的具体表现。

今天看来，这些追本探源的记载在史实上并不完全与客观历史进程一致，但十志"从统一规模变动来论说疆域、文化、制度的变迁，以务实的态度，看待各个民族的文化"⑩，无可否认它们同样承载了《魏书》大一统的历史撰述意识。魏收的这种著史心态，可以看作宏大历史书写的不可或缺的注脚。

《魏书》的出现，标志着十六国北朝的历史撰述经历了许多曲折之后终于出现了一种新的历史编纂格局。在《史记》《汉书》《三国志》《后汉书》这些伟大的历史著述之后，《魏书》完整地记载了拓跋鲜卑的起源、迁徙、立国和实现区域性统一，以及自觉从游牧社会跃升至农耕社会的封建化改革，进一步推动了中华民族共同体的历史书写。

习近平总书记在文化传承发展座谈会上的讲话中强调，中华民族具有"国土不可分、国家不可乱、民族不可散、文明不可断的共同信念"⑪。我们以《魏书》为例，可以看到，它在"天下一道"的大一统历史观主导下的撰述，在一定程度上也具有总书记所说的这几个特点。

▌注 释

① 白寿彝主编：《中国史学史教本》，北京师范大学出版社 2000 年版，第 130、131 页。

② 白寿彝主编：《中国史学史教本》，北京师范大学出版社 2000 年版，第 127 页。

③ 刘攽、刘恕、安焘、范祖禹：《旧本魏书目录叙》，载魏收：《魏书》第八册附录，中华书局 1974 年版，第 3063 页。

④ 白寿彝主编：《中国史学史教本》，北京师范大学出版社 2000 年版，第 131 页。

⑤ 白寿彝主编：《中国史学史教本》，北京师范大学出版社 2000 年版，第 102—105 页。

⑥ 魏收：《魏书》卷六七《崔光传附崔鸿传》，中华书局 1974 年版，第 1505 页。

⑦ 魏收：《魏书》卷九五《匈奴刘聪等传》，中华书局 1974 年版，第 2041—2043 页。

⑧ 魏收：《魏书》卷九六《僭晋司马叡賨李雄传》，中华书局 1974 年版，第 2113 页。

⑨ 魏收：《魏书》卷九五《匈奴刘聪等传》，中华书局 1974 年版，第 2043 页。

⑩ 吴怀祺：《中国史学思想史》，安徽人民出版社 1996 年版，第 57 页。

⑪ 习近平：《在文化传承发展座谈会上的讲话》，人民出版社 2023 年版，第 3 页。

北京师范大学历史学院、北京师范大学史学理论与史学史研究中心

王志刚

爨碑：“南碑瑰宝”载春秋

　　爨（cuàn）碑，又称“二爨”，即《爨宝子碑》和《爨龙颜碑》，现存于云南省曲靖市，入选首批全国重点保护文物。

　　《爨宝子碑》，全称为“晋故振威将军建宁太守爨府君之墓”，因其形制较小，被称为“小爨碑”。《爨龙颜碑》，全称为“宋故龙骧将军护镇蛮校尉宁州刺史邛都县侯爨使君之碑”，因其形制较大，被称为“大爨碑”。魏晋南北朝时期的碑刻存世极少，大小爨碑的碑文字体介于隶楷之间，在中国书法史上享有盛誉，被誉为“南碑瑰宝”。爨碑刻立时期，正值爨氏家族在南中地区（今云南、贵州和四川西南部）的鼎盛时期，可以说，爨碑见证了这一时期各民族交往交流交融的情况。

　　据《爨龙颜碑》记载，爨氏远祖可以追溯到颛顼和祝融，其后传承至汉代的班彪、班固。东汉末年，班氏一支被封于爨地，遂以爨为姓，“爱暨汉末，采邑于爨，因氏族焉”。关于爨氏的族源，有学者认为，东汉末年，中原地区社会动荡，汉人爨氏举家南迁，其中一支迁到南中地区，与当地各民族融合，发展成为当地大姓。也有学者认为，爨氏可能是当地汉化程度很高的少数民族。无论是哪种情况，都足以表明爨氏家族的崛起，本身就经历了民族融合的过程。

　　三国时期，蜀汉政权据有南中地区，实行羁縻政策，南中地区的部分大姓联合发动叛乱。蜀汉建兴三年（225 年）春，诸葛亮亲率大军南征，平定叛乱。南中平定后，诸葛亮尽全力团结当地各民族，大量任用南中大姓，如李恢、吕凯、爨习、孟琰、孟获等人，担任各级官吏。其中，建宁爨习官至领军，负责管理当地，于是出现了"不留兵，不运粮，而纲纪粗定，夷汉粗安"①的局面。同时，诸葛亮也把中原地区的封建隶属关系带到南中地区，"移南中劲卒、青羌万余家于蜀，为五部，所当无前，号为飞军。分其羸弱配大姓焦、雍、娄、爨、孟、量、毛、李为部曲，置五部都尉，号五子"②。这些举措，不仅促进了南中地区各民族经济文化交流，而且有效地巩固和强化了蜀汉政权对南中地区的统治。

西晋攻灭蜀汉政权后，继续在南中地区实行羁縻政策。起初，在阎宇、霍弋等人的治理下，南中地区"抚和异俗，为之立法施教，轻重允当，夷晋安之"③。后来，因为西晋朝廷举措失当，激化了矛盾，使得南中地区的大姓纷纷反抗，局势再度陷入动荡，出现"七郡斗绝，晋弱夷强"④的局面。西晋末年，益州流民起义，其首领李雄建立成汉政权，派兵占据南中地区。南中的部分大姓不愿归顺成汉，转而投靠东晋。

东晋永和三年（347年），安西将军桓温攻灭成汉政权，南中地区纳入东晋统治范围，仍然实行羁縻政策。当时，南中地区最有势力的大姓为霍、孟、爨三姓，而霍、孟二姓因宿怨互相攻伐，元气大伤，逐渐衰落，最终使得爨氏一枝独秀，成为南中地区最强大的势力。爨氏家族的爨琛曾被成汉政权任命为交州刺史，归顺东晋政权后，被任命为宁州刺史，是南中地区最高长官。爨琛之后，爨氏家族的爨頠亦被东晋政权任命为宁州刺史。此后二百余年，爨氏一直称雄南中地区，其统治下的地域人群也被称为"爨人"或"爨蛮"。

据《爨宝子碑》记载，爨宝子，建宁同乐（今云南陆良）人，世袭建宁（今云南曲靖）太守，23岁时卒于任上。《爨宝子碑》立于"大亨四年，岁在乙巳"。事实上，东晋并无大亨四年。东晋安帝元兴元年（402年）

曾下诏改元大亨,但是次年却仍称元兴二年,未用大亨年号。所谓大亨四年,其实是东晋义熙元年(405 年)。之所以出现这种情况,主要是因为南中地处偏远,消息隔阂所致。尽管当时信息传递不畅,但是雄踞南中的爨氏仍然奉东晋为正朔。

据《爨龙颜碑》可知,爨龙颜,建宁同乐人,生于东晋太元十一年(386 年),卒于南朝宋元嘉二十三年(446 年),享年 61 岁。其祖父曾担任东晋晋宁、建宁二郡太守及龙骧将军、宁州刺史。爨龙颜之父为东晋龙骧辅国将军、八郡监军及晋宁、建宁二郡太守,去世后被追谥为宁州刺史、邛都县侯。爨龙颜本人曾被封为龙骧将军、试守晋宁太守、邛都县侯。他出兵协助南朝宋政权平定了元嘉九年(432 年)益州地区爆发的农民起义,被封为龙骧将军、护镇蛮校尉、宁州刺史、邛都县侯。

爨氏家族称雄当地,不仅保持南中地区安定,大力发展经济、文化,"剖符本邦,衣锦昼游,民歌其德,士咏其风",而且积极加强与东晋、南朝政权的联系,始终奉东晋、南朝为正朔,维护国家统一,承续中华文化。

总之,爨碑不仅是研究爨氏家族的珍贵史料,更是魏晋南北朝时期西南地区各民族交往交流交融的历史见证。

▎注　释

① 陈寿:《三国志》卷三五《诸葛亮传》注引《汉晋春秋》,中华书局1959 年版,第 921 页。

② 常璩撰,任乃强校注:《华阳国志校补图注》卷四《南中志》,上海古籍出版社 1987 年版,第 241 页。

③ 常璩撰,任乃强校注:《华阳国志校补图注》卷四《南中志》,上海古籍出版社 1987 年版,第 247 页。

④ 常璩撰，任乃强校注：《华阳国志校补图注》卷四《南中志》，上海古籍出版社 1987 年版，第 254 页。

北京师范大学历史学院、北京师范大学史学理论与史学史研究中心

陈涛

冼夫人："我事三代主，唯用一好心"

冼夫人，名英，又称冼太夫人、谯国夫人，岭南高凉郡人，生于梁武帝普通三年（522 年），卒于隋文帝仁寿二年（602 年），是南北朝至隋朝时期岭南地区杰出的少数民族首领。她历经梁、陈、隋三朝，致力于维护国家统一、促进民族团结、开发岭南地区，功勋卓著、影响深远，被周恩来总理誉为"中国巾帼英雄第一人"。

维护国家统一

东晋、南朝时期，岭南地区居住着俚、僚等民族，他们与汉族人口杂居，同为国家编户。东晋、南朝的统治者往往拉拢俚、僚的首领，让他们担任州郡官吏。

冼氏家族，"世为南越首领，跨据山洞，部落十余万家"①，在岭南雄踞一方，拥有庞大势力。梁武帝大同初年，冼英嫁给当时的高凉人守冯宝。

梁武帝末年，南豫州刺史侯景发动叛乱，叛军很快攻破都城建康，将梁武帝围困在宫城台城。此时，梁武帝的兄弟子侄却拥兵自重，钩心斗角，谋夺皇位，并不真心平叛。在社会动荡之时，广州刺史元景仲在岭南地区响应侯景作乱，后为长城侯、高要太守陈霸先剿灭。其后，岭南高州刺史李迁仕也蓄集力量，暗通侯景，妄图举兵反梁。李迁仕企图诱捕冯宝作为人质，借以裹挟冯冼势力为他效劳。冼夫人识破了李迁仕的阴谋，看出"刺史无故不合召太守，必欲诈君共为反耳"②，及时阻止冯宝赴召。在李迁仕举兵反梁之后，冼夫人又巧施计策，出其不意发动进攻，大败李迁仕。随后，冼夫人还全力协助陈霸先平定侯景之乱，维护了梁朝的统治。

陈朝建立后，拥有强大影响力的冼夫人成为陈朝在岭南地区维护统治的强大支柱。史载，"及（冯）宝卒，岭表大乱，夫人怀集百越，数州晏然"③。陈宣帝太建元年（569年），广州刺史欧阳纥占据岭南发动叛乱，并将冼夫人之子、阳春太守冯仆召至高安，诱其一同作乱。冯仆派人将情况告诉母亲，冼夫人说："我为忠贞，经今两代，不能惜汝，辄负国家。"④她亲率岭南百越首领，配合朝廷的平叛大军，一举击溃欧阳纥，使得岭南地区重归稳定。

隋文帝开皇九年（589年），隋军攻占陈朝都城建康，岭南数郡"共奉夫人，号为圣母，保境安民"⑤。当冼夫人得知陈朝亡国后，"集首领数千，尽日恸哭"⑥。冼夫人身处由南北朝分立逐步走向大一统的时代，她深明大义，顺应历史发展潮流，毅然派遣孙子冯魂带兵迎接隋军，使得隋朝顺利统一了岭南地区。

岭表初定，开皇十年（590年）番禺俚帅王仲宣却发动叛乱，将隋朝总管韦洸围困在州城。冼夫人得知消息后，立即派遣孙子冯暄率军援救韦洸。冯暄与王仲宣的同党陈佛智"素相友善，故迟留不进"⑦，冼夫人因此震怒，将冯暄下狱囚禁，同时改派孙子冯盎率军出击，斩杀了陈佛智，后又协助隋朝军队平定王仲宣之乱，帮助隋朝结束了长达几百年的南北分裂局面，实现了政治上的大一统。

冼夫人为实现国家统一立下大功，隋文帝册封她为"谯国夫人"，并下诏"开谯国夫人幕府，置长史以下官属，给印章，听发部落六州兵马，若有机急，便宜行事"⑧。

促进民族团结

东晋、南朝时期，南方地区的封建制度逐渐得到发展，民族融合也在不断加强。但由于地区发展不平衡，岭南地区俚、僚等民族仍然保留着大量奴隶制残余，各部落间互相劫掠、多构仇怨。冼夫人的兄长冼挺，身为南梁州刺史，却"恃其富强，侵掠傍郡"⑨，岭南地区的百姓深受其害。

南朝梁、陈时期推行释放奴隶的政策，对岭南地区产生了重要影响。冼夫人思想开明、富有远见，坚决拥护朝廷政策，"每劝亲族为善，由是信义结于本乡"⑩。她对兄长多所规谏，最终息兵止怨，和辑百越，甚至出现"海南、儋耳归附者千余洞"⑪的情况。后来，梁朝设置崖州，重新将海南岛纳入郡县管理休制。

梁朝罗州刺史冯融极力促成了冼夫人和他的儿子冯宝的婚姻。冯融本是北燕末代国君冯弘的后裔，其祖父冯业归顺南朝刘宋政权后，被安置在岭南地区担任地方长官，但"他乡羁旅，号令不行"。冯冼联姻后，冼夫人严格约束族人，让他们遵守各项法令，并规定"首领有犯法者，虽是亲族，无所舍纵"。自此，出现了"政令有序，人莫敢违"⑫的安定团结景象。

隋朝统一岭南地区后，番州总管赵讷贪婪暴虐，导致民变。冼夫人深感情势危急，立即派遣长史张融赴长安揭发赵讷的罪行，并提出安抚民众的建议。隋文帝派人查证赵讷的罪状后，对其予以严惩，并委派冼夫人抚慰百姓。年逾古稀的冼夫人不辞辛劳，到十多个州宣述皇帝意旨，维护了国家安定和民族团结。

在冼夫人的努力下，岭南地区经济发展，封建化进程不断加快，文化建设也有一定成效。为了表彰冼夫人的功绩，梁、陈、隋三朝赏赐给她无数财宝，但冼夫人并不动用，而是把它们按朝代分类，各藏在三个仓库中。冼夫人以此教育子孙:"汝等宜尽赤心向天子。我事三代主,唯用一好心。今赐物具存,此忠孝之报也。愿汝皆思念之!"⑬

时至今日,岭南地区还盛行着冼夫人信仰,弘扬冼夫人爱国爱民、立德报国的精神。

▌注 释

① 魏徵等:《隋书》卷八〇《谯国夫人传》,中华书局 1973 年版,第 1800 页。

② 魏徵等:《隋书》卷八〇《谯国夫人传》,中华书局 1973 年版,第 1801 页。

③④⑤⑥⑦ 魏徵等:《隋书》卷八〇《谯国夫人传》,中华书局 1973 年版,第 1802 页。

⑧ 魏徵等:《隋书》卷八〇《谯国夫人传》,中华书局 1973 年版,第 1803 页。

⑨ 魏徵等:《隋书》卷八〇《谯国夫人传》,中华书局 1973 年版,第 1801 页。

⑩ 魏徵等:《隋书》卷八〇《谯国夫人传》,中华书局 1973 年版,第 1800—1801 页。

⑪⑫ 魏徵等:《隋书》卷八〇《谯国夫人传》,中华书局 1973 年版,第 1801 页。

⑬ 魏徵等:《隋书》卷八〇《谯国夫人传》,中华书局 1973 年版,第 1803 页。

北京师范大学历史学院、北京师范大学史学理论与史学史研究中心

陈涛

三国两晋南北朝时期
文化结构的更新

三国两晋南北朝时期，中华文化经历了一个结构更新和充实的过程。文化结构变化的轨迹呈现出不同文化从隔膜冲突渐进到兼容杂糅，地域文化从中原一脉发展成南北分明的突出特点。

不同文化从隔膜冲突渐进到兼容杂糅

以汉文化为代表的农耕文化和以胡文化为代表的草原游牧文化，是差异性很大的两种文化体系。先后入主中原的北方和西北各游牧民族，虽然与汉民族有接触时间长短、程度深浅的不同，但因受生产方式和生活习惯的限制，从总体上看与汉文化还是有相当隔膜感的。北朝乐府《折杨柳歌辞》中的那句"我是虏家儿，不解汉儿歌"①的诗句，可谓是胡人遭遇汉文化后的真实心态。

刚一开始，胡人统治者的举措相当矛盾。一方面，他们在先进的华夏文明面前不自觉地流露出倾慕的情感；另一方面，他们又凭借武力上的优势，宣泄长久以来的情绪。但是随着政权的稳定，为巩固统治，提高本民族素质与缓和广大汉人的对立情绪，胡人统治者们陆续对文化政策进行了调整。他们对控制区内的汉族上层分子逐渐实行了较为宽松的政策，石勒曾设置"君子营"优待汉族官僚，在慕容鲜卑的前燕、氐人的前秦和羌人的后秦政权中，汉族士大夫都扮演着十分重要的角色。连进入中原最晚的拓跋鲜卑也刻意对中原大姓加以网罗。通过这些中介力量，胡人统治者纷纷模仿魏晋制度建构政权，虽然不可避免地还掺杂着一些胡人旧法，但这种治国方针的变化，毕竟加速了他们对汉文化理解和吸纳的过程。有的统治者还主动地对本族实行全盘汉化的政策，突出的代表人物是北魏孝文帝。当然，这种文化政策的调整在各朝各代并不完全一致，甚至还出现过东魏、北齐时代的反汉化潮流，只是未能改变胡汉文化融合的大方向。文化进步逐渐泯灭了民族隔阂，胡人汉化成为大势所趋和时代主流。

不过，民族间文化的融汇合流总是双向的。在汉人同化胡人的同时，也受到了胡文化的熏陶。胡文化的精华，从最深的心理文化到制度文化以及表层的物质文化，几乎在各层面都有积淀。胡人尚武的精神在中原地区深深扎下根来，从而一扫西晋末年奢华颓靡之风，使社会上下勃发出刚阳雄武之气。北方高门崔、卢、李、郑、杨、柳、裴等14家大姓中，在西魏、北周时，尚武习战者人数远远超过专事文教者。当时，不仅"河北文士，率晓兵射"②，而且妙龄女子亦能上马骑射，史书中的这类记载，随处可见。即使士人行文，也如《北史·文苑传序》所云："河朔词义贞刚，重乎气质。气质则理胜其词。"③ 西魏、北周的府兵制，实际上是十六国以来部落兵的继续。因为比东晋南朝的兵户制赋予士兵更多的人身自由，故战斗力强，此制一直延续到隋代及唐前期。在艺术方面，胡乐、胡舞风靡北方，当时宫廷乐器胡乐与汉乐之比为3∶1。至于胡人的物质文化对汉人影响更大，在饮食、服饰生活方面表现尤为突出，胡饼、羊肉酪浆、西域葡萄酒以及羌煮貊（mò）炙已成为汉人餐几上的常备之物，至于鲜卑帽、紧身小袖的裤褶服和革带、皮靴以及胡床、绳床之类，早与北方汉人的日常生活紧密相关了。

地域文化从中原一脉发展成南北分明

先秦时期，黄河流域与长江流域的文化虽然同属于华夏文化一个大系统，但南北地域的差别还是很显著。经过两汉大一统，南学、北学通过交融，基本上熔铸成一个新的整体，以儒学独尊为标志的中原一脉的文化格局大体形成。曹魏、西晋时期兴起的玄学新风只盛行于京洛地区，长江以南同河北一样仍遵循汉代治学的轨迹，学风偏于保守。这种保守主要体现在不敢突破中原一脉的文化格局方面。

此后，伴随着游牧民族人口大量徙入中原和众多汉族人口南迁，出现的是东晋南朝和十六国北朝长达270余年的分裂割据局面，南北文化的地域特征又重新明显起来。

《隋书·儒林传序》概括隋朝统一时南北学风的差异是："大抵南人约简，得其英华；北学深芜，穷其枝叶。"④《儒林传序》所指的学风为经学。两晋之际，大批名士随着南迁的洪流渡过长江，盛行于京洛地区的玄学也因之播迁到南方。江南本土士人虽然最初存在着抵触情绪，但经过一段时间的磨合后，转而钦羡仿效。重视玄理，逐渐成为江南士人的风尚。

南北学风的差异在各个文化领域都有体现。北方佛教流行的是以修福事功又简便易行的禅宗、律学和净土等宗派。南方佛教则重视般若和涅槃类阐述佛理的经典。这是佛教徒适应南方社会特点有意识与玄学互为渗透的结果。在文学艺术方面，南方多表现出创新求异的文化精神，陶渊明的诗、王羲之的字，都充满了清丽柔美、空灵飘逸之气。然而在南朝后期，这种创新求异之风发展到了反面，日益缠绵柔靡，丧失了原有的生机，成为弱势文化。

此后的隋唐大一统文化格局正是在三国两晋南北朝时期文化结构更新和充实基础上的不断融合和提升。

▊ 注　释

① 郭茂倩编:《乐府诗集》卷二五《折杨柳歌辞》，中华书局 1979 年版，第 370 页。

② 王利器:《颜氏家训集解（增补本）》卷七《杂艺》，中华书局 1993 年版，第 581 页。

③ 李延寿:《北史》卷八三《文苑传》，中华书局 1974 年版，第 2781—2782 页。

④ 魏徵等:《隋书》卷七五《儒林传》，中华书局 1973 年版，第 1706 页。

北京师范大学历史学院　曹文柱

北京师范大学历史学院、北京师范大学史学理论与史学史研究中心

陈涛

各民族共同开发江南

  东汉末期到三国初期（184 年—226 年），在历经半个世纪左右的战乱灾荒后，整个黄河流域和淮河流域以及关中地区这些主要的经济区遭到严重破坏。西晋至十六国时期，战乱不断，灾荒、饥馑、疾疫流行，北方经济再次遭受严重破坏。与北方地区不同的是，六朝时期的南方地区相对安定，长江流域特别是长江中下游地区的社会经济迎来了前所未有的发展机遇。

  西汉时期，长江流域还是地广人稀、火耕水耨（nòu）的地区。《史记·货殖列传》记载："楚越之地，地广人希，饭稻羹鱼，或火耕而水耨，果隋蠃蛤（luǒ gé），不待贾而足，地埶（yì）饶食，无饥馑之患，以故呰窳（zǐ yǔ）偷生，无积聚而多贫。是故江、淮以南，无冻饿之人，亦无千金之家。"① 东汉时期，庐江（今安徽庐江县）一带，尚不懂得牛耕，自从庐江太守王景教民众犁耕之法后，牛耕的方法才逐渐从黄河流域推广到长江流域乃至珠江流域。除牛耕得到普遍应用以外，中原地区的水利灌溉事业也推广至江南会稽（今浙江绍兴）一带。当中原混战之时，北方人民避难渡江，他们不仅给江南地区带来了先进的农业生产工具和生产技术，而且促进了江南人口的增加和耕地面积的扩大。

  三国时期，东吴政权建立后，将居住在东南地区的"山越"、荆州地区的"蛮"、交州地区的"夷"纳入统治范围，一方面将他们编入军队作战、划归郡县作编户耕田种地，另一方面在他们居住的地区设置郡县。在江南荆州、扬州、交州、广州地区，东汉时设 20 个郡 265 个县，在东吴时期增至 43 个郡 313 个县。郡县数目的增加，原因在于经济发展、人口增加和统治区域的扩大。在东吴统治区域内，少数民族与汉族融合程度进一步加深。

农业方面，东吴政权通过实施屯田（军屯和民屯），扩大了江南地区耕地面积，既成功解决了北方南下流民与土地结合的问题，也解决了军粮问题。手工业方面，江南地区的冶铸、煮盐、纺织等都有很大发展，出现了"其四野，则畛畷（zhěn zhuì）无数，膏腴兼倍……煮海为盐，采山铸钱。国税再熟之稻，乡贡八蚕之绵"②的繁荣景象。在农业、手工业发展的基础上，江南地区的商业和城市也有巨大进步，"开市朝而并纳，横阛阓（huán huì）而流溢。混品物而同廛（chán），并都鄙而为一。士女伫眙，商贾骈比"③。

西晋灭亡后，晋室南迁，大量中原人民向南流动，不仅进一步促进了民族融合，而且补充了江南劳动力，带去了中原先进的生产工具和技术。

东晋至南朝时期，太湖流域、鄱阳湖流域、洞庭湖流域和浙东会稽地区都成为著名的产粮区。史载："江南之为国盛矣……地广野丰，民勤本业，一岁或稔，则数郡忘饥……荆城（荆州）跨南楚之富，扬部（扬州）有全吴之沃，鱼盐杞梓之利，充牣八方，丝绵布帛之饶，覆衣天下。"④可见，江南农业经济得到了空前的发展。

手工业方面，家庭纺织业比以前有了更大进展，养蚕缫丝技术水平大为提高，桑树栽植更加普遍，豫章郡（今江西南昌）蚕一年四五熟，永嘉（今浙江永嘉）等郡蚕一年八熟。亚麻织布技术也有所提高，豫章一带的"鸡鸣布"非常有名。过去，江南地区的织锦业还不发达，东晋末年刘裕攻灭后秦，把关中的锦工迁至江南，并成立锦署，此后织锦业在江南逐步发展。南朝时期，建康（今江苏南京）及南豫、荆、郢、司、西豫、南兖、雍等州，都有大量丝绵绫绢布等家庭手工业制品，可见当时江南各地无不盛产绢布。虽然当时江南的纺织业生产水平还赶不上北方，却为在唐宋时期跃居全国第一打下了良好的基础。

此外，江南地区的制瓷、冶铸、造纸、制盐等产业也相当发达。制瓷业经过东晋南朝以来的发展，瓷器产量大增，成为人们的日常生活用品。会稽郡盛产青瓷，是当时制瓷技术最高的地方。冶铸业制造的器物，除兵器外，多为民间用具，最有名的冶铸作坊分布在会稽郡、扬州和荆州。造纸业经过劳动人民不断的改进和提高，有了很大发展。造纸原料除原有的麻、楮皮外，还利用桑皮、藤皮来造纸，会稽和建康、扬州、广州等地，成为南方的造纸中心。吴郡海盐（今浙江海盐）、南兖州盐城（今江苏盐城）都是重要产盐区。

东晋南朝时期，南方的商品交换和对外贸易也活跃起来。建康是最大的商业都市，京口、山阴、寿春、襄阳、江陵、成都、番禺等地是比较繁荣的商业都市。

总的来说，六朝时期对江南地区的开发，具有划时代意义。一是从根本上改变了江南地区原来的面貌，使人烟稀少、榛莽丛生之地变成良田沃土、鱼米之乡，山林川泽也披上新装。二是江南地区的开发，从农业开始，带动了手工业、商业的发展和城市的繁荣，促进了对外商贸往来，改变了中国传统的经济格局，南方的经济地位日益重要，全国的经济重心开始由北向南转移，并为全国经济发展奠定了坚实基础。三是北方人民南下，多次出现迁徙风潮，促进了各民族交往交流交融。

▌注　释

① 司马迁：《史记》卷一二九《货殖列传》，中华书局 1959 年版，第 3270 页。

② 萧统编，李善等注：《六臣注文选》卷五《吴都赋》，中华书局 1987 年版，第 107 页。

③ 萧统编，李善等注：《六臣注文选》卷五《吴都赋》，中华书局 1987 年版，第 109 页。

④ 沈约：《宋书》卷五四《孔季恭传》史臣曰，中华书局 1974 年版，第 1540 页。

北京师范大学历史学院、北京师范大学史学理论与史学史研究中心

陈涛

被突厥尊为"圣人可汗"的隋文帝

隋文帝杨坚（581年—604年在位）统治时期，通过革新政治、发展经济、妥善处理民族关系，开创了中国历史上的盛世局面，史称"开皇之治"。由于隋文帝制定并实行了一系列比较开明的民族政策，使得隋文帝时期的民族关系成为中国古代历史上最好的时期之一。

在处理与突厥的民族关系问题上，隋文帝通过"离强合弱"的策略，进而实行"威服德怀""义兼含育"的民族政策。

"离强合弱""威服德怀"

北朝时期，突厥佗钵可汗"控弦数十万"，势力强大，而北周、北齐相互敌对，争相拉拢突厥，都对佗钵示好，"倾府藏以事之"，致使佗钵可汗日益骄横，曾言："我在南两儿常孝顺，何患贫也！"[1] 隋朝建立的同年，佗钵可汗病逝。其后，突厥内部"昆季争长，父叔相猜"[2]，因汗位争夺而分化出五位可汗：佗钵可汗之侄摄图，为大可汗，号沙钵略可汗；佗钵可汗之子庵罗，称第二可汗；木杆可汗（佗钵可汗兄长）之子大逻便，为阿波可汗；阿波可汗之弟，为贪汗可汗；沙钵略可汗叔父玷厥，号达头可汗，原为西面可汗。沙钵略可汗非常勇猛，北方许多游牧民族竞相归附，其妻千金公主出自北周宇文氏，极力怂恿沙钵略出兵隋朝为北周复仇。

177

隋文帝即位后，一方面，停止对突厥的岁贡，减轻百姓负担，鼓励农业生产，增强经济实力；另一方面，在北周、北齐修建长城的基础上，进一步修缮城墙，加强防御，并选拔熟悉边疆军事的将领镇守要塞。

开皇元年（581 年），沙钵略率军攻打隋朝。熟悉突厥情势的大臣长孙晟上书隋文帝，提出应对举措，"玷厥之于摄图，兵强而位下，外名相属，内隙已彰，鼓动其情，必将自战。又处罗侯者，摄图之弟，奸多而势弱，曲取于众心，国人爱之，因为摄图所忌，其心殊不自安，迹示弥缝，实怀疑惧。又阿波首鼠，介在其间，颇畏摄图，受其牵率，唯强是与，未有定心。今宜远交而近攻，离强而合弱，通使玷厥，说合阿波，则摄图回兵"③。于是，隋文帝采纳长孙晟的建议，利用突厥内部的矛盾，实行"离强合弱"的策略，遣使通好玷厥和处罗侯，并取得良好效果。当开皇二年（582 年）十二月沙钵略带领 40 万大军南下时，因内部矛盾激化，不得不撤军。

开皇三年（583 年）春，沙钵略再度挥师南下。隋文帝一方面派遣军队，兵分八路迎击突厥，另一方面分化阿波可汗。最终，沙钵略战败逃亡。其后，沙钵略以大逻便私自与隋朝请和退兵为由，转而攻打阿波可汗，使得阿波可汗兵败逃往达头可汗处求助，在达头可汗的帮助下，阿波可汗收复了旧有的土地。然而，突厥也自此分裂为东西两部，沙钵略为东突厥可汗，达头为西突厥可汗。

开皇四年（584 年），达头可汗率部投降隋朝。自此，西突厥与隋朝保持友好关系，并一直持续到开皇十九年（599 年）。沙钵略可汗在西突厥和契丹的双重威胁下，转而向隋朝遣使朝贡，千金公主也自请改姓杨氏。开皇五年（585 年）沙钵略可汗正式向隋朝上表称臣，称"大隋皇帝之有四海，上契天心，下顺民望……实万世之一圣，千年之一期"，并表示愿意"永为藩附"④。强大的东突厥臣服隋朝后，正式出现了"往虽与和，犹是二国，今作君臣，便成一体"的局面。此后，东突厥"岁时贡献不绝"⑤。

开皇七年（587年），沙钵略可汗去世，其弟叶护处罗侯为东突厥大可汗，号莫何可汗。开皇八年（588年），处罗侯西征时中流矢而卒，沙钵略可汗之子雍虞闾为东突厥大可汗，号都蓝可汗，"每岁遣使朝贡"⑥。

开皇十三年（593年），都蓝受人蛊惑"不修职贡"，后来杀了蛊惑反隋的大义公主。当都蓝与突利可汗（处罗侯之子染干）向隋朝请婚时，长孙晟认为：都蓝"反覆无信"，"纵与为婚，终当必叛"，而染干为"处罗侯之子也，素有诚款，于今两代"⑦。隋文帝采纳长孙晟的建议，于开皇十七年（597年），以宗女安义公主妻突利可汗，"特厚其礼"，突利可汗南徙度斤旧镇，"锡赉优厚"。都蓝于是绝朝贡，"数为边患"⑧。开皇十九年（599年）二月，都蓝与达头可汗结盟，大败染干，尽杀其兄弟子侄。隋朝出兵相助染干，册封其为意利珍豆启民可汗，于朔州筑大利城以处之。不久，都蓝为部下所杀，达头兵败逃往吐谷浑。

启民可汗成为突厥大可汗后，上表尊称隋文帝为"大隋圣人莫缘可汗"，并表示"诸姓蒙威恩，赤心归服，并将部落归投圣人可汗"。其后，一直"岁遣朝贡"⑨。

"义兼含育"

开皇二年（582年），突厥部落因自然灾害和饥疫影响，人畜死伤大半，幸存者不得不迁至漠南。当开皇三年（583年）隋军反击突厥军队时，隋文帝下诏："得其地不可而居，得其民不忍皆杀"，"诸将今行，义兼含育，有降者纳……异域殊方，被其拥抑，放听复旧"⑩。

开皇七年（587年），处罗侯西征阿波，阿波被生擒，其部众多来降附。处罗侯上书隋文帝，请示如何处理？隋文帝并未将这些人斩杀，而是"存养以示宽大"⑪。

因都蓝与达头可汗有矛盾，彼此数相攻伐，隋文帝为使突厥部落民众免受战火之苦，出面调解，使二人化干戈为玉帛。此后，突厥各部落相率遣使朝贡，并请求缘边置市，与隋朝进行贸易，隋文帝都准许了。

总之，隋文帝尊重突厥风俗，其民族政策使得隋朝与突厥出现了"两境虽殊，情义是一"[12] 的友好局面，这为隋代经济的繁荣、社会的稳定、中原百姓和突厥民众安居乐业提供了重要保证。

注 释

① 魏徵等：《隋书》卷八四《突厥传》，中华书局 1973 年版，第 1865 页。

② 魏徵等：《隋书》卷八四《突厥传》，中华书局 1973 年版，第 1866 页。

③ 魏徵等：《隋书》卷五一《长孙晟传》，中华书局 1973 年版，第 1330—1331 页。

④ 魏徵等：《隋书》卷八四《突厥传》，中华书局 1973 年版，第 1869—1870 页。

⑤ 魏徵等：《隋书》卷八四《突厥传》，中华书局 1973 年版，第 1870 页。

⑥ 魏徵等：《隋书》卷八四《突厥传》，中华书局 1973 年版，第 1871 页。

⑦ 魏徵等：《隋书》卷五一《长孙晟传》，中华书局 1973 年版，第 1333 页。

⑧ 魏徵等：《隋书》卷八四《突厥传》，中华书局 1973 年版，第 1872 页。

⑨ 魏徵等：《隋书》卷八四《突厥传》，中华书局 1973 年版，第 1873—1874 页。

⑩ 魏徵等：《隋书》卷八四《突厥传》，中华书局 1973 年版，第 1867 页。

⑪ 魏徵等：《隋书》卷八四《突厥传》，中华书局 1973 年版，第 1871 页。

⑫ 魏徵等：《隋书》卷八四《突厥传》，中华书局 1973 年版，第 1868 页。

北京师范大学历史学院、北京师范大学史学理论与史学史研究中心

陈涛

民族交融与隋唐大运河

　　中国开凿大运河的历史，至少可以追溯到春秋时期吴国君王夫差修凿邗沟。隋炀帝大规模开凿大运河，隋唐时期以洛阳为中心，以向东北延伸的永济渠、向东南延伸的通济渠连接若干水道及其支流，加上杭州以北的江南河，连通黄河、海河、淮河、长江、钱塘江五大水系，全长2700多公里的大运河，千里波涛，帆樯连绵，正如唐代诗人皮日休所言"共禹论功不较多"①。历经数千年陆续开凿和整修，大运河不仅持续发挥着贯通南北的作用，也沟通了运河沿岸和更广大的辐射区域，促进了各民族交往交流交融。

　　大运河后来因政治、军事等原因裁弯取直。元朝疏浚壅塞的河道运渠，从大都（今北京）直接南下到杭州，京杭大运河成为直接贯通南北的大运河。浙东大运河是京杭大运河的延伸段、大运河与海上丝绸之路联通的通道，运河河道、运河流经区域、辐射区域及连通区域，近则为运河沿岸，远则几乎涵盖古代中国整个东部地区，其延伸的陆路和水路分别与陆路丝绸之路、海上丝绸之路相连。

　　隋唐王朝是中国历史上的鼎盛时期，疆域辽阔。在东部区域的主要河流都呈东西走向的情况下，开凿完成南北走向的大运河工程，不仅沟通了东西南北广大区域的经济往来，也成为运河沿线、运河延伸区域各民族联系的桥梁。

　　隋唐时期的大运河，主要流经今天的北京、天津、河北、河南、山东、安徽、江苏、浙江等八省市，其延伸和辐射的区域包括都城所在的关中地区，作为战略重地的东北地区，逐渐成为经济重心的江南、东南地区。

隋唐时期，在西部、北部分布着突厥、吐谷浑、铁勒、吐蕃、回纥、党项等民族，在与中原王朝的交往中，有大量少数民族人口内迁，在边疆地区也是多民族混居。在东北地区，分布着同源异流的室韦、契丹、奚等部族，是多民族聚居区。隋唐运河的永济渠，伸向东北一线，其终端正是幽州（今北京）。杜甫在《后出塞》中描写道："渔阳豪侠地，击鼓吹笙竽。云帆转辽海，粳稻来东吴。越罗与楚练，照耀舆台躯。"② 它描述的是幽州通过海运与南方地区进行物资交流的情况，而南方到辽东的海路运输重要港口如扬州，也是大运河和长江的交汇处，是南北东西交通的重要枢纽之地。

以运河、长江水系、黄河水系、近海航线为主干的水路交通运输网络，将古代中国的广大区域连接得更为紧密和畅通，生活在各区域的各民族也通过包括大运河在内的水网进行交往交流交融。

随着大运河的贯通，运河沿线兴起了一大批新兴城市，其中不少城市既是行政中心，也是工商业贸易中心，如江南地区运河沿线的镇江、常州、苏州、湖州、杭州、丹阳、无锡等。扬州是连通大运河的枢纽之地，成为全国重要的粮食、盐、茶叶等大宗商品的中转站和集散地。在与运河沟通的长江航路上，兴起了许多著名市镇，如沙市镇、蕲口镇、黄池镇、瓜洲镇等，这是经济重心南移进一步深化的表现。

大运河流经和沟通的重要城市，如长安、洛阳、扬州、广州等，生活着南来北往的各族民众，他们来自不同民族，身份各异，有使者、官吏、商人、僧人、艺人等。隋唐前的北魏政权，建立者是兴起于北方草原的鲜卑人，入主中原后，为有效和长久地进行统治，他们主动加速了汉化进程，把都城从平城（今山西大同）迁到洛阳，众多鲜卑人在中原地区扎下了根。南北朝时期，大量南迁的鲜卑、匈奴、羯、氐、羌等民族也深度融入了当地。

隋唐时期的洛阳居民，有很多是鲜卑人或中亚胡人。运河的贯通，使得各族人群往来和物资交流都钩织成有序的网络。如洛阳城中粟特居民为数众多，他们常与汉族通婚，在丧葬习俗、文化认同等诸多方面与汉族逐渐趋同。20世纪以来，我国出土了大量墓志和石刻等资料，仅洛阳地区迄今就已刊布有63方唐代粟特人墓志，墓主为康婆、安恕、安静、何盛、史玄策等，既有贵族、富商、僧侣，也有从事各行各业的人士。他们分散居住在洛阳城的各个区域，与汉族联姻，接受中原地区的文化习俗和信仰，融入当地生活。在洛阳这个国际大都会，各民族既保持了本民族的特色，又彼此互鉴交融。

隋唐大运河发挥的历史作用并不仅限于它流经的几个区域，它是将古代中国的核心地区、战略要地、经济重地和海陆丝绸之路有效连接起来的重要通道，将运河沿线地区、延伸地区、辐射地区的众多民族及边疆地区有机地联系起来，对多元一体的中华民族的形成和发展发挥了重要作用。大运河辐射和延伸的区域扩展到北方的欧亚草原、东南的辽阔海域以及西南的纵深区域，其在世界历史发展上的重要作用也得以彰显。因此可以说，大运河为推动中华文明与世界其他文明的交流互鉴作出了重要贡献。

▌注　释

① 皮日休:《汴河怀古二首其二》，载彭定求等编:《全唐诗》卷六一五，中华书局1960年版，第7099页。

② 杜甫著，仇兆鳌注:《杜诗详注》卷四《后出塞五首其四》，中华书局1979年版，第289页。

北京师范大学史学理论与史学史研究中心　宁欣

唐太宗"华夷一家"的民族政策

中华民族是世界上最古老的民族之一。民族关系经过先秦、秦汉、魏晋南北朝长时段的交往交流交融，至隋唐已有了新的发展，呈现出众多新的特点，出现了"华夷一家"的新局面。"一切文物亦复不间华夷，兼收并蓄。"① 民族政策也因时而变，与时而进，有了许多新变化、新举措。关于这方面，我们可从《新唐书》《旧唐书》《贞观政要》等史著中看得很清楚。

贞观二十一年（647年），唐太宗李世民在翠微殿向旁边的大臣询问了一个看似平常但实则极为重要的问题，这就是："自古帝王虽平定中夏，不能服戎、狄。朕才不逮古人而成功过之，自不喻其故，诸公各率意以实言之。"② 大意是说：自古帝王虽能平定中原，却不能制服戎、狄。我的才能远不及古代的帝王，但取得的成功却远超他们，我不明白其中的原因。请各位各陈己见，谈谈自己的看法。众大臣都认为："陛下功德如天地，万物不得而名言。"唐太宗说，不是这样。唐太宗总结了他认为在治国方面超越前世君主的五条经验：一是渴求贤才；二是用人之长；三是各任其能；四是亲近直臣；五是涉及民族关系，这就是"华夷一家"。唐太宗认为："自古皆贵中华，贱夷狄，朕独爱之如一，故其种部皆依朕如父母。"③ 唐太宗的"华夷一家"理念既是当时多民族融合的真实反映，同时也是其制定相关民族政策的重要依据。

"华夷一家"是对"非我族类，其心必异"的矫正。在唐太宗看来，夷狄其情"与中夏不殊","渔猎其民，比之禽兽，岂为父母之意"。他主张："夷狄亦人耳……不必猜忌异类，盖德泽洽，则四夷可使如一家，猜忌多，则骨肉不免为仇敌。"④唐太宗坚持用宽容、开明之策来处理民族纠纷，偃武修文，不轻易在民族地区用兵。唐太宗强调："夫兵甲者，国家凶器也"，"兵，凶器也；战者，危事也，不得已而用之"，"自古以来穷兵极武，未有不亡者也"。⑤贞观初年，岭南诸州连续上奏反映高州酋帅冯盎、谈殿"阻兵反叛"。唐太宗没有派兵镇压，而是遣使前往安抚，结果是"不劳而定，胜于十万之师"。冯盎乃遣其子随使入朝，"岭外帖然"⑥。贞观四年（630年），有官员向太宗反映，南蛮林邑国的奏章中有对唐朝不敬之辞，建议发兵讨击。太宗认为："言语之间，何足介意"，"竟不讨之"。⑦唐太宗以历史事例和客观事实为依据来定规制策，解决民族纠纷，竭力消除民族间的流血冲突，在封建时代的君主中还是不多见的。

"华夷一家"与"去种灭族"有着本质的区别。唐太宗接受温彦博的建议，"天子之于万物也，天覆地载，有归我者则必养之"，"弃而不纳，非天地之道"。⑧贞观四年（630年），东突厥破亡，降唐者达十余万众。唐朝君臣共同商讨区处之策，形成六种解决方案。最后，唐太宗采纳了温彦博的安边之策，即"救其死亡，授以生业，教之礼仪。数年之后，悉为吾民"⑨。让那些将亡之族死而生之，亡而存之，教而新之，这在古代的历史上是十分少见的。与此同时，唐太宗还大量重用少数民族出身的文臣武将。在唐太宗的名将中，有不少是少数民族。据载：贞观年间，朝中五品以上的诸部落官员一度曾与汉族朝士数量相当。⑩把多个民族的文臣武将放置在中央统治集团的重要位置上，不仅体现了唐太宗对民族人才的高度重视，更反映了唐太宗"天下一家"的宽广胸怀。

"华夷一家"与受教育权的获得关系密切。"国子监"是唐朝的最高学府，为礼仪之宫、教化之重地。唐太宗打破常规，准允少数民族首领子弟到内地就学研读。贞观十四年（640年），就有"四方学者云集京师，乃至高丽、百济、新罗、高昌、吐蕃诸酋长亦遣子弟请入国学，升讲筵者至八千余人"[11]。据载：文成公主入蕃后，吐蕃就"遣酋豪子弟，请入国学以习《诗》《书》"[12]。在长安学成回到吐蕃的学子中，有的还成了吐蕃的重臣。[13] 后来，这一政策一直延续。渤海国"其王数遣诸生诣京师太学，习识古今制度"[14]。地方郡学也学习国子监，招收少数民族子弟入学，"使习华风"[15]。如唐中期名臣韦皋在四川"选群蛮子弟聚之成都，教以书数，欲以慰悦羁縻之，业成则去，复以他子弟继之。如是五十年，群蛮子弟学于成都者殆以千数"[16]。上述政策部分地开放了民族地区子弟的受教育权，对于传播中原文化、促进民族地区的开发、巩固多民族国家的统一具有极其重要的作用。

从上面实施的政策中，我们能够发现：唐太宗解决民族问题的方法，多从教化入手，以文化人，以文化天下，而且成效显著。贞观七年（633年），在未央宫举行的众多民族首领参加的群宴上，突厥颉利可汗起舞，南越酋长咏诗，太上皇李渊笑着说出了"胡越一家，自古未有也"的感慨。[17]《金城公主出降吐蕃制》也赞："太宗文武圣皇帝德侔履载，情深亿兆，思偃兵甲，遂通姻好，数十年间，一方清净。"[18]647年，唐太宗宴请回纥等各部落酋长。各部族的酋长奏称："臣等既为唐民，往来天至尊所，如诣父母，请于回纥以南、突厥以北开一道，谓之参天可汗道，置六十八驿，各有马及酒肉以供过使，岁供貂皮以充租赋，仍请能属文人，使为表疏。"[19] 大意是：臣等既为大唐的臣民，来到上天至尊的京城，就如同前来拜见父母一样，请求在回纥以南与突厥以北地区开建一条通道，称为参天可汗道，置六十八个驿站，各设马匹及酒肉以供过路人使用，我们每年进贡貂皮以作租赋……这些显然都与唐太宗倡导并坚持"华夷一体"这一理念有密切的关系。

毛泽东同志对"唐宗宋祖"中的"唐宗"评价很高。他除了肯定李世民的军事才能外，还特别提到唐太宗的民族政策，认为唐代的繁荣富强和李世民较好的民族政策有很大关系。[20] 从历史上看，唐太宗时期，唐与周边少数民族的关系，虽然也曾有过局部的冲突和摩擦，如唐与突厥、吐谷浑、吐蕃等西北诸族的战争，但总的来讲，还是比较友好和稳定的。中华民族的大一统至唐代又有了新的发展。

注 释

① 向达：《唐代长安与西域文明》，河北教育出版社 2001 年版，第 42 页。

②③ 司马光编著：《资治通鉴》卷一九八《唐纪一四》"太宗贞观二十一年五月"条，中华书局 1956 年版，第 6247 页。

④ 司马光编著：《资治通鉴》卷一九七《唐纪一三》"太宗贞观十八年十二月"条，中华书局 1956 年版，第 6215—6216 页。

⑤⑥ 吴兢撰，谢保成集校：《贞观政要集校》卷九《议征伐》，中华书局 2009 年版，第 475 页。

⑦ 吴兢撰，谢保成集校：《贞观政要集校》卷九《议征伐》，中华书局 2009 年版，第 476 页。

⑧ 吴兢撰，谢保成集校：《贞观政要集校》卷九《议征伐》，中华书局 2009 年版，第 499 页。

⑨ 司马光编著：《资治通鉴》卷一九三《唐纪九》"太宗贞观四年五月"条，中华书局 1956 年版，第 6077 页。

⑩ 司马光编著：《资治通鉴》卷一九三《唐纪九》"太宗贞观四年五月"条，中华书局 1956 年版，第 6078 页。

⑪ 司马光编著：《资治通鉴》卷一九五《唐纪一一》"太宗贞观十四年二月"条，中华书局 1956 年版，第 6153 页。

⑫ 刘昫等：《旧唐书》卷一九六上《吐蕃传上》，中华书局 1975 年版，第 5222 页。

⑬ 王钦若等编纂，周勋初等校订：《册府元龟》卷九六二《外臣部·才智》，凤凰出版社 2006 年版，第 11149 页。

⑭ 欧阳修、宋祁：《新唐书》卷二一九《北狄传·渤海》，中华书局

1975 年版，第 6182 页。

⑮ 欧阳修、宋祁：《新唐书》卷二二二中《南蛮传中·南诏下》，中华书局 1975 年版，第 6289 页。

⑯ 司马光编著：《资治通鉴》卷二四九《唐纪六五》"宣宗大中十三年"条，中华书局 1956 年版，第 8078 页。

⑰ 司马光编著：《资治通鉴》卷一九四《唐纪一〇》"太宗贞观七年五月"条，中华书局 1956 年版，第 6104 页。

⑱ 刘昫等：《旧唐书》卷一九六上《吐蕃传上》，中华书局 1975 年版，第 5227 页。

⑲ 司马光编著：《资治通鉴》卷一九八《唐纪一四》"太宗贞观二十一年正月"条，中华书局 1956 年版，第 6245 页。

⑳ 转引自芦狄：《毛泽东读二十四史》，《光明日报》1993 年 12 月 20 日，第 3 版。

北京师范大学史学理论与史学史研究中心主任　杨共乐

《步辇图》:"和同为一家"的真实写照

    589 年,隋朝灭陈,全国再次实现统一。隋朝存在的时间虽然只有短短 37 年,但为唐朝更大规模的统一创造了条件。如果说"贞观之治"奏响了唐朝的序曲,那么"盛唐气象"则更多体现在文化的繁荣。唐朝的诗人用真情诉说着百姓的苦乐,用诗歌吟唱着时代的风貌、抒发着对家国的热爱。唐代的画家也没有辜负社会的期许,他们用纤细的画笔绘出山水湖泊之美以及人文中华之真,在中国画坛建起一座座不朽的丰碑。《步辇图》就是这一时代馈赠给后世的绝品佳作,被誉为"中国十大传世名画之一"。

    《步辇图》为唐朝画家阎立本之名作。阎立本(601 年—673 年),唐代雍州万年(今陕西临潼)人,家学渊源深厚,父亲阎毗为隋代画师,兄长阎立德也以绘画见长。唐太宗时,阎立本任刑部侍郎。唐高宗时,他任工部尚书并一度升至右相。阎立本自幼擅长书画,以写实绘画风格著称,尤其善画人物肖像。据载,唐太宗与侍臣泛舟春苑池,见异鸟容于波上,喜见颜色,诏坐者赋诗,召立本写焉。① 由此可见,阎立本在唐太宗心目中的位置。阎立本的作品大量记录了唐初重要的宫廷史事,其中著名的有《步辇图》《历代帝王图》《秦府十八学士图》《凌烟阁功臣图》等。②

    《步辇图》立足历史事实、立足文化传统,选择以贞观十五年(641

年）吐蕃首领松赞干布与唐文成公主联姻这一历史事件为绘画题材，眼光独具，立意深远。赏析之余，让人联想颇多，回味无穷。

松赞干布是吐蕃第三十三任赞普。唐朝初期，正是松赞干布统治的兴盛期。他建立官制，制定法律，创建文字，为巩固吐蕃王朝做了许多奠基性的工作。贞观八年（634年），他派使者向唐求婚，但遭到拒绝。贞观十二年（638年），他再次派使者带琉璃宝入唐求婚，还是未能如愿。两年之后，松赞干布派大相禄东赞携带5000两黄金及其他珍宝作为聘礼到长安，第三次向唐朝求亲。唐太宗答应将宗室之女文成公主嫁与松赞干布。

《步辇图》描绘的正是来长安求亲的吐蕃使臣禄东赞觐见唐太宗时的情景。现藏于北京故宫博物院的《步辇图》，绢本设色，被认为是宋朝摹本。《步辇图》长不过129.6厘米，宽也只有38.5厘米，刻画的人物有13位，可分为左右两组：右侧是接见之人，这就是坐在步辇中由宫女簇拥的唐太宗；左侧为前来朝见之人，他们是由典礼官引领的禄东赞以及在禄东赞之后的一位翻译。《步辇图》的画面亲切感人，平常之中又略带几分特殊。唐太宗是全图的重心和焦点。阎立本画笔下的唐太宗着黄色便服坐在步辇上，目光坚毅，神情庄重，既有一代明君的风范与威仪，更有和蔼可亲犹如父亲般的慈祥。

《步辇图》除了历史场景以外，图中还有一个信息很少引起人们的关注，这就是唐太宗背后两把大大的障扇。在画中，这两把大障扇所占的空间很大，顶端交叉，呈三角形，起着聚焦中心的作用。在皇帝身边立两把障扇，这应该是宫廷乘舆制度的一部分。从中国历史上看，它不是从来就有的。我们现在能够见到的最早的障扇是北魏孝文帝时期的《孝文帝礼佛图》。不过，在《孝文帝礼佛图》之前，在古代埃及也存在国王旁边立两把礼仪扇的现象。这就给我们留下了一个问题：古代埃及和中国两大文明间存在的这一相同现象是偶然的巧合还是早有互动？

明代学者张丑认为，《步辇图》皆曲眉丰颊，神采如生。近代学者

　　张桐认为，阎立本开创了一种全新的构图模式，即只描绘人物形象，这样会考验画家人物写生的能力以及对线条的控制能力。从细部描绘来看，画家的表现技巧已相当成熟。衣纹器物的勾线在圆转流畅中时带坚韧，畅而不滑，顿而不滞。主要人物的神情举止栩栩如生，写照之间更能曲传神韵。图像局部配以晕染，如靴筒的褶皱等处极具立体感。全卷设色浓重沉净，大面积红绿色块交错安排，富于韵律感和鲜明的视觉效果。③ 从历史的层面讲，阎立本用神妙之笔将"唐蕃和亲"这一客观事件永远地定格在了历史的画卷里。

　　对于文成公主出嫁吐蕃，无论是唐太宗还是松赞干布都很重视。贞观十五年（641 年）正月，唐太宗令礼部尚书、江夏王李道宗持旌节护送文成公主入藏。松赞干布为自己能迎娶唐朝公主而高兴，感慨道："我父祖未有通婚上国者，今我得尚大唐公主，为幸实多。当为公主筑一城，以夸示后代。"④ 松赞干布按照唐朝的建筑风格，在逻些（今拉萨）为公主修建了城郭和宫室。

　　文成公主入藏，对当地生活与生产影响巨大。原来"以毡帐而居"，穿毡裘衣的吐蕃人，此后出现了"释毡裘，袭纨绮，渐慕华风""服改毡裘，语兼中夏，明习汉法，睹衣冠之仪"等新俗。唐诗中记录的"自从贵主和亲后，一半胡风似汉家"，就是当时历史的真实写照。⑤

　　据记载，文成公主入藏时，不但带去了中原的大批丝织品以及经史、历法、医药等众多文化成果，而且还把中原地区的生产技术如纺织、酿造、造纸等带到了吐蕃，对吐蕃社会的政治、经济和文化发展起到了极大的促进和推动作用。

　　景龙四年（710 年）正月，唐蕃再度和亲。唐中宗命左骁卫大将军杨矩护送金城公主入藏与赞普尺带珠丹成婚。唐中宗亲自渡过渭河到始平县（今陕西兴平），命随从大臣赋诗为公主饯行。金城公主入藏进一步巩固了唐蕃之间的关系。尺带珠丹曾上书唐玄宗，说："外甥是先皇帝舅宿亲，又蒙降金城公主，遂和同为一家，天下百姓，普皆安乐。"⑥

此后，唐蕃之间的交往交流交融更为密切，出现了"金玉绮绣，问遗往来，道路相望，欢好不绝"的和谐景象。

从历史的发展趋势来看，"唐蕃和亲"之后出现的"和同为一家"既是唐蕃情谊深厚的见证，更是民心所向，大势所趋，符合各民族的共同利益。

▍注　释

①② 刘昫等:《旧唐书》卷七七《阎立本传》，中华书局 1975 年版，第 2680 页。

③《阎立本步辇图、历代帝王图》，上海书画出版社 2017 年版，第 6 页。

④ 刘昫等:《旧唐书》卷一九六上《吐蕃传上》，中华书局 1975 年版，第 5221 页。

⑤ 陈陶:《陇西行四首其四》，载彭定求等编:《全唐诗》卷七四六，中华书局 1960 年版，第 8492 页。

⑥ 刘昫等:《旧唐书》卷一九六上《吐蕃传上》，中华书局 1975 年版，第 5231 页。

北京师范大学史学理论与史学史研究中心主任　杨共乐

唐蕃会盟碑：汉藏民族友好的
历史见证

　　唐蕃会盟碑，又称长庆舅甥会盟碑，是唐穆宗长庆三年（823年）唐王朝与吐蕃之间为纪念结盟修好、重叙舅甥情谊而树立的石碑，是汉藏民族友好往来、和平相处的历史见证。石碑现立于西藏拉萨大昭寺门口，保存完好，不仅记录了唐与吐蕃共铸和平的历史，也是中华民族团结一心，携手向前的象征。

　　"吐蕃"是藏族在中古时代的称呼，汉文文献以"蕃"或"吐蕃"的发音指称之。大约在7世纪前期，吐蕃日益强大，初步建立政权，定都逻些（今拉萨），"其国人号其王为赞普，相为大论、小论，以统理国事"①。唐贞观八年（634年），吐蕃赞普弃宗弄赞（即松赞干布）遣使朝贡，请求和亲。贞观十五年（641年），唐

长庆三年（823年）唐蕃会盟碑②

太宗派遣文成公主入藏，开启唐蕃友好往来的局面。景龙四年（710年），唐中宗又遣金城公主前往和亲。此后，唐蕃之间虽偶有征战，但总体保持和平友好的态势。开元十七年（729年），唐玄宗派遣使臣前往吐蕃，吐蕃赞普也遣使入朝，上表说："外甥是先皇帝舅宿亲，又蒙降金城公主，遂和同为一家，天下百姓，普皆安乐。"③ 唐朝与吐蕃"和同为一家"，这是唐蕃友好关系的最佳写照。

安史之乱爆发后，河西、陇右军队被唐廷征调平叛，西北边防重镇普遍兵力不足，吐蕃于是趁机北上，兵锋很快深入到河西走廊一带，"湮没者数十州"④。此后数十年间，吐蕃多次兴兵内寇，甚至一度进犯长安，劫掠大量人口、畜产而去，严重威胁唐朝安全。双方虽然在肃宗、代宗、德宗朝多次会盟，但仍战事不息。长庆元年（821年），唐与吐蕃都因常年战争元气大伤，实力不断下降。艰难之际，吐蕃遣使请求会盟，唐穆宗以大理卿刘元鼎为盟会使，右司郎中刘师老副之，"诏宰相与尚书右仆射韩皋、御史中丞牛僧孺、吏部尚书李绛、兵部尚书萧俛、户部尚书杨於陵、礼部尚书韦绶、太常卿赵宗儒、司农卿裴武、京兆尹柳公绰、右金吾将军郭鏦及吐蕃使者论讷罗盟京师西郊"⑤；次年，双方又在吐蕃会盟。第三年，会盟文书刻碑完成，唐蕃使者一同参加树碑告成之礼，所立石碑即唐蕃会盟碑。

唐蕃会盟碑为方柱结构，由碑首、碑身和碑座三部分构成，高约4.83米，宽0.96米，厚0.51米，顶部有屋顶式石帽覆盖，形制古朴。碑四面皆有字：西面为碑阳，文字为汉藏两体对照，左半藏文横书，七十七列，正楷；右半汉文直书，六行，正楷，四百六十四字，藏汉两体文义相同。北面为吐蕃参与会盟的官员名单、位次，共十七人。上为藏文，四十列，每列下为汉文译音，其中以沙门钵阐布允丹、兵马大元帅尚绮心儿等最为显要。南面为唐廷参与会盟官员名单，有王播、杜元颖、刘元鼎等十八员，亦为藏汉两体对照。东面为碑阴，纯为藏文盟词，七十八列，无汉文音译。⑥

碑文强调，唐与吐蕃"舅甥二主商议社稷如一，结立大和盟约，永无沦替，神人俱以证知，世世代代使其称赞"。在此基础上，碑文对"蕃汉二国所守见管本界"、"捉生问事"及驿骑往来路线问题作了界定，强调"彼此不为寇敌，不举兵革，不相侵谋封境"。藏文部分则生动记载了此次会盟前唐蕃密切交往的历程，并以吐蕃的视角讲述了自身发展的历史，表露出对中原文化的仰慕，表达了双方"乐于和叶社稷如一统，甥舅所思熙融如一"的良好愿望。

身为青藏高原上的古老民族，吐蕃认为赞普是圣神降临人间，带领民众内修德政，外拓疆土。唐朝实力强盛，经济文化发达，吐蕃对唐朝心向往之。从文成公主开始，唐蕃便以"和亲"这一传统方式建立起亲密联系，大量吐蕃贵族子弟前往长安学习。金城公主入藏后，吐蕃赞普更以"外甥"自居，与身为"舅父"的唐朝皇帝"更续姻好"。以后，双方虽有怨隙，但"问聘之礼，从未间断，且有延续也"。长庆会盟以立碑为证，最大限度地解决了唐与吐蕃的争端，强化了蕃汉双方和平交往的基调，极大地推动了吐蕃与中原交往交流交融的历史进程，是汉藏两大民族团结友好的历史见证。

唐蕃会盟碑仁立于拉萨大昭寺门前，历经1200年的风雨洗礼，至今仍保存完好。由于立碑年代确凿，文字对音严整，字迹古朴遒劲，历来深受民族语言、藏学、历史学者的重视。此碑不仅是珍贵的历史文物，也是民族友好团结的见证。对于研究唐蕃关系，吐蕃官制、社会、语言和文字都有重要的参考价值。

习近平总书记指出："正确认识和处理民族关系，最根本的是要坚持民族平等，加强民族团结，推动民族互助，促进民族和谐。"[⑦] 回顾7—9世纪的中国历史，唐与吐蕃的交往始终建立在平等基础上，并由此奠定吐蕃与中原友好往来的根基，共同铸就中华民族的辉煌。中原优秀文化成果大量传入青藏高原，推动吐蕃社会的长足发展；与此同时，吐蕃的马匹、金银器和药材等也不断输入内地，长安的不少妇女还仿效蕃人在脸上涂赭红色，称为"吐蕃妆"。可见，建立在平等基础上的民族交往，无疑能够促进彼此以开放包容的姿态互相学习，在团结互助中和谐共进。在 21 世纪的今天，中国 56 个民族大都有各自的神话传说与历史故事，但长期的交往交流交融，使得各民族彼此吸收，相互借鉴，已然创造出以"中华民族"为核心主题的共同记忆，不断推进中华民族多元一体格局走向深化与升华。

▎注　释

① 刘昫等：《旧唐书》卷一九六上《吐蕃传上》，中华书局 1975 年版，第 5219 页。

② 余小洪、席琳主编：《唐蕃古道网络结构与沿线文物遗存考古调查与研究》，中山大学出版社 2018 年版，第 131 页。

③ 刘昫等：《旧唐书》卷一九六上《吐蕃传上》，中华书局 1975 年版，第 5231 页。

④ 刘昫等：《旧唐书》卷一九六上《吐蕃传上》，中华书局 1975 年版，第 5236 页。

⑤ 欧阳修、宋祁：《新唐书》卷二一六下《吐蕃传》，中华书局 1975 年版，第 6102 页。

⑥ 王尧：《唐蕃会盟碑疏释》，《历史研究》1980 年第 4 期。

⑦ 汪晓东、李翔、王洲：《共享民族复兴的伟大荣光——习近平总书记关于民族团结进步重要论述综述》，《人民日报》2021 年 8 月 25 日，第 1 版。

北京师范大学历史学院、北京师范大学史学理论与史学史研究中心

赵贞　许鸿梅

炫动的乐舞
——从隋唐乐舞看民族交融

  隋唐时期结束了自东汉末年以来几百年的分裂局面，实现了大一统，各地区、各民族之间以及与域外的文化艺术交流非常活跃。这一时期的音乐和舞蹈具有丰富多彩、兼容并蓄的时代特征，不仅体现在边疆和民间，而且进入中原，步入殿堂。

  隋唐五代时期都有专门的机构掌管乐舞。以唐朝为例，中央事务部门九寺中的太常寺是掌管礼乐的最高行政机构，太常寺下辖的音乐管理机构有大乐署和鼓吹署。大乐署的职掌为"掌调钟律，以供祭飨"[①]，乐工人数众多，有文武二舞郎一百四十人，散乐三百八十二人，仗内散乐一千人，音声人一万二十七人。鼓吹署的职掌为"掌鼓吹之节"[②]，属宫廷管辖的有教坊和梨园。教坊是掌管宫廷教习乐舞、训练和培养乐工、承担演出的机构。梨园是唐玄宗时宫廷所设，"选坐部伎子弟三百教于梨园"[③]，主要职责是训练宫廷乐工，教习"法曲"（宫廷燕乐，集歌、舞、器乐的表演形式），有数百名到上千名艺人排练和表演新曲，如著名的《霓裳羽衣曲》即为法曲。后世戏曲界奉唐玄宗李隆基为祖师，"梨园界""梨园行"称谓，戏曲演员称"梨园弟子"，都是由此而来。

  唐初，在继承隋九部乐基础上确定了燕乐、清商、西凉、天竺、龟兹、疏勒、康国、安国、高丽、高昌等十部乐。除燕乐、清商两部外，其余八部都是从中原以外传入的乐舞。这些乐舞大多在南北朝时代已经传入中原，既具有鲜明的地域特征和民族风格，也不断吸收和融合了中原的乐舞因子，反映出隋唐时期各民族、各地区乐舞汇集中原的盛况，体现了民族交往交流交融的总趋势。

隋唐时期的音乐主要有雅乐与燕乐。雅乐，主要用于祭祀、朝贺、郊庙等正式的场合，所用乐器多为钟鼓，配以相应的乐舞。但由于使用场合和表现形式都有局限，在隋唐时期已经走向衰微。燕乐，也称"宴乐"，多用于宴会表演场合，唐玄宗时最为兴盛。大曲是一种大型套曲，有对汉魏以来传统清乐大曲的继承，也包含了陆续吸收的各少数民族音乐。大曲在唐代很兴盛，坐部伎和立部伎大都采用大曲作品。其中，清乐大曲艺术性最高，演奏难度也最大。19 世纪末 20 世纪初，甘肃敦煌莫高窟藏经洞发现的敦煌曲谱中保留了一些唐代乐谱。

盛唐乐舞以《霓裳羽衣舞》为代表。唐玄宗宠妃杨玉环擅长表演的《霓裳羽衣舞》是一首乐曲名，可配以歌舞。白居易曾专门写诗《霓裳羽衣舞歌》："我昔元和侍宪皇，曾陪内宴宴昭阳。千歌百舞不可数，就中最爱霓裳舞。舞时寒食春风天，玉钩栏下香桉前。桉前舞者颜如玉，不著人间俗衣服。"④ 诗中详细描述了此舞曲表演时壮观炫目的场景。唐朝诗人鲍溶在《霓裳羽衣歌》中写道："此衣春日赐何人，秦女腰肢轻若燕。香风间旋众彩随，联联珍珠贯长丝。"⑤ 轻盈与灵动的身形和靓影跃然纸上，读之宛如身临其境。

关于《霓裳羽衣舞》的来源有三种说法：一说为源自月宫仙曲，玄宗中秋之夜梦游月宫所闻见；一说源自西域传入的《婆罗门曲》改编而成；一说玄宗登三乡驿，望见女儿山（传说中的仙山），有感而创作。也有人认为，有道教乐曲的影响。总之，《霓裳羽衣舞》是吸收、借鉴、改造和融合的作品，由各民族共同创作而成。

隋唐时期，胡乐极为盛行，如羯鼓、琵琶、笛、铜钹、角等等。被奉为梨园祖师爷的唐玄宗擅长羯鼓，这是一种流行于龟兹、高昌、疏勒、天竺等地的乐器，后来传入中原而盛行。唐代南卓编撰的《羯鼓录》

记载，唐玄宗喜好羯鼓，曾经在内庭击鼓，并且自己作了一曲《春光好》。再如琵琶，南北朝时，曲项琵琶由波斯传入中国，和中国原有的直项琵琶结合又加以改造。白居易在《琵琶行》中描写了已成为商人妇的教坊女弹奏琵琶时的情景："转轴拨弦三两声，未成曲调先有情。弦弦掩抑声声思，似诉平生不得意。低眉信手续续弹，说尽心中无限事。轻拢慢撚抹复挑，初为霓裳后绿腰。大弦嘈嘈如急雨，小弦切切如私语。嘈嘈切切错杂弹，大珠小珠落玉盘。间关莺语花底滑，幽咽泉流冰下难。冰泉冷涩弦凝绝，凝绝不通声暂歇。别有幽愁暗恨生，此时无声胜有声。银瓶乍破水浆迸，铁骑突出刀枪鸣。曲终收拨当心画，四弦一声如裂帛。东船西舫悄无言，唯见江心秋月白。"⑥ 这段书写使人如临其境，心随曲动。

隋唐时期，很多乐人来自西域和其他少数民族地区，很多流行的乐器也来自西域，尤其是弹拨乐器。从新疆克孜尔石窟到甘肃敦煌莫高窟中的壁画，就描绘了很多来自西域的乐器。活跃在唐德宗到唐宪宗时期的宫廷乐师康昆仑，善弹琵琶，演奏技巧独步天下。史籍中记载，康昆仑出入宫廷，在朝野影响很大。唐德宗时，由于干旱，令长安城东西两市商人开展祈雨活动，以求天降福泽。东市商人请出康昆仑，他来自昭武九姓之一的康氏家族，本以为无人能敌，却不料西市商人请来了大兴善寺的段氏僧人，一举击败康昆仑，不仅出乎当场参与者和观看者的意料，连唐德宗都感到无比惊讶。虽然记载中并没有提及段氏僧人的来历，但唐代长安地区的段氏有很多来自南诏地区（今云南），且身怀绝技。

隋唐时期产生了很多著名的音乐家，如隋朝的牛弘、郑译、万宝常等。万宝常所著《乐谱》六十四卷，"具论八音旋相为宫之法"⑦。唐朝的祖孝孙、王长通、白明达、曹善才、米嘉荣、李龟年等，影响都很大。如以擅长弹奏琵琶而闻名于世的曹保、曹善才、曹纲祖孙三代，来自曹国（位于今中亚一带）。还有来自中亚的米嘉荣，善歌。唐玄宗善音律，会作曲，击羯鼓堪称绝妙。史载，唐玄宗挑选坐部伎三百人，宫女数百人，在梨园亲自教以音声，排练歌舞。大唐乐舞还远播海外，当时日本的遣唐使中就有人专门学习乐舞和乐器，传入日本的乐舞有《破阵乐》《武媚娘》《夜半乐》等。

隋唐墓葬出土的陶俑中，有很多不同民族和地域的乐人形象，有的载歌载舞，有的吹奏着各种乐器，其乐融融。这些珍贵的文物，是中华民族和中华文明多元一体的有力见证。

▌ 注　释

① 欧阳修、宋祁：《新唐书》卷四八《百官志三》，中华书局 1975 年版，第 1243 页。

② 欧阳修、宋祁：《新唐书》卷四八《百官志三》，中华书局 1975 年版，第 1244 页。

③ 欧阳修、宋祁：《新唐书》卷二二《礼乐志一二》，中华书局 1975 年版，第 476 页。

④ 白居易著，顾学颉校点：《白居易集》卷二一《霓裳羽衣歌》，中华书局 1979 年版，第 458 页。

⑤ 鲍溶：《霓裳羽衣歌》，载彭定求等编：《全唐诗》卷四八五，中华书局 1960 年版，第 5504 页。

⑥ 白居易著，顾学颉校点：《白居易集》卷一二《感伤四》，中华书局 1979 年版，第 242 页。

⑦ 魏徵等：《隋书》卷七八《万宝常传》，中华书局 1973 年版，第 1244 页。

北京师范大学史学理论与史学史研究中心　宁欣

胡旋舞：丝路乐舞艺术的瑰宝

唐代是丝路文化和外来文明蓬勃发展的重要时期。伴随着陆上丝绸之路的空前发展，来自中亚锡尔河以南至阿姆河流域的粟特胡人（昭武九姓）络绎不绝地穿梭于丝绸之路上，他们在"兴贩牟利"，追逐丝路贸易的同时，也将外来的文明传入中国。以音乐、舞蹈为例，这一时期胡乐、胡舞在唐代社会颇为流行。胡旋舞即是最具典型性和代表性的舞蹈。

唐代流行的胡舞有软舞和健舞之分。软舞节奏舒缓，优美柔婉，舞曲有《绿腰》《凉州》《春莺啭》等；健舞以节奏明快、矫捷雄健著称，舞曲有《柘枝》《胡旋》《胡腾》等，深受唐代官民社会的欢迎，这在唐诗、敦煌遗书、敦煌壁画和出土唐代墓葬壁画中都有生动翔实的反映。

胡旋舞出自康国，大致在 8 世纪初传入中国。康国是丝绸之路西段上的重要城邦国家，位于今乌兹别克斯坦撒马尔罕一带，是昭武九姓的中心，向来有中亚文明的十字路口之称，地理位置十分重要。高宗永徽年间，唐"以其地为康居都督府，即授其王拂呼缦为都督"①，双方联系日益密切。据《新唐书》记载，开元中，康国向唐朝贡献"胡旋女子"。白居易《胡旋女》则称"天宝末康居国献之"②。然据《旧唐书》记载，中宗之女安乐公主的第二任丈夫武延秀因流落突厥，"唱突厥歌，作胡旋舞"③，说明胡旋舞大约在 8 世纪初的中宗朝就已经传入中国。

胡旋舞的动作要领是"旋"，要求舞者在圆形的毯上急速连续地旋转。杜佑《通典》记载说："舞急转如风，俗谓之胡旋。"④ 舞者衣着华丽，鲜艳夺目；乐器组合以鼓为主，声气沉稳；笛声穿引，灵动飞扬；加上铜钹高亢，与鼓声相和，颇有律动感。在这样的氛围下，与之相配合的胡旋舞，不仅舞者赏心悦目，且以高速旋转为动作精髓，与音乐节律相映成章，引人入胜。元稹《胡旋女》写道："蓬断霜根羊角疾，竿戴朱盘火轮炫。骊珠迸珥逐飞星，虹晕轻巾掣流电。潜鲸暗噏篦波海，回风乱舞当空霰。万过其谁辨终始，四座安能分背面。"⑤ 观胡旋舞，不仅舞者的速度快到难以分辨正面和背面，其所营造的场景更是绚丽如火轮耀目，遒劲似飞星逐月，令观者有风驰电掣、惊涛骇浪之感，恍惚间不知其终始，遂渐渐沉溺，难以自拔。莫高窟初唐第 220 窟南壁中两舞伎作"吸腿"状立于小圆毯上，展臂旋转，披巾飞扬，应是胡旋舞的经典舞姿。

莫高窟第 220 窟胡旋舞图⑥

根据唐代学者段安节《乐府杂录》的描述，胡旋舞者要在一小圆毯上舞动，"纵横腾踏，两足终不离于毯子上"⑦，足见其技艺高超。白居易《胡旋女》描述说："胡旋女，胡旋女，心应弦，手应鼓。弦鼓一声双袖举，回雪飘飖转蓬舞。左旋右转不知疲，千匝万周无已时。人间物类无可比，奔车轮缓旋风迟。"⑧胡旋舞在音乐上新加入了弦乐，并且已经融入中国传统舞蹈服饰元素，使舞者更加曼妙，呈现婀娜多姿却仍迅疾有力之态，愈发美丽妖娆，动人心魄。舞者旋转速度之快，连奔跑的车轮也显得迟缓。如此精湛的技艺，令人目瞪口呆，叹为观止。

胡旋舞顾名思义为胡人女子舞蹈，但传入中国后即被唐人接受，引领乐舞潮流，甚至唐人舞者的水平较康国舞者有过之而无不及。"中原自有胡旋者，斗妙争能尔不如。天宝季年时欲变，臣妾人人学圆转。"玄宗身边的胡旋舞者众多，"中有太真外禄山，二人最道能胡旋"。尽管史书中并没有关于杨贵妃擅长胡旋舞的记载，但由于她本人"善歌舞，通音律"⑨，又深受玄宗宠爱，故而擅长胡旋舞亦在情理之中。陈寅恪先生也认为，"太真既善歌舞，而胡旋舞复为当时所尚，则太真长于此舞，自亦可能。乐天之言，或不尽出于诗才之想像也"⑩。根据《旧唐书》的记载，安禄山晚年"益肥壮，腹垂过膝，重三百三十斤，每行以肩膊左右抬挽其身，方能移步。至玄宗前，作胡旋舞，疾如风焉"⑪。似乎肥胖的体态也没能阻止安禄山成为优秀的胡旋舞者，反而借此赢得玄宗赏识，成为杨贵妃养子，深受倚重。

"禄山胡旋迷君眼，兵过黄河疑未反。贵妃胡旋惑君心，死弃马嵬念更深。"天宝十四载（755 年），安禄山发动安史之乱，先后攻陷东都洛阳与西京长安，战火波及整个黄河中下游地区，开启唐王朝由盛转衰、江河日下的历史进程。颇具讽刺意味的是，直到安禄山的军队越过黄河，玄宗都不相信他造反。而在潼关如摧枯拉朽般陷落后，玄宗竟仓皇逃离长安，前往蜀中。行至马嵬驿，在众将士的强烈要求下，玄宗赐死杨贵妃，使她成为自己执政失误的牺牲品。

安史之乱给唐王朝造成重创，元稹因此痛斥胡旋舞"旋得明王不觉迷"。尽管朝廷屡次降诏禁止，"五十年来制不禁"，胡旋舞仍然大行其道。正由于此，白居易观胡旋舞，在赞赏其美态的同时，也感怀往事，遂作诗讽喻，"胡旋女，莫空舞，数唱此歌悟明主"。希望这种迷惑君王心智的胡人舞蹈能像《玉树后庭花》一般，引起君王的警觉与反思。

尽管元稹和白居易对胡旋舞隐约持批判态度，但从艺术创作与文化传播的角度看，胡旋舞是唐代乐舞艺术瑰宝的组成部分，更是各民族文化交流的产物。一方面，胡旋舞进入中华文化体系，以风格刚劲的打击乐和管弦乐为背景音乐，通过充满生命爆发力和节奏感的舞姿为中国传统音乐和舞蹈艺术注入新的活力；另一方面，以胡旋舞为题材的敦煌壁画、诗歌雕塑等创作层出不穷，更拓展了中国传统艺术领域，丰富了中华文化的内涵。胡旋舞的背后，正是唐代高度开放与民族平等的大环境下，各民族积极交融、相互学习，共同进步的时代底蕴。

2019年习近平总书记在全国民族团结进步表彰大会上讲话时指出："我们伟大的祖国，幅员辽阔，文明悠久，中华民族多元一体是先人们留给我们的丰厚遗产，也是我国发展的巨大优势。"[12]中华传统文明在自信包容的姿态中，吸收各民族优秀成果，孕育出辉煌灿烂的乐舞艺术；未来，中华民族将继续积极开放，吐故纳新，昂扬向上，傲立于世界民族之林。

┃ 注　释

① 欧阳修、宋祁：《新唐书》卷二二一下《西域传下》，中华书局1975年版，第6244页。

② 白居易著，顾学颉校点：《白居易集》卷三《讽喻三·胡旋女》，中华书局1979年版，第60页。

③ 刘昫等：《旧唐书》卷一八三《外戚传》，中华书局1975年版，第

4733 页。

④ 杜佑撰，王文锦等点校：《通典》卷一四六《乐六》，中华书局 1988 年版，第 3724 页。

⑤⑥ 元稹撰，冀勤点校：《元稹集》卷二四《乐府·胡旋女》，中华书局 1982 年版，第 286 页。

⑦ 段安节：《乐府杂录》，中华书局 2012 年版，第 129 页。

⑧ 白居易著，顾学颉校点：《白居易集》，中华书局 1999 年版，第 60 页。

⑨ 刘昫等：《旧唐书》卷五一《后妃传》，中华书局 1975 年版，第 2178 页。

⑩ 陈寅恪：《元白诗笺证稿》，生活·读书·新知三联书店 2001 年版，第 175 页。

⑪ 刘昫等：《旧唐书》卷二〇〇上《安禄山传》，中华书局 1975 年版，第 5368 页。

⑫ 习近平：《在全国民族团结进步表彰大会上的讲话》，人民出版社 2019 年版，第 4 页。

北京师范大学历史学院、北京师范大学史学理论与史学史研究中心

赵贞　许鸿梅

"回鹘衣装回鹘马"：
唐代民族交融的见证

"回鹘衣装回鹘马，就中偏称小腰身。"① 在五代后蜀花蕊夫人的《宫词》诗歌中，各民族文化交融的场景跃然纸上。唐朝与回鹘在政治上互助与和亲，在经济上贸易往来、互通有无，都极大地促进了双方在文化上的相互认同。"回鹘衣装回鹘马"不仅是唐代及五代时期民族交融的历史见证，也是中华民族共同体形成发展的历史见证。

回鹘，源自北狄、丁零，唐初称"回纥"。唐贞元四年（788年），回纥首领合骨咄禄可汗取"回旋轻捷如鹘"之意，上表德宗，奏请改族名为"回鹘"，获得了同意。回鹘人喜骑射，以肉类、奶制品为主食，住毡帐，乘高车，逐水草而居。早期游牧于仙娥河（今色楞格河）、温昆河（今鄂尔浑河）流域，后在部族首领骨力裴罗的带领下，发展为回鹘汗国，极盛时"东极室韦，西金山（今阿尔泰山），南控大漠"（《新唐书》卷二一七上《回鹘传上》），北至北海（今贝加尔湖），疆域包括了今天蒙古高原和新疆北部的大部分地区。

贞观三年（629年），回鹘首领吐迷度遣使到长安朝贡，此后双方一直保持着友好关系，在政治上主要表现为接受册封、军事援助与和亲。

贞观二十一年（647年），唐朝在回鹘部设瀚海都督府，册封回鹘首领吐迷度为怀化大将军兼瀚海都督。天宝三年（744年），唐玄宗册封回鹘首领骨力裴罗为怀仁可汗。安史之乱后，回鹘毗伽可汗曾两次派兵助唐平叛，为最终收复两京、消灭叛军势力作出了重要贡献。

为进一步加深双方情谊，唐肃宗、德宗、宪宗先后将自己的亲生女儿宁国公主、咸安公主、太和公主嫁给回鹘可汗为可敦（可汗的正妻），这也获得了回鹘的极大尊重与认可。合骨咄禄可汗曾说："昔为兄弟，今为子婿，半子也。"② 如此亲密的关系，在整个中国古代的和亲史上都是罕见的。

在经济上，双方广泛开展贸易往来。从官方贸易来讲，唐肃宗乾元（758 年—760 年）以后，回鹘几乎每年都会用马匹来换取唐朝的缣帛和茶叶，"以马一匹易绢四十匹，动至数万马"③。由于缣帛交易量很大，回鹘还会发挥丝绸之路枢纽优势，把用不完的缣帛远销至中亚和欧洲。此举获利颇丰，对回鹘经济社会发展起到了重要的促进作用。而民间贸易形式更为多样，交易种类繁多。有大量的回鹘商人来唐经商，在长安就有不少人"殖资产，开第舍"④，售卖珠宝、琉璃、香料、金银器等奢侈物品，有的回鹘人永久留居唐朝，与当地人结婚生子。

广泛而持久的往来，使回鹘与中原地区增进了了解，交往交流交融也日益深入。唐朝的历法被回鹘人所采用，建筑风格也被回鹘人所模仿。同时，回鹘的衣装和马匹也渐渐风行于唐朝。

从现存壁画来看，回鹘的衣装以冠、袍、饰物为主。男子冠有尖顶花瓣形冠、三叉冠、扇形冠、桃形冠，还有尖顶帽、圆帽、花帽等多种样式。袍多为窄袖，长至膝或小腿，主要有三种样式：一种是红色、小团花式圆领长袍；一种是在领口、门襟、上臂、袖口、下摆处都有花边装饰的饰边长袍；还有一种是斜襟右衽袍，袍长至膝。男子饰物主要是耳饰，一般是耳环、耳坠，样式呈圆形。

女子冠，有桃形冠、花蕾冠、如角前指冠等，其上往往缀刻凤鸟，戴时要梳椎状回鹘髻，上面装饰珠玉，两鬓插簪钗，耳边及颈项多配有精美首饰。袍，是连衣长裙，有对襟和交襟两种样式，衣身宽大，腰系束带，下摆曳地，颜色以暖色调为主，多用红色，翻领、窄袖、领、袖处都有较宽阔的纹饰，以凤衔花纹饰较为常见。女子饰物样式更多，耳环和耳坠不但有圆形，还有水滴形成水珠下垂状；发饰有花钿、步摇、钗、簪、梳篦等，大多呈白色和金色；颈饰一般是串有珠宝的项链，颜色有红、白、绿、黑、褐等多种，往往重叠佩戴，垂至胸前。

回鹘马匹，多是蒙古马种，体型较小，身躯粗壮，耐力很强。有学者统计，唐朝前后买入回鹘马约140余万匹，除主要用作战马、驿马外，也用于宫廷生活及娱乐，比如游玩、乐舞、打马球等。从整体来看，相较汉族衣装，回鹘衣冠拥有纹饰绮丽、冠服华美、装饰富丽的特点，特别是耳饰和颈饰样式非常独特，而回鹘马矮小便于骑乘，因此很受唐朝社会上层女子的喜爱，此风一直延续至五代。

值得关注的是，在回鹘衣装影响汉族的同时，汉族的衣装风格也同样被回鹘所吸取。例如，毗伽可汗的服饰就是头戴胡帽，身着赭黄袍。赭黄袍显然是汉族服饰的特征。另外，回鹘妇女也常效仿汉族妇人面施粉黛。

唐武宗以后，回鹘人一部分留在漠北融入蒙古族之中；一部分南迁，大部分融入汉族之中；还有很大一部分西迁，与当地民族融合，逐渐发展为今天的维吾尔族和裕固族，共同建设着中华民族美好家园。

▌注　释

① 花蕊夫人撰，徐式文笺注：《花蕊宫词笺注》，巴蜀书社1992年版，第122页。

② 司马光编著：《资治通鉴》卷二三三《唐纪四九》"德宗贞元四年九月"

条，中华书局 1956 年版，第 7515 页。

③ 刘昫等:《旧唐书》卷一九五《回纥传》，中华书局 1975 年版，第 5207 页。

④ 司马光编著:《资治通鉴》卷二二五《唐纪四一》"代宗大历十四年七月"条，中华书局 1956 年版，第 7265 页。

北华大学历史文化学院　孙俊

沙陀人建立的后唐为何能绍唐正统？

开平元年（907 年），唐昭宣帝李柷被迫禅位于原宣武节度使，时任诸道兵马大元帅、梁王朱全忠(朱温)，唐朝就此灭亡。同光元年(923年)，沙陀出身的唐末河东节度使、晋王李存勖，在魏州（今河北大名县）即皇帝位，复唐国号，以魏州为兴唐府，史称"后唐"。

按照传统观念，少数民族入主中原建立的政权，在相当长的时间内是很难被中原政权所承认的，但是沙陀人建立后唐政权，推翻中原后梁政权后，其对唐朝正统地位的继承，却很快就获得了一致承认。周边的楚、荆南、岐等中原割据势力纷纷上表，向后唐称臣，荆南节度使高季兴亲身入朝以表明心迹，地处东北的渤海国也千里迢迢遣使前来祝贺。五代史家薛居正甚至把李存勖绍唐比作"少康之嗣夏配天，光武之膺图受命"①的伟业。

沙陀人建立的后唐政权为何能在短时间内被各方视为绍唐正统呢？这与其建立者李存勖对民族关系的认识和处理密不可分。

李存勖虽出身沙陀，但他始终以唐宗室自居。沙陀出自突厥处月部，因其所居之地有大片沙漠，故被称为沙陀。元和三年（808 年），沙陀部首领朱邪尽忠及其子朱邪执宜率领三万户投奔唐朝，从甘州（今甘肃张掖）一路迁徙到灵州（今宁夏吴忠）、盐州（今陕西定边）一带，后又跟从河东节度使范希朝迁往河东，被安置在定襄川（今山西牧马河一带）、黄花堆（今山西山阴县东北）等地。此后，沙陀屡次出兵助唐军讨伐藩镇，逐渐成为北方一支劲旅。唐懿宗时，朱邪执宜之子朱邪赤心平定庞勋起义有功，被封为大同军节度使，赐姓李，名国昌，正式成为李唐宗室成员。唐僖宗时，黄巢率起义军进入长安，朱邪赤心之子李克用配合唐军，击败黄巢，被封为河东节度使，唐昭宗时被封为晋王。李存勖为李克用的长子，生于光启元年（885年），此时距沙陀迁徙至中原地区已有近80年了，沙陀的汉化程度大大加深。李存勖从小学习儒家经典，13岁能通春秋大义，他一直以唐宗室自居，袭晋王位后，延用唐天祐年号，以示不忘复唐之志。

李存勖建立后唐政权之后，没有将沙陀旧制以及传统习俗纳入政治制度，而是沿用唐制治理国家。他恢复唐朝的宗庙制度，追赠父祖三代为皇帝，与唐高祖、唐太宗、唐懿宗、唐昭宗并列为七庙，以示统绪。后唐灭后梁后，不但以洛阳为都城，还将后梁时期的地名都改回唐朝使用的地名。针对后梁篡改、焚毁唐朝律令的做法，李存勖坚持全面恢复唐朝律令。

李存勖重用各族人才。据统计，《新五代史》记录的在后唐政权有重要位置的官员有147人，其中汉人官员有90人，以张承业、郭崇韬贡献尤为巨大。张承业是唐末宦官，乾宁三年（896年）出任河东监军，结识李克用后深受其信任。李克用病逝前，遗命张承业辅政李存勖。李存勖在外征战时，将太原军政全部委托给张承业。而张承业也不负重托，在安定后方、发展生产、保证前线足粮足兵方面作出了重要贡献。② 郭崇韬足智多谋，善于用兵。李存勖称帝后，郭崇韬任兵部尚书、枢密使，在对后梁战争中屡献奇策。在争夺郓州渡口杨刘城的战斗中，后唐军队被后梁将领王彦章围在杨刘城中，危在旦夕，李存勖问计于郭崇韬，郭崇韬建议渡河筑垒，以夹击王彦章，此计一行，王彦章果然退兵。后来，郭崇韬从战俘处得知，后梁军队主力全部派出，都城空虚，于是建议奇袭后梁都城汴梁（今河南开封），守将不战而降，后梁灭亡。③

由上文的叙述可以看出，李存勖主张以民族交融发展民族关系，这种认识顺应了历史发展潮流。从晚唐到五代，沙陀与中原地区联系日益紧密，对中原王朝的认同也不断加深。李存勖强调自己作为李唐宗室的身份，采用唐制治国，重用各族人才，获得了各方认可，后唐绍唐的正统地位由此确立。

▌注 释

① 薛居正等：《旧五代史》卷三四《庄宗本纪》，中华书局1976年版，第479页。

② 薛居正等：《旧五代史》卷七二《张承业传》，中华书局1976年版，第949—952页。

③ 薛居正等：《旧五代史》卷五七《郭崇韬传》，中华书局1976年版，第763—722页。

北华大学历史文化学院　孙俊

从可汗到皇帝的耶律阿保机

契丹是我国古代东北地区的少数民族，源自鲜卑宇文部。他们以游牧、渔猎为自己的生活方式，逐水草而居。最初活动在西拉木伦河与老哈河流域，始祖为奇首可汗，其后代繁衍为八个部落，史称"契丹八部"。

从北魏时，契丹开始向中原王朝朝贡，甚至还一度向孝文帝表达了内附之意。到唐初，契丹八部已形成了部落联盟，联盟首领由八部酋长会议推举产生，每三年进行一次，但因大贺氏家族在八部中居于显赫地位，所以首领一直是推举大贺氏的族人担任。贞观二年（628年）大贺摩会率部归唐，贞观二十二年（648年），唐在契丹驻地设松漠都督府，以窟哥为都督，赐姓李。不久之后，契丹发生内乱，几经斗争，联盟进行了重组，遥辇氏成了部落联盟首领的来源家族，乙室部、迭剌部则构成了联盟的核心，而迭剌部又显得较为特殊。一是它位于草原的外缘区域，较为接近汉地，汉风盛行，在涅里任夷离堇（部落酋长）时，就"究心农事""教民耕织"，出现了一定的汉化倾向。二是迭剌部中的世里氏（后译作"耶律"）家族一直担任部落联盟的军事首领，掌握着军事大权，在契丹诸部中具有举足轻重的地位。咸通十三年（872年），阿保机出生在世里氏家族中，他为人有胆略、智勇善骑射，诸部无不畏服。天复元年（901年），阿保机被推为夷离堇，天复三年（903年）又任于越（仅次于可汗的职位），总知军国事。在此期间，阿保机通过不断的征战，树立了威信。天祐四年（907年），遥辇氏联盟痕德堇可汗死，阿保机趁机取代了遥辇氏，成为了契丹可汗。由于阿保机生活的迭剌部是一个已经出现了汉化的部落，这使得阿保机在成长过程中不可避免地受到汉文化的影响，他不但通晓汉语，而且对中原王朝的制度礼仪产生了仰慕，因此，成为可汗后在汉族谋臣的帮助下，开启了契丹的汉化之路。

一方面，变契丹部落世选制为世袭的皇帝制度。阿保机想废除三年一选的世选制，进而让可汗之位在自己的世系中传承。这马上就遭到了迭剌部亲族，特别是他的诸弟们的反对。因为按照世选制，他们是可以轮流成为可汗的。于是，阿保机的亲弟刺葛，联合迭剌、寅底石、安端等诸弟，先后发动了三次以反对可汗世袭为目的的叛乱。前两次叛乱，都被阿保机兵不血刃地轻松化解，而且还赦免了刺葛等人，但刺葛等并不死心，打算再一次叛乱，用武力杀死阿保机夺取汗位。为此，刺葛兵分三路与阿保机的军队发生激战，最终失败。这样阿保机就扫清了来自迭剌部内部的障碍。但在迭剌部之外，契丹还有七部，这七部的夷离堇仍想利用世选制，迫使阿保机让出可汗之位。贞明元年（915年）是阿保机为可汗的第九年，又是选举之年，各部夷离堇在阿保机出征室韦归来之时，派兵拦道阻截，逼迫阿保机交出可汗旗鼓，阿保机猝不及防只好答应，并请求能让其建一汉城，自为一部，获得了各部的同意。阿保机在安顿下来后，派人告知诸部说："我有盐池，诸部同食。你们只知食盐之利，不知答谢主人之恩，这可以吗？你们都应该来犒劳我。"诸部首领听说后，就带着酒肉去阿保机处犒劳，没想到正中阿保机之计，被阿保机发伏兵尽数杀掉。至此，世袭制的外部障碍也被扫除干净。贞明二年（916年），阿保机仿照汉制，登基称帝，以族名"契丹"为国号，建元"神册"，自称"大圣大明天皇帝"，立长子耶律倍为皇太子，正式确立了契丹的君主世袭制。

另一方面，学习汉族的制度、文化，并与契丹的风俗相结合。这主要体现在六个方面。其一，尊崇儒家思想。神册三年（918年），阿保机采纳了其子耶律倍的建议，建立孔庙，命皇太子于春秋释奠。这实际是确立了儒家思想在契丹的地位。其二，仿汉制建都城。阿保机令汉族人韩延徽、康默记在潢河以北，仿照汉族城市的模式，营建皇城。仅百余日便建造成功，此举也开创了少数民族政权在草原上建设城市的先河。其三，借用汉字偏旁，创造文字。契丹原无文字，一直用刻木的方式记事。神册五年（920 年），阿保机命其侄耶律鲁不古、突吕不，仿效汉字偏旁，创建了契丹大字，结束了契丹无文字的历史，提升了民族的文明程度。其四，制定法律。契丹本无法律，神册六年（921 年），阿保机命突吕不撰成了契丹第一部成文法《决狱法》，这显然也是效仿汉族政权以法治国的结果。其五，改革官制，加强君主专制。阿保机早在为可汗时，就把原契丹八部分为北南两个宰相府，北府宰相由迭剌部人出任，南府宰相由乙室部人出任。称帝后，又进一步改为北府宰相由后族人出任，南府宰相由宗室出任。这就彻底推翻了部落联盟的平等议事制度，加强了皇权。其六，设置头下军州。契丹贵族把掌握的渤海、汉族等农业人口，按照数量规模安置在州、军、县等范围内，使其聚居生产，称为头下军州。这在客观上促进了契丹境内农耕经济的发展。

总体来看，耶律阿保机对汉文化的认可程度是非常高的，他从可汗到皇帝以及称帝后所采取的种种政治举措，顺应了历史形势，推动了契丹族的汉化进程。而随着契丹汉化程度的日益加深，中原的汉族为躲避五代时期的战乱，就更乐于迁往契丹处谋生，实际到五代后期，契丹境内已经形成了以汉、契丹族为主的多民族杂居的局面。这样双方民族的交往、交流也越来越密切，汉族也逐渐接受了契丹的民族风俗，比如阿保机的著名谋臣韩延徽、韩知古等，都是在契丹生活多年，适应了契丹风俗的汉人。最终，契丹族的汉化与汉族的契丹化，演变为一种民族交融，这为中华民族共同体的形成和发展奠定了强有力的历史基础。

北华大学历史文化学院　孙俊

从唐代的蕃兵蕃将看大一统思想

　　唐代的蕃兵蕃将，是指在唐朝境内的少数民族兵将，也包括在羁縻府州受唐朝册封的少数民族首领。蕃兵蕃将的民族成分非常广泛，有突厥、回纥、粟特、靺鞨、契丹、奚、吐蕃、羌、党项、沙陀等，几乎涵盖了唐朝境内和周边的所有少数民族。他们和汉族一道共同构建了唐朝的军队。由于少数民族特别是北方的少数民族，与汉族农耕生活方式不同，他们喜游牧，长于骑射，所以他们比汉族更能适应战场的需求，是军队的中坚力量，有"武臣莫若蕃将"①之称，再加上蕃将大多天性"惇固"，勇于征战而少有心机，因此颇为皇帝所倚重。在唐朝的历次征战中，他们为维护国家统一，防止割据分裂，作出了重大的贡献。

　　唐初，蕃兵蕃将有力地促进了国家的统一。李渊太原起兵进入长安后，只占有关中和巴蜀地区，全国各地还有大大小小很多个割据势力，有的割据势力统治还十分残暴，于是统一全国，恢复社会秩序，发展生产就成了时代的主题。为此，很多蕃将、蕃兵征战疆场，其中安兴贵、冯盎、突地稽表现得尤为突出。安兴贵，粟特人，世居凉州，为当地一大豪族。武德元年（618 年），大凉皇帝李轨盘踞河西，这时在长安的安兴贵趁机向李渊请命，表示自己可以去游说李轨来降，获得了同意。安兴贵到达武威后，李轨虽授其为左右卫大将军，但却不为其言辞所动。安兴贵便与安修仁等凭借安家在当地多年的势力，暗中发动胡人，攻击李轨。李轨战败，众叛亲离，被安兴贵等活捉。河西之地并入唐朝版图。冯盎，岭南高州良德人，为岭南望族。祖父冯宝，娶越人大姓冼氏女为妻，为越人首领，被梁武帝授为高凉太守。隋时，冯盎为金紫光禄大夫、汉阳太守，从征辽东。后隋亡，奔回岭南，自号总管，占有番禺、苍梧、朱崖数千里之地。有人劝其应效仿赵佗割据岭南，但遭到了冯盎的拒绝。武德五年（622年），李靖平江南，招冯盎内附，冯盎颇识大体，便以岭南之地归于唐，并在贞观五年（631年）入长安述职。突地稽，为靺鞨人酋帅，隋末为辽西太守。武德四年（621年），遣使上表，愿以辽西之地归附，被李渊任命为燕州总管。刘黑闼叛乱，突地稽奔赴定州，请受李世民节度，因平叛有功，被封为蓍国公，后徙部落到幽州昌平城，内附倾向更为明显。贞观初，被赐姓李氏。

蕃兵蕃将在平定安史之乱和藩镇叛乱的斗争中，发挥了巨大作用，有效避免了国家的分裂。天宝十四载（755年），安史之乱起，无数的蕃兵蕃将涌入到了平叛的战斗之中，其中哥舒翰、李光弼、仆固怀恩的作用尤为重要。哥舒翰，突厥人，累建战功。安禄山叛乱后，玄宗命哥舒翰带河西、陇右、朔方、奴剌等十二部二十万军队，赴潼关驻守。哥舒翰到潼关后，认为安禄山叛军远来，利在速战，因此坚持"持重以敝之"[②]的战略，"从天宝十四载十二月，一直坚守至十五载六月"，这六个月为郭子仪、李光弼带兵出井陉入河北，开辟敌后战场赢得了宝贵的时间，使安禄山一度被困在洛阳进退不得。李光弼，契丹人，名将李楷洛之子，天宝十五载（756年），任河东节度副使，东进河北与安史叛军交战，在常山、嘉山战斗中大败史思明，河北十余郡趁势反正。至德二年（757年），长安失守后，退兵至太原，面对十余万叛军的进攻，李光弼率军屡次以少胜多，打击了叛军的嚣张气焰。乾元元年(758年)，安阳会战失败后，他临危不乱，指挥了河阳战役，屡败叛军，虽未能趁胜夺取洛阳，但却大量杀伤了叛军的有生力量，保障了长安的安全。"战功推为中兴第一"③，绘像于凌烟阁。仆固怀恩，铁勒人，安史之乱起，他随郭子仪从叛军手中夺取了马邑，打通了朔方军与太原的联系。次年，与李光弼共破叛军于常山、嘉定。至德二年（757年），率回纥兵收复两京，晋爵丰国公。宝应元年（762年），为天下兵马副元帅，率河东、朔方及回纥诸路大军，再次收复洛阳，叛军溃散，史朝义穷途末路，被迫自杀，历时八年的安史之乱平定。

安史之乱后，藩镇割据，叛乱屡发。德宗建中四年（783年），泾原兵变，德宗仓皇出逃奉天。朱泚在长安称帝，随后率大军围攻奉天，以致弓矢及于御前。唐朝覆亡似在旦夕之间，这时铁勒人将领浑瑊，临危不惧，力挽狂澜，以寡击众，屡败叛军于城下，赢得了奉天保卫战的最终胜利，使唐朝转危为安，避免了覆灭的命运。宪宗时，西川刘辟作乱，铁勒人名将李光颜奉命进讨，势如破竹，生擒刘辟。其后，率军与吴元济主力激战于淮西，为李愬雪夜袭蔡州奠定了基础，所以欧阳修说："世皆谓李愬提孤旅入蔡缚贼为奇功，殊未知光颜于平蔡为多也。"④宪宗元和中兴后，由于朝廷举措失当，以致河朔复叛，文宗时的横海，武宗时的泽路，也都相继出现过叛乱。这时除宿将李光颜外，还有很多蕃将加入到了平叛的队伍中来，如粟特人康志睦、奚人史孝章、回纥人王元逵等，他们都在平叛的过程中立功。

总之，数以万计的蕃兵蕃将能为唐朝的统一和平叛舍生忘死，源自从汉以来长期的民族交往。在交往的过程中，汉族与少数民族增进了了解，"少数民族汉化和汉族有选择地接受蕃风异俗……无时无刻不在交互地进行着"⑤。到唐时，少数民族和汉族已深度交融，形成了共同的大一统思想，在他们的思想中，唐朝既是汉族的，同时也是少数民族的，是各民族共同的家园。维护国家统一，消除叛乱是各民族共同的责任。可以说，是各民族共同建立了大唐，也共同维护了大唐。

注　释

① 姚汝能：《安禄山事迹》卷上，中华书局 2006 年版，第 76 页。

② 欧阳修、宋祁：《新唐书》卷一三五《哥舒翰传》，中华书局 1975 年版，第 4572 页。

③ 欧阳修、宋祁：《新唐书》卷一三六《李光弼传》，中华书局 1975 年版，第 4590 页。

④ 欧阳修、宋祁：《新唐书》卷一七一"赞曰"，中华书局 1975 年版，第 5197 页。

⑤ 马驰：《唐代蕃将》，三秦出版社 1990 年版，第 9—10 页。

北华大学历史文化学院　孙俊

《隋书》相安共处的民族政策主张

　　《隋书》是唐朝初年所修八部正史之一。由于是奉旨修撰，同时又由著名政治家魏徵亲自主编，它在很大程度上反映了唐初统治阶层的政治思想和历史观念，为我们今天了解唐代民族文化认同的历史轨迹，提供了重要材料。

　　隋唐王朝结束了魏晋以来中华各族三百余年的分裂局面，开创了新的大一统格局。在这个新的格局中，少数民族产生越来越大的影响，发挥着越来越重要的作用，各民族之间的融合空前加深。《隋书》相安共处的民族政策主张，就是在这一时代背景之下形成的。

　　从民族政策、民族关系的角度总结有隋一代政治得失、兴亡之由，为唐统治者提供"在身之龟镜"①，是《隋书》着力的重要方面。书中认为，民族问题的处置，是关系国家兴亡的关键因素之一。隋朝之所以能够创造"甲兵强盛""风行万里"②的不世功业，与隋文帝时期"卧鼓息烽，暂劳终逸"③，不逞私欲、不贪边功的民族政策紧密相关。隋初统治者坚持"躬节俭，平徭赋，仓廪实，法令行"，使天下归心，人人各安其分，"《职方》所载，并入疆理，《禹贡》所图，咸受正朔"的大一统局面得到巩固，国家迅速走向繁盛安康，"二十年间，天下无事，区宇之内晏如"，"强无陵弱，众不暴寡，人物殷阜，朝野欢娱"④。

　　与此相应，《隋书》把民族问题的处理失当，作为导致隋朝崩亡的直接原因，对隋炀帝急功冒进的民族政策提出尖锐批评。书中认为，同样是对边地用兵，出发点不同，带来的实际影响也完全不同。隋文帝的统一战争以安定天下为目的，"其动也，思以安之，其劳也，思以逸之"，"故其兴也勃焉"；隋炀帝的用兵则为满足个人欲求，"求名而丧实"，造成危机四伏，百殃俱起，"故其亡也忽焉"⑤。正是由于隋炀帝好大喜功、骄矜自傲，"好远略"，"规摹宏侈"⑥，贸然用兵边地，"三驾辽左"⑦使隋朝国力大为削弱，从此走上败亡之途，"若此而不亡，自古未之闻也！"⑧

《隋书》在民族关系上力主相安共处，反复强调"务安诸夏，不事要荒"⑨，有深刻的客观历史原因，也与其民族观念密切关联。唐初，相对客观、理性地看待民族历史与民族差别，是当时政治家、史学家普遍的思想倾向。《隋书》所主张的相安共处，已不再是权宜之计，而是巩固统一多民族国家的积极举措，具有更为有力的政治依托和理论支撑。

天下一统、"华夷一家"的民族观念，为各民族相安共处提供了认识前提。隋唐王朝开创的大一统气象，极大地拓展了人们的视野，开阔了人们的胸襟。尤其是唐朝初年，统治者在民族问题上的见解更为成熟、自信。唐高祖李渊以"胡、越一家"⑩为自豪，唐太宗李世民更宣称"自古皆贵中华，贱夷、狄，朕独爱之如一"⑪。这些认识对社会历史有重大影响，对史学观念也有重大影响。《隋书》的民族列传，分别以"东夷""南蛮""西域""北狄"为题排列民族史事，展现出大卜合一、四方辐辏的政治图景。在考察历代制度沿革时，《隋书》眼光广及"天下"，将前代各分裂政权的地理、经济、文化等情况，都作为统一国家的一部分看待。在评述史事时，《隋书》淡化"华夷之辨"，翔实记录各民族不断深入融合、在各方面都逐步走向"混一"的历史进程。这些都为"天下一家"作了生动而深切的史学注解。

"偃革兴文，布德施惠"⑫的"德政"原则，为各民族相安共处提供了现实可能。强盛的中原王朝，融洽的民族关系，为统治者施行"德政"打下了基础。贞观初年，许多朝臣上书请求"震耀威武，征讨四夷"⑬，唯独魏徵劝太宗偃武修文，以德化之。太宗从其言，果然天下大安，取得了"中国既安，远人自服"⑭的效果。怀之以德，进而"以夏变夷"、天下归一，是儒家追求的政治理想，也是中国古代民族观的核心理念。《隋书》进一步阐扬了这一理念，强调"务广德者昌，务广地者亡"。《东夷传》大力褒扬"圣人因时设教"的历史和成效，认为"东夷"诸族祖先"易以道御"，故而箕子居之，"化之所感，千载不绝"，至今依然保存了"先哲之遗风"⑮。这些充分体现了时人对历史文化认同、对多民族国家巩固发展的高度自信和自觉。

"竭诚以待""以信待之"的民族关系处理办法，为各民族相安共处提供了具体途径。武德年间，唐高祖李渊提出"务共安人"的原则，唐太宗要求对边地民族以"信"待之，以求得国家长治久安、民族和睦。魏徵在论为君之道时说，守成的关键在于"竭诚以待下"，"竭诚则胡越为一体"⑯。这些政治理念，使相安共处的民族政策主张更为丰富、完善。《隋书》指责隋炀帝主动打破"诸国朝正奉贡，无阙于岁时"的现状，"不能怀以文德，遽动干戈"⑰，实际上就是对其"失信"的批评。与"非我族类，其心必异"⑱的旧有观念及相应举措相比，这无疑是一个巨大的历史进步。

《隋书》所提出的上述积极认识，深刻反映了中华各民族在矛盾冲突、交流互通中走向统一、融合的历史大势，推动了我国各民族文化认同的历史进程。虽然难以完全避免时代局限，但总体而言，作为一部封建时代的官修正史，《隋书》在民族观念上所取得的理论成果值得被充分肯定。

▌注 释

① 吴玉贵:《唐书辑校》卷三《文部·史传》,中华书局 2008 年版,第 827 页。

② 刘昫等:《旧唐书》卷七一《魏徵传》,中华书局 1975 年版,第 2550 页。

③ 魏徵等:《隋书》卷八四《突厥传》,中华书局 1973 年版,第 1867 页。

④ 魏徵等:《隋书》卷二《高祖纪下》,中华书局 1973 年版,第 55 页。

⑤ 魏徵等:《隋书》卷七〇《裴仁基传》,中华书局 1973 年版,第 1636 页。

⑥ 魏徵等:《隋书》卷八三《西域传》,中华书局 1973 年版,第 1859 页。

⑦ 魏徵等:《隋书》卷四《炀帝纪下》,中华书局 1973 年版,第 95 页。

⑧ 魏徵等:《隋书》卷八一《东夷传》,中华书局 1973 年版,第 1829 页。

⑨ 魏徵等:《隋书》卷八三《西域传》,中华书局 1973 年版,第 1860 页。

⑩ 刘昫等:《旧唐书》卷一《高祖纪》,中华书局 1975 年版,第 18 页。

⑪ 司马光编著:《资治通鉴》卷一九八《唐纪十四》"太宗贞观二十一年五月"条,中华书局 1956 年版,第 6247 页。

⑫ 刘昫等:《旧唐书》卷七一《魏徵传》,中华书局 1975 年版,第 2558 页。

⑬ 司马光编著:《资治通鉴》卷一九三《唐纪九》"太宗贞观四年十二月"条,中华书局 1956 年版,第 6085 页。

⑭ 刘昫等:《旧唐书》卷七一《魏徵传》,中华书局 1975 年版,第 2558 页。

⑮ 魏徵等:《隋书》卷八一《东夷传》,中华书局 1973 年版,第 1828 页。

⑯ 刘昫等：《旧唐书》卷七一《魏徵传》，中华书局 1975 年版，第 2552 页。

⑰ 魏徵等：《隋书》卷八一《东夷传》，中华书局 1973 年版，第 1829 页。

⑱ 房玄龄等：《晋书》卷五六《江统传》，中华书局 1974 年版，第 1531—1532 页。

中央党史和文献研究院科研规划部　李珍

隋唐典籍中的"三交"书写

隋唐时期，有很多文人、僧侣和官员利用走出去的机会，搜集了大量边疆地区和域外的珍贵资料，并撰写了很多相关书籍，不仅使当时的人们开阔了眼界，了解到外部的世界，也记载和展示了当时中原和边疆地区各民族交往交流交融情况，其典型代表有《西域图记》《大唐西域记》《蛮书》等。

《西域图记》[①]，原书计有 3 卷，作者裴矩。裴矩出身陇西望族，历仕北齐、隋和唐三朝，曾任吏部侍郎、检校侍中等，长期致力于经营西域。裴矩经略西域颇有成就，尤其是在商贸和文化交流方面。大业五年（609 年），隋炀帝西巡河西地区，裴矩联络和游说高昌王麴伯雅与伊吾吐屯设等人，在隋炀帝西巡到燕支山[②]时，高昌王、伊吾吐屯设等人与西域 27 国国主亲自迎接，并佩金玉，披锦缎，焚香奏乐，盛载歌舞，武威、张掖等郡众多百姓盛装跟随观看，车马拥塞，绵延十余里，既展现了中原王朝的强盛，也加强了同西北地区各民族之间的联系。隋炀帝举行祭祀恒山大典时，有来自西域的使臣助祭。史称，裴矩经营西域，"交通中西，功比张骞"。他利用掌管西北互市的便利条件，多方搜集资料，寻访西域商人，记述了西域 44 国的山川形势、风土人情、珍异物产等，并记述了通往"西海"之路线，配有绘制的地图。《隋书·西域传》及北宋成书的《太平寰宇记》和《太平御览》都引用了该书的资料。《西域图记》虽然原书已亡佚，但《隋书·裴矩传》收录了该书的序言，使

225

后人不仅对裴矩在经营西域时的重要贡献有所了解，更重要的是对隋唐两朝联系和团结西域各民族所作的努力、在巩固和开拓西北边疆过程中实行的民族政策有了概括性的了解。

《大唐西域记》③，共计 12 卷，为唐代高僧玄奘口述，门人辩机奉唐太宗之敕令编集而成。玄奘，本姓陈，名祎，洛阳缑氏人。他 13 岁出家，曾游历各地，参访名师，在学习佛教经典过程中，因各说不一，产生很多困惑，于是决定到佛教发源地去寻求答案。玄奘西行的路线是从长安（今西安）出发，经凉州、瓜州、伊吾（今哈密）、高昌（今吐鲁番），而后取道焉耆、龟兹，越凌山，经粟特诸部境，过铁门（今乌兹别克斯坦南部布兹嘎拉山口），入吐火罗（今阿富汗北部），而后沿今巴基斯坦北部，过克什米尔，抵达印度。玄奘往返历时 17 年，行程 5 万里。通过玄奘口述编集而成的《大唐西域记》，真实记录了玄奘亲身游历之见闻，包括各地的山川形势、都城疆域、气候物产、商业贸易、语言文字、农业发展、社会经济、风土民俗、宗教信仰、生活方式、疾病治疗、音乐舞蹈等情况。书中还记载了经历诸国重要的历史事件和历史人物、佛教各教派的演变与分布状况，并分专题重点概述了古代印度的情况，是研究古代西域民族分布、西域史地、南亚史地、中西交通、佛教史地、通俗文学等的珍贵史籍。玄奘带回大小乘佛教经律论共 520 夹、657 部。归国后受到唐太宗召见，奉敕移住长安城内最宏丽的寺院大慈恩寺，领管佛经译场，并亲自督造了寺内的大雁塔，该塔至今保存修缮完好，成为西安标志性建筑。玄奘所进行的艰苦卓绝的伟大旅行，回到长安后对译经事业的重要贡献，以及口述的《大唐西域记》，不仅对中外交通具有伟大意义，也使我们对古代西北民族地区有了深入的了解。

《蛮书》④，共计 10 卷，作者樊绰。关于樊绰，史书记载非常少，只提及他曾在安南都护府任职。安南都护府是唐朝六个重要的都护府之一，是唐朝管理南部边疆地区的主要机构，属岭南道。据《旧唐书·懿宗纪》记载，咸通三年（862年），南诏王世隆派兵攻打安南，当时的安南经略使王宽不能抵挡，朝廷遣将军蔡袭率禁军三千会诸道之师，赴援安南，接替王宽为经略使。当时，樊绰亦在军中作战，兵败负伤后渡江经海门回归中原。蔡袭为了知己知彼，命樊绰搜集南诏的基本情况并进行调查。樊绰在系统搜集资料的基础上，重点参考了前人著作，主要是袁滋《云南记》，写成《蛮书》，此书又名《云南志》《南夷志》等。《蛮书》详细记述了云南地区自然地理、政治、经济、军事、交通、城镇、社会风俗、各民族分布概况与生活习俗等，以及周边诸国的情况，是研究唐代西南地区和民族珍贵的史料。宋代以后研究云南历史，历来重视此书，《新唐书·南蛮传》、司马光《通鉴考异》等多取材于此。《蛮书》记录了中央政府稳定边疆之策以及各民族交往交流交融的历史，是研究"三交史"的珍贵资料。

▌注　释

① 《西域图记》原书已不存，部分内容保存在《隋书》中。
② 又名胭脂山、焉支山等，位于今甘肃省。
③ 玄奘：《大唐西域记》，东方出版社2018年版。
④ 樊绰撰，向达校注：《蛮书校注》，中华书局2023年版。

北京师范大学史学理论与史学史研究中心　宁欣

唐修八史：民族大融合的重要记录

在中国古代历朝所修的正史中，唐朝初年所修八史，即《梁书》《陈书》《北齐书》《周书》《隋书》《晋书》《南史》《北史》，是对魏晋南北朝时期朝代史的修撰或重修、改撰，是在国家统一局面下由朝廷主持的大规模修史活动，其修撰所得共八部正史，占今日所见"二十四史"的三分之一。

唐修八史大致分为三个阶段：唐太宗贞观十年（636 年）修成梁、陈、北齐、北周、隋"五代史"① 纪传；贞观二十二年（648 年）重修《晋书》完成；唐高宗显庆四年（659 年）李延寿改撰南北朝八朝正史为《南史》《北史》完成。

第一阶段：武德五年（622 年），唐高祖接受大臣令狐德棻的建议，下达《命萧瑀等修六代史诏》，这是目前所见到的中国封建社会史上由皇帝颁发的较早的修史诏书。诏书凡三百余字，指出史书的惩劝、鉴戒作用在于"多识前古，贻鉴将来"②，回顾了自周、秦讫于晋与南朝宋历史撰述的成就，指出自东晋以来，北方的魏、齐、周、隋，南方的梁、陈等六朝，"简牍未修，纪传咸阙"③，"余烈遗风，泯焉将坠"④，表明了对撰修这六朝正史的关切。诏书还对"六代史"的修撰人选作了安排，并强调修史原则是"务加详核，博采旧闻，义在不刊，书法无隐"⑤。这道诏书的意义十分突出，一是对南北朝各朝历史作同等看待，都给予肯定；二是奠定了此后修史的恢宏格局。由于当时全国尚未安

228

定，修史人员大多是朝廷要员，难得集中精力修史，故历数年而未果。

贞观三年（629年），唐太宗设史馆于禁中，重新开始"六代史"的修撰事宜。于是，史臣们展开了一次很重要的讨论，并形成共识：对北齐史家魏收所撰以东魏为正统的《魏书》和隋代史家魏澹所撰以西魏为正统的《魏书》（已佚），都予以认可。这与唐高祖的《命萧瑀等修六代史诏》原则上是一致的，即认为鲜卑拓跋部贵族为主建立的北魏王朝的历史，和其他王朝的历史应作同等看待。在这种共识之下，由唐高祖提出的修"六代史"也就改为修"五代史"了，其成果是：姚思廉修《梁书》《陈书》，李百药修《北齐书》，令狐德棻等修《周书》，魏徵等修《隋书》。

第二阶段："五代史"修成后十年，即贞观二十年（646年），唐太宗下达《修晋书诏》，对当时尚存的十八家晋史提出批评。诏书首先强调了史学的功用，认为："大矣哉，盖史籍之为用也！"⑥诏书肯定了新撰"五代史"的成就，同时对唐代史官新修《晋书》提出"铨次旧闻，裁成义类，俾夫湮落之诰，咸使发明"⑦的撰述要求。诏书中除了指出旧有晋史的种种弊端外，还有这样两句话值得格外关注，即"不预于中兴""莫通于创业"⑧。这至少可以表明，唐太宗希望修撰出一部能避免诏书中所指出的那些缺点和不足之处的、完整的两晋史。今观贞观二十二年（648年）完成的唐修《晋书》，除有完整的纪、志、传外，还有记述匈奴、鲜卑、羯、氐、羌等所建"十六国"⑨史的载记。唐太宗还亲自为《晋书》写了四篇史论，故《晋书》曾一度题为"御撰"⑩。

第三阶段：此后，唐高宗显庆四年（659年），史官李延寿用抄录、连缀、剪裁旧史的方法，撰成《南史》80卷、《北史》100卷，奏上朝廷，唐高宗亲自为之作序（序文已佚）。李延寿在撰述主旨上继承了其父李大师的思想，摒弃了"索虏""岛夷"⑪这种民族对立、南北互相诬称的写法，与前述"五代史"纪传保持一致；纠正了旧史中存在的一些曲笔；《南史》《北史》采用互见法，使其各具"以备南北"⑫的作用。宋人司马光称赞《南史》《北史》是"近世之佳史"⑬。

唐修八史从史学层面反映了魏晋南北朝时期各民族间的迁移和交往交流交融的历史面貌，饱含着中华民族共同体形成过程中的丰富信息和深厚底蕴。从民族关系史的发展来看，唐高祖《命萧瑀等修六代史诏》、唐太宗《修晋书诏》都显示出对少数民族贵族为主所建政权史事的肯定，唐修八史除撰写了各朝兴亡得失、人物风貌、典章制度、经验教训外，有几个突出特点：肯定各少数民族贵族为主所建立的政权的历史地位；认为北周先人出于炎帝之后；改变南北朝时期成书的"正史"（即《宋书》《南齐书》《魏书》）中南北互相诋毁的撰述立场；以南北分立取代民族对立的叙事格局。不论是《梁书》《陈书》涉及北朝史事，还是《北齐书》《周书》涉及南朝史事，多书为国号加"帝"称或国号加官称与人名，显示出政治大一统形势下的修史格局和表述体例。所有这些，都彰显出唐代"天下一家"⑭的思想在正史撰述上的新气象，是民族关系认识上的重大进步。

▌注　释

① 刘昫等：《旧唐书》卷三《太宗纪下》，中华书局 1975 年版，第 45 页。

②③④⑤ 宋敏求编：《唐大诏令集》卷八一《政事·命萧瑀等修六代史诏》，中华书局 2008 年版，第 466 页。

⑥⑦⑧ 宋敏求编：《唐大诏令集》卷八一《政事·修晋书诏》，中华书局 2008 年版，第 467 页。

⑨ 魏收：《魏书》卷六七《崔鸿传》，中华书局 1974 年版，第 1502 页。

⑩ 欧阳修、宋祁：《新唐书》卷五八《艺文二》，中华书局 1975 年版，第 1456 页。

⑪⑫ 李延寿：《北史》卷一〇〇《序传》，中华书局 1974 年版，第 3343 页。

⑬ 马端临：《文献通考》卷一九二《经籍考十九》，中华书局 2011 年版，

第 5582 页。

　　⑭ 刘昫等:《旧唐书》卷六五《高士廉传》,中华书局 1975 年版,第 2443 页。

北京师范大学资深教授　瞿林东

"御撰"《晋书》如何总结十六国历史进程

在历代纪传体"正史"中，有一部性质特殊而曾被称为"御撰"的书，这就是唐太宗下诏并亲自参与修撰的《晋书》。该书所记两晋时期的民族关系，上承《三国志》《后汉书》，下接《宋书》《魏书》，不仅涉及"东夷""南蛮""西域""北狄"等各地史事，还对十六国历史进行了详细记录，在厘清纷繁复杂的历史局面的同时，寄寓了唐初统治集团的民族观念，为今天认识历史上的民族关系和民族政策提供了宝贵资料。

三十"载记"，记录十六国时期历史变迁

与东晋同时存在的十六国诸政权，其建立、发展及灭亡的过程，反映了匈奴、鲜卑、羯、氐、羌等在魏晋南北朝时期的迁移、组合以及部分融合过程中的活动与作用。这一各民族交往交流交融的重要历史进程，因唐太宗下诏组织官修《晋书》而得以被详细记录下来，流传至今。《晋书》的三十篇"载记"，专门记述各族相继建立的诸割据政权兴亡的历史，其序文部分依次列举了各政权立国之人及立国之先后，对于梳理十六国时期历史的大致脉络，一目了然。我们今天对十六国时期历史的了解，很大一部分需要从《晋书》的三十"载记"略知大概。

尽管撰述者们在总括十六国史时有"防夷狄之乱中华"的说法，也

有把少数民族统治者刘渊视为"祸首"等偏见之词①，但是，从总的倾向上看，唐代史家为十六国的历史活动、兴亡盛衰立"载记"，编于一代晋史之中，实已表明对十六国历史发展的高度重视。因此，《晋书》的三十"载记"之于研究古人的民族史观来说，极为重要。

追求"实录"，客观评价各民族政权历史地位

贞观二十年（646年），唐太宗下《修晋书诏》，提出了新修《晋书》的具体要求。他首先批评前代史家所撰写的晋史，"虽存记注，而才非良史，事亏实录，绪烦而寡要，思劳而少功"，对晋以来"江左嗣兴，并宅寰区，各重徽号"②的历史事实未能有条件作出全面的反映。因此，他对唐代史官们提出的首要要求，就是在承认诸政权并立这一历史事实的基础上，客观、全面地总结这一段历史进程。

受到唐太宗在民族问题上相对开阔的认识的指导，《晋书》在有关民族史事和民族政权的记载和评价方面，不仅摒弃了对少数民族政权的侮辱性称呼，而且对他们的历史功绩作出了正面的评价。如记汉赵开国皇帝匈奴人刘渊的好儒学、崇德义，称其为"人杰"③；记后赵开国皇帝羯人石勒"雅好文学"，对其"始建社稷，立宗庙，营东西宫"，倡儒学、定制度的情况详加记载，并赞其"天资英达如此"④；记前秦统治者氐人苻坚，更多地着墨于其纳谏多谋、志图远略的俊杰风范；等等。与《晋书》相类，在唐初其他诸史中，民族歧视的称呼及思想也表现得比较淡薄。这从整体上反映了唐初统治者和史家群体在民族史观上的进步。

当然，受到时代和立场的局限，《晋书》作者们对十六国的评价，总也无法摆脱一种矛盾的心态。如把胡夏开国君主赫连勃勃烘托为既是一个传奇式的英雄人物（如称其"驱驾英贤""器识高爽""风骨魁奇""雄略过人"），又是一个"凶残未革""酷害朝臣"的暴君，两种角色，合

为一体。⑤ 但是，"人们从这种矛盾的心态中，或者说从这种矛盾的事实中，看到了十六国政治文化倾向之历史文化认同的发展趋势"⑥。这是我们今天阅读《晋书·载记》时所应着重关注的方面。

对十六国历史教育经验的总结与继承

十六国的政治文化倾向表明，它们各自在不同的程度上受到中原历朝历史、制度、文化、思想的多方面影响，并结合它们自身的实际情况，有所继承和运用。《晋书》作者通过对十六国历史的研究和记录，自然看到了这一点。因此，尽管他们在立场上表现出矛盾的心态，但毕竟不能不承认，"在十六国的政治、文化、社会风习中，确是存在着不同凡响的地方，因而也不免表示赞叹"⑦。例如，《晋书·载记》从官学和私学两方面记述十六国时期历史教育的开展，并在此基础上讨论了拜师求学、家族传承、侍讲论学、自行阅读等私学教育的四种形式。在《晋书》作者看来，十六国统治者们试图总结中原王朝统治阶层在历史活动中的经验教训，以"恢一方之业，创累叶之基"⑧，是在追求维护统治阶层内部和谐稳定和政权长治久安的政治目的。

《晋书》高度评价了十六国统治阶层积极推行历史教育的历史意义。一方面，指出学习历史提高了少数民族统治阶层的道德素养和政治才能，如记述成汉宗室李寿初立为王时，反复诵读前代良将贤相建功立事的事迹，尽心辅佐李雄，号为"贤相"⑨。又如将石勒"雅好文学，虽在军旅，常令儒生读史书而听之"⑩、慕容翰"善抚接，爱儒学"引导士大夫们"乐而从之"⑪ 等历史事实，与他们如何以前代帝王的统治经验为依据，提出政治规划相联系，点明了历史教育和个人政治文化修养的密切联系。另一方面，阐明历史教育对十六国诸政权继承华夏政治经验和移风易俗的推动作用，如指出前秦苻坚追踪汉武帝、汉光武帝的文治，"变夷从夏"，是"遵明王之德教，阐先圣之儒风"⑫，推动了民族交融，人们得以从中看到这一时期历史文化认同的不断推进。

　　"御撰"《晋书》不仅从以上三个方面反映了十六国时期的历史进程，作为一部官修正史，它本身也成为民族交往的见证物。史载，渤海国王曾"数遣诸生诣京师太学，习识古今制度"⑬，又向唐朝廷"求写唐礼及《三国志》《晋书》《三十六国春秋》"⑭，并于其国内设文籍院、胄子监教诸子弟。"稽古右文，颇极一时之盛。"⑮ 至元代，渤海与契丹、高丽等并入"汉人八种"⑯。在这一系列民族交往交流的互动中，"御撰"《晋书》为这一历史过程作出了文化上的贡献。

▌注　释

　　① 房玄龄等：《晋书》卷一〇一《刘元海载记》，中华书局 1974 年版，第 2643—2644 页。

　　② 宋敏求编：《唐大诏令集》卷八一《政事·修晋书诏》，中华书局 2008 年版，第 467 页。

　　③ 房玄龄等：《晋书》卷一〇三《刘曜载记》，中华书局 1974 年版，第 2702 页。

　　④ 房玄龄等：《晋书》卷一〇五《石勒载记下》，中华书局 1974 年版，第 2735、2741 页。

　　⑤ 房玄龄等：《晋书》卷一三〇《赫连勃勃载记》，中华书局 1974 年版，第 3213—3214 页。

　　⑥⑦ 瞿林东、李鸿宾、李珍：《历史文化认同的深入与统一多民族国家的发展》，载瞿林东主编：《历史文化认同与中国统一多民族国家》第二卷，河北人民出版社 2013 年版，第 76 页。

　　⑧ 房玄龄等：《晋书》卷一一一《慕容皝载记》，中华书局 1974 年版，第 2862 页。

　　⑨ 房玄龄等：《晋书》卷一二一《李寿载记》，中华书局 1974 年版，第 3046 页。

　　⑩ 房玄龄等：《晋书》卷一〇五《石勒载记下》，中华书局 1974 年版，

第 2741 页。

⑪ 房玄龄等:《晋书》卷一〇九《慕容皝载记》,中华书局 1974 年版,第 2827 页。

⑫ 房玄龄等:《晋书》卷一一五《苻登载记》,中华书局 1974 年版,第 2956 页。

⑬ 欧阳修、宋祁:《新唐书》卷二一九《北狄列传》,中华书局 1975 年版,第 6182 页。

⑭ 王溥:《唐会要》卷三六《蕃夷请经史》,中华书局 1960 年版,第 667 页。

⑮ 金毓黻:《渤海国志长编》卷一六《族俗考》,辽阳金氏千华山馆 1934 年版,第 20 页。

⑯ 陶宗仪:《南村辍耕录》卷一《氏族》,中华书局 1959 年版,第 13—14 页。

北京师范大学历史学院、北京师范大学史学理论与史学史研究中心

朱露川

唐修《周书》的恢宏格局和民族见解

在唐修"五代史"（梁、陈、北齐、北周、隋）中，北周史即《周书》（亦称《后周书》）有其修撰上的特殊考量，这主要是出于唐朝统治者的先祖李虎、李昞曾在西魏、北周建功立名，即史官上奏请修时所说的"国家二祖功业，并在周时"①。因此，《周书》担负着表彰祖宗功业、论证"北魏—西魏—北周—隋—唐"之正统传承的任务，从而该书的修撰极受唐初统治者重视。唐太宗特派被推举为史官之首的令狐德棻主修，又以自己颇为赏识的大臣岑文本辅之。在此背景下，《周书》所表达出来的对历史形势的判断、对民族融合的论述以及对北周制度的关注，集中地反映了唐初统治者对北周历史的态度。

确立北周的历史地位

北魏末年统治阶层内部矛盾突出，六镇起义后北魏国力锐减，大权旁落权臣高欢之手。永熙三年（534年）魏孝武帝元修出奔长安，投靠关中地区的宇文泰，后被其鸩杀。高欢在元修出奔后，立元善见为帝，建立东魏政权，定都邺城。此后一年，宇文泰扶持北魏宗室元宝炬为帝，建立西魏政权，定都长安。550年，高欢之子高洋篡位，建立北齐。557年，宇文泰之子宇文觉在宇文护等人的拥护下篡位，建立北周。至此，在中国的北方，先后形成了东魏—北齐、西魏—北周相对峙的格局，自魏孝武帝出奔（534年）至北周建德六年（577年）灭齐，持续44年之久。在北周受禅于西魏的同一年，南朝陈霸先代梁，建立了陈。于是，北周与北齐交往的同时，也与南朝陈交往，形成了东—西、南—北都有交往的政权格局。

唐承于隋，隋由北周而来，北周则由西魏而来。因此，对宇文氏所掌控的西魏政权及其建立的北周政权的历史地位作出明确的定位，是《周书》修撰中所要处理的重要问题。对于上述纷乱交错的历史形势，《周书》作者提出了"周室定三分之业"②的观点，这不仅指出了北齐、北周与南朝陈成"三方鼎峙"的割据形势，更重要的是强调了北周的建立在这一历史格局形成过程中的重要意义。

为了呈现北周的特殊历史地位，唐代史家为《周书》规划了复杂而恢宏的叙事格局：纵向上追溯西魏末年史事，横向北与东魏、北齐有所关涉，南与梁、陈、后梁（萧梁宗室萧詧于江陵另立后梁小朝廷，存在30余年，后灭于隋）相关，向下至隋文帝开皇五年（585年）。合而观之，《周书》的叙事，直接或间接地与七个王朝政权相关联，这在中国古代史学的叙事上，应为最复杂的格局之一。由此亦可见史家的全局器识对于史书叙事格局周密细致的规划，以及与此相连带的叙事体例的制定和运用，复杂而有序，宏大而不失细微，以史书体现了北周特殊形势的历史面貌。

北朝制度文明演进的记录

北周之所以能够奠定"天下三分"格局，建立一代霸业，主要得益于宇文氏统治集团在制度改革上的积极推进。因此，这也是唐初史家研究西魏北周历史、展开历史撰述的重点。如《周书·卢辩传》详记累世儒学的卢辩依据《周礼》为北周制定六官制的具体条例，推进了宇文氏统治集团对中原文明的制度认同。③又如《周书·侯莫陈崇传》篇末详细著录"八柱国""十二大将军",为后世认识和研究府兵制提供了十分珍贵的资料。④ 再如《周书·柳虬传》记述柳虬上疏论先秦史官南史、董狐"直笔于朝,其来久矣"⑤ 的史学传统,建议改革史官制度并得到推行,柳虬本人则以秘书丞监掌史事,反映了史官制度的延续性发展。

当深入梳理唐修《周书》中关于西魏、北周时期官制改革的重要文献时,可以从"西魏—北周"时期的一系列制度中,清楚地看到隋唐三省六部制的历史渊源。

"天下一家"的民族观念

自东汉末年以来,匈奴、鲜卑、羯、氐、羌等同中原民族不断融合,封建化程度不断加深,《周书·异域传》正是这一历史过程的真实记录,其中对鲜卑、匈奴、羌等在南北朝时期的演变与发展作了条分缕析的记述,将这些记述与前代正史关于少数民族的记述相结合,可以清晰地看到我国各民族自古以来就存在着密不可分的联系。尤其是突厥、稽胡的历史第一次进入"正史"的撰述,具有重要的史料价值。与《周书》同时修撰的《梁书》有"诸夷传",《隋书》有"东夷""南蛮""西域""北狄"等传,这在总体上反映出唐初史家对中原周边各民族及其政权、对南北关系、对历史经验的认识,是盛唐气象投注在史学上结出的硕果。

《周书》不仅描述了南北朝时期民族融合的概况,而且基于"浇淳之变,无隔华戎""戎夏离错,风俗混并"的历史与现实,提倡"见幾而作""相时而动",以不变应万变的民族政策主张。⑥《周书》还肯定了北周统治者"德刑具举"⑦ 的民族政策,反映出唐初史官对民族融合的理性看法,继承并发展了"天下一家"的民族观念。

《周书》中讨论了造成"诸夏"和"荒裔"民族差异的原因,指出不同的自然条件,如水土、雨露、山川等,造就了不同风俗习惯与特性。同时,如同封建时代的其他多种历史撰述那样,《周书》也未能脱离天命论的束缚，这是古代统治阶层历史观方面的局限。

从总体上看，《周书》所论，在唐代诸史中都有不同程度的体现。其关于地理条件与民族风俗的论述，至中唐名相杜佑修撰《通典》时，进一步形成了"中华与夷狄同"的理论表述。

▌注　释

① 刘昫等:《旧唐书》卷七三《令狐德棻传》，中华书局 1975 年版，第 2597 页。

② 令狐德棻等:《周书》卷一六《侯莫陈凯传》，中华书局 1971 年版，第 271 页。

③ 令狐德棻等:《周书》卷二四《卢辩传》，中华书局 1971 年版，第 404 页。

④ 令狐德棻等:《周书》卷一六《侯莫陈凯传》，中华书局 1971 年版，第 272—273 页。

⑤ 令狐德棻等:《周书》卷三八《柳虬传》，中华书局 1971 年版，第 681 页。

⑥ 令狐德棻等:《周书》卷五〇《异域下》，中华书局 1971 年版，第 921 页。

⑦ 令狐德棻等:《周书》卷四九《异域上》，中华书局 1971 年版，第 883 页。

北京师范大学历史学院、北京师范大学史学理论与史学史研究中心

朱露川

"中华与夷狄同"
——从唐代名相杜佑的民族关系理念说起

　　隋唐时期，在"天下一家"格局的历史氛围和全新的历史条件下，中华民族走向了新的发展阶段。这一现实变化，促使人们在更开阔的视野下思考民族问题、分析民族关系，其中一项重要突破就是明确提出"中华与夷狄同"的观点。唐代名相、史学家杜佑撰写的典章制度史《通典》，是这方面的代表性著作。

　　《通典》200卷，系我国典制体通史的开创之作。《通典》的作者杜佑，出身于唐代大家族"京兆杜氏"，通过荫补制度入仕，在唐德宗朝出任宰相，并在淮南节度使任上积累了丰富的社会治理经验，他把政治经历与历史研究结合起来，形成了明确的以史资政思想。杜佑是目前已知中国古代第一位明确提出以史学为政治决策服务的人，他把"征诸人事，将施有政"①作为《通典》的撰述宗旨，得到了时人李翰、权德舆等的高度赞扬。

　　《通典》的产生，与安史之乱后人们为解决统治危机和社会矛盾而形成的经世致用思潮密切相关。该书按照一定的逻辑顺序，设食货、选举、职官、礼、乐、兵、刑法、州郡、边防等九大门类，从国家决策和社会发展的宏观维度对历史进程与民族关系作出了政治上和史学上的定位。

　　首先，在民族观方面，杜佑的突出贡献是提出了"中华与夷狄同"的观点。他从历史发展的角度，讨论了"古之中华"与"今之夷狄"相同的具体表现。《通典·礼典八》有云："古之人朴质，中华与夷狄同，有祭立尸焉，有以人殉葬焉，有茹毛饮血焉，有巢居穴处焉，有不封不树焉，有手抟食焉，有同姓婚娶焉，有不讳名焉。中华地中而气正，人性和而才惠，继生圣哲，渐革鄙风。今四夷诸国，地偏气犷，则多仍旧。"② 这是从历史发展的阶段性特点入手，以葬丧、居处、饮食、嫁娶等具体的民风民俗为例，说明"今之中华"也经历过上述历史阶段。由此出发，人们有理由相信，"今之夷狄"也能够通过文化的不断革新，进入新的历史阶段。杜佑的这个观点告诉人们，民族间的种种差距，是由于所处社会发展阶段不同而造成的，并非天然如此，也并非固定不变。

　　其次，杜佑尝试发掘影响不同地域历史进程的动因。他认为，"中华"与"夷狄"存在文化方面的差距，根本在于受到地理环境的影响。杜佑在《通典·边防总序》中写道："然人之常情，非今是古，其朴质事少，信固可美，而鄙风弊俗，或亦有之。缅惟古之中华，多类今之夷狄。"③ 他明确提出，"中华"与"夷狄"本无差别，但在历史发展的过程中，生活在中原地区的"中华"首先革除了"鄙风弊俗"，而生活在周边地区的"夷狄"尚未对其加以变革，因而民族间的差距就出现了。

　　再次，基于"中华与夷狄同"的观点，杜佑为唐朝统治者处理民族关系问题提出了一条重要意见，即反对中原王朝对周边少数民族政权滥施兵革。杜佑在书中历数秦始皇、汉武帝、隋炀帝在处理民族关系问题上的失误，主张在处理民族关系方面要"深达理源"，"持盈知足"，有所节制。④ 杜佑将这一认识作为"治国之要道"提出，这在当时的历史条件下十分难得。

　　需要指出的是，杜佑主要是从唐朝政治利害关系的角度探讨上述问题，因此没有进一步讨论为什么对于相近的"鄙风弊俗"，有的民族作出了改变，而有的民族却未能同期进行变革等问题。从长远来看，杜佑提出的民族政策虽然并不是解决民族关系最妥当的办法，但从总体上看，"中华与夷狄同"的提出，进一步打破了中国历史上长期存在的狭隘观念。杜佑的论述表明，"中华"与"夷狄"在发展早期并无等级差异，而是处在同一文明进程中，都具备"朴质"的特点，只是所处地理环境的不同而在具体的历史进程中显示出差别。这在当时是十分进步的民族观，是中华传统文化中宝贵的思想遗产。

恩格斯曾经指出："我们越是深入地追溯历史，同出一源的各个民族之间的差异之点，也就越来越消失。一方面这是由于史料本身的性质——时代越远，史料也越少，只包括最重要之点；另一方面这是由这些民族本身的发展所决定的。同一个种族的一些分支距他们最初的根源越近，他们相互之间就越接近，共同之处就越多。"⑤杜佑生活的时代，尚不具备产生这一科学观点和科学方法的条件，但他在一千多年前就能够提出"古之人朴质，中华与夷狄同"的观点，的确难能可贵，十分突出地体现了中国古代理性的民族观的存在和发展。

《通典》作为典制体史书的开山之作，反映出唐代史家善于从整体上把握历史进程，并从中总结历史经验教训以为政治统治和社会发展服务的传统。清乾隆皇帝评价这部巨作是"经国之良模"，可谓一语中的。从中国古代民族关系理论发展的角度来说，杜佑提出"中华与夷狄同"的观点，客观上促进了中华民族凝聚意识的发展，对于今天我们整理、分析历史上人们对于民族关系的认识亦有所启示。

▍注　释

① 杜佑撰，王文锦等点校:《通典·自序》，中华书局 1988 年版，第 1 页。

② 杜佑撰，王文锦等点校:《通典》卷四八《礼八·吉礼七》，中华书

局 1988 年版，第 1355 页。

③ 杜佑撰，王文锦等点校：《通典》卷一八五《边防一》，中华书局 1988 年版，第 4979 页。

④ 杜佑撰，王文锦等点校：《通典》卷一八五《边防序》，中华书局 1988 年版，第 4980 页。

⑤《马克思恩格斯全集》第十六卷，人民出版社 1964 年版，第 570—571 页。

北京师范大学历史学院、北京师范大学史学理论与史学史研究中心

朱露川

唐朝的世界性

隋唐时期，经济繁荣，文教昌明，各民族间的交往交流交融达到了前所未有的新高度，这为唐朝走向世界创造了良好的国内环境。此间，不仅是陆上丝绸之路全面发展的黄金时代，而且是海上丝绸之路开始兴盛的重要时期。丝绸之路作为政治、经济、文化交流的重要通道，生动展现了唐朝的世界性。至今外国人仍称呼中国人为"唐人"，称呼华人聚居区为"唐人街"。

通商易货之道：唐朝成为世界纺织品中心

隋唐丝绸之路上，由各地商贾、使节带来的手工器物和动植物种类繁多、异彩纷呈。以商贸为基础的丝绸之路上，流通着钱币、金银器皿、玻璃器、瓷器等精美器物。

隋唐广泛吸收了各地器物的制式和艺术。唐以前，中国的金银器皿制造业并不发达，而到了唐代，金银器皿的数量骤增，这与波斯器物的传入有关。丝绸之路沿线上已发现了大量萨珊波斯银币。唐代长杯模仿了萨珊长杯的多曲特征，部分器物出现了类似波斯器物的"徽章式"纹样装饰。

纺织品的交流尤其鲜明地代表了"丝绸之路"的独特韵味和唐文化兼收并蓄的特点：唐朝不仅是世界最华美的纺织品的生产和销售国，还大量输入其他地区纺织品，并进行融合创新。当时仿制的"波斯锦"甚至可以达到以假乱真的程度。新罗的"五彩氍毹（qú shū）"、弥罗的"碧玉蚕丝"、大轸以冰蚕丝织成的"神锦衾"、鬼谷进贡的"瑟瑟幕"，以及日本、波斯、大食等地各类美丽织物绽放光彩。对各地纺织品的吸纳，使唐朝成为名副其实的世界纺织品中心。同样，陶瓷器作为贸易的大宗产品，也积极革新式样，适应不同地区的需求。

除了器物之外，唐更大量引进观赏植物、蔬菜、花卉、观赏动物和家畜等。如唐代周昉的名画《簪花仕女图》中就有两只"猧儿狗"（即"拂林狗"）。

知识交流之路：英国舰船上有中国设计的影子

科学技术是隋唐文化交流的一个非常重要的方面。作为一个有悠久传统的农业国，中国注重实用技术的特点使医药、天文历算等知识在隋唐得到了突出重视。

唐代出现了专门讨论"胡药"的《胡本草》和《海药本草》等书，并译介了多部外来验方和医学著作，如《龙树菩萨药方》4卷、《西域名医所集要方》4卷、《婆罗门药方》5卷等。大批胡人医师活跃在唐朝城乡各地，唐太宗患"气痢"、唐高宗患头痛失明，都得到胡药验方和胡医的有效诊治。

通过交流，唐代科学技术也传播到海外。中国先进的造纸技术在唐代开始传入大食、日本等地，日本正仓院中至今仍藏有唐代的毛笔以及彩色麻纸和白麻纸数百张。

中国先进的农业也通过丝绸之路传到了海外。以农耕的必备工具——犁为例，唐代曲辕犁设计精巧，回转灵活，已具备犁壁曲面、犁评和犁建、犁盘等部件，可调节犁铧入土深浅。根据美国农学家雷塞（P. Leser）、日本农业经济学家熊代幸雄等人的研究，西欧自18世纪开始的犁的改良及近代化过程，就主要吸纳了中国犁的框式结构特点，以及构成耕翻碎土技术要素的犁壁—犁铧连续曲面。可以说，欧洲农业革命中一个重要的环节——近代犁的出现，就是在对中国犁进行多次改进的基础上完成的。又如，唐代水利灌溉的广泛开展和先进经验，被日本、朝鲜等亚洲国家相继效仿。中国翻车（即龙骨水车）的方形板叶链式设计最终影响了欧洲，欧洲方形板叶的龙骨水车直接模仿了中国的设计，17世纪末英国海军所制造的船舱排水设备也由此改制而成。

文化交流之桥：各地歌舞渐登大雅之堂

隋唐的文化交流还表现在东西各类艺术形式的融通。随着隋唐文化交流的加强，各地的音乐、舞蹈渐登大雅之堂。天宝十三载（754年），唐朝对太乐署供奉的乐曲名称进行大规模改动时，就将原来来自域外的"大食调""般涉"等的部分乐曲名由胡名译音改为典雅的汉名，体现了唐代对各地音乐文化的吸收。"胡旋舞""胡腾舞"在宫廷内外流行；四弦琵琶技艺高超的艺人受到欢迎；民间盛行的胡人幻术、杂技等百戏则吸引着百官与士民"从昏达旦"地欣赏。此外，各类艺术形式也通过器物纹饰等形式体现在隋唐文化中。

隋唐的艺术也向外传播。唐代的书法、雕塑、绘画全面影响了朝鲜半岛和日本的艺术。傀儡戏传到朝鲜半岛，被称为"木偶剧"；而西域传入的百戏经过中国艺人的提炼加工，大量涌入日本，其中《钵头》《剑气浑脱》等散乐戏目传到日本后非常盛行，长演不衰。同时，日本和朝鲜半岛的艺术也西传中国。

隋唐时期的文化交流程度深、范围广，已经大大改变了唐人的社会生活，有的影响一直持续到今天。丝绸之路是连接的纽带，也是沟通的桥梁。千余年前的唐朝正是通过丝绸之路走向世界。①

2017年5月14日，在"一带一路"国际合作高峰论坛开幕式上，习近平主席发表重要演讲指出:"古丝绸之路绵亘万里,延续千年,积淀了以和平合作、开放包容、互学互鉴、互利共赢为核心的丝路精神。"②

今天的中国正与世界各国携手推进"一带一路"建设。我们通过铸牢中华民族共同体意识,必将为实现中华民族伟大复兴的中国梦、推动构建人类命运共同体作出新的更大贡献。

▌注 释

① 陈涛、尹北直:《"相知无远近,万里尚为邻":唐朝这样走向世界》,《北京晚报》2019年4月25日,副刊37版。

② 习近平主席在2017年5月14日召开的"一带一路"国际合作高峰论坛开幕式上的演讲。

北京师范大学历史学院、北京师范大学史学理论与史学史研究中心
陈涛
中国农业大学马克思主义学院　尹北直

变奏中的历史
——从分立走向统一的五代十国

　　五代十国是指唐朝灭亡到北宋建立，即 907 年到 960 年这段时期。这个历史阶段，因为出现南北方多个政权并立的格局，因此被划到中国历史上的分裂割据时代的系列中。这一历史时期，由于政权分立，时间短促，又夹在唐和北宋这两个统一王朝的中间，很长时间被看作两个王朝的过渡时期，或为唐末藩镇割据局面的延续，或为北宋统一王朝的前奏，而五代十国本身的时代特性和历史贡献在上述前提下很容易被忽略。

　　这个时期的历史始于 907 年，已掌控朝政的宣武军节度使朱温杀死唐朝最后一个皇帝唐哀帝，自立为帝，国号梁，建都汴州（今开封）；结束于 960 年，担任禁军将领的赵匡胤策动"陈桥兵变"，取代后周，建立了北宋王朝。这一时期，北方黄河流域相继出现五个政权，即由朱温以河南为根据地火唐后建立的后梁；割据河东的沙陀^①人李存勖灭后梁建立的后唐；河东集团的沙陀人石敬瑭引契丹为援，叛唐建立晋；此后，河东集团的另一位沙陀人太原留守、河东节度使刘知远继续南下，灭掉后晋建立后汉；灭亡后汉的是后周。

　　十国，则是指唐朝灭亡后，几乎与五代同时，南方各地方节度使依托所辖地区相继建立的九个政权，再加上唯一一个北方政权——北汉。南方建立的政权为吴、南唐、前蜀、后蜀、吴越、闽、楚、南汉、南平，其中吴和南唐、前蜀和后蜀是同一地区先后继立的政权。十国之中，只有北汉位于北方，建国比其他九国都晚，主要统治区域是今山西的中部和北部。

五代十国，是历史上存续时间最短的时代之一，也是历史上除东晋十六国时期，建立政权最多的时期。很长时间里学界将研究的重点放在五代十国与唐后期关系方面，认为是唐后期藩镇割据局面的延续。确实，五代十国的开国君主，大多是唐末具有割据倾向甚至已经形成实际割据势力的节度使。如北方黄河流域代唐建立的后梁开国君主朱温，曾经是唐宣武军节度使。南方九国中吴国的杨行密，唐末为庐州刺史，据此继续扩充势力和地盘，被唐封为吴王，死后，其子杨溥自立为帝。南汉的建立者刘隐，其父唐末为广州牙将，刘隐后来逐步做到岭南节度使，为建国打下了基础。高季兴所建立的南平，又称荆南，九国中面积最小，势力最弱，朱温称帝后，任命他为荆南节度使。由此可知，五代十国确实可以看作唐末藩镇割据局面的延续。

从历史发展的角度看，五代十国又是全国统一的前奏，各种促进和有利于统一的因素逐渐成长。不同民族、不同区域的统治者和广大民众，都走在逐渐融合、早日实现统一的道路上。隋唐以来民族之间的交往交流交融也在统一的大趋势下，迈向新的历史阶段。

我们可以从三方面看这一历史时期的各民族、各区域交往交流交融，并最终走向大一统的历史发展趋势。

一是从统治集团到普通民众，更多的民族进入中华大家庭中，而周边新兴的民族和民族政权继续向中原发展，并与有深厚和悠久底蕴的汉文化融合。如后唐和后晋的建立者都是北方的沙陀。南方政权对岭南的开发，使得当地杂居的各民族更快地融入中华民族大家庭。

二是经过南北朝以来，各项制度文明建设已经在输入新因子的基础上逐步完善。五代十国各政权普遍强化中央集权，严格防范宰相专权局面的出现，坚决打击已经形成的地方割据势力，加强禁军的力量和对地方武装的掌控。

三是绚烂多彩的中华文化在这一时期承前启后，文化发展呈现多地、多元同时发展的趋势。文学领域产生的前蜀的花间西蜀文人群体及其文风，成为宋婉约流派的前驱，成就卓著，晚唐的温庭筠被奉为花间派的鼻祖。晚唐时入蜀的韦庄，后期作品以词为主，哀怨而婉约。不管是忆江南，忆洛阳，还是念故国，都表露一种寄居他乡的情怀，身在蜀地，却一直思念的是故乡和故国。与之呼应的则是南唐"儒服冠于江南"的文人群体。南唐后主李煜"问君能有几多愁，恰似一江春水向东流"②，迷倒芸芸众生。南唐立国 38 年，前主李昪，开国之君，虽然出身微贱，但"以文艺自好"，设太学，兴科举，广建书院、画院，由此吸引了很多避乱的北方士人，"儒衣书服盛于南唐"，"文物有元和之风"，因此为南唐崇文重学的国风奠定了基础。李昪死后，儿子李璟继位，可谓文武兼修，具备较高的文学素养，"时时作为歌诗，皆出入风骚"③，著名的文人韩熙载、冯延巳都是他的宠臣，一句"小楼吹彻玉笙寒"④千古传诵。李煜即位后，赳赳武夫的祖父已经被温柔儒雅的翩翩少年取代。其书法、绘画、音律无不精通，诗文均有佳作，五代词人当首推李煜。北方和南方殊途同归，只是北方的节奏似乎慢了半个世纪。李煜的词风，对宋初的影响很大。而且，李璟、李煜的周围还围拢着一批文人，如冯延巳、韩熙载等，形成"南唐派"。西蜀花间与南唐儒服，东西相映成趣，代表了长江上游和下游两地的文化引领当时的时代潮流，独领一代风骚。值得关注的是南唐这三世君主由武入文的经历，也可知五代与北宋的衔接，五代在其中的关键因素。

五代十国时期，是孕育中国历史走向新时代的历史阶段，各个地区和各个民族经过这一时期的磨炼和改造，大多已经融入了中华民族的大家庭，统一是大势所趋，各地区虽然政权分立，但从文明观念、文化传承、道德信仰等诸多核心观念上，视同一家。周边又出现了新兴的民族，在向心力的吸引下，他们继续向核心地区靠拢，由此历史进入新的阶段，民族关系也呈现了新的面貌。

┃ 注 释

① 我国古代民族，属于突厥别部。

② 彭定求等编:《全唐诗》卷八八九《虞美人》，中华书局 1960 年版，第 10047 页。

③ 史温:《钓矶立谈》，载《全宋笔记》第一编，大象出版社 2019 年版，第 152 页。整理者认为该书作者有争议，署名作"史□"。

④ 吴任臣:《十国春秋》卷一一五《拾遗》，中华书局 2010 年版，第 1700 页。

北京师范大学史学理论与史学史研究中心　宁欣

铸山煮海，舟车往复
——五代十国时期南方各经济区域的发展及联系

　　各个经济区域逐渐发展，是五代十国形成的社会经济基础，这一时期各经济区域联系加强最终促成统一。

　　唐及五代时期的南方经济，经过三国以来的持续开发，逐渐形成若干具有鲜明特点的经济区域，即江淮经济区、两湖经济区、川蜀经济区和闽广经济区。

　　江淮经济区，五代十国时期主要是在吴越国和吴—南唐的统治下。以杭州为中心的吴越国，最盛时统治区域包括今上海、浙江、苏州和福建东北部。以扬州为中心的吴，最强盛时有今江苏、安徽、江西、湖北等部分地区。继任的南唐则将政治中心迁到了金陵（今江苏南京），势力范围也扩大至今江西全省及安徽、江苏、福建、湖北、湖南等省的一部分。吴越国和吴—南唐虽然都属于江淮经济区，其实有江北和江南的区域差别，吴的统治核心区域基本以长江北岸为主，南唐则沿着吴越国的边境向长江以南偏西的江西、湖南、福建西部拓展。吴越统治区域基本是长江以南，再向南拓展，就与闽接壤了。"吴越地方千里，带甲十万，铸山煮海，象犀珠玉之富，甲于天下。"① 这句话出自北宋文学家苏轼为纪念吴越国时期修建在西湖湖畔的钱王祠撰写的《表忠观碑》（钱王祠原名"表忠观"），虽然描述的是吴越地区，但其实也可以代表整个江淮地区经济发展的盛况，说明当时江淮地区资源丰富，富庶程度甲于天下。安史之乱时，张巡、徐远扼守睢阳（今河南商丘市睢阳区），使得江淮地区免受战火涂炭，维系了这一地区数十年的安定与发展。吴和南唐的统治从 902 年持续到 975 年，其间的政权交替是以禅代的方式由李氏取代了杨氏，政局相对平稳，而且采取了一些减轻民众负担、积极发展经济、推进水利事业建设等措施。在五代十国时期，吴越是南方九国中控制范围大、实力最强、存续时间最长的政权。中国历史上的经济重心南移，最主要的原因正是江淮地区的经济发展。

两湖地区，即今天的湖南和湖北，占据这一经济区域的地方政权是楚和荆南（南平）。楚以长沙为中心，除湖北东部部分地区外，最盛时统治范围包括今湖南全境和广西大部、贵州东部和广东北部。荆南都城为荆州，管控荆、归（今湖北秭归）、峡（今湖北宜昌）三州，四面分别与蜀（西）、后唐等（北）、南唐（东）、楚（南）接壤，地狭势弱，但利用地处交通要冲的条件，采取交好强国、俯首称臣等举措，作为北方政权与吴、蜀、楚等政权的缓冲地，存续了 40 多年。两湖地区属于这一时期的新兴经济区，虽然发展程度不如江淮地区，但发展速度却很快。往前追溯到唐宣宗大中四年（850 年），荆南一位叫刘蜕的考生，成为当地考中进士的第一人，镇守荆南的魏国公崔铉特地赠他 70 万"破天荒"钱，这也是"破天荒"一词的来历。五代十国时期，楚不仅大力发展农业和手工业，还实行了一些有利于商业贸易往来的举措，如不征商税，利用处于南北通道的地理优势，积极发展与中原王朝和南方诸国的中转贸易，正所谓"右控巴蜀，左联吴越，南通五岭，北走上都"②，瓷器远销至东南亚、南亚、西亚，茶叶贸易到达沿海诸港口城市，远销东亚。荆南的举措与楚又有不同，虽然地狭势弱，却利用枢纽之地的便利，商税收入成为其财政收入的主要来源。

川蜀地区，五代十国时期历经前蜀和后蜀统治。前蜀为王建所创，盛时疆域约为今四川大部、甘肃东南部、陕西南部、湖北西部。后蜀为孟知祥所创建，前蜀被后唐所灭后，孟知祥任西川节度使，随后自立为王，继之称帝，所辖与前蜀大致相当。战国时期李冰父子修建都江堰的壮举，使得成都平原沃野千里。四川属于盆地，本身物产丰富，气候有利于农业发展，"蜀道之难，难于上青天"③这种难出难进的地理环境，也使得这一地区较少受中原战乱的影响。这里社会安定，借长江之利，商业极为活跃。唐后期所言"扬一益二"，就是指位于长江上游的益州（今四川成都）和位于长江下游的扬州这两个商业最为繁荣的都市。五代十国时期盘踞四川地区的前蜀和后蜀，赋役较轻，粮价低廉，特色手工业如丝织业、制盐业、制茶业、造船业、造纸业、印刷业都得到长足的发展。宋太祖赵匡胤在制定统一全国的战略时，最终采纳"先南后北"的方针，首先就选择了征伐川蜀。他认为，五代以来战事不断，国库空虚，因此首先要夺取巴蜀，其次再取广南（闽广地区）、江南（江淮地区），国库就会充实了。由此可见川蜀地区经济之繁荣。

闽广地区远离中原，开发也较晚。五代十国时期有以今广东、广西、海南为主要领地的南汉，以占据福建为主的闽。五代十国时期经济与文化的发展，使闽广地区改变了落后的局面。长江流域向南扩展，可与珠江流域连成一片，但福建地区有其独特性——山多，黄巢南下广州时，不得不从浙江仙霞岭开山伐道 700 里，打通到福建之路。南汉和闽政权都实行宽松的农业政策，加上良好的自然环境，水稻的推广，复种、双季稻甚至三季稻等普遍推行，使得闽广地区农业生产有了长足发展。此外，商业和海外贸易繁荣，远离战事频仍的中原，使当地获得比较安定的发展生产的环境。南汉的刘氏出身南海富商，闽政权的王氏从军起家，他们都极力维持政局稳定，发展生产，吸引北人南下，利用海内外贸易的优势，改变了闽广地区经济落后的面貌。

在纷争不断的五代十国时期，各经济区域既有各自发展的轨迹，也相互联系、相互促进、共同发展，各政权都采取积极发展生产、加强商贸往来的政策，各民族交往交流交融的历史进程从来没有中断过。

▌注　释

....

① 苏轼撰，孔凡礼点校:《苏轼文集》卷一七《表忠观碑》，中华书局1986年版，第499页。

② 颜真卿:《谢荆南节度使表》，载董诰等编:《全唐文》卷三三六，中华书局影印本1983年版，第3405页。

③ 李白著，王琦注:《李太白全集》卷三《蜀道难》，中华书局1977年版，第162页。

北京师范大学史学理论与史学史研究中心　宁欣

五代至清中叶统一多民族国家
曲折发展中内蕴的必然统一性之分析

　　五代至清中叶，前后涵括了约 1000 年的历史。对于中华民族的发展来说，这近千年，既是中国农商帝制社会继续向前发展的历史时期，也是中华民族再次重新组合，并奠定今日国家版图的历史时期。同时，从世界发展的形势看，也是以欧洲为代表的西方世界，逐渐走出中世纪，经过文艺复兴、启蒙运动，而步入近代资本主义发展，开始殖民扩张道路的历史时期。所以，无论是从世界历史的发展，还是从中华民族自身历史的发展来看，这个阶段都有十分重要的意义。

　　从历史视角看，这近千年的中华民族历史，大致可以划分为多民族政权分立和多民族国家统一不断巩固的两个阶段。而从民族统一格局的形势看，这近千年的中华民族历史，也是不断走向新的、更加巩固的民族统一的历史——隋唐统一后是五代以来的分裂，经过近 400 年的多民族政权分治，在围绕着中原地区四周的边地社会急剧发展的基础上，接下来的元、明、清三大统一王朝，结束了此前近 400 年政权分治局面，从而完成了中华民族更高层次的巩固统一。

　　具体来说，这近千年历史的第一阶段，从 907 年开始。这一年，经过长期党争的政治混乱和藩镇割据后的唐朝，开始为朱温建立的后梁所取代。从此一直到 1279 年南宋丞相陆秀夫负末帝投海自尽，元世祖忽必烈统一中国，中华民族前后历经了长达 370 余年的多政权分治局面。

在这一历史阶段，在中国这片广袤的土地上，除了经历五代十国短暂的相互争战及政权更迭外，更先后并立过十余个政权：辽、北宋、金、西夏、南宋、南诏、大理、西辽、吐蕃诸部、西州回鹘、喀喇汗国等。这些政权分别由汉、契丹、女真、回鹘、党项、吐蕃等所建，形成疆土交错、政权纷呈的历史格局。然而我们也看到，这一时期的分裂，实际内蕴着一股强大的趋向统一的力量。也正是这一力量，为后来的元明清时期的更大规模、更稳固的统一奠定了基础，开辟了道路。

毋庸置疑，从五代分裂再到元明清大一统政治、文化格局的重建，其深层原因是来自于中华民族历史文化中本身内蕴的统一驱动因素。这内蕴的驱动因素，一是来自于中原包括制度文化在内的诸文化，比较周边族群所具有的先进性；二是以仁政德治为特征的政治文化所具有的社会感召性；三是以超越血缘的文化作为先进与落后评判标准的文化包容性、开放性。

其中第一方面使周边其他族群一进入中原区域时，就面临一个早已成熟并形成文化体系的观念网络、知识网络、政治制度网络和社会组织网络，优先占据了对于世界的命名权和解释权。其结果就是，当周边族群进入中原区域之时，就会自觉不自觉地努力接受这个现成的文化网络，甚至为了获得接受的合理性、合法性，还主动地将自己的历史，从族群的起源到后来的发展，编织、嵌入到中原地区已成系统的历史叙述当中，完成了对于中华历史文化的认同。

对于这种情况，历史事实显现得相当清楚。例如，在辽朝，一完成区域性的统一，统治者即表现出对中华的认同，并以此为依据开始与中原的宋朝争正统。为了强调其政权对于整个中华区域统治的合法性、合理性，契丹人反复强调自己是炎帝、黄帝的子孙。《辽史》记载契丹为"轩辕后"，称"辽之先，出自炎帝"，而自己的政权是"中国之北朝"，宋为"中国之南朝"，一如起于北方而统一的隋朝，自己随时准备承继天命南下统一中国。契丹人为统治者之辽政权如此，党项人建立的西夏亦如此。西夏统治者以"万国之主"自命的初衷即基于这一点。金为女真人建立的政权，同样自称为中华正统。金熙宗完颜亶说："四海之内，皆朕臣子，若分别待之，岂能致一。"① 金朝第四位皇帝海陵王完颜亮曾发大军南征宋朝，赋诗称："万里车书一混同，江南岂有别疆封？提兵百万西湖侧，立马吴山第一峰！"② 他认为："天下一家，然后可以为正统。"③ 此外，像10—13世纪初回鹘人及其他民族在中亚及今新疆喀什、和田地区建立的喀喇汗王朝（黑汗王朝），其知识精英们也是认同中国，认为自己是中国人。例如，马赫木德·喀什噶尔在其著《突厥语大词典》里，把当时的中国分成上秦、中秦和下秦三部分：上秦为中国东部，即宋朝；中秦为契丹，即辽朝；下秦为喀喇汗王朝。④ 这种政治归属感体现了浓厚的中华民族的整体意识。

至于以仁政德治为特征的政治文化所具有的社会感召性，以及以超越血缘的文化作为先进与落后评判标准的文化包容性、开放性两个文化因素，则是在中原主体民族文化发展先进性的基础上，使得各民族之间天然地既无相互的对立、也无隔膜地相互交往，在观念认识上提供了可能，使各民族之间的相互历史文化认同在自然而然的情况下水乳交融。

那么，怎样认识五代及辽、宋、金、西夏分立时期各政权在中华统一多民族国家历史发展中的价值？

从历史发展的长时段来看，五代至元之间貌似的政治分裂，既是对隋唐以来大一统格局存在问题的消化，也是为后来元、明、清更大规模的统一奠定更为坚实的政治、经济和文化的基础。因为中国作为一个疆域广袤的统一多民族国家，只有调动起各民族的共同努力，才能有效地促使经济、政治、文化在整个疆域内得到全面的发展，才能使国家的统一得到真正的巩固。然而事实上，结束了魏晋南北朝分裂局面的隋唐政权，在接下来的近300年的历史时期间，中原地区与边疆地区的发展水平并没有达到平衡。在这种情况下，边疆的发展也是整个国家统一得以巩固的重要条件。只有边疆的社会发展与中原的社会发展总体上接近平衡，特别是在社会制度上接近平衡，整个中华民族的统一才能获得持续的巩固和发展。而这个任务的完成，实际上是通过一系列的政治、文化实践实现的。

随着隋唐多民族国家的空前统一，也带来了不断扩大的各民族的文化、经济交往，从而有力地促进了边地的社会发展。与此同时，隋唐实行的边地羁縻制度，也为边疆一些地区迅速突破了原有松散组织方式，逐步完成其所在区域的统一，提升其政权意识，提供了政治、经济和文化的条件。因此，一旦中央政权崩溃，一些边地民族便在政治上摆脱原有的羁縻，而进入了自身的区域性的政权构建的历程。

边疆民族的发展对于以后的历史发展来说，其意义包括两个方面：一是增强了周边少数民族的政权意识，这使得中央王朝的国势一旦衰落，这些地方便伺机而起，展开疆土的开拓、政权建设和经济开发；二是在这一过程中，又蕴含着对整个国家统一格局的追求。边区的民族经过氏族、部落或部落联盟到单一民族统一共同体的发展过程，逐渐完成以某一民族为主体并包容有其他多个民族的区域性统一，从而为新的多民族的统一，奠定坚实的政治、经济及文化基础。新的更高层次的大统一，便在这一历史发展的过程中逐渐发育、成长和巩固。

这一历史时期中华统一多民族国家发展的鲜明特点是：那些因唐政权的崩溃而摆脱中央羁縻并独立的边疆政权，并没有继续走向完全的分离，而是在建立政权不久，便立即将政治势力拓展的方向转向中原，开始努力寻求以自己政权为主体的、包含着多民族的全中国性的新统一。也就是说，这时期中原政权与北方政权的对峙，不是相互寻求分离的对峙，而是追求将他者置于自己政治统治之下，以自己政权为核心的新统一。这也就决定了近 400 年分裂格局中，各地方政权政治、军事活动蕴藉的不断向中原核心地区发展，不断追求统一的政治诉求。同时，也正是因为这些区域政权的形成具有如此的历程，使得这些区域政权，无论政治还是文化，无不包含着中央王朝的因素，而这政治、文化上的历史渊源与联系，以及因这些历史渊源而形成的相互认同，也就成为了后来更大规模、更加巩固的统一多民族国家的必然依据和条件。

历史发展事实正是这样，虽然北宋、辽、金、南宋等王朝实现大一统的努力屡经失败，但是统一愿望不仅没有因挫折而销蚀，反而因各个区域政权势力的发展而变得越来越迫切。于是，整个边地社会的发展与中原地区的发展水平差距逐渐缩小并趋于平衡，而新的统一的条件则在这不断缩小差距的过程中越来越成熟。这是因为原处于中原周边地区的民族，在摆脱隋、唐王朝政治羁縻的同时，为争取自身政权的稳定，努力吸收其他民族的先进文化，努力寻求从政治、经济到文化的各种改革，从而构成了社会进步的强大的内在驱动力。

▎注　释

① 脱脱等：《金史》卷四《熙宗本纪》，中华书局 1975 年版，第 84—85 页。

② 李有棠：《金史纪事本末》卷二七《海陵南侵》，中华书局 2015 年版，第 461 页。

③ 脱脱等：《金史》卷一二九《李通传》，中华书局 1975 年版，第 2783 页。

④ 张广达：《关于马合木·喀什噶里的〈突厥语词汇〉与见于此书的圆形地图》，载《西域史地丛稿初编》，上海古籍出版社 1995 年版，第 70 页。

北京师范大学历史学院、北京师范大学史学理论与史学史研究中心

向燕南

契丹民族的历史文化认同
与辽朝的建立

    契丹民族社会发展的历史，是对中华主体文化不断认同的历史。作为我国北方的一个古老的民族，契丹民族的历史，也可以说是鲜卑、匈奴等古代北方民族历史的延续，但契丹真正建立政权的标志，则是916年耶律阿保机废除契丹可汗的选举制，确立君主世袭制。

    契丹族活跃于历史舞台500余年才正式建立国家，这在古代北方民族史上是一个比较特殊的现象。我国古代北方曾活跃过许多民族，少数得以建国者大多是乍起乍兴，如匈奴、突厥等；更多的是未能建国，仅仅作为部族群体活动一段时期便并入或融合进其他民族或国家中去而从历史上消失了。然而契丹作为一个最初的部族群体活动了500余年而没有泯灭，其间虽也几经起落，几经辗转演变，最后竟然建立起了自己的国家，这对于中国的北方民族发展史来说堪称奇迹。然而，除了内外客观原因和条件外，我们认为，历史发展主观力量的变化在促进契丹民族社会的发展变化方面也是非常重要的，有时甚至是起决定性的革命作用的因素。应该说，在阿保机建立国家的过程中，中华主体历史文化认同因素曾发挥十分重要的作用。

    考察契丹民族的发展历史可以看出，契丹的几次重大发展都与文化的认同和选择有关。历史上，当契丹作为族名而出现在历史上时，该民族已经越过了最原始的社会发展阶段，逐渐向部落联盟阶段发展。在经过漫长发展后，契丹各部落的成分日益复杂，逐渐分化组合成八个部落，史称古八部，游牧于北方辽阔的草原间。到了唐朝初年，面对强大兴盛的大唐，这时的契丹，在如何发展的道路上开始面临着两种选择：是向西，继续臣服于与自己游牧生活方式相近的突厥政权，还是摆脱突厥人的控制，转向中原，认同具有更高社会发展阶段的中原王朝。最终，渴望发展的理性战胜了随遇而安的惰性，契丹人于唐太宗贞观二年（628 年），在首领大贺摩会带领下，摆脱了突厥控制，率领部众内附唐朝，唐统治者亦视之为"降附之民"，专门设立松漠都督府，任命契丹部族联盟首领担任领军将军兼都督，封无极县男，赐姓李。从此契丹正式归属唐朝统治，多次助唐军征战，屡建战功。

应该说这次政治及文化的选择，对于契丹民族的发展至关重要，正是受到中原政治、经济和文化的滋养，契丹民族才开始日益强盛，民族意识日益成长，并在唐朝末年势力衰落之时，迅速扩张其统治区域，形成中国北方的一支重要的区域政治势力。

然而又是在这民族社会发展关头，契丹民族再次面临文化的选择：是继续坚持"逐寒暑，随水草畜牧"的游牧生活，还是吸收汉民族的生产方式发展农耕事业？是继续坚持实行松散的部落联盟政治制度，还是按照中原政权的模式建立君主专制集权王朝？这一次，又是对主体历史文化的认同决定了契丹民族的发展道路。对于契丹民族来说，耶律阿保机的即帝位建国号之举，决不是简单的个人行为，而是一场在认同先进主体文化基础上发动的真正的社会革命。因此，随着这场革命的发生，也必然是伴随着一场从上到下的、一系列的革命性的政治文化举措。

首先，在形式上，阿保机完全仿照中原王朝的体制，建元"神册"，对自己则采用皇帝称号曰"大圣大明天皇帝"，同时册立自己的长子耶律倍为皇太子，确立了世袭皇权的统治。这也是宣告了契丹民族旧的部落氏族联盟选举制灭亡，新的中央集权君主专制国家诞生的最重要的标志，标志着契丹社会自此进入了新的历史时期。

其次，与中央皇权相适应，阿保机还在汉人的帮助下，结合契丹民族特点，比照中原王朝，建立起一系列的政治、文化制度，其中重要者包括：1.打破旧部族编制，建立由中央直接任免官员，规定各部落驻扎区域，由中央朝廷统一管理的新制度；2.重用汉人，初建南北两面官制度，仿唐、五代制度，中央设枢密院、三省六部，地方设州县等行政单位；3.建立四时捺钵制度，营建皇都，设立州县管理汉人；4.创制文字，结束契丹"刻木为契"的时代；5.尊孔崇儒，立儒学为国家意识形态；6."诏定法律"，参考中原法律，结合契丹民族特点，开始成文法的制定，并设置相应的刑狱职能部门。这些在认同主体文化基础上的一系列改革，不啻是契丹民族社会从上到下的一场政治、文化革命，对于契丹民族社会的全面进步，起到了决定性的作用。

除政治制度外，契丹民族之所以能迅速地完成部落联盟向封建国家的过渡，还有一个重要的原因，就是其在本民族传统游牧经济的基础上，吸收大量汉人，建州县，垦土地，发展农业。对农耕文化的认同，事实上也是契丹民族观念转变的物质文化基础。正是因为有了在滦河上游几年的励精图治，尤其是"阿保机率汉人耕种，为治城郭、屋邑、廛市，如幽州制度"，使其"专意于农"，形成"汉人安之，不复思归"的局面，①才使阿保机获得稳固的发展基地，建国称帝，进而统一契丹各部，完成契丹民族的社会变革，而契丹人则因此逐渐由游牧民族向农牧兼有的民族过渡，并逐渐形成农耕地区大大向北移动的态势，造成日后北方游牧民族与中原农耕民族联系的日益加强和相互渗透与融合的有力条件。

此后，契丹统治者对主体历史文化认同的意识越来越明确，尤其是在取得燕云十六州后，在对主体历史文化有了更深入了解的基础上，认同意识突出增长，其南伐中原结束中原混战，获得正统地位的欲望也愈加急切。其时契丹太宗诏以皇都为上京，改原南京（辽阳）为东京，升幽州（今北京）为南京的举措，实质也是这种南进政策的体现。943年，契丹太宗亲至南京，开始部署进攻后晋的军事活动，分兵数路，大举伐晋。经过几年的征战，最终于946年灭掉了后晋政权。次年的正月，契丹太宗用中原皇帝的仪仗，"备法驾入汴"，进入后晋的都城大梁（今开封），并在崇元殿改穿上汉族皇帝的服装接受百官的朝贺。同年二月，契丹太宗诏令"建国号大辽，大赦，改元大同"②。即进一步将原带有狭隘民族色彩的"大契丹国"，改为富有主体历史文化色彩的"大辽国"，同时将本寓意统一的年号"会同"③，进一步明确地改为更富有统一理想的"大同"。

根据契丹太宗即位以来一系列的政治举措所反映的历史文化认同意识，我们认为，其最终选择"大辽"作为国号，应是寓有"藩汉一家"意思的。这不仅表明契丹统治者对主体历史文化所抱有的认同意识，以及其渴望建立大一统国家的政治理想和抱负，也表明随着契丹人统治区域的迅速扩大，包括的民族也越来越多，尤其是在获得燕云十六州之后，大量的、具有先进文化的汉人对契丹国的政治、经济影响急剧上升，原有的带有狭隘民族色彩的国号，显然已不再适用于所面临的多民族国家的政治统治，以及将要努力实现的、一统中华的政治愿望。从契丹改国号"辽"始，契丹各阶层的历史文化认同意识也开始有了更高的升华，契丹民族与其他民族的融合也越来越深入。实际上契丹族到了后来已经基本融到各族人民之中了。

▌注　释

① 欧阳修：《新五代史》卷七二《四夷附录第一》，中华书局1974年版，第886页。

② 脱脱等:《辽史》卷四《太宗纪下》,中华书局 1974 年版,第 59 页。

③ "会同"语出《尚书·禹贡》"四海会同,六府孔修"句。

北京师范大学历史学院、北京师范大学史学理论与史学史研究中心

向燕南

"羌汉弥人同母亲"
——党项人的历史文化认同

党项是生活在西北草原的一个古老民族，对于其与中原地区的关系，《隋书》和《旧唐书》的《党项传》都有所记载。这些历史记载说明了几个问题：一是党项的起源是十分久远的，且与中原地区有密切关系；二是南北朝时期，党项见"中原多故，因此大为寇掠"①，与中原王朝频繁接触；三是至少在隋朝时期，党项社会还处于相当落后的阶段，生产生活方式以游牧为主；四是到了隋朝，逐渐有党项部落内附中原王朝，有了定居意愿，并以朝贡形式体现其政治、经济和文化的认同。因此，在唐初有大批党项人内附，其社会形态发生飞跃，认同也随之增强，为党项建立地方政权打下了基础。

应该说，党项社会发展的每一步，都体现着对中华文化认同的因素。

从唐朝初年开始，党项一方面受到吐蕃崛起扩张的压力，另一方面受到唐朝强大政治文化的感召和优抚，各部纷纷归附唐朝，接受唐朝的羁縻管理，认同唐朝的统治。贞观五年（631年），唐朝在河曲地区设置了多个羁縻州，收容内附的党项人口达34万。此后，一直帮助吐谷浑与唐作战的党项拓跋部首领拓跋赤辞也率部归附唐朝。唐朝遂在其居住的地区分设多个羁縻州，以拓跋赤辞为西戎州都督，赐国姓李，受松州都督府节制。

在这一时期，党项社会开始从早期的以血缘关系组成的氏族部落形式，逐渐被地域性的羁縻府州县所取代，在"爰受冠带，兼服征徭"②的新条件下，生活在同一地区的不同族姓部落逐渐联合，形成了地域性的部落集团。随着迁徙到更接近中原的地区，党项人越来越多地接触到先进的生产技术和高度发展的文化，进一步深化了其文化认同，有力推动了党项社会进步。这时的党项人除了从事传统的狩猎、畜牧业之外，还有一部分人过上了农耕生活，手工业、商业也开始发展。党项人的文化认同，在推进社会迅速发展的同时，也为其在中原西陲建立地方政权奠定了物质和文化基础。唐末藩镇割据时期，党项开始摆脱中原王朝的羁縻。

建隆元年（960年），宋太祖赵匡胤建立北宋政权，当时以拓跋彝殷为首的党项夏州政权亦归附宋朝，拓跋氏被赐姓赵，并追封拓跋彝殷为夏王。与此同时，另一位党项首领李继迁则在夏州组织武装抗宋，依附辽朝，被封夏国王，周旋在辽、宋之间。

从李继迁带领党项部落反抗宋朝，到其孙元昊公开称"大夏皇帝"，在半个多世纪的时间里，党项迅速完成了从部落联盟到帝制官僚政权的历程，而这也是其不断认同中华历史文化、获取文化资源的过程。宋仁宗时的重臣富弼说："拓跋自得灵、夏以西，其间所生豪英，皆为其用。得中国土地，役中国人力，称中国位号，仿中国官属，任中国贤才，读中国书籍，用中国车服，行中国法令，是二敌所为，皆与中国等。"③意思是说，西夏在认同中华历史文化的基础上，按照中原政权的政治、经济、文化模式，实现自身的发展。

李继迁之后，其子李德明承继其遗业，一方面稳定与宋、辽的关系，从宋朝获得丰厚的"岁赐"，以各种方式发展商贸和农业，出现"禾黍云合，甲胄尘委"④的繁荣景象；另一方面，学习中原王朝的政治制度，"役民夫数万，于鳌子山大起宫室，绵亘二十余里"，兴建宫殿、宗庙、官署、馆舍等，"大辇方舆，卤簿仪卫，一如中国帝制"⑤。这些政治、经济、文化政策使得党项从政治形态到社会发展形态、从经济基础到上层建筑都实现了极大发展。

西夏景宗元昊在先辈治理基础上，按照中原王朝的政治、礼仪、文化制度，根据统治区域的特点，进行制度文化建设，包括升兴州为兴庆府、扩建宫城、广营殿宇、新定官制、规定官民服饰礼制、建立年号制度、制夏字并设蕃汉字院等等，于 1038 年正式建立起西夏政权。概括而言，元昊建立西夏政权所体现的历史文化认同意识，主要有以下几个方面。

第一，其所建之国号曰"大夏"，具有明显的"续统"意识。这除了有因袭东晋时赫连勃勃氏所建之"大夏"国号的含义外，更深层的含义是对中华历史文化的认同。按：夏者，义训为大。孔颖达疏曰："中国有礼义之大，故称夏。"《说文·文部》云："夏，中国之人也。"大夏之名最根本的渊源，显然是中国最古老的王朝——夏，而夏也是古羌人——党项人的祖先活动的舞台。

第二，元昊宣称自己为皇帝，国号"大夏"，使用党项语言则称"兀卒"，意为"青天子"，而名其国曰"邦泥定国"⑥。所谓"邦泥定国"，乃汉字"白上国"西夏文的音译，带有浓重的中华文化五行学说的意义。按五行之说，西夏国所在地位于中原以西，西方属金，其色白。这种以金德自居的意识，显然是受中华文化影响的产物。除此之外，西夏统治者以金德自诩的另一番深意，即表明其承继唐之"土德"德运的政治统绪。

第三，元昊自称"始文本武兴法建礼仁孝皇帝"，改元"天授礼法延祚"⑦。这里强调的文、武、法、礼、仁、孝等，无一不是中华文化中最重要的伦理范畴，而所谓"天授"之说，亦是对中原王朝"君权神授"思想的继承。

党项统治者对中华历史文化的认同，深深影响了西夏的社会文化。20 世纪初，沙俄的柯兹洛夫从内蒙古额济纳的黑城遗址盗走了大批西夏文物和文献。仅就公布的几段诗歌和谚语看，诸如"羌汉弥人同母亲"（党项人自称"弥人"），"一意治国学尧舜，一心治民循汤武"等⑧，就能感受到党项人以及西夏政权对于中华历史文化的深刻认同。

▌注 释

① 李延寿：《北史》卷九六《党项列传》，中华书局 1974 年版，第 3192 页。

② 杜牧撰，吴在庆校注：《杜牧集系年校注》之《樊川文集》卷一五《贺平党项表》，中华书局 2008 年版，第 935 页。

③ 李焘：《续资治通鉴长编》卷一五〇"仁宗庆历四年六月"条，中华书局 2004 年版，第 3640—3641 页。

④ 范仲淹撰，李勇先等点校：《范仲淹全集·文集》卷一〇《答赵元昊书》，中华书局 2020 年版，第 211 页。

⑤ 吴广成撰，龚世俊等校证：《西夏书事校证》卷九"起宋真宗景德四年尽大中祥符七年"条，甘肃文化出版社 1995 年版，第 112 页。

⑥ 脱脱等：《宋史》卷四八五《夏国传上》，中华书局 1977 年版，第 13998 页。

⑦ 脱脱等：《宋史》卷四八五《夏国传上》，中华书局 1977 年版，第 13996 页。

⑧ 陈炳应：《西夏文物研究》，宁夏人民出版社 1985 年版，第 346—348 页。

北京师范大学历史学院、北京师范大学史学理论与史学史研究中心

向燕南

女真的历史文化认同与金朝的建立和发展

  金朝的建立者是女真。女真人生活的东北地区还有其他的部族，而女真人自身亦有熟、生女真之别，社会发展的步伐并不一致。其中与辽邻近的是所谓熟女真，因早被辽所征服，渐渐籍于辽廷，故发展程度较之生女真为高。相对熟女真，生女真的社会发展形态，在立国之前相当长的一段时期内，基本还是处于以血缘关系组成的部落或部落联盟，渔猎依然在其经济生活中占据主要地位。然而却是发展相对落后的生女真人，在完颜部的率领下，走出白山黑水，形成奄有中原的大金国。

  以完颜部为核心的所谓生女真，其社会进步之迅速，超过了以往的很多部族。在11世纪初，他们还处于氏族社会阶段，到了11世纪中叶却急剧进入奴隶制社会，而到1115年，完颜部的首领阿骨打在抗辽斗争的胜利中登极皇位，建立了君主专制的大金国。当年，金联合北宋火掉了辽，1127年又南下灭掉了北宋，1153年迁都燕京（今北京市），形成与南方政权南宋颉颃对峙的帝制集权皇朝。女真完颜部的发展之所以如此迅速，一个重要的原因，实有赖于生女真对于中华主体历史文化认同的深入。

  10世纪中期，生女真人有几十个部落均处于原始社会。完颜部是其中较大的一个部落，它的生产发展最为迅速。11世纪中期，完颜部强大起来，邻近的部落纷纷归附，辽任命乌古迺为"生女真部族节度使"。完颜部的首领从这时起，取得了作为部落联盟世袭首领的权力，逐渐统一了女真各部，向着建立集权政权迈出了重要的一步。

早在隋代，女真先人就遣使表示对中华主体文化的向往，以及自愿接受先进制度、入为中华的强烈要求，并在唐朝时，进一步由单纯朝贡的附属部落，发展而为唐廷统治下的羁縻之州。尤其是渤海人，这时"其王数遣诸生诣京师太学，习识古今制度"①，全面学习和模仿唐文化和制度，用唐制改造社会，造就了一大批具有相当文化水平的渤海文人。同时，对于深处东北边陲的生女真人来说，兴起并建立集权政权的历程，显然与契丹和党项有所不同，其最初接受的先进文化，更多的是得益于毗邻的辽皇朝，得益于过去历史上的北方民族积累的政治、文化经验。原因是辽在金建国之前，长期据有燕赵故地，社会发展远远走在了前面，从而也影响了女真文化认同的形式与途径。

关于女真与辽之间在文化授受及其发展方面的关系，《金史》有这样的记载："女真初无文字，及破辽，获契丹、汉人，始通契丹、汉字，于是诸子皆学之。"②说明在灭辽之前，女真完颜部的社会文明程度还是相当落后的，社会形态还处于军事部落联盟阶段。但是，在反抗辽朝的压迫，抗辽伐辽的同时，女真完颜部也积极地吸收了辽的先进文化，并因此将自己的社会形态——军事部落联盟推到了它的尽头。

事实上，女真抗辽斗争的形势，也面临着多种发展道路的选择，但是最终完颜阿骨打对先进文化的认同与选择，起到了关键性的作用。而使这起到关键性作用的则是渤海人杨朴。

杨朴祖居铁州，是渤海人后裔。年轻时，以博学雄才考中辽朝进士。他为人慷慨有大志，多智谋，且十分熟悉儒家之道，通晓帝制政治的典章制度，但辽统治者对杨朴并不重视，只让他在枢密院内做个校书郎。于是在阿骨打起兵伐辽后，杨朴便投奔了女真反辽的队伍，且很快成为了阿骨打最信任的高级谋士之一。有着极深中华主体历史文化修养的杨朴，犹如女真了解先进中华主体历史文化的中介桥梁，对于女真贵族了解中华主体历史文化、认同主体历史文化，起到了重要的作用。在对辽朝和女真历史现状及发展趋向进行全面分析后，杨朴再次委婉地向阿骨打提出称帝建国的建议。建议中，杨朴以其丰厚的中原政治文化经验，向阿骨打展现了开阔的历史前途：即变"家"为国，跨出以血缘为核心纽带的氏族部落联盟，建立一个与宋、辽、西夏一样的君主专制的帝制政权，建立一个东滨大海、西连夏国、南邻宋朝、北接远方各部的女真皇朝。最终阿骨打听从了杨朴的劝谏，认同了杨朴描述的这个政治主体文化图景，于辽天庆五年（1115 年）的正月初一，在虎水附近的会宁（今黑龙江阿城南）正式登基称帝，国号为"金"，建元受国。就这样，原本相对女真其他部族更落后的完颜部，由于听从杨朴描绘的政治愿景，认同以辽、宋为代表的先进文化，反而领先了其他女真部族的发展。

金朝建立的成功，不仅进一步刺激了金太祖完颜阿骨打的政治野心，也极大地激起了他认同并吸收中华主体文化的热情。而作为建国者的金太祖的这种文化认同取向，也为以女真为主体之金国的日后发展途径，提供了历史借鉴的依据与规范。

在大金政权的建设过程中，因认同中华主体文化而尝到益处的金太祖及其后继者，在频繁征伐战争的同时，格外注意吸收那些辽、宋境内的士人，竭力采取录用才能之士的政策，选择汉人和契丹人中优秀的地主和知识分子，授予他们官职，拜他们为师，令他们参加金朝的政权建设，创建金朝的典章制度。这些带有浓重文化认同色彩的政策，对于日后金朝社会政治及文化的发展，产生了非常积极的作用。

金朝的历史表明，这些各族士人的大量起用，既反映了女真统治者的历史文化认同意识，也促进他们文化认同意识的进一步增长，最终促进了整个金朝社会的急速发展。这在金朝发展的历史上是有大量事例可循的。例如《日下旧闻考》引《金图经注》记载云："金本无宗庙，不修祭祀。自平辽后，所用执政大臣多汉人，往往说天子之孝在尊祖，尊祖在建宗庙。金主方开悟，遂筑室于内之东南隅。"③ 又《金史·舆服志》记载云："金初得辽之仪物，既而克宋，于是乎有车辂之制。"④ 以上这些是在文化、习俗及礼仪制度上的因影响而认同之例。例如《金史·刑志》记载："太宗虽承太祖无变旧风之训，亦稍用辽、宋法。"⑤《金史·选举志》记载："金承辽后，凡事欲轶辽世，故进士科目兼采唐、宋之法而增损之。其及第出身，视前代特重，而法亦密焉。"⑥《金史·百官志》记载："天辅七年以左企弓行枢密院于广宁，尚踵辽南院之旧。天会四年，建尚书省，遂有三省之制。至熙宗颁新官制及换官格，除拜内外官，始定勋封食邑入衔，而后其制定。然大率皆循辽、宋之旧。"⑦

以上这些是在经济、法律、选举、职官等制度方面因影响而认同之例。其所反映的金朝国力发展之所以较之其他政权更迅速的事实，其文化认同意识增长迅速又彻底，不能不说是一个相当重要的原因。

关于历史文化认同对于女真社会的发展，以及对金朝的政权建立和社会文化的发展的意义，《金史·文艺上》的序论颇能说明问题。该序论云："金初未有文字，世祖以来渐立条教。太祖既兴，得辽旧人用之，使介往复，其言已文。太宗继统，乃行选举之法，及伐宋，取汴经籍图，宋士多归之。熙宗款谒先圣，北面如弟子礼。世宗、章宗之世，儒风丕变，庠序日盛，士由科第位至宰辅者接踵。当时儒者虽无专门名家之学，然而朝廷典策、邻国书命，粲然有可观者矣。金用武得国，无以异于辽，而一代制作能自树立唐、宋之间，有非辽世所及，以文而不以武也。"⑧

此为论述文学的发展，然而我们不是亦可作为女真及以女真为主体的金朝，逐渐认同中华主体历史文化之历程的写照吗？

注 释

① 欧阳修、宋祁：《新唐书》卷二一九《渤海传》，中华书局 1975 年版，第 6182 页。

② 脱脱等：《金史》卷六六《完颜勖传》，中华书局 1975 年版，第 1558 页。

③ 缪荃孙：《艺风堂文集》卷二《金故宫考》，载张廷银、朱玉麒主编：《缪荃孙全集·诗文》，凤凰出版社 2014 年版，第 58 页。

④ 脱脱等：《金史》卷四三《舆服上》，中华书局 1975 年版，第 969 页。

⑤ 脱脱等：《金史》卷四五《刑志》，中华书局 1975 年版，第 1014 页。

⑥ 脱脱等：《金史》卷五一《选举志一》，中华书局 1975 年版，第 1129—1130 页。

⑦ 脱脱等：《金史》卷五五《百官志一》，中华书局 1975 年版，第 1216 页。

⑧ 脱脱等：《金史》卷一二五《文艺传上》，中华书局 1975 年版，第 2713 页。

北京师范大学历史学院、北京师范大学史学理论与史学史研究中心

向燕南

辽金西夏对于统一
多民族国家发展的贡献

　　五代以后中华民族多政权分立的格局，为什么最终为新的、更大范围、更巩固的统一所取代？对于这时期各民族政权形成、发展及其内蕴的统一因素的分析，将有利于我们对这个问题的认识。

　　从历史上看，虽然北宋、辽、金、南宋等大一统的努力屡经失败，但是统一愿望不仅没有因挫折而销蚀，反而因各个区域政权势力的发展而变得越来越迫切。这是因为原处于中原周边地区的民族，在摆脱隋、唐朝政治羁縻的同时，为争取自身政治的独立，不得不努力吸收其他民族的先进文化，努力寻求政治经济文化的各种改革，从而构成了该民族社会进步的强大的内在驱动力。于是，在这些民族的努力下，整个边地社会的发展与中原地区的发展水平差距逐渐缩小并趋于平衡，而新的统一的条件则在这不断缩小差距的过程中越来越成熟，最终走完从统一到分裂，再到新的更高层次统一的否定之否定辩证发展的历程。

　　应该说，在中华民族从统一到分裂，再到更巩固、范围更广泛的统一的否定之否定的辩证发展的历程中，一些少数民族作出了巨大的历史贡献。其贡献表现于这样几个方面。

　　第一，整合并进一步扩大了祖国边疆多民族的生活区域。如上所述，汉唐时期对于边疆地区大多施行相对松散的羁縻制度或政策。在这种情况下，边疆的许多地区与中央朝廷的行政联系并不是很紧密。但是，经过一些少数民族政权的经营，这种间接统治、联系松散的情况得到了很大的改观，为祖国更巩固、更大规模的统一，奠定了极重要的基础。可以想见，如此长的时间，在如此广袤区域的开发，以及对如此多的长期处于分散的北方民族的整合，对于日后元、明、清朝形成的更大规模统一，起到了承前启后的积极作用。中华民族的广袤北疆和东北之疆，自"辽、金崛起，遂为内地"①，实非虚说。

第二，发展和完善了"因俗而治，得其宜矣"的民族政策和管理制度。北方少数民族政权统治区域急剧扩大，包容的民族也越来越繁杂，其中有的经营农业，有的过着游牧或渔猎的生活，而且除经济结构不同外，各民族的社会发展阶段也不尽相同。其中中原地区的汉人是"耕稼以食，桑麻以衣，宫室以居，城郭以治"②，而北部的契丹等民族则普遍过着"畜牧畋渔以食，皮毛以衣，转徙随时，车马为家"的生活。针对这种情况，一些北方少数民族统治者，创造性地提出并实行"因俗而治，得其宜矣"的统治政策及其相应的管理制度，分别处理不同民族的事务。这种制度照顾到了不同民族的社会发展程度和不同民族的习俗，虽然是统治者为有利其统治各民族的考虑，但是客观上仍起到较好地协调各民族之间关系，促进各民族和平共处，促进经济文化交流，维护北方地区统一的积极作用。这种"因俗而治"的政策，给予了后来极大的启示，直接影响到后来的金、元，乃至于清的民族政策和制度建设，为各朝各代的统治者所承袭和完善。

第三，促进了北方各民族的相互融合。一部辽、金、西夏的历史，既是与汉族为主体的北、南宋政权政治、军事对峙的历史，也是北方各民族相互融合的历史。按照清代史学家赵翼的研究，其"金、元取中原后，俱有汉人、南人之别。金则以先取辽地为汉人，继取宋河南、山东人为南人。元则以先取金地人为汉人，继取南宋人为南人"③。至于后来元朝所谓的"汉人"，其实并不单独指原金朝境内的汉族人民，实际上是包括了契丹、高丽、女真、竹因歹、术里阔歹、竹亦歹、渤海等不同的民族。这就是说，在金朝，是把原辽朝统治下的各族人民视为汉人，元朝在四种人的等级划分中，又把原金朝统治的汉人、女真人、契丹人统称"汉人"。由此可见，辽、宋、西夏、金时代，也是中华民族历史上继魏晋南北朝以来又一次民族大融合的时代。正是在这一时期，不少北方少数民族，或逐渐形成了新的民族组合，或开始逐渐融入到了汉民族之中。

第四，促进了整个北方的经济大开发，使北疆地区的经济获得长足发展，南北经济发展趋向平衡，经济联系日益密切。辽、西夏、金以前，北方草原与中原农业区域存在着很大的差异，而随着辽、西夏、金政权辖区内人民的努力开发，使得两大经济区域的差异日益缩小。据当时人描述，当辽政权初立之时，长城以外，向北去"封域虽长编户少，隔山不见两三家"，人烟稀少。向东北方面，同样是人少州县稀，"所谓州者，当契丹全盛时，但土城数十里，居民百家，及官舍三数椽，不及中朝一小镇，强名为州"。④ 但是到了辽、金以后，这里已开始呈现一派"城郭相望，田野益辟"的繁荣景象，而辽中京地区，更是农牧结合、农田与牧地交错，"田畴高下如棋布，牛马纵横似谷量"⑤，"居人处处营耕牧，尽室穹车往复还"⑥，一派兴旺繁忙；东北的辽海地区，至金朝中期，也出现了"编户数十万，耕垦千余里"⑦ 的繁荣景象。至于西北地区，则亦由于辽实行了"劝督耕稼，以给西军"的屯田措施，至辽道宗即位时，竟已是丰收"凡十四稔，积粟数十万斛，斗米数钱"⑧ 了。此外，随着辽、金等少数民族政权在北方边疆的建立与开发，还把城镇文明带到了草原。辽、金建国以前，在我国北方的草原上，城市非常罕见。而辽朝开国后，随着政治、军事中心的形成，一些聚落逐渐发展为大大小小的城镇，其中辽都上京，"依汉制"，幅员二十里，分南北两城，北城是皇城，南城是汉城。而汉城"南当横街，各有楼对峙，下列井肆"⑨，是辽重要的商业区。此后辽又"择良工于幽蓟"，在草原修建了陪都中京城，"幅员三十里……自朱夏门入，街道阔百余步，东西有廊舍，约三百间，居民列廛肆庑下"⑩。稍后，辽又在长城以南设立了马城、辽城等聚落，进一步促进了长城南北的经济文化交流。

总之，当汉民族为主体的两宋政权，迫于北方少数民族政权的军事压力，极力向南开拓的同时，广袤的北方则在各北方少数民族政权的努力经营下，也迅速发展了起来。后来中国的政治中心之所以北移于幽燕地区，建都北京，而不是以前那些古老的都城，诸如长安、洛阳、汴梁，并一直保持这样的政治格局至今，应该说是与唐朝崩溃后，北方诸少数民族政权及其治下的多民族广大人民筚路蓝缕的开发经营分不开的。这也就是说，经过了近 400 年南北各族人民的不断努力，中华民族生活的北疆与南疆，都得到了不同程度的开发。北方与南方政治、经济的发展，至此开始逐渐趋于平衡，这些为日后更高层次、更为巩固的全中华民族的统一奠定了坚实的政治、经济以及文化的基础。

此外，唐朝崩溃以来相继建立的以女真为主体的金朝政权，以及以白族为主体的大理政权，也大致经历了类似辽和西夏的发展路线。因此，从历史发展的长时段看，隋、唐统一格局的发展，在极大地促进边疆民族社会发展的同时，其政治、经济与文化所具有的强大影响力，也为这些边域民族的独立发展，奠定了政治、经济与文化的基础。尤其是唐代对边域民族实行的羁縻府州制度，在有力地将其束缚于一定的地域上的同时，也极大地消解了部族内部不断生出的分裂力量，为形成新的规模更大、内部组织更为严密的地域性统一力量奠定了基础。而这种政治、经济与文化格局的形成，在各边域民族社会不断长足进步，以及对社会进一步发展的要求日益迫切的情势下，伴随着唐朝政治统治的崩溃，原本多少带有过渡性的、与中央朝廷行政联系相对脆弱的羁縻府州制度，恰好构成了一些边域民族建立独立政权的组织基础。于是一些边域民族便利用这些文化和组织基础，迅速崛起，建立起自己的政权，同时开始急剧向周边其他民族活动的区域展开军事扩张，并在军事扩张过程中不断吸纳其他民族人民，逐渐形成以本民族为主体的包括多民族的地区性政权。而这样的民族政权，加上克服了五代分裂局面，控制了中原地区的两宋汉民族政权的相互对峙，便构成了这近400年的恩怨纠葛，"境分多国""义若一家"的政治格局。

然而，这些因唐朝的崩溃而摆脱中央政权羁縻并独立的边疆民族政权，并没有继续走向完全的分离，而是在建立政权不久，便立即将势力拓展的方向转向中原，开始努力寻求以自己政权为主体的、包含着多民族的全中国性的新统一。这也就是说，这时期中原政权与北方民族政权的对峙，不是相互寻求分离的对峙，而是追求将他者置于自己政治统治之下，以自己政权为核心的新统一。这也就决定了这370余年分裂格局中，各民族政权政治、军事活动蕴藉的不断向中原核心地区发展，不断追求统一的政治诉求。同时，也正是因为这些民族区域政权的形成具有如此的历程，使得这些独立的民族区域政权，无论政治还是文化，无不包含着中央王朝的因素，而这政治、文化上的历史渊源与联系，以及因这些历史渊源而形成的相互认同，也就成为了后来更大规模、更加巩固的多民族国家统一的必然依据和条件。

▌注　释

① 许有壬：《先施堂记》，载李修生主编：《全元文》卷一一九一，江苏古籍出版社1998年版，第197页。

② 脱脱等：《辽史》卷三二《营卫志中·行营》，中华书局1974年版，第373页。

③ 赵翼著，王树民校证：《廿二史札记校证》卷二八"金元俱有汉人南人之名"条，中华书局2013年版，第630页。

④ 确庵、耐庵编，崔文印笺证：《靖康稗史笺证》卷一《宣和乙巳奉使金国行程录笺证》，中华书局2010年版，第17页。

⑤ 苏颂著，王同策等点校：《苏魏公文集》卷一三《后使辽诗·牛山道中》，中华书局1988年版，第170页。

⑥ 苏颂著，王同策等点校:《苏魏公文集》卷一三《前使辽诗·和仲巽奚山部落》，中华书局 1988 年版，第 163 页。

⑦ 曾枣庄、刘琳主编:《全宋文》第二册卷三八宋琪《奉诏论边事疏》，上海辞书出版社、安徽教育出版社 2006 年版，第 401 页。

⑧ 脱脱等:《辽史》卷九一《耶律唐古传》，中华书局 1974 年版，第 1362 页。

⑨ 脱脱等:《辽史》卷三七《地理志一》，中华书局 1974 年版，第 441 页。

⑩ 李德辉辑校:《晋唐两宋行记辑校·乘轺录》，辽海出版社 2009 年版，第 198 页。

北京师范大学历史学院、北京师范大学史学理论与史学史研究中心

向燕南

欧阳修的正统观念与宋代民族史观的理性倾向

正统论是中国古代思想史和学术史的核心问题之一。在多民族国家的发展历程中，人们对正统问题的探讨，始终与其民族观念密切相关。两者关系或近或疏，深刻反映了我国各民族历史文化认同意识历经曲折不断前行的客观趋势。辽宋夏金时期，各民族政权长期并存、碰撞，形成了继春秋战国、魏晋南北朝之后又一次新的民族大融合。与之相应，这一时期的正统论与民族史观，都体现出理性化的鲜明特征。欧阳修关于正统问题的系统论述，就是其中的典型代表。

欧阳修是一代文宗，同时也是史学大家。在秉持"《春秋》大义"修撰史书的同时，他深感前人在正统这个"万世大公之器"[①] 上议论杂陈，多非圣人之学，故提出要祛其疑惑，辨而明之，为后人提供"万世不易之法"。从这样的理论高度出发，欧阳修梳理正统论的缘起和存在的弊端，写成《原正统论》《明正统论》等七篇专论（后删定为三篇），构建起以"功业之实"为核心的新的、系统的正统论，把民族问题与正统观念进一步剥离开来，产生了深远历史影响。

其一，摒弃以天道运次为依据的"昧者之论"[②]，把对"正统"的讨论置于现实政治基础之上，为客观评价民族历史提供必要前提。自秦汉以后，五行相胜、三统循环之说盛行不衰，形成一套充满神秘色彩的帝统理论。在这个统系之中，少数民族政权的政治地位很难得到认可。欧阳修反对后人对儒家经典的任意附会，尤其对谶纬之说深恶痛绝。他指出，论正统当以"至公大义"为据，以"三统五运"言正闰是"昧者之论"，是"缪妄之说""怪奇放荡之说"，应当"置而勿论"③，完全摒弃。这些尖锐的批评，一扫笼罩在正统论上的"天命"迷障，使其成为依"人事"而存的理论命题。这是一个有划时代意义的转变。在"人事"的范围内，客观评价民族历史的可能性大大增加了。

其二，反对从自身政治利益、个人好恶出发的"自私之论"，因循旧说、不辨是非的"因人之论"④，强调正统论的客观性原则。正统论直接服务于当朝政治，为政权合法性提供理论依据，这使其往往受政治立场所限，出奴入主，任意褒贬，"为南史者，诋北曰虏；为北史者，诋南曰夷"⑤，失掉了"万世大公之器"的本意。欧阳修认为，在民族问题上的政治偏见，就属于"自私之论"。他对"夷狄"的批评，除了对边地民族的侵扰作指责之外，更多的是对落后文化的否定。可见，他在主观上已经试图跳出天道性命、政治立场、民族差异的束缚，从普遍规律角度阐释正统问题。隋唐以来，史学理论取得长足进展，对史书著作原则的讨论大大深化了。欧阳修所论，既是对前人思想的继承，同时又通过对"不没其实"的撰述原则的强调，把正统论与民族史观向着理性化的方向推进了一大步。

其三，以"功业之实"为核心括定"正统"之意，突出大一统的根本性意义，用同一标准评价各民族政权。欧阳修指出，所谓"正统"，可以从两个方面来理解："正者，所以正天下之不正也；统者，所以合天下之不一也。"⑥可见，"正"是伦理道德的标准，"统"则是政治功业的标准。依此标准衡量历代王朝，有三类四种情况。一类为"正统"，有"正""统"合一和仅得"统"两种情况，前者如尧、舜、夏、商、周、秦、汉、唐，后者如晋、隋虽得之不"正"，但最终能"合天下于一"。一类为"绝统"，即"正"与"统"皆不能得，正统无所依归，如东晋、后魏、五代。一类为"续统",即新的符合上述标准的统一政权出现，正统绝而复续，如西晋、隋、唐、宋。以"绝统""续统"⑦构建正统之论，是欧阳修的首创，反映出他对"正统"判定的严格要求和理论上的独出心裁。

值得注意的是，在欧阳修所构建的具有普遍意义的理论框架中，"功业之实"具有更核心的意义，是不可或缺的必要条件。同时，无论哪种意义上的"正统"，都没有把民族因素考虑在内。欧阳修曾专作《后魏论》，就论者提出的疑问解释说，北魏不可列于正统，并非因其"夷狄"身份，而是由于统治者才能不足，"有志乎天下而功不就"，致使正统无所依托，故"不得已""不得而进之"⑧。也就是说，无论是汉族政权还是少数民族政权，只要符合"德"与"迹"的评价标准，就可以进入"正统"之列。这种理论架构和相应的史学实践，无疑大大淡化了"华夷之辨"的消极影响，削弱了其在正统论中的地位与影响。结合宋代各族政权并立、民族矛盾突出的现实，欧阳修正统之论的积极进步意义，尤其显得难能可贵。

作为一名封建史家，欧阳修无疑走在了时代前列。饶宗颐先生说，"欧阳修首撰《正统论》，为古今一大文字"⑨，当为确信。欧阳修抓住历史大势，把历史经验和现实需要紧密结合起来，开启了正统论新的发展方向，使之从此展现出新的面貌和特点。五德终始说走向衰微，司马光以"一统天下"为原则修撰编年体通史《资治通鉴》，应当说都在一定程度上呼应了欧阳修之论，使求真、求实逐步成为普遍性认识。即使在南宋民族矛盾激化、"夷夏之辨"流行的情况下，这种可贵的理性倾向仍在发挥作用，为中华各民族加深融合与认同、由多元走向一体，发挥了重要历史作用。

注　释

① 欧阳修:《欧阳修全集》卷一六《明正统论》,中华书局 2001 年版,第 279 页。

② 欧阳修:《欧阳修全集》卷一六《原正统论》,中华书局 2001 年版,第 277 页。

③ 欧阳修:《欧阳修全集》卷一六《正统论上》,中华书局 2001 年版,第 269 页。

④ 欧阳修:《欧阳修全集》卷一六《原正统论》,中华书局 2001 年版,第 277 页。

⑤ 欧阳修:《欧阳修全集》卷一六《正统论上》,中华书局 2001 年版,第 268 页。

⑥ 欧阳修:《欧阳修全集》卷一六《止统论上》,中华书局 2001 年版,第 267 页。

⑦ 欧阳修:《欧阳修全集》附录卷二《先公事迹》,中华书局 2001 年版,第 2627 页。

⑧ 欧阳修:《欧阳修全集》卷一六《后魏论》,中华书局 2001 年版,第 285 页。

⑨ 饶宗颐:《中国史学上之正统论》,上海远东出版社 1996 年版,第 39 页。

中央党史和文献研究院科研规划部　李珍

互市——宋代的榷场

互市是古代中国中原王朝与周边政权之间经济贸易中的一种重要方式。宋朝的榷场和明朝的马市皆是互市的具体形态。互市的兴起推动了边疆地区的经济社会发展，促进了中原地区与边疆地区之间的交流与融合，从而丰富了中原文化的内涵。

榷场最初设立于宋、辽政权之间的边境地带，此后逐渐成为宋、辽、金、西夏各政权在边境地带所设的互市场所。"榷"意为专卖、专利，"场"则是指场地、场所。榷场贸易历时300多年，是这一时期隶属于不同政权的地区之间开展经济交流的重要形式。

宋太祖赵匡胤建立北宋政权之后，制定了"先南后北"的战略。也就是说，宋朝与北部的辽朝保持良好的关系，维持北方局势相对稳定，从而全力解决南方的问题，榷场因此成为维持双方关系的一个双赢选择。对于辽朝而言，榷场贸易也是其获取资源的重要途径。由于受到自然地理条件、农业技术水平等多方面的限制，辽朝面临物资供应紧张的局面，通过榷场贸易，可以获得自身急需的生产生活物资，从而大大缓解压力。

1005年，在经历了25年的战争后，北宋与辽在澶州（古称澶渊郡，今河南濮阳）订立和约，史称"澶渊之盟"。和约的主要内容包括：双方互约为兄弟之国，以白沟河为界，宋朝每年向辽朝交纳岁币白银10万两、绢20万匹，双方于边境地带设置榷场，开展互市贸易。此后，宋、辽之间百余年间没有爆发大规模战事。在此之前，虽然榷场贸易曾经零星出现过，但是"澶渊之盟"标志着双方榷场贸易的常态化。不过，随着双方关系的恶化，宋辽之间的榷场贸易也逐渐萎缩。

榷场贸易不仅缓和了宋朝与辽朝之间的紧张关系，也促使宋朝发展了与其他地方政权的经济关系。宋朝与西夏建立了榷场贸易后，双方首先在边境地区的延州(今陕西延安)、保安军(今陕西志丹)设置了榷场，此后陆续设置了其他榷场。

宋朝与金朝的榷场贸易始于宋、金之间的一次政治性盟约——"海上之盟"。12世纪初期，居住在东北地区的女真人势力逐渐强大，形成了可以与辽朝对抗的局面。为了联合力量夹攻辽，宋、金双方决定合作。由于辽在地理上阻隔了宋和金，导致双方需要绕经渤海往来，该盟约由此得名。盟约规定，宋朝将原来纳贡给辽朝的岁币交纳给金朝。辽朝灭亡之后，宋、金之间的榷场贸易逐渐发展起来。

随着宋朝统治中心南移，宋、金达成"绍兴和议"，确立双方并立的格局。虽然宋、金之间有"战"的情况，但是"和"仍然是双方交往的主旋律。"和"的主要表现形式之一，就是榷场贸易的运行。具体来说，宋金榷场分布于秦州—淮水沿线，在宋境的盱眙军（今江苏盱眙）、光州(今河南潢川)、安丰军(今安徽寿县)花靥镇、枣阳军(今湖北枣阳)，在金境的泗州（今江苏境内）、寿州（今安徽凤台）、蔡州（今河南汝南）等地设置榷场。

两宋时期，多个政权并立，商品流通并不十分畅通，榷场的设置为商品交易提供了途径和场所。交通是榷场选址的重要参考指标之一。一般来说，榷场的位置通常处于交通要道上或者驿站附近，以便商人往来和商品运输。

榷场贸易的商品主要有中原地区生产的农产品、手工业品和边疆地区的特产。比如，中原地区的茶叶、药材、布帛、瓷器等，边疆地区的牲畜、皮货、玉石、毡毯等。但是，并非所有商品都是被允许贸易的。

宋朝方面禁止交易的商品有可以用来制作武器的硫磺，书籍虽然允许交易，但是仅限于《九经》。辽朝管制的商品是马匹，以防止宋朝将其用于军事。[1]

作为中原政权与周边政权的贸易窗口，榷场贸易一般是在和平时期进行的，秉持着平等交易原则，受到严格管理。例如，榷场不仅受所在地官员的管理，而且设专门人员查验货物、征收关税。

榷场和榷场贸易在中国历史上存在了 300 多年，具有重要意义。首先，在榷场贸易中交换的生产生活资料，弥补了双方物资方面的不足。其次，榷场贸易是友好的象征，它的存在是以休战为基础的，有利于维护不同政权之间的友好关系。第三，榷场贸易加深了中原地区与边疆地区的经济联系，促进了文化交融，为再次实现大一统积累了力量。

▌注　释

① 王晓燕：《论宋与辽、夏、金的榷场贸易》，《西北民族大学学报（哲学社会科学版）》2004 年第 4 期。

北京师范大学历史学院、北京师范大学史学理论与史学史研究中心

孙琳

司马光如何阐述"华夷两安"的民族关系思想

司马光是我国北宋时期著名的史学家。在司马光的思想体系中，民族关系思想占有重要的地位，是中国古代史学的理论遗产。

北宋立国之初，契丹贵族建立的辽朝和党项贵族建立的西夏先后崛起。宋真宗景德元年（1005 年）十二月，宋辽签订"澶渊之盟"①，息兵止戈。宋仁宗时又与西夏达成"庆历和议"②。宋廷采取以金帛换和平的羁縻政策，逐渐成为北宋朝廷处理边疆民族问题的指导思想。宋、辽、夏各方都迎来一个长期和平发展的历史时期，相互间的经济文化交流和民族交融愈益密切。然而随着北宋社会危机的加剧和宋夏矛盾的日趋激化，宋朝内部逐渐出现了主战的声音。究竟是与周边少数民族政权和平相处，还是对辽、夏发动战争，解除少数民族政权的军事压力，这成为北宋统治者面临的重大政治问题，也是以司马光为代表的士大夫需要作出回应的问题。

司马光汲取自先秦儒家以及与他同时代学者民族观中的积极内容，总结历史上有关民族关系的经验教训，提出了处理中原王朝与周边政权关系的主张，即笃行信义、"华夷两安"③。

司马光主张从人性和功业看待民族关系，这是"华夷两安"民族思想形成的重要前提。司马光认为，不同民族间的经济文化水平有优劣之别，但他们都明白"就利避害"和"乐生恶死"的道理④，在人性和人格上没有本质区别，因而其地位和风俗应当得到尊重。司马光亦能平等地对待少数民族政权。他在《资治通鉴》中客观评价了少数民族人物或政权的功过得失，同时以人心向背和民生休戚为标准，考察前秦苻坚、北魏孝文帝的为政得失。司马光还打破由汉族统治者或中原王朝来统治一切的观念，指出少数民族入主中原或在边疆地区所建立的王朝，只要能做出"禁暴除害""使九州合为一统"⑤的功业，就应该得到承认和尊重，并以此作为确定王朝主体继承的标准。有鉴于此，司马光摆脱正统论的纪事体例，采取"据其功业之实而言之"⑥的纪年方法，据实叙述中原王朝和少数民族政权的历史发展过程。

司马光民族关系思想的核心内容是"华夷两安"。首先，从历史发展大势来看，周秦以来的中国经历了由统一到分裂至再统一的发展过程，其中天下一统的和平时期"难得而易失"⑦，多不长久。北宋自澶渊之盟以后，数十年罕用兵戈，社会繁荣稳定，百姓安居乐业，这一难得的治世局面应当竭尽全力去维护。其次，不少边疆政权军事实力超过中原，贸然以武力对待边疆，只会劳而无功。司马光比较宋太宗时期的征讨政策和宋真宗、仁宗时期的怀柔政策，在总结正反两方面的历史教训中指出，北宋朝廷应实行怀柔政策，与少数民族政权和平共处，"华夷两安"。最后，司马光以宋辽、宋夏关系为例，表明睦邻友好的状况可以长期维持下去：少数民族政权地瘠民贫，其经济时常会陷于困境之中，他们进犯边境的目的，多是希望通过武力手段，取得财货互市之利，以改善财政状况和人民生活。因此，宋朝若能内修政理，国富兵强，实行有限度的开通互市、给予岁赐的羁縻政策，少数民族政权和中原王朝就可在整体上维持和平的局面。⑧司马光试图从经济财政和社会生活水平的角度分析少数民族政权和中原王朝长期纷争不休的根本原因，并提出有关治理方略，尤具卓识。值得注意的是，司马光对少数民族政权的干扰行为，仍持坚决抵制的态度，即对待少数民族政权采取"不避强，不凌弱"⑨，解决边备问题的最终目的是"使之不犯边境，中国获安则善矣"⑩。

笃行信义是司马光处理民族关系的基本准则。司马光认为王朝的安危盛衰在一定程度上和周边少数民族政权的向背息息相关，因而主张以"礼""信"为处理民族关系的基本原则，即待之以礼，御之以"信"⑪，通过自身的威望和信誉影响少数民族，让少数民族感受到中原王朝的仁德。为此，北宋统治者既要做到"不欺四海""不欺四邻"⑫，还要恩威并行，根据少数民族政权的态度和具体行为决定相关政策，少数民族政权友好顺服则采取怀柔安抚之策，少数民族政权干扰进犯则采取军事手段予以制止。对少数民族政权采取不得已的军事行动，也应"敦明信义""兼爱兆民"⑬，不能出现滥杀无辜的行为。司马光在《资治通鉴》中就充分肯定历史上恪遵与少数民族政权订立盟约或遵守诺言的人物，对那些背信弃义和欺凌行为则大力批判。如西汉使者傅介子出使楼兰，楼兰王已表露出归顺汉朝的态度，傅介子仍施阴谋诡计诱杀楼兰王，司马光将之斥为"盗贼之谋"⑭的失信行为。总之，司马光把笃守信义作为处理与周边少数民族关系的准则和保境安民的重要手段。

司马光总结历代兴衰成败经验教训，提出"华夷两安"的民族关系思想，其用意在于探求国家长治久安之道。对于宋夏边境争端中宋军的获利，司马光从长远眼光指出，骄兵悍将锐意生事，只会造成兵连祸结的后果，并建议朝廷避免争端，消除战争隐患。宋神宗时期大规模的开边政策导致国家赋税徭役繁重，激化国内阶级矛盾。司马光屡次上书劝阻神宗讨伐西夏，建议不要过度扩充军队调到西北边境、摆出挑衅的姿态，以使宋夏处于稳定的关系，互不进扰。

司马光的民族关系思想是同北宋内政建设紧密相连的，即对内发展经济，稳定民生，对辽、夏罢兵息民，以和为贵，两者相互依赖和影响。应当指出，反对武力、崇尚和平是中华民族处理民族关系的主流思潮，司马光在民族方面的思想观点继承并丰富了传统民族关系思想，符合北宋人民的根本利益，显示出史学家的卓识。

▌注　释

① 李焘：《续资治通鉴长编》卷一五〇"仁宗庆历四年六月"条，中华书局 2004 年版，第 3640 页。

② 司马光：《涑水记闻·目录》，中华书局 1989 年版，第 29 页。

③ 司马光撰，李之亮笺注：《司马温公集编年笺注》卷四九《章奏三十四》，巴蜀书社 2009 年版，第 216 页。

④ 司马光编著：《资治通鉴》卷五六《汉纪四八》"灵帝建宁二年七月"条，中华书局 1956 年版，第 1817 页。

⑤ 司马光编著：《资治通鉴》卷六九《魏纪一》"世祖黄初二年四月"条，中华书局 1956 年版，第 2185、2187 页。

⑥ 司马光编著：《资治通鉴》卷六九《魏纪一》"世祖黄初二年四月"条，中华书局 1956 年版，第 2187 页。

⑦ 司马光撰，李之亮笺注：《司马温公集编年笺注》卷一八《章奏三》，巴蜀书社 2009 年版，第 73 页。

⑧ 李昌宪：《司马光评传》，南京大学出版社 2011 年版，第 292 页。

⑨ 司马光撰，李之亮笺注：《司马温公集编年笺注》卷三一《章奏十六》，巴蜀书社 2009 年版，第 350 页。

⑩ 司马光撰，李之亮笺注：《司马温公集编年笺注》卷三八《章奏二十三》，巴蜀书社 2009 年版，第 512 页。

⑪ 杜善永：《王安石与司马光民族关系思想比较研究》，《宁夏社会科学》2010 年第 5 期。

⑫ 司马光编著：《资治通鉴》卷二《周纪二》"显王十年"条，中华书局 1956 年版，第 48 页。

⑬ 司马光编著：《资治通鉴》卷二九四《后周纪五》"世宗显德六年六月"条，中华书局 1956 年版，第 9600 页。

⑭ 司马光编著:《资治通鉴》卷二三《汉纪十五》"昭帝元凤四年七月"条,中华书局1956年版,第773页。

北京师范大学资深教授　瞿林东
北京师范大学历史学院、北京师范大学史学理论与史学史研究中心
宣扬

"凉州会盟"与《萨迦班智达致蕃人书》

现存于西藏博物馆的《具吉祥萨迦班智达致乌思藏纳里速各地诸善知识大德及诸主书》（又称《萨迦班智达致蕃人书》），由西藏萨迦派宗教领袖萨迦班智达·贡噶坚赞于 1247 年撰写，在中国历史上产生了深远的影响。

"凉州会盟"缘起

"凉州会盟"是 1247 年蒙古皇子阔端与西藏地方宗教领袖萨迦班智达在凉州举行会谈，共同议定西藏地方归附蒙古汗国的办法的历史事件。"凉州会盟"的见证地，就是武威的白塔寺。

1206 年，成吉思汗统一了蒙古各部，建立了蒙古汗国。此后数十年间，成吉思汗及其后继者不断扩展蒙古汗国的统治范围。凉州曾为西夏陪都，1227 年蒙古军攻灭西夏，凉州亦被蒙古大军占领。两年之后，成吉思汗的第三子窝阔台即汗位，把西夏旧地和甘青一带部分地区划给了他的次子阔端作为封地。阔端坐镇凉州，称为西凉王。为了统一西藏，阔端于 1239 年派手下大将率军万人进入乌思藏地区侦察虚实。强势的蒙古军队兵锋直至藏北热振寺，震惊了整个西藏地方。阔端最终决定迎请当时在后藏地区实力雄厚的萨迦派的领袖萨迦班智达·贡噶坚赞赴凉州，共商西藏归顺大计，力图以和平方式和政治手段实现蒙古对西藏的统治。

萨迦班智达·贡噶坚赞

萨迦班智达·贡噶坚赞（1182 年—1251 年）是藏传佛教萨迦派第四代祖师，著名的"萨迦五祖"之一，也是元代著名的藏族政治家、宗教领袖和学者。"萨迦"一词源自萨迦派，"班智达"意为大学者，"贡噶坚赞"是其法名。他是西藏地方藏传佛教历史上获此殊荣的第一人，被尊称为"萨班"。萨班幼年从伯父受"沙弥戒"，9 岁开始为他人讲授佛法，25 岁从释迦室利受比丘戒。萨班因博学而成为享誉西藏地方佛教界的大学者。

萨班收到阔端送来的邀请之后，考虑到西藏地方百姓的安危，毅然决定亲自前往凉州。这时的西藏地方政权教权林立、军阀混战，民不聊生。启程前，萨班经过一系列筹备，协调僧俗各界的观点，达成共识。1244 年，63 岁高龄的萨班带着他的两个年幼侄子八思巴和恰那多吉启程，前往凉州。

《萨迦班智达致蕃人书》

1247 年，萨班与阔端在凉州白塔寺会谈。会谈后，萨班写了一封致西藏僧俗领袖的公开信，即著名的《萨迦班智达致蕃人书》。这封信现收藏在西藏博物馆，是一份具有深远历史意义的文献。

萨班在此信中深刻地表达了他与藏族同胞的"与彼同心者，则苦乐应与彼相共"的情感。他在信中陈述了一系列实际情况，详细阐述了蒙古王室对西藏宗教信仰的尊重意愿，以及蒙古为西藏制定的制度，包括委派官员、缴纳贡赋、宗教和寺庙僧众事务等内容。

"凉州会盟"的历史意义

"凉州会盟"掀开了西藏发展史上崭新的一页，也为西藏归属中央政府行政管辖奠定了基础。元朝建立以后，中央政府对西藏地区实行行政管理权，在这一地区设立宣慰使司都元帅府，由宣政院直接统辖，管理西藏地区的军政、宗教事务。中央政府还在当地设置地方机构，任命官员征收赋税，屯驻军队，充分行使有效管辖。从此，西藏正式成为中央直接管辖下的一个地方行政区域，各民族之间的交流交融进一步加强。

北京师范大学历史学院、北京师范大学史学理论与史学史研究中心

孙琳

元代回回史家察罕与
《历代帝王纪年纂要》

　　"历史、现实、未来是相通的。历史是过去的现实，现实是未来的历史。"① 这对于我们理解察罕《历代帝王纪年纂要》有很大的启发。

　　在元代史学上，一个突出特色是少数民族史家群体的形成，并在史学活动中作出突出贡献。其中，回回史家察罕是少数民族史家群体中的杰出代表。

　　察罕（1245 年—1322 年），西域人，历仕世祖、成宗、武宗、仁宗四朝，官至荣禄大夫、平章政事、商议中书省事，在译史、著史方面成就颇多，暮年居白云山，以"白云"自号。察罕的父亲伯德那在成吉思汗西征时，因"慕圣朝德化，万里来归"。伯德那时常教导察罕学习汉学："宜勉读圣人书，行中国礼。"② 在父亲的教育下，察罕熟知中原文化并掌握多种语言，《元史》本传称他"博览强记，通诸国字书"③。元仁宗曾向察罕询问关于汉、唐名臣张良与狄仁杰如何评价，察罕一一回答。察罕渊博的历史知识，使元仁宗万分感叹，说道："察罕博学如此邪（注：音 yé，句末语气词)！"④

　　元代致力于文化交流的一项重要内容是翻译汉文经史典籍。元朝统治者重视中原君主治道之术，借鉴历史经验，从一个重要方面反映了当时民族交往交流交融深入发展的趋向。元仁宗是一位非常关注中原历史文化典籍的皇帝，他曾命人翻译过《尚书》《贞观政要》《帝范》《资治通鉴》《大学衍义》等重要历史名著。回回史家察罕的译史活动，很大程度上与仁宗诏令相关。在这方面，"通诸国字"的察罕的突出贡献是：翻译反映"贞观之治"的《贞观政要》、受诏译出唐太宗撰写的《帝范》，以及蒙古文撰写的本朝史《脱必赤颜》。⑤从三部译著的内容来看，既有重要的中原历史著作，又有"不可外人传"的蒙古史著。察罕用蒙、汉文双向翻译，可见他的史学修养和掌握多语种的才能，是当时出色的翻译人才。

同时，察罕在史学上也颇有造诣，他所撰《历代帝王纪年纂要》（又称《纪年纂要》或《帝王纪年纂要》）一书，是察罕对元代史学的最重要贡献，也是中国史学之连续性发展的一个鲜明节点。

《历代帝王纪年纂要》共一卷，上起自传说中的伏羲，下迄于元代仁宗延祐五年（1318年）即作者撰写此书之时，是一部仿编年体而撰成的凸显历代帝王兴亡起讫、运祚长短的年表。其体例主要由两部分组成：首先对于每一时代或朝代，叙其兴亡始末，其后依次排列各帝王在位年号和起讫年限，历代兴亡更迭了然可见。

《历代帝王纪年纂要》面世之时，即受到时人关注和好评，元仁宗命送史馆收藏，察罕同时代学者程钜夫为之作序，大加赞赏，称："信白云端在此之编矣。"⑥更值得关注的是，它的历史价值也在流传中显得愈益突出和重要，明代学者黄谏推崇此书，补撰其下限至洪武元年（1318年），并在序中称此书为"观史之要"⑦。继而，清代学人张海鹏于嘉庆十四年（1809年），又订正此书，并在跋语中称：此书"未始不为读史者叩关之一钥也"⑧。

《历代帝王纪年纂要》一书，在400多年间历经元、明、清三代学人之手，从撰述到续补、校正，以至于流传至今，不仅是中国史学史上重要一页，更堪称中国历史文化认同的精彩篇章。从中国古代史学发展来看，此书的特点可概括为以下几点。

第一，《历代帝王纪年纂要》是一部贯通的历史纪年之书。这种"通古今之变"的贯通的撰述，承纪传体通史《史记》、编年体通史《资治通鉴》、典制体通史《通典》等而来，特别是中晚唐以降，通史撰述取得了空前成就，《历代帝王纪年纂要》纪年通史的纂成与通史之风盛行的时代背景是分不开的。需要强调的是，察罕着意于通史的撰述，他把"治统"，即上古至元代的三千多年的政治谱系表述得十分清晰。所谓"治统"是指政治统治的继承性，它本质上是关于中国历史上历代政权的连续性的观念的反映。察罕自其父时，始从西域板勒纥城举族归元，这样一位少数民族史家将元代"治统"的渊源追溯至"五帝三王"，而这一见解也得到元仁宗的肯定，故命送此书至史馆，突出地反映了元代君臣对历史渊源的认识。

第二，《历代帝王纪年纂要》简洁而便于明"治统"。一卷篇帙尽知历代兴亡、运祚长短，便于人们一窥历史之全貌。在中国古代史学史上，用于查考年代、大事的历史著作多已散佚，流传至今的主要有宋司马光的《资治通鉴目录》、吕祖谦的《大事记》和王应麟的《历代年号》，元察罕的《历代帝王纪年纂要》，明黄宗羲的《历代甲子考》等。《历代帝王纪年纂要》便于观览而明"治统"，显示出珍贵的史学价值。

第三，《历代帝王纪年纂要》对辽、金、宋作同等论述，分别记述相关史事。元人对正统问题的讨论很热烈，尤其是涉及辽、金、宋三史的纂修一事，最终确定"各与正统"。而《历代帝王纪年纂要》一书虽以宋为正统，但对辽、金作了适当的表述，比较客观地对待辽、金、宋三史，这一做法早于元修三史，反映了察罕的卓识，是值得关注的。

察罕以其丰富的政治阅历不断加深对社会历史的认识，在翻译蒙汉文献中不断提升对历史的理解，这些都积极地影响着他致力于《历代帝王纪年纂要》一书的编纂，使其成就这一简明而贯通的历史撰述，从而在中国史学史上留下重要的一页。

▋注　释

① 习近平:《习近平谈治国理政》,外文出版社2014年版,第67页。

② 程钜夫:《大元河东郡公布都公神道碑铭》,载李修生主编:《全元文》卷五四〇,江苏古籍出版社1998年版,第439页。

③ 宋濂等:《元史》卷一三七《察罕传》,中华书局1976年版,第3309页。

④⑤ 宋濂等:《元史》卷一三七《察罕传》,中华书局1976年版,第3311页。

⑥ 程钜夫:《历代帝王纪年纂要·序》,载李修生主编:《全元文》卷五二八,江苏古籍出版社1998年版,第142页。

⑦ 察罕编,黄谏重订:《重订帝王纪年纂要·序》,载《丛书集成初编》之《五代纪年表》(及其他一种),中华书局1991年版,第1页。

⑧ 察罕编,黄谏重订:《重订帝王纪年纂要·跋》,载《丛书集成初编》之《五代纪年表》(及其他一种),中华书局1991年版,第21页。

北京市社会科学院历史研究所　操宇晴

《经世大典》：元修大型政书 体现高度认同

　　《经世大典》，原称《皇朝经世大典》，又称《元经世大典》，元人赵世延、虞集等纂修，全书 880 卷，目录 12 卷，附公牍 1 卷、纂修通议 1 卷。元文宗天历二年（1329 年）冬诏修，至顺二年（1331 年）五月成书，历时一年半。惜此书已佚，现今只能从《元文类》（《国朝文类》）、《永乐大典》残本等书中保存的此书少量佚文，以及《元史》的《文宗纪》《虞集传》《儒学传》等记载中，大致获知其纂修宗旨、内容、体例和成书经过。近年，有周少川、魏训田、谢辉等《经世大典辑校》（中华书局 2020 年版）出版，可略见其大概。

　　元文宗诏命纂修此书的目的，虞集在《经世大典·序录》中概括为"慨念祖宗之基业，旁观载籍之传闻，思辑典章之大成，以示治平之永则"①，这反映出元朝统治者在政治上的考虑。元文宗为此书赐名《皇朝经世大典》，要在"经世"，即政治实践。元文宗在文治方面有所建树，而诏修此书则是其中最重要的举措之一。

　　《经世大典》以元文宗所建奎章阁学士院承修，赵世延、虞集等纂修，燕铁木儿按照国史例监修，又命相关的学士"译国言所纪典章为汉语"②。纂修过程中，虞集等"以累朝故事有未备者，请以翰林国史院修祖宗实录时百司所具事迹参订"③，以确保《经世大典》所据资料的完备，而其正式开局纂修，是在至顺元年（1330 年）四月。奎章阁学士院以独立纂修，仅一年多的时间，成此巨制，虞集等人的筹划、组织工作发挥了重要作用。

《经世大典》的体裁，是遵照元文宗指示，仿唐、宋《会要》之体，又参照《唐六典》而折衷之。"其书悉取诸有司之掌故而修饰润色之，通国语于《尔雅》，去吏牍之繁辞，上送者无不备书，遗亡者不敢擅补。"④全书凡10篇："君事"（以皇帝为中心）4篇，即《帝号》《帝训》《帝制》《帝系》；"臣事"（以政治体制为中心）6篇，即《治典》《赋典》《礼典》《政典》《宪典》《工典》。"君事"各篇，有叙无目。"臣事"诸典，各自立目，典有总叙，目有小叙。其内容，从诸典总叙及各目小叙的说明中，可知其大体。如《治典·总叙》记载："《书》曰：冢宰掌邦治。天子择宰相，宰相择百执事，此为治之本也。故作《治典》。其目则有官制沿革，以见其名位、品秩、禄食之差；有补吏入官之法，以见用人之序；附之以臣事者，则居其官、行其事、其人、其迹之可述者也。"⑤其他各典，皆类此。苏天爵编集《国朝文类》，把《经世大典》的序录及各典总叙、各目小序尽数收入，为后人了解元代这一浩大工程留下了宝贵的资料。

元修《经世大典》，凸显出元朝统治集团对于规模空前的统一多民族国家的自豪与自信。例如，书中这样解释"帝号"："元也者，大也，大不足以尽之，而谓之元者，大之至也。""夫大天下之统，一天下之心，莫重于号，著帝号篇。"⑥其总序称，元朝的建立，"疆理广袤，古昔未有"，"肇基建业，至于混一"⑦。这种大一统的局面，是对唐、宋的继承和超越，也是《经世大典》所要彰显和宣扬的。

《经世大典》作为元朝典章制度历史沿革的记述，有一些反映游牧民族特色的内容，但更多的是突出反映了元朝统治集团对中原王朝历史传统的高度认同。例如，元文宗明确指出，"仿唐、宋《会要》，著为《经世大典》"⑧。这表明，元朝统治者自认为是唐、宋政权的继承者，因此，对唐代的典章制度史《唐会要》、宋代的典章制度史《宋会要》十分重视，要求仿照唐、宋《会要》编纂本朝的典章制度史。《唐会要》始于朝廷官修，终于宋初王溥续成，为书百卷，受到唐、宋两朝的重视。《宋会要》由宋朝专门机构"会要所"所修，成书 2200 卷，但未刊行。宋亡，书稿入元，成为元代史家纂修《宋史》的重要资料。《宋会要》原书已佚，有清人徐松所辑《宋会要辑稿》之影印本及缩印本流传。元文宗对唐、宋历史和典章制度的重视，是编纂《经世大典》的历史背景和学术依据，深刻地反映了元朝统治者的历史文化认同。

元朝统治者在政治修养和思想修养方面，十分重视儒家学说。《经世大典》第七《礼典·进讲》记载，元世祖忽必烈广收诸儒学士，"在位三十余年，凡大政令、大谋议，诸儒老人得以经术进言者，可考而知也"。元文宗开奎章阁，"陈祖宗之遗训，考经史之格言，以养德性，以成事功，而文治大兴矣"⑨。元朝统治者继承了宋朝的经筵讲席制度，由大臣给皇帝讲读经史典籍，这里说的"进讲"或许比经筵更加灵活，而且很强调"德性"的修养。

元朝把祭祀孔子定为国制。《经世大典》第七《礼典·宣圣庙》说，"有国家者通祀仲尼于天下"，元朝"庙祀如故，而学隶焉。舟车所至，凡置郡县之地，无小大莫不皆有庙学。其重者，京师有国学之建，东鲁有阙里之祠。至于褒封圣门之重，崇抚儒者之勤，尤为盛大矣"⑩。由此可见，尊孔子、祀孔庙、重儒学，是元朝的国策之一，也是对中原王朝历史传统的继承。在传承基础上，元朝也有所创新。行省制度的设置，即是突出的一例。后世的省制，即源于此，意义重大。

元代著名学者欧阳玄在《进〈经世大典〉表》中写道："尧舜之道，载诸典谟，文武之政，布在方册。道虽形于上下，政无间于精粗。特于纪录之间，足见弥纶之具。是以秦汉有掌故之职，唐宋有《会要》之书，于以著当代之设施，于以备将来之考索。"这段精练的论述，高度概括了《经世大典》的纂修目的、接续传承和历史价值。

《经世大典》是中国作为统一多民族国家在发展进程中产生的一部

典章制度史著作，是在对中华民族历史文化高度认同的基础上纂修的一部代表性历史典籍，在今天看来，依然具有重要的价值。

▌注　释

① 赵世延等撰，周少川等辑校:《经世大典辑校·总序》，中华书局2020年版，第1页。

② 宋濂等:《元史》卷三四《文宗本纪》，中华书局1976年版，第751页。

③ 宋濂等:《元史》卷一八一《虞集传》，中华书局1976年版，第4179页。

④ 赵世延等撰，周少川等辑校:《经世大典辑校·总序》，中华书局2020年版，第2页。

⑤ 赵世延等撰，周少川等辑校:《经世大典辑校》第五《治典·总叙》，中华书局2020年版，第11页。

⑥ 赵世延等撰，周少川等辑校:《经世大典辑校》第一《帝号》，中华书局2020年版，第2页。

⑦ 赵世延等撰，周少川等辑校:《经世大典辑校·总序》，中华书局2020年版，第2、3页。

⑧ 宋濂等:《元史》卷三三《文宗本纪》，中华书局1976年版，第741页。

⑨ 赵世延等撰，周少川等辑校:《经世大典辑校》第七《礼典·进讲》，中华书局2020年版，第183—184页。

⑩ 赵世延等撰，周少川等辑校:《经世大典辑校》第七《礼典·宣圣庙》，中华书局2020年版，第201页。

北京市社会科学院历史研究所　操宇晴

元修三史与民族交融的新进程

2019 年 9 月，习近平总书记在全国民族团结进步表彰大会上强调："一部中国史，就是一部各民族交融汇聚成多元一体中华民族的历史，就是各民族共同缔造、发展、巩固统一的伟大祖国的历史。"在中国历史上，元朝结束了辽、宋、夏、金割据的政治形势，经历了长达三个多世纪的大交往、大交流、大交融的过程，民族融合进一步加深。元朝重视修撰前朝正史，从一个侧面反映出这一时期民族交融的新进程。

元修前朝史的历程

早在元世祖即位之初，已有修撰辽、金二史的动议。大臣王鹗首倡此议①。元灭南宋后，元修前朝史乃扩展为修撰辽、金、宋三史，但均"未见成功"。究其原因，据时人所论，主要是元朝与辽、金、宋二朝的关系难以确定，说到底是元朝以何朝为正统的问题。时人有两种主张：一种是仿唐修《晋书》体例，以宋为正统，辽、金为载记；另一种是效法《南史》《北史》的做法，北宋为宋史，南宋为南史，辽、金为北史②。正统难定，撰述受阻。值得注意的是，元世祖之后，元仁宗、元英宗、元文宗三朝，也都十分关注辽、金、宋三史的修撰事宜。出于同样的原因，即"分合论正统，莫克有定"③，而未有成功。

《修三史诏》与《三史凡例》的下达及历史意义

直至元顺帝（惠宗）时，大臣嵬嵬、脱脱先后奏请修撰三史事，至正三年（1343 年），元顺帝发布了《修三史诏》。这道诏书最重要的思想观点在于：指出元朝"所取制度、典章、治乱、兴亡之由"均来自辽、金、宋三朝，说明元与辽、金、宋的继承关系；与此相联系的是，强调元朝"祖宗盛德得天下辽、金、宋三国之由"④，突出了元朝祖宗的"盛德"，也委婉地表明了元朝皇帝的正统地位。

值得注意的是，根据《修三史诏》而制订的《三史凡例》简明而易操作，其首条规定："帝纪：三国(指辽、金、宋三朝) 各史书法，准《史记》《西汉书》《新唐书》。各国称号等事，准《南·北史》。"其末条强调："疑事传疑，信事传信，准《春秋》。"⑤ 从凡例所举出的这几部书来看，可见两汉、唐宋以来史学传统影响的深远，也显示出元朝大一统政治形势下历史撰述应有的格局。至此，元修三史步入正轨，距修撰辽、金二史之议，近 80 年。

元顺帝至正四年至五年(1344 年—1345 年)，元朝史官先后撰成辽、金、宋三史。面对三史，元顺帝对大臣阿鲁图等意味深长地说："史既成书，前人善者，朕当取以为法，恶者取以为戒，然岂止激劝为君者，为臣者亦当知之。卿等其体朕心，以前代善恶为勉。"⑥ 这一番话，反映了元顺帝希望大臣们能够同他一样以史为鉴，共同维护元朝的统治。尽管此后 20 多年元朝就灭亡了，但元顺帝在位时完成了辽、金、宋三史的修撰，以及他对修史价值的认识，是有积极意义的。而辽、金、宋三史各具成就，自有其存在的价值。

从唐修八史和元修三史的比较中看正史修撰与民族交融的新进程

关于对修撰前朝史的认识。唐高祖李渊在《命萧瑀等修六代史诏》中不无感慨地指出：梁、陈、北魏、北齐、北周、隋六朝已成为历史，"然而简牍未修，纪传咸阙，炎凉已积，谣俗还讹，余烈遗风，泯焉将坠"，"顾彼湮落，用深叹悼"⑦ 等。这同元顺帝《修三史诏》起首所说"三国为圣朝所取制度、典章、治乱、兴亡之由，恐因岁久散失，合遴选文臣，分史置局，纂修成书"云云，有颇多相似之处。

尤其重要的是，从对民族关系的认识来看，唐高祖《命萧瑀等修六代史诏》、唐太宗《修晋书诏》都显示出对少数民族贵族为主所建政权史事的肯定。继而李延寿撰《南史》《北史》摒弃了"岛夷"与"索虏"的说法，以相对平等的立场和口吻撰写南北朝史。所有这些，都显示出唐代"天下一家"的思想在正史撰述上的新气象。元朝作为一个民族众多、疆域辽阔的朝代，在撰述前朝史的过程中，涉及契丹、女真、汉、蒙古等多个民族，同样面临着如何看待和处理民族和民族关系的问题。但通观辽、金、宋三史在修撰的酝酿和撰述过程中，元朝君臣未曾从民族或民族关系方面提出过尖锐的看法，而是以平常的口吻讨论三史，显示出宏大的气度和胸怀。元朝史臣曾言："我世祖皇帝一视同仁，深加愍恻。尝敕词臣撰次三史，首及十辽。"⑧ 就修撰三史而言，此话并非夸张之辞。元朝史臣对辽、金、宋三朝朝政的评价，似以辽为较高，金次之，宋又次之。从元与三朝的关系来看，这个评价是很自然的。

元修三史，虽在"正统"问题上纠结多年，也提出了多种方案，但元顺帝最终的决定，都超出了时人的种种见解，对辽、金、宋三朝作同等看待。这种"各与正统"的做法，不仅是对此前"正统"观念的突破，而且也显示出统一的元朝在政治上的自信和对待历史的审慎。

再从民族关系史的发展来看，如果说唐修八史反映了魏晋南北朝时期民族间的迁移和交往交流交融的历史面貌的话，那么，元修三史则是反映了辽、金、宋三朝相互关系的面貌。在中国封建社会历史上，皇家修撰前朝正史既是一种政治权力的表现，也是对待历史的一种责任。这种观念在唐、元两个王朝修撰前朝正史的活动中表现得尤为突出。这一历史现象出现的内在原因，首先是历史上各民族间历史文化认同趋势的新发展所推动；其次是各民族间交往交流交融趋势的新发展所推动；再次是全国政治形势从分裂走向统一趋势的新发展所推动。元修三史，从史学层面反映了中国各民族间交往交流交融的历史进程，饱含着中华民族共同体形成过程中的丰富信息和深厚底蕴。

▌注　释

① 参见宋濂等:《元史》卷一六〇《王鹗传》，中华书局 1976 年版，第 3757 页。

② 杨维桢:《正统辨》，载陶宗仪:《南村辍耕录》卷三，中华书局 1959 年版，第 35—37 页。

③ 虞集:《送刘叔熙远游序》，载李修生主编:《全元文》卷八二五，江苏古籍出版社 1998 年版，第 190 页。

④ 脱脱等:《辽史》附录《修三史诏》，中华书局 1974 年版，第 1554 页。

⑤ 脱脱等:《辽史》附录《三史凡例》，中华书局 1974 年版，第 1557 页。

⑥ 宋濂等:《元史》卷四一《顺帝本纪四》，中华书局 1976 年版，第 873—874 页。

⑦ 宋敏求编:《唐大诏令集》卷八一《政事·命萧瑀等修六代史诏》，中华书局 2008 年版，第 467 页。

⑧ 脱脱等:《辽史》附录《进辽史表》，中华书局 1974 年版，第 1555 页。

北京师范大学资深教授　瞿林东

译书活动与文化认同

辽宋夏金元时期，是各民族交往交流交融空前活跃的时期，契丹、女真、党项、蒙古等民族文字的创造正是这一时期文化交流的产物。文字的创造极大地推进了文化发展和社会进步，随之开展的译书活动又促进了各民族交往交流交融进一步深入。

据《辽史·文学上·萧韩家奴传》记载，辽兴宗时，史官萧韩家奴通晓辽、汉文字，"欲帝知古今成败，译《通历》《贞观政要》《五代史》"①。唐代马总撰《通历》是一部编年体通史，上起太古，下讫隋末；唐代吴兢撰《贞观政要》记唐太宗君臣论政，为世所重；《五代史》当指北宋薛居正等撰《旧五代史》。这三部书在当时可谓贯穿古今，历代兴衰成败约略可见，由此可以看出萧韩家奴的良苦用心。

20世纪初，内蒙古自治区额济纳旗黑水城遗址发现了大量西夏文献，其中有相当一部分是西夏文翻译的中原经史著作，包括《德行集》、《德事要文》、《贞观政要》（西夏文节译本）、《十二国》等。

金朝的译书事业尤具规模，专门设立译经所。史载，金世宗大定二十三年（1183年），译经所译《易》《书》《论语》《孟子》《老子》《扬子》《文中子》《刘子》及《新唐书》。金世宗完颜雍对宰相说："朕所以令译《五经》者，正欲女直（真）人知仁义道德所在耳。"② 这段话反映出金世宗对儒家思想的认同，希望通过翻译儒家经典，使女真人都能明白仁义道德之理。

　　元朝延续了辽、西夏、金三朝的译书事业，并且有了新的发展。元朝所关注的中原典籍主要表现在两个方面：一是君臣讨论治国安邦及为君之道，如《尚书》《贞观政要》《帝范》《大学衍义》等；二是总结历史经验，如《资治通鉴》《通鉴节要》等。值得关注的是，元世祖、元仁宗、泰定帝都提出了翻译《资治通鉴》的要求，《贞观政要》也为累朝所重视，屡次翻译。

　　辽、西夏、金、元以本朝文字翻译中原典籍之举，是这一时期的显著特点。从所译之书来看，《尚书》《春秋》《史记》《汉书》《贞观政要》《新唐书》《资治通鉴》是最受重视的著作。这既表明这些著作的影响力之大，也表明当时各地各民族交融之深，突出表现在不同政权统治者治国理念的变化。例如，《辽史·马得臣传》记载，马得臣博通古事，曾任翰林学士，见辽圣宗耶律隆绪阅读唐朝皇帝本纪，他就摘录其中值得效法的地方供皇帝参考。③辽道宗耶律洪基在位时，为给皇太后贺寿，作了一首题为《君臣同志华夷同风》的诗（其原作已佚），懿德皇后萧观音附作《君臣同志华夷同风应制》曰："虞廷开盛轨，王会合奇琛。到处承天意，皆同捧日心。文章通鹿蠡，声教薄鸡林。大寓看交泰，应知无古今。"④诗中的"虞廷""王会"指的是虞舜、西周王朝，"鹿蠡""鸡林"指的是少数民族政权，诗文歌颂辽朝文教远播，与中原王朝并无二致。这从侧面反映出当时的政治风尚和历史走向。

　　金朝君臣熟读中原史书，且多有讨论，各有受益。《金史·熙宗本纪》载，金熙宗完颜亶对侍臣说："朕每阅《贞观政要》，见其君臣议论，大可规法。"⑤继而从唐太宗君臣的政治风范，说到唐朝几代皇帝的得失，并涉及对周成王和周公的评价，足见其君臣对中原王朝统治经验教训的重视。金世宗、章宗亦如此。金世宗曾说："朕于圣经不能深解，至于史传，开卷辄有所益。"⑥金朝皇帝的这些认识和措施，反映了当时历史文化认同的深度，这种认同必然对当时的社会实践活动产生深远影响。

元朝时期，民族交融进一步加深，中原政治文化传统对元朝统治集团有极大的启示和吸引力。著名学者元明善上奏《尚书》译文，获得元仁宗爱育黎拔力八达称赞："二帝三王（泛指上古帝王，'二帝'指唐尧、虞舜，'三王'指夏禹、商汤、周文王或周武王）之道，非卿莫闻也。"⑦可见他对"二帝三王之道"的推崇。《元史·仁宗纪》记载，元仁宗阅《贞观政要》，对翰林侍讲阿林铁木儿说："此书有益于国家，其译以国语刊行，俾蒙古、色目人诵习之。"⑧他还称赞《大学衍义》："治天下，此一书足矣。"⑨此言虽有所夸张，但的确反映出元仁宗对中原典籍的深刻理解与重视。元英宗硕德八剌对《大学衍义》的评价，同元仁宗大致相仿，称赞"修身治国，无踰此书"⑩。这些评价反映出元朝最高统治者对史学、对历史经验的重视，同时反映出对中华历史文化的认同在不断加深。

辽宋夏金元时期各民族交往交流交融比南北朝时期有了更大的发展，主要表现为一些少数民族创造发明了本民族文字，这本身便是对文明的一大推进；注重译书，中原典籍广泛传播，增进了各民族对中华文化的认同；统治集团重视对中原典籍的研究和学习，汲取政治智慧，以中华文化的正统自居，显示出各民族交往交流交融在理性上的提升和情感上的密切。

▌注 释

① 脱脱等：《辽史》卷一○三《萧韩家奴传》，中华书局 1974 年版，第 1450 页。

② 脱脱等：《金史》卷八《世宗本纪》，中华书局 1975 年版，第 184—185 页。

③ 脱脱等：《辽史》卷八○《马得臣传》，中华书局 1974 年版，第 1279 页。

④ 王鼎:《焚椒录》,载程毅中等编:《古体小说钞》,中华书局2021年版,第585页。

⑤ 脱脱等:《金史》卷四《熙宗本纪》,中华书局1975年版,第74页。

⑥ 脱脱等:《金史》卷八《世宗本纪》,中华书局1975年版,第195页。

⑦ 宋濂等:《元史》卷一八一《元明善传》,中华书局1976年版,第4172页。

⑧ 宋濂等:《元史》卷二四《仁宗本纪》,中华书局1976年版,第544页。

⑨ 宋濂等:《元史》卷二四《仁宗本纪》,中华书局1976年版,第536页。

⑩ 宋濂等:《元史》卷二七《英宗本纪》,中华书局1976年版,第608页。

北京市社会科学院历史研究所　操宇晴

互市——明代的马市

　　马市是明朝与边疆地区互市的固定场所，以交换或买卖马匹为主。明朝时期的马市主要有两处，一处是设置于辽东地区的辽东马市（今辽宁抚顺和开原），另一处是设置于宣府（今河北张家口）、大同（今山西大同）地区的宣大马市。

　　马政是明朝的重要政治议题。马政制度是指国家对马匹的管理制度，包括马匹采办、牧养、训练、使用等内容。在中国古代，马匹尤其是战马具有非常重要的作用，历代统治者都高度重视马政。明朝初建时，受到来自北方游牧民族政权的军事威胁，明太祖朱元璋深知马匹的战略意义，多次强调"马政，国之所重"，推动马政建设。[1] 明朝中期以后，随着国力的下降，马政也出现松弛与衰落之兆。

　　起初，马市交易内容较为单一，随着时间的推移，马市逐步发展成为综合市场，形成以"官市"为主、"民市"为辅的格局。马市的重要性在于它不仅关涉边贸，还涉及政治、军事、经济等方面，是明朝对边疆少数民族所采取的一项十分重要的安抚政策。

　　辽东马市在明朝诸多马市中占据重要地位。在政治层面，明朝政府希望借助东北地区女真人的势力，压制北迁到蒙古高原的北元后裔和其他蒙古诸部。在经济层面，辽东马市贸易密切了中原地区与东北地区的经济关系，构成了沟通蒙古、女真、朝鲜的贸易圈，这也是辽东马市与其他马市的显著区别。

辽东地区最重要的马市交易地之一是开原（今辽宁开原）。明朝初年，在开原设了三处马市，其中，新安关为与蒙古互市之所，镇北关和广顺关为与女真互市之所。与明代的其他马市一样，辽东马市的政治属性极为突出，这集中表现在明朝为少数民族首领颁发官职任命书——敕书，作为在马市中进行贸易的凭证。没有敕书的人不能入市交易，敕书的数量也有限制。以女真部为例，整个女真部持有的敕书数量不超过1500 张。② 同时，敕书与纳贡紧密相连。只有持有敕书的人才有资格向明朝纳贡，明朝也相应地给予其超过贡品价值的答礼。敕书与纳贡也成为明代马市具有官方属性的主要表现。

从"官市"到"民市"的转型，是明朝时期辽东马市的一大特点。"官市"是指明朝官方购买商品的交易活动。"民市"是指在"官市"结束之后，当地百姓自由买卖商品的交易活动。明朝初期，马市中马匹的交易数量很大，官方买马是辽东马市最主要的商业活动。据相关文献记载，辽东马市上最大的一笔马匹交易量达到 3000 匹。③ 在"官市"交易中，明朝官方组织开展的商品交易以军事物资战马及其配件为主。相比之下，"民市"是"官市"的补充，交易的商品以满足周边各民族所需生产生活资料为主，规模较小，相关商品包括边疆地区生产的土特产品，如木材、人参、貂皮、木耳、蘑菇、松子等，以及中原地区生产的作物种子、盐、绢、缎、布等。④ 其中，在马市上交易人参和貂皮，成为女真部获取财富的重要途径。

作为边疆治理的重要环节，榷场与马市是中原地区与边疆地区经济往来的一种方式，有助于提升经济互补性和一体化。互补性建立在各民族生产生活趋同的基础上，具备独特的经济优势，满足了彼此的经济需求。举例来说，中原地区出产的盐和布匹有助于满足边疆地区人民的基本生活需求。同时，边疆地区出产的土特产也为中原地区的经济发展和人民生活提供了补充和更多选择，如皮毛为生活在中原地区的人们提供了冬季御寒的另一种选择。更重要的是，商品的流通使中原与边疆的经济一体化程度加深，进而增进了文化认同。可以说，从榷场到马市，展现的不仅仅是中原与边疆的经济交流，也是中华各民族之间的经济交融以及蕴含在经济交融背后的文化交融。

注 释

①《明太祖实录》卷九七"洪武八年二月辛卯"条，中华书局 2016 年影印版，第 5 页下栏。

② 栾凡:《敕书、朝贡、马市——明代女真经济的发展契机》，《哈尔滨师范大学社会科学学报》2011 年第 2 期。

③ 林延清:《论明代辽东马市从官市到民市的转变》，《民族研究》1983 年第 4 期。

④ 辽宁省档案馆，辽宁社会科学院历史研究所编:《明代辽东档案汇编》，辽沈书社 1985 年版，第 715—842 页。

北京师范大学历史学院、北京师范大学史学理论与史学史研究中心

孙琳

康雍乾盛世的文化成就

在中华民族历史发展进程中，北方少数民族在与中原人民接触时，往往受到先进的中原文化的强烈吸引，呈现出主动向其学习靠拢的趋势。发源于白山黑水之间的满族人，在 16、17 世纪大量吸收汉文化，其文明程度得以迅速提升。满人入关以后建立的清朝，在政治制度上继承了中原王朝的基本特征，在文化政策上也积极向汉文化靠拢。康雍乾时期，最主要的文化贡献是政府主持了对前代文化成就的总结性整理工程，具体成果包括两部体量巨大的书籍——《古今图书集成》和《四库全书》，以及集古代辞书之大成的《康熙字典》。

康熙皇帝对以儒家文化为代表的中华传统文化极为推崇，以他为表率，满族亲贵也呈现出明显的崇文倾向。《古今图书集成》一书是在皇子胤祉的支持下，由著名学者陈梦雷主持编成的。该书在类型上属于类书，按照不同主题对古代文献中的相关内容予以汇总，与现在的百科全书有近似之处。全书分为六大汇编，前三类依据天、地、人的次序，分别为历象、方舆和明伦汇编；后三类依据格物致知、诚意正心、治国平天下的次序，分为博物、理学和经济汇编。汇编下设 32 典，6000 余部。① 每部包括了汇考、总论、艺文、纪事、杂录、外编等部分，各有功用，体现了编者的精巧构思，也便于使用者检索。例如"汇考"主要是依据史书，以编年体的形式罗列本部大事，或根据其他权威著作对本部主题的源流、特征加以归纳；"总论"汇集历代图书中对该部主题的评论，如《史记部·总论》的具体内容就是关于《史记》的所有重要评论；"艺文"收集关于本部的诗词歌赋，如《元旦部·艺文》记载了曹植、唐太宗、白居易、刘禹锡等人咏颂元旦的诗句。该书还特别收录天文、地理、博物等方面的图表，共计6000多份，"图绘精详，考订切当"②。这是之前的类书较为忽略的，也是该书的一大特色。

《古今图书集成》被誉为"康熙大百科全书"，这绝不是溢美之词。书中不仅保存、整理了大量传统资料，还囊括许多传入中国的西方知识，"凡在六合之内，巨细毕举"③。该书自康熙四十年（1701年）开始编纂，到雍正三年（1725年）才编定完成，历时25年之久。自其刊行以来，就成为士大夫、藏书家热衷探寻的宝库，并随着清末民国以后的大量印刷而受到越来越多学者的重视。例如研究中国古代科技史的英国学者李约瑟，就利用了大量《古今图书集成》中的文献资料，并称其为自己"经常查阅的最大的百科全书"，"是一件无上珍贵的礼物"④。该书至今仍是人文社科及科技史研究者必备的工具书。

乾隆年间，一部规模更加宏大的丛书——《四库全书》面世。如果说《古今图书集成》是一部百科全书，浓缩了几千年中华文化的精华，那么《四库全书》就是一座包罗万象的古代典籍图书馆。《四库全书》是清朝乾隆时期编修的大型丛书，由纪晓岚等360多位当时的文人名士编撰，数千人抄写，耗时十余年，是对中国有文字记载以来所存文献的最大集结与总汇。全书分经、史、子、集四部，共3.6万余册、7.9万余卷，约8亿字。除了中国历代学者文人有关哲学、历史、文学、政治、民族、社会、天文、舆地、算学、工艺等各领域的重要著作外，《四库全书》还收录了德国、意大利、希腊、印度、日本、朝鲜、越南等国学者的作品，如明末清初传教士利玛窦、南怀仁的著作都在其中。从内容之广博和篇幅之宏巨来说，《四库全书》在当时的中国乃至全世界都是史无前例的。

《四库全书》体现了当时清朝最高统治者乾隆帝的意志。与其祖父康熙帝相同，乾隆同样尊崇汉文化，并在儒学、书画等领域有着深厚造诣，他编修《四库全书》，一方面是为进一步实现思想上的大一统，另一方面也是为笼络汉族文人，彰显"文治盛世"。清朝历经数年，在全国范围内大量采集图书，对于保存、整理、传播古代文献具有重要意义。

编定《康熙字典》是清朝前中期的另一项重要文化成就。汉字是中国传统文化的重要象征，它不仅是中国人交往交流的工具与纽带，还在一定程度上影响到国人的思维方式。《康熙字典》问世以前，成书于东汉的《说文解字》是古代学者最常用的一部字典。两者相比较，《康熙字典》更接近于现代意义上的字典。它便于检索的特征，以及对于汉字的形、音、义的全面解释，也体现出当下汉语字典的基本特征。[⑤]

《康熙字典》自康熙四十九年（1710 年）开始编撰，至康熙五十五年（1716 年）完成，共收字 4 万多个，远超过此前历代字书，"是中国古代收字最多、规模最大、价值最高、影响最广的大型汉语字典"[⑥]。《康熙字典》继承了前代字书创立的部首检字法，规定了 214 个部首，以部首将汉字分类，并按笔画多少予以排列，简便了查字的步骤。字典中的每个字，都给出注音、释义和举证。注音主要有反切和直音两种注法，参考了古代《广韵》《集韵》《玉篇》等韵书、字书。汉字多音字，每注一音，接以释义，明确了音与义的对应关系。如"朝"字，"音昭"，释为"旦也"；"音潮"，释为"陪朝也"，"臣见君曰朝"等；"音株"，举例"朝那，郡名"。释义继承了《尔雅》《说文解字》《释命》等前代字典，博采众长，并大量引用经史子集、名家语句作为例证，取材也极为广泛。以"朝"字为例，释义时使用了《诗经》《尚书》《周礼》《史记》等经史经典以及王逸、韩愈等名家作品的语句。通过其所使用例证的成文年代，亦可梳理字义的发展脉络，发掘字义变化的渊源。可以说，正是释义系统的完善和成熟，最终确立了《康熙字典》在中国辞书编纂史上集大成的地位。

中华文明发展史，是各民族文化交往交流交融的过程。清前中期盛世中的文化成就，集中体现了这一特征。作为统治阶级的满族，迅速吸收了中原文化的核心组件汉语汉字及其主要载体——传世文献典籍，《康熙字典》《古今图书集成》与《四库全书》等一系列汇集中国几千年文化精髓的成果相继问世。随着统一多民族国家的进一步发展和巩固，汉、满、蒙古、维吾尔、回、藏等各民族文化的交往越来越频繁，交流越来越深入，各民族文化有机地融入到中华民族优秀文化之中，为中华文化的永续发展提供了不竭的动力。

▌注　释

① 郑师渠主编：《中国文化通史》第八卷，北京师范大学出版社 2017 年版，第 34 页。

② 项旋：《清代古今图书集成馆研究》，河南人民出版社 2019 年版，第 235 页。

③ 向燕南：《清统治者的历史文化认同与历史文献整理和历史编纂》，《廊坊师范学院学报（社会科学版）》2012 年第 6 期。

④ 李约瑟：《中国科学技术史》第一卷，科学出版社、上海古籍出版社 1990 年版，第 46 页。

⑤ 刘鹤云：《论〈康熙字典〉的历史贡献》，《华中师范大学学报（人文社会科学版）》1986 年第 4 期。

⑥ 向燕南、罗炳良、王东平：《历史文化认同的扩大与统　多民族国家的巩固》，载瞿林东主编：《历史文化认同与中国统一多民族国家》第三卷，河北人民出版社 2013 年版，第 334 页。

北京市社会科学院历史研究所　何思源

锡伯族西迁

边疆问题是中国历代中央王朝都必须处理好的一个现实问题。清代以前的边疆地区主要指少数民族聚居的地区。有清一代，边疆问题更为复杂。以清朝时期锡伯族西迁至新疆为例，锡伯族的西迁历史展现出锡伯族建设边疆、保卫边疆的丰功伟绩。

历史上锡伯族生活在嫩江下游、松花江中上游、洮儿河流域一带。明朝嘉靖中期，他们被南下的蒙古科尔沁部收编，后来又归附清朝。对于锡伯族族源问题，目前存在鲜卑后裔说和女真后裔说等不同看法，其中鲜卑后裔说在近年来获得分子人类学 DNA 证据支持。1764 年，清政府从东北抽调部分锡伯兵丁驻守新疆伊犁地区，加强边防军力。锡伯族1000 余名官兵及 3000 余名眷属在同年四月初十日和十九日分两批启程，历时一年零三个月抵达伊犁地区。此次西迁，形成了今天锡伯族在东北和新疆两地定居的局面。如今居住在新疆的锡伯族人，主要是当年西迁官兵及其家眷的后代。

西迁节

西迁节是锡伯族的重要民族节日，每年农历四月十八日举行，其间以饮食会宴、文艺表演、体育竞技等活动为主。"西迁"一词来自于乾隆二十九年（1764 年）农历四月十八日锡伯族从盛京（今沈阳）出发西迁到新疆伊犁地区屯垦戍边。这一天传统上是锡伯族人在家庙进行祭祀、聚会等民俗活动的日子，更是在 1764 年成为第二批西迁锡伯族在家庙与留在盛京的锡伯族人聚会、告别的日子。次日他们便启程西行。所以，对于锡伯族来说，农历四月十八日是在传统祭祀和聚会活动中加入了缅怀西迁和远方同胞的元素。2006 年 5 月 20 日，新疆维吾尔自治区察布查尔锡伯自治县申报的锡伯族西迁节经国务院批准入选首批国家级非物质文化遗产名录。

戍 边

西迁的锡伯族军民承担着保卫边疆的重任。锡伯族西迁新疆以后，伊犁将军按八旗建制把锡伯人划分为 6 个牛录（后增为 8 个），建立锡伯营，并把它作为军政、生产、宗族等不同功能于一体的组织。

新疆地区一直以来是各民族共同开发建设的地方。秦汉以来，这一地区曾出现匈奴、柔然、汉、吐谷浑、突厥、回鹘、蒙古等族。明朝中后期，西北诸卫逐渐失势，明军退至嘉峪关内。此时，蒙古准噶尔部以伊犁为中心建立准噶尔汗国。清朝时期，双方经过激烈的战争，清军于 1697 年击败准噶尔，并开始治理今新疆东部地区。此后，哈密、吐鲁番归附清朝。1755 年，清军取得最后的军事胜利，准噶尔汗国覆灭。两年之后，清军平定了准噶尔辉特部阿睦尔撒纳之乱。1759 年，清军平定回部大小和卓之乱。因此，清政府确立了对新疆地区的有效治理，新疆大一统格局初步形成。

保卫边疆是西迁锡伯族军民肩负的一项重要任务。如大和卓的孙子张格尔不甘祖父败亡，不断侵犯南疆，占领喀什噶尔、叶尔羌、英吉沙尔及和田四城。清政府调集军队征讨张格尔，以图平定叛乱。当时锡伯营总管额尔古伦还带领锡伯营马甲近千人远走南疆，同各族人民并肩战斗取得胜利。

再如，锡伯族民众在支持左宗棠收复新疆和进军伊犁，并最终把沙俄侵略军逐出新疆等方面作出了巨大贡献。1864 年俄国和清政府签订中俄《勘分西北界约记》不平等条约，割让巴尔喀什湖东部以南中国大片领土，甚至锡伯族百余年来一直驻扎的头勒克和察林河口等地也被沙俄强占，此后沙俄又占领伊犁。面对这样的局面，锡伯族军民采取不为俄国做事等方式抵抗沙俄的侵略。1875 年，左宗棠率兵挺进新疆，更鼓舞了锡伯族民众的抗俄斗争。锡伯营总管喀尔莽阿携锡伯族军民和察哈尔营军民垦殖屯田、积聚粮草，大力支持左宗棠收复新疆，驱逐沙俄侵略军。① 这些历史事件无不表现了广大锡伯族人民坚韧不拔、抗御外侮、保卫家园的爱国主义精神。

建　设

锡伯营是集军事、行政、生产等功能于一体的组织。锡伯族军民在定居伊犁河南岸的察布查尔之后，用辛勤的劳动创造了自己的家园。迁驻伊犁后，锡伯族军民疏浚了伊犁河南边旧有的"东西长二百余里"的大渠，即锡伯旧渠，引水垦种。清代嘉庆年间，锡伯营总管图伯特为了增加耕地面积，亲察地势，决定在绰合尔渠以南开凿新渠，引伊犁河水灌溉。锡伯新渠经过六年的辛勤劳动建成。锡伯族人民不但在本民族聚居地区兴修水利，而且帮助兄弟民族开凿水渠，传授农业技术等，推动伊犁河以北地区农业生产的发展。

同治年间，锡伯营总管喀尔莽阿在支援左宗棠收复新疆的同时，率领锡伯营和察哈尔营军民，在博尔塔拉开凿了一条五十余里长的哈尔博户大渠，引水垦种，聚积粮草，并将农业技术传授给察哈尔蒙古人民，促进了博尔塔拉地区农业生产的发展。

结　语

　　锡伯族西迁的历史是锡伯族保家卫国、建设新疆的发展史。自清代到达新疆伊犁之后，他们在当地安居乐业、守卫边疆，促进了各民族的交流交融。

▌注　释

　　① 胡博生：《锡伯营总管喀尔莽阿》，《新疆地方志通讯》1988 年第 21 期。

北京师范大学历史学院、北京师范大学史学理论与史学史研究中心

孙琳

新疆红钱——新普尔钱

　　1759 年，随着大小和卓叛乱的平定，清政府确立了对新疆地区的有效治理，具体方式包括在经济上促进新疆与内地的经济交融。流通于新疆地区的新普尔钱反映了内地与新疆在货币流通体系上的接轨和融合。

旧普尔钱

　　普尔钱是准噶尔汗国时期新疆天山南部通用的铜币名称，史称旧普尔钱。"普尔"是维吾尔语的音译，即钱。旧普尔钱是红铜所制，圆形无孔，钱文是准噶尔汗王之名及钱币铸造地之名，多为两钱重左右。

新普尔钱

　　清朝统一新疆后，天山南部地区推行的通用铜币称为新普尔钱。因其用红铜所铸，故又称为红钱。新普尔钱的发行是清政府为了巩固国家统一，加强边疆治理而在天山南部地区推行的一项重要措施。

　　清政府在天山南部设立叶尔羌、阿克苏和乌什三个钱局，铸造新普尔钱。乾隆二十五年（1760 年）叶尔羌钱局正式开炉铸钱。新普尔钱采用圆形方孔式样，一面用汉文铸"乾隆通宝"四字，另一面分别用满文和维吾尔文铸"叶尔启木"字样。后因"叶尔启木"的满文译名改为"叶尔羌",新普尔钱上的满文亦改为"叶尔羌"。在此之前铸造发行的新普尔钱未被回收改铸,仍旧流通使用。① 叶尔羌钱局自 1760 年开始铸钱到 1768 年暂停铸钱,基本完成了回收熔销旧普尔钱的任务。

  阿克苏钱局地处天山以南的东北部,该地区蕴藏着丰富的铜矿,拥有悠久的炼铜史。阿克苏钱局成立于 1761 年。阿克苏钱局所铸造的新普尔钱每文重二钱,圆形方孔式样,一面以汉文铸"乾隆通宝"四字,另一面分别以满文和维吾尔文铸"阿克苏"字样。该局铜源有二,一为阿克苏、乌什等城每年交纳的额铜,二为阿克苏城每年交纳的贡铜。1766 年,阿克苏钱局迁到乌什,改称乌什钱局。乌什钱局所铸之钱,最初与阿克苏钱局所铸之钱的样式基本相同,只是将"阿克苏"的字样改为"乌什"。②

  新普尔钱仅流通于天山南部托克逊以西地区,与天山北部的伊犁、乌鲁木齐和天山东部的吐鲁番、辟展、哈密等地及内地各省不能流通。同样,伊犁宝伊局(清政府在伊犁设立的钱局)和内地钱局铸造的制钱,亦无法在天山南部地区流通。③

经济的交融

  新普尔钱在新疆天山南部地区使用了约 150 年,作为巩固中央政府在新疆地区有效治埋的经济措施,销毁旧普尔钱,铸造发行新普尔钱势在必行。新普尔钱采用与内地相同的铜钱铸造形制,即圆形方孔制钱式样,这种制钱式样遵循了中国传统的天圆地方思想,钱币一面以汉文铸"乾隆通宝"四字,另一面分别是满文和维吾尔文。

  新普尔钱的铸造促进了当地采铜业的发展。清政府在天山南部设局铸钱后,积极鼓励阿克苏、乌什、拜城、库车、沙雅尔、赛里木和哈喇沙尔等七城的维吾尔人采铜。这一举措在增加铜生产的同时也促进了采铜业向专业化方向发展。原先由各城轮班派人采铜，不利于冶炼技术的提高，也给人力和铜矿资源造成了一些浪费。1766 年之后，政府特选 60 户人迁到采铜地常驻，专门开采铜矿并免征贡粮。④

新普尔钱的使用促进了当地商业的发展。清政府统一新疆后，在天山南部地区普遍推广使用铜钱，为各地区间开展贸易创造了极大的便利条件。因此，新普尔钱的铸造与发行，既从政治上巩固了天山以南地区的连结，又从货币流通体系上使内地与新疆接轨，为二者在经济上的交融打下必要的基础。

▍注　释

①②③④　吴元丰：《清乾隆年间新疆新普尔钱的铸造流通及其作用》，《西域研究》1997 年第 1 期。

北京师范大学历史学院、北京师范大学史学理论与史学史研究中心

孙琳

历史文化认同与封建社会后期中华民族多元一体格局的发展

　　历史文化认同，对于五代以降至鸦片战争前这一历史时期的中国统一多民族国家的发展来说，具有格外重要的意义。从907年朱温建立后梁政权取代唐王朝，到1279年元世祖忽必烈统一中国，中华民族最终克服了种种分裂因素而再次走向整个民族的重新统一。此后又经过明、清两王朝长达500多年的不断巩固的统一，到了19世纪中叶，先秦时期形成的天下一家的思想或理念，基本得到了落实或实行，中华民族已从政治、经济到文化心理，紧紧地凝聚成了一个不可分离的民族统一整体、实体。分析这其中的原因可能会有很多，但是其最深层次的原因，无疑仍是各民族内蕴的历史文化认同意识。

　　俯瞰五代以降至鸦片战争前这长达千年的中华民族历史，其政治、文化格局基本是这样：政治上，挟军事上的优势，整体上是北方几个少数民族建立的政权居于主导地位。其中不仅有蒙古族主导统治全国的元王朝，和满族主导统治全国的清王朝，即使是呈南北对峙态势的宋与辽、西夏、金王朝等政权的分治时期，也依然是北方少数民族占据政治上的主导地位。也就是说，从907年辽朝立国，到1911年清王朝灭亡的千年时间中，以汉族为主体的政权主导政治、军事局面的时间仅有270余年，另外730余年的政治、军事主导地位，则均由东胡、肃慎二系的北方少数民族统治者为主体的政权所占据。然而在文化上，则任何人也不能否认，以夏、商、周肇其端，以汉族为主体的中原王朝为代表的历史文化，因其所具有的先进性和丰厚的历史积淀，事实上一直是各民族所认同的主体文化。因此，这种南与北、汉族与少数民族、政治与文化之间影响力的差异，便构成了这千年来，政治上由北方少数民族居于支配和主导地位，而在文化上则认同汉民族之历史文化的历史事实（这里所说的"汉民族"实际也是历史的、动态发展的范畴）。当然，这种历史文化方面的认同，事实上也是具有双向性的，其间，作为中华民族主体民族的汉族，对于其他各少数民族历史文化的认同，也是这时期各民族历史文化认同的重要内容，但就这时期历史文化认同的整体趋向上讲，并不是主要的内容。

回顾五代以降至鸦片战争前的历史，事实上，当庞大的唐政权开始崩溃，北方少数民族因民族自我意识的觉醒，而纷起组织独立政权，并展开武力征伐、开疆拓土之时，中华民族后一阶段的道路，面临着两种选择或两种可能：一种是走向全中华民族的分裂，另一种则是走向新的、更大规模的、包含有更多民族在内的全中华民族的统一。而历史的发展表明，中华民族最终所选择的是全民族统一的道路，这不能不说是得力于不同民族之间原本就具有的相互认同意识和相互认同传统的内在驱动。

作为历史唯物主义者，我们不可否认，无论是北方少数民族政权向北方其他少数民族政权统治区域军事扩张之时，还是北方少数民族向中原政权统治区域军事推进之时，都程度不等地遭到军事抵抗。然而从留下来的大量史料分析，我们所看到的大多数的军事抵抗，往往更多的是出于忠诚于旧王朝政权的政治动机。

关于近代以前的"国家主义"的"国家"认同，大致可以概括为三个层面。其中第一个层面是表现为"忠君"意识的国家认同；第二个层面是表现为对"维持着属于某一姓的君主统系的王朝"的认同；第三个层面是表现为对"超越了这个或那个具体王朝的一个历时性政治共同体的集体记忆与追求的意识"的认同。① 其中国家认同的第三个层次，即不是那种表层的政治归属意义的政治认同，不是那种驱使人们展现其忠贞品质，在历史舞台上各为其主、各为其朝的政治，而是超越具体王朝的一个历时性政治共同体的集体记忆与追求的意识之下的认同，也就是我们一般所界定的历史文化认同的体现。

这种深沉的历史文化认同，之所以会在各民族之间形成不可扭断的认同意识，并形成一种韧度极强的历史文化传统，从根本上讲，一是各民族之间本身就存在有密切的历史文化联系，二是认同符合各民族社会发展的利益。

深深植根于农业社会土壤之中的中华主体文化，所具有的稳定、和谐、整体化的发展模式，对于那些以单纯牧业为社会经济基础的北方游牧民族来说，格外具有吸引力。由于与中原社会的频繁交往、接触，这些北方游牧民族也逐渐对于自己民族的传统文化（其中既包括诸如政治制度、生活方式、文学艺术等文化的外在表现，也包括伦理道德、风俗信仰、思维方式、价值观念等文化的内在表现），产生日益深刻的审视与反思，推动了他们的认同意识。这种事实，只要考察一下这些所谓的"割据政权"的成长和发展的历史，就会发现其中所共同包含的历史联系，以及因这些历史联系形成的认同趋向。也正是这些共存的认同趋向，使得这些政权的政治、经济和文化发展普遍表现出一种特定的中心指向。受这种文化发展中心指向的影响，这些政权的文化发展，从建立前到建立后，在内容、结构、特征等诸多方面所发生的变化，都具有共同的特点。

▋ 注　释

① 参见姚大力：《追寻"我们"的根源：中国历史上的民族与国家意识》，生活·读书·新知三联书店 2018 年版，第 17—18 页。

北京师范大学历史学院、北京师范大学史学理论与史学史研究中心

向燕南

从清代“方略”看清朝
统治者的民族观

　　方略，又称纪略，是古代官修史书的一种形式。方略在重大军事行动结束之后编纂，内容大多直接取自战争及善后工作的相关档案。与其他体裁的史书相比，方略对史料的加工整合程度较浅，因为方略不是单纯的史书，它将相关档案吸纳到一部成体系的书中，贮藏于宫廷机要之地，主要是为将来可能发生的战争提供决策依循。成体系且保持策略的完整面貌，这是方略的两个突出特点，有利于后人从中汲取经验教训。

　　有清一代，官修方略二十余部，其中比较著名的有《平定三逆方略》《亲征平定朔漠方略》《平定金川方略》《平定准噶尔方略》《廓尔喀纪略》《巴勒布纪略》等。清代方略记载了清朝中央政权为维护其统治而进行的重大军事活动，反映出统一多民族国家发展和巩固的历史过程。其中大部分涉及边疆民族地区，不仅体现了清朝统治者对边疆民族地区的治理，还蕴含着清朝统治者的民族观。

　　清朝起初是东北边疆的一个少数民族政权，在壮大过程中必须团结其他民族以增强自身力量，宣扬对各民族“视同一体”的理念。《亲征平定朔漠方略》主要记述了康熙帝三次率军平定厄鲁特蒙古噶尔丹叛乱之事，力在宣扬康熙帝“率土生民，皆朕赤子”“虽穷乡异域之民，亦必抚养，俾以安和，各得其所”① 的理念。可以看出，清朝统治者很早就认识到，要把皇帝的"恩泽"施予各民族。不可否认，这些过程中也存在民族矛盾，但民族团结、对中华民族的认同是历史发展的主流。

清朝对边疆地区用兵，多是为保持边疆安宁。康熙帝为《亲征平定朔漠方略》所作序文陈述了亲征朔漠的必要性，即"积寇一日不除，则疆圉一日不靖"。"万不得已而用兵"，目的是"立拯边境之毒痛，永底中原于清晏"②。通过一系列重大军事行动，清朝基本扫除了边疆地区的叛乱，维护了国家稳定，巩固了自身的统治。

乾隆帝在《平定准噶尔方略·序》中引述了班固的名言——"功不可以虚成，名不可以伪立"，指出编纂方略不在于记录"扩土开疆"的功业，而是要把其间的艰辛以及战争的必要性陈述清楚，存留证据，"免后人之指摘耳"③。在《御制十全记》中，乾隆帝提出"守中国者，不可徒言偃武修文以自示弱也"④。这句话强调了武备的重要性，然而更值得关注的是，在这里，"中国"一词已经不再用于指代中原地区，而是指清朝统治的整个疆域。清前期诸帝的战略眼光无疑是长远的，在他们的推动下，中原与边疆一体的格局得到极大发展。

清朝廓清边塞的方法，除了战争，更重要的是怀柔政策。《平定准噶尔方略》记载了乾隆帝给西北"回部"的谕旨："朕为天下共主，罔有内外，一体抚绥，无使失所。"⑤清朝统治者从"天下共主"的角度出发，用一视同仁的态度对待各民族，形成了比较开明的民族观，这对于维护民族团结、巩固统一的多民族国家具有非常重要的意义。

清朝官修二十多部方略所展现的清朝统治者的民族观，具体来说，一是战争乃"万不得已"而为之，根本目的是维护边疆安定、民族团结和国家统一；二是各族民众同属清朝子民，边疆与内地同属清朝疆域；三是清朝子民不分民族、内外，均应被平等对待。这些方略，对于大一统局面的巩固、中华民族共同体的发展具有重要作用。

▌注 释

①《亲征平定朔漠方略》卷五，清康熙四十七年内府刻本，第 23b 页。

②《亲征平定朔漠方略》卷首，清康熙四十七年内府刻本，第 4b—5a、6a—6b 页。

③《平定准噶尔方略》卷首，清乾隆三十一年武英殿刻本，第 2a—3a 页。

④《廓尔喀纪略》卷首四，清乾隆六十年内府刻本，第 7a 页。

⑤《平定准噶尔方略》正编卷四九，清乾隆三十一年武英殿刻本，第 16b 页。

北京师范大学历史学院、北京师范大学史学理论与史学史研究中心

许洪冲

"清三通"：古代制度史收官巨著

　　"清三通"是清乾隆朝官修的三部本朝制度史，即《清通典》《清通志》《清文献通考》。清朝是中国最后一个封建王朝，在历代制度的基础之上，形成了疆域广大、民族众多的统一国家制度体系。乾隆帝诏命编纂"清三通"，不仅是梳理和总结本朝的制度，同时也是为后世立法，因此，"清二通"不仅是史书，在一定程度上还承担了法典的作用。

　　"清三通"的纂修，与"续三通"（即《续通典》《续通志》《续文献通考》）同时进行。他们都以"三通"（即《通典》《通志》《文献通考》）的体例为模式，进行制度史的编纂。

　　《清通典》凡一百卷，分为九门。《清通志》凡一百二十六卷，仅包含二十略，而无纪、传、年谱。《清文献通考》凡三百卷，分为二十六门。"清三通"相互之间，内容的重合度较高，但各有侧重。其中，《清文献通考》内容最为宏富。从部帙来看，《清文献通考》虽仅记一朝制度史，但超过了包含五朝典制的《续文献通考》，而接近于从上古贯通至宋末的《文献通考》。纂修人员为这种情况作了解释："每事皆寻源竟委，赅括无遗，故卷帙繁富，与马氏原本相埒。"[①]制度愈发展而愈繁杂，史料愈接近当代而愈丰富，这两方面原因共同造就了"清三通"的鸿篇巨制。在这一套成熟的制度史撰述体系之中，不仅各项制度门类之间逻辑清晰，而且每一门类之内横向和纵向的继续分类，也有比较合理的依据，从而把繁富杂乱的制度史纳入到一个个具体的框架之中，便于检索与运用。

根据著名清史专家王锺翰先生的研究，"清三通"所采史料，主要来源于实录、国史、起居注、玉牒、训谕、《大清会典》、《大清通礼》、《大清律例》、各部署则例、档案、御制诗文、钦定诸书、地志、器物、私人撰述等十五类文献②。在古代，这些文献大都贮藏于皇宫、官府，私人著书很难搜罗齐全。人力、物力的优势，使得"清三通"获得较大的成功，具有较高的史料价值和研究价值。

"清三通"既是有清一代前期的制度史，也是朝廷施政的参考书。它们着重记述和阐明乾隆帝所定的制度，以之为"万代致治保邦之成式"③，由此可见"清三通"在清代政治文化中的地位。在这一总的目标之下，三书中的各门类，承担了各自具体的目标。如《清文献通考》《清通志》中所说：

> 《田赋考》：以彰昭代之洪规；
>
> 《户口考》：以昭丰镐之隆；
>
> 《土贡考》：以见大一统之治；
>
> 《学校考》：以征教化之实；
>
> 《乐考》：用彰昭代雅乐之盛；
>
> 《舆地考》：以示棋置星罗之盛；
>
> 《六书略》：以表大同之化；
>
> 《七音略》：正千秋之谬误，以表天地之元音；
>
> 《艺文略》《校雠略》《图谱略》：以彰观文化成之盛；
>
> 《昆虫草木略》：非惟供多识之资，实以征茂育之化。④

乾隆朝纂修"清三通"，既是一项学术事业，也是一个政治工程。"清三通"详细记载清朝各项制度的创立、发展、演变过程和原因，不仅要宣示清朝统治者创业守成的功绩，还要为当世和后代皇帝、大臣提供国家和社会治理的参考。

"续三通"与"清三通"乃同一史馆所修，对于"三通"体例与旨趣因循、变通的程度有比较大的差异。"清三通"虽然大部分沿用"三通"体例，但对清王朝在制度方面的创制都是大书特书，反映出强烈的本朝史撰述意识。清前期诸帝注意从历史中汲取经验教训，也深刻体察到史书对本朝正统构建的重要性。与"续三通"相比，"清三通"所记载的典制条文和事例，都是当朝皇帝及其父祖统治之下的"文治武功"，关涉清朝在中国历史上的定位，是切切实实的正在进行中的历史，一字一句皆有关皇帝与朝廷的尊严与权威。

乾隆帝下诏纂修的"续三通""清三通"，与"三通"联结起来，贯通了中国古代制度文明的历史，成为中国古代典章制度史撰述的收官之作，是中华文明连续性发展的明证之一，同时也证明了中国历史上各族间历史文化认同之趋势的存在与发展。如此大规模地续修典章制度通史，在中国史学史上是空前的，在世界史学发展的长河中也十分璀璨，是中华民族对人类文明发展作出的重要贡献。这充分表明，清朝统治者认可并称颂"三通"及其所承载的中国古代制度文明，而自身是这个文明的继承者。同时也表明乾隆秉持顺治、康熙皇帝"维道统而新治统""继治同道，后先一揆"⑤的政治文化理念，承绪周公、孔孟以来的道统，巩固了清朝的治统，也将统一多民族国家发展到了新的高度。

注　释

①《皇朝文献通考》总目，清光绪八年浙江书局刻本，第 5b 页。按，清朝灭亡之后，"皇朝"等字循例改为"清"或"清朝"，故文中称为《清文献通考》。其他典籍亦循此例。

② 参见王锺翰：《清三通纂修考》，《王锺翰清史论集》第三册，中华书局 2004 年版，第 1645—1658 页。

③《皇朝文献通考》卷首《凡例》，清光绪八年浙江书局刻本，第1a页。

④《皇朝文献通考》卷首《凡例》，清光绪八年浙江书局刻本，第1b—10a页；《皇朝通志》卷首《凡例》，清光绪八年浙江书局刻本，第3a—8a页。

⑤ 李学勤、张岂之总主编：《炎黄汇典》第三册《祭祀典》，吉林文史出版社2002年版，第387、390页。

北京师范大学历史学院、北京师范大学史学理论与史学史研究中心

许洪冲

《一统志》：元明清三朝大一统观念的缩影

在中国历史上，大一统观念由来已久。西周时期实行分封制，但已经有"溥天之下，莫非王土，率土之滨，莫非王臣"①的疆域观念；战国时期，纷争不断，孟子提出了天下"定于一"②的主张；秦汉以后，大一统格局逐步形成和发展；及至元、明、清三朝，实现了统治疆域辽阔、政治局面稳定、民族融合进一步加深的局面。这一历史事实反映在学术领域尤其在史学领域，一个突出的表现就是纂修全国地理总志，通过这些以区域为中心、记述各区域地理面貌与历史事迹的著作，反映国家统一的盛大气象，宣扬大一统观念，进而巩固国家统一。③

元朝结束了唐末以来割据政权林立的局面，实现了规模空前的统一。随着统治疆域的扩大和统一多民族国家的发展，大一统观念在其政治活动中有更为明显的体现。元朝君臣表露出疆域一统的自豪感，赞美元朝"舆地之广，古所未有"④，"舆图之广，历古所无"⑤。至元二十二年（1285年），元世祖忽必烈命秘书监"大集万方图志而一之，以表皇元疆理，无外之大"⑥。至元二十三年（1286年），大臣札马剌丁奏请编纂史书以记录全国统一的历史事实，元世祖命札马剌丁、虞应龙等人搜辑各类文献资料编为志书，这就是纂修《大元一统志》的开端。

《大元一统志》在编纂体例上参照唐代《元和郡县志》、宋代《太平寰宇记》《舆地纪胜》等全国总志，以虞应龙《统同志》为蓝本，广泛搜辑各类志书，备载天下路、府、州、县的建置沿革及山川、土产、风俗、里至、宦迹、人物等内容。至元三十一年（1294年）该书初步撰成，大德五年（1301年）赐名《大一统志》，大德七年（1303年）该书经增补后定名为《大元大一统志》（又称《元一统志》《大元一统志》）。该书的名称与虞应龙《统同志》有一定渊源，后者取自汉人王吉"春秋所以大一统者，六合同风，九州共贯"⑦的表述，元世祖也称赞其书"发扬圣朝混一海宇之盛"⑧，《大元一统志》的名称与之相比虽稍有变化，但都以这一言论为渊源。

明朝建立以后，明太祖朱元璋诏令"类编天下州郡地理形势、降附始末为书"⑨，成《大明志书》。后又诏令编修《大明清类天文分野之书》和《寰宇通衢》，记载全国郡县建置与交通驿程。这三部全国性方志的纂修，反映出明朝统治者一统天下的意识和观念。景泰年间，明朝撰成《寰宇通志》，反映全国地理总志编修方面的新进展。天顺二年（1458年），明英宗朱祁镇下诏称，"天下舆地之广，不可无纪载以备观览"，而前所成书的《寰宇通志》"繁简失宜，去取未当"，令臣僚"折衷群书，务臻精要，继成文祖之初志，用昭我朝一统之盛"⑩。明代沿袭了元代以《一统志》反映一代全图的传统，于天顺五年（1461年）修成《大明一统志》。该书参照《大元一统志》的体例，以两京十三布政使司分区，依府、州、县顺序，记载了各行政区划建置沿革、形胜、风俗、山川、人物等方面的内容，并载有边疆地区与周边诸国，反映出全国统一和以明朝为天下中心的观念。

《大清一统志》的纂修，始于康熙二十五年（1686年）。康熙皇帝对该书的编纂十分重视，特别谕令编修人员"网罗文献，质订图经，将荟萃成书，以著一代之钜典"，"以永我国家无疆之历服，有攸赖焉"⑪，表现出鲜明的宣扬大一统、巩固统治的观念。乾隆八年（1743年），全书完成，乾隆皇帝为该书作序，明确表达了该书"以昭大一统之盛"⑫的撰述旨趣。《大清一统志》的第二次纂修始于乾隆二十九年（1764年），成于乾隆四十九年（1784 年）。此次编纂主要在于增入"西域新疆统部"，将乾隆年间巩固与发展统一多民族国家的功绩诉诸笔端，以彰显清朝的统治盛况。嘉庆十六年（1811 年）至道光二十二年（1842 年），《大清一统志》经历了第三次纂修，目的在于增补乾隆五十年（1785 年）以后的重要史事。《大清一统志》的三次纂修，持续了一个多世纪，充分显示出清朝统治者对疆域治理的重视，反映出清朝通过编修史书宣扬大一统的政治意图。

元、明、清三朝，中国作为统一的多民族国家进一步巩固和发展，各民族愈来愈成为一个不可分割的有机整体。无论是哪个民族建立的政权，无一例外都以中华文明的传承者与中华治统的继承者自居，《一统志》的编修充分证明了这一点。《大元一统志》借鉴、吸收了前朝纂修全国地理总志的经验，并有所发挥，将元朝空前广袤的统治疆域纳入其中，意在称颂地理上的大一统之盛，昭示政治上的正统。《大明一统志》沿袭《大元一统志》名称和体例，表现出对元朝的认同。《大清一统志》则一改《大明一统志》视长城内外有所差别的观念，认为"声教所讫，岁时纳贽"[③]之地都应计入疆域范围，反映出中央政权对边疆地区管理的加强。元、明、清三朝纂修的《一统志》中，不仅记载有当时的盛世图景与风土人情，还记录了国家治理地方、经略边疆的经验，具有重要的历史意义和研究价值。

▌注　释

① 毛亨传，郑玄笺，孔颖达疏：《毛诗正义》卷一三《北山》，阮元校刻《十三经注疏》（清嘉庆刊本），中华书局 2009 年版，第 994 页。

② 赵岐注，孙奭疏：《孟子注疏》卷一下《梁惠王章句上》，阮元校刻《十三经注疏》（清嘉庆刊本），中华书局 2009 年版，第 5807 页。

③ 瞿林东主编：《中国古代历史理论》下卷，人民出版社 2022 年版，

第 82 页。

④ 赵世延等撰，周少川等辑校：《经世大典辑校》第六《赋典·都邑》，中华书局 2020 年版，第 84 页。

⑤ 宋濂等：《元史》卷七《世祖本纪四》，中华书局 1976 年版，第 138 页。

⑥ 王士点、商企翁编次，高荣盛点校：《秘书监志》卷四《纂修》，浙江古籍出版社 1992 年版，第 72 页。

⑦ 班固：《汉书》卷七二《王吉传》，中华书局 1962 年版，第 3063 页。

⑧ 王士点、商企翁编次，高荣盛点校：《秘书监志》卷四《纂修》，浙江古籍出版社 1992 年版，第 76 页。

⑨ 张廷玉等：《明史》卷九七《艺文志二》，中华书局 1974 年版，第 2405 页。

⑩ 张元忭：《馆阁漫录》卷四，载余来明、潘金英校点：《翰林掌故五种》，武汉大学出版社 2009 年版，第 405 页。

⑪《清圣祖实录》卷一二六"康熙二十五年五月庚寅"条，中华书局 1985 年影印版，第 343 页。

⑫ 鄂尔泰等：《国朝宫史》卷三〇《书籍九·大清一统志》，北京古籍出版社 1987 年版，第 595 页。

⑬ 张廷玉等：《明史》卷四〇《地理志一》，中华书局 1974 年版，第 882 页。

中央民族大学历史文化学院　娄梦然

清代边疆史地之学：统一多民族国家深入发展的历史见证

    清前期，随着疆域的开拓和测绘技术的发展，清廷组织编修了《西域图志》（全称《钦定皇舆西域图志》）等舆地著作，从历史编纂的角度宣扬维护国家安定的事功，巩固疆域大一统的观念。乾隆二十年（1755年），清廷平定准噶尔部，将天山北路纳入管辖范围，乾隆帝亲下谕旨，"其山川道里，应详细相度"，载入康熙年间所绘制的《皇舆全览图》中，"以昭中外一统之盛"①。次年，皇帝令刘统勋、何国宗、明安图等人深入到新近归附的伊犁等地测绘，将"所有山川地名，按其疆域方隅，考古验今，汇为一集"②，开启了《西域图志》的编纂工作。乾隆二十四年（1759年），清廷平定回部大小和卓叛乱，天山南路随即开展测量工作，增入《皇舆全览图》的绘制范围内，其间积累的文献资料则用于《西域图志》的编纂。由此可见，该书的纂修是随着天山南北依次归附的历史进程而逐渐展开的，有着彰显清朝统治者对当地管辖权的撰述旨趣。

    《西域图志》初稿由军机处方略馆编纂，成于乾隆二十七年（1762年），增纂始于乾隆四十二年（1777年），补入了15年间中央政权治理下新疆的变化，乾隆四十七年（1782年）告成。该书的纂修历时较久，体例精详，内容丰赡。编修人员多数曾参与到清廷统一、治理新疆的过程中，对当地的历史和现状有着更为深刻的认识。《西域图志》详细记载了新疆的地理位置、山川风貌、风土人情、行政建置与历史沿革，展现出清廷对新疆的全面认识和有效治理，反映了中原王朝与西域之间历史悠久、日益密切的联系。从该书的编纂内容中可知，清朝统治者对新疆采取了政教分离、因俗而治的治理模式，州县制、伯克制（按：伯克制是维吾尔族聚居区原有的行政管理体制。乾隆年间，清廷平定大小和卓叛乱后，废除伯克的世袭制，加以三至七品品级，并授予一些特权，但实际权力被清廷所设的各城参赞、办事大臣等所掌握）、札萨克制（按：札萨克制是清廷在蒙古族聚居区实行的地方行政制度，又称盟旗制度。蒙古各部划分为旗，合若干旗为一盟，旗设札萨克，盟设盟长。札萨克为世袭之职，盟长由清廷任命）并行，并设立屯田，迁入内民垦荒，促进了当地的经济文化发展与社会稳定，加深了各族间的交往交流交融。

清代边疆史地之学的发展，不仅体现在官修史书活动中，还表现为私人撰述的勃兴。祁韵士是系统研究边疆史地之学的先驱人物。他在谈及史地著作的编纂原则时说，"夫记载地理之书，体裁近史，贵乎简要，倘不足以信今而证古，是无益之书，可以不作"③，展现出浓厚的经世致用意识。他所撰《西陲总统事略》详细记载了清代新疆的驻兵设防、兵额配置、卡伦（按：哨所之意）、军台（按：清代设置的专门传递军事情报的机构，常见于西北地区）等情况，显示出对新疆战略地位以及边疆史地重要性的认识。祁韵士另外著有《蒙古回部王公表传》《皇朝藩部要略》《西陲要略》等书，反映出对西北边疆史地的关注和重视。稍后的徐松撰有《新疆识略》《西域水道记》等史地著述，记录了新疆的道里、山川、水道、城池、军政建置、周边民族等内容，显示出清廷对新疆的治理成效、当地的边防状况，以及统一多民族国家的发展进程。

清后期，由于时局剧变，边疆史地之学发展得更为迅速。张穆有感于边防的重要性，而作为北部边疆的蒙古并无专门的史地著述，因而撰有《蒙古游牧记》，记载了蒙古地区自古至道光年间的地理沿革和重大史事，及其与历代中央王朝之间的互动关系。其中关于沙俄地理、中俄边界、中俄互市贸易等内容的记载，反映出作者对中外国家疆域概念的大致认识。何秋涛《朔方备乘》撰于沙俄蚕食中国疆土之际，对北部边疆的重要性和危机有着更为深刻的体会。该书考察了中俄边界的历史沿革，论证了中国北部边疆的形成，具有鲜明的边防意识。姚莹《康輶纪行》撰于鸦片战争之后，以作者于道光年间实地考察川藏的札记汇编而成，详述了西藏的历史、地理、宗教、政治、军防等情况。姚莹曾亲历抗击英军入侵的军事活动，深刻认识到了边防的重要性，在撰述中也表达出了解外国、认识世界的强烈愿望。

清朝末年，清廷在边疆史地方面的修史活动也有新的进展，于宣统年间纂成《新疆图志》。光绪末年，清廷厉行新政，考虑到史地著述的资鉴功能，开始在各省设立通志局，纂修各省通志（按：一省之志，谓之通志）。时任新疆布政使的王树枏有感于时局艰难，因而召集文士分纂《新疆图志》来回顾清朝的文治武功，在以为"征信"之余也有着试图通过历史编纂来激发国人斗志的目的。该书详载了清廷治理新疆的过程，以及乾隆后期至清末新疆的发展变化，还增添了交涉、国界、道路等内容，保存了清末对外交流以及列强侵吞中国疆土等方面的历史资料。

清代的边疆史地之学，始于清廷为维护国家统一、巩固统治在疆域大一统、民族大一统方面取得成就的相关记载，终于列强入侵、山河破碎的局势下时人为防备"外夷"奋起而作的著述，因此表现出鲜明的时代特征。前期的著作以边疆地区的历史沿革与清朝的有效治理为重点，意在维护清朝统治，宣扬清廷在开拓辽阔疆域、巩固多民族统一方面的作为。而清后期的边疆史地之学透露出强烈的边防意识和对于外部世界的求知欲，也显示出时人的民族观由多民族国家内部交融向外部御侮的转移。综而言之，清代的边疆史地之学，不仅为中国疆域的演变历程提供了参考资料，亦是统一多民族国家深入发展的历史见证。

▎注　释

①《清高宗实录》卷四九〇"乾隆二十年六月癸丑"条，中华书局 1986 年影印版，第 164 页。

② 钟兴麒等校注:《西域图志校注》，新疆人民出版社 2002 年版，第 6 页。

③ 祁韵士:《西陲要略》卷首《自序》，商务印书馆 1936 年版，第 1 页。

中央民族大学历史文化学院　娄梦然

"歇家"：青藏地区与内地贸易的纽带

　　明清时期，中央王朝在西部地区实施了"用茶易马，固番人心，且以强中国"①的茶马交易政策，用内地盛产的茶叶换取青藏地区盛产的马匹。青藏地区相对闭塞，当地从事贸易活动的人不多，在地理上接近青藏地区、有经商习惯的内地汉族和回族商人，通过"歇家"（指客店，行旅和商人歇脚之店）这一载体，成为内地与青藏地区贸易的主力军。

　　青藏地区气候高寒，居民主要经营牧业，人们生活必需的布匹、食盐、茶叶、纸张等，主要通过与内地贸易获得。而青藏地区盛产的马匹作为古代重要的作战工具和交通工具，自古就是内地和边疆交流的重要物产。为此，历代统治者都注重内地与青藏地区的贸易。

　　明朝在西宁设立茶马司，管理茶马交易，引导内地商人将茶叶运到边疆地区，既满足了当地的需要，又维护了边疆稳定。清朝多次用兵青藏地区，由商人携带物资随行供应。这些商人在供应军需的同时，多利用时机在当地进行交易，以便获利。在此过程中，西宁因优越的地理区位逐渐发展起来，成为民间贸易中心。

　　面对交易中存在的语言不通、风俗不同、价值判断有别等问题，商人们意识到，需要一个沟通双方的中间环节，完善交易链条。于是，作为中介的歇家出现了。

　　最初，歇家是由内地商人特别是长期从事边地贸易、熟悉当地情况的商人创办并经营的。所谓"歇家"，就是一个大客栈，供来往商人歇脚、存放货物及马匹牲畜等，相当于内地的会馆性质。但是歇家不像内地的会馆主要为本籍商人服务，而是为交易双方服务。据统计，清中期以后，山（西）陕（西）地区商人在西宁和湟源设立的歇家，有明确记载的有 38 处。至今，湟源还有埋葬山陕地区商人的墓地。

随着贸易规模的扩大，内地商人自办的歇家已经不能满足双方贸易需要了，特别是语言问题，始终是交流沟通的主要障碍。于是，久居当地的汉、蒙古、藏、回等各族商人乘势而起，在晚清时期已经成为经营歇家的主力。其中，较突出的代表是青海湟源商人李耀庭。

1868 年李耀庭出生于湟源县李大村一个汉族家庭，他从小就生活在各族人群中间，熟悉当地各民族语言和风俗习惯。少年时代，李耀庭为了生计进入商号当学徒并成为伙计。他勤奋好学，聪明能干，很快就开始自办商号，经营牧区生意。1895 年，李耀庭已经成为湟源地区歇家之首。

李耀庭以人熟、地熟、行情熟、精通蒙古语和藏语著称，与蒙藏王公以及地方官员关系良好，交情很深。牧区各族群众都很信任他，愿意把自家的物产交给李耀庭的歇家帮忙转运转卖。在李耀庭的带领下，李氏家族以湟源为中心不断扩大贸易规模，向西环青海湖到拉萨，远达尼泊尔和印度，向东至北京、天津，并通过洋行开拓海外贸易市场。

随着青藏地区本地歇家商人的崛起，山陕地区的歇家商人逐渐退出中介贸易，转而将内地贩运来的货物交与当地歇家，当地歇家则将皮毛、牲畜等商品交与山陕地区商人贩运至内地。各民族商人共同参与内地与边疆的商品贸易，极大促进了商品流通，密切了内地与边疆经济交流，不断满足内地与边疆各族群众生活需求，有力促进了各民族交往交流交融。

▌注　释

① 张廷玉等:《明史》卷八〇《食货四》，中华书局 1974 年版，第 1949 页。

北京师范大学历史学院、北京师范大学史学理论与史学史研究中心

李志英

陈连升父子与沙角之战

为了保护鸦片走私贸易，破开中国大门，1840 年 6 月英国悍然发动鸦片战争。自此之后，国家蒙辱、人民蒙难、文明蒙尘，中华民族遭受了前所未有的劫难。也正是在鸦片战争中，涌现出一批批英勇无畏的民族英雄，他们奋起反抗，进行可歌可泣的抗争。来自土家族的将领陈连升父子，正是其中具有代表性的人物，他们在沙角之战中的英雄事迹，是中华民族反抗帝国主义血腥侵略史上的光辉一页。

沙角之战是鸦片战争中的一场关键战役。沙角炮台具有重要的战略位置，它和隔岸的大角炮台，东西斜峙，被誉为"虎门外之第一重门户"①。野心勃勃的英国侵略者，妄图用船坚炮利破开中国大门，沙角、大角炮台成为关键的战略要地。此时，坚守沙角炮台的中国守将正是土家族将领陈连升。

陈连升，湖北鹤峰人。他是久历戎行的老将，"尤为屡经战阵之员，力果心坚，身先士卒"，早有"捐躯自效"之念。②1839 年，他破英军于官涌，后提拔为三江协副将，镇守沙角炮台。在沙角海战爆发之前，陈连升年逾花甲，却老当益壮，积极加固炮台，准备战事，时人称，他"勤训练，严纪律，营务肃然"③。就连英国军官也不得不感慨：沙角炮台"是一个很坚强而很可怕的阵地"④。

1841 年 1 月 17 日清晨，一艘艘庞大的英国战舰浮现洋面，向中国展露锋利的獠牙。英军舰队一方面派军舰从正面猛攻沙角炮台，另一方面由穿鼻湾登陆，绕沙角山袭击沙角炮台。面对英国侵略者的前后夹击，陈连升英勇无畏，率六百士卒死守阵地。

这是一场何其惨烈的战争！《夷艘寇海记》《夷氛闻记》《英夷入粤纪略》等著作中详细记载了沙角海战的经过：英军利用船坚炮利在正面进攻，还派"汉奸二千余梯后山攻其背"，陈连升临危不惧，身先士卒，指挥军队歼敌，"于后山埋地雷，机发，轰死百余贼，而不能再发。贼后队复拥上，众五倍于我，我兵以扛炮前后歼敌二三百，而火药已竭"⑤。根据《清稗类钞》记载，在英军"弹箭迸落如雨"的攻势下，陈连升手下中弹而亡，有人劝陈连升避其锋芒，陈连升说："今日，吾死日也，敢言退者斩！"后势不可支，他感慨道："死无憾，吾死而二台必陷，虎门且将不保，为可憾也！"⑥其后不幸胸部中弹，死时身无完肤，惨烈可怖！

在陈连升捐躯之前，他深知寡不敌众，故令其于陈举鹏携带关防护送回营。但陈举鹏不忍"临难苟安，弃亲不顾"，死守阵地。后见父战死，陈举鹏奋勇杀敌，"左右跃杀数夷，袍皆血染"，最终寡不敌众，蹈海而亡！就连英军也不得不赞叹，称他"是一个英勇的青年"，见其父死，"不肯投降，情愿跳入海中"。⑦

陈连升父子为国捐躯的事迹，在时人口中广泛流传。道光皇帝在硃批中称"陈连升父子忠魂"⑧，对其进行高度评价。晚清著名诗人张维屏作《三将军歌》，歌颂在鸦片战争中壮烈牺牲的陈连升等爱国将领：

英夷犯粤寇氛恶，将军奉檄守沙角。
奋前击贼贼稍却，公奋无如兵力弱。
凶徒蜂涌向公扑，短兵相接乱刀落。
乱刀斫公肢体分，公体虽分神则完。
公子救父死阵前，父子两世忠孝全。⑨

据说，陈连升就义后，他的战马被英国侵略者掳掠至香港。不受英人骑跨，英人饲之则不食，华人怜而饲之则食，"饥饿骨立，犹守节不变"，最终卒于香港。后人立节马碑以纪念这只忠贞烈马。如今，这块石碑藏于广州博物馆，碑上绘有节马图，图中节马虽形销骨立，却昂首怒视，铮铮铁骨，嘶嘶悲鸣。其笔调虽简，但百年后的今日看来，亦令人动容。

节马碑上附有《节马行》一文，赞扬陈连升战马之节烈：

> 贞操耻食夷人粟，只受吾华刍一束。
> 忍饥忍痛骨如柴，山下采薇犹自辱。
> 古来骐骥传名驹，如斯节烈前古无。
> 良马之性犹人性，乌骓赤兔难齐驱。⑩

人们赞美节马不齿夷粟，有伯夷、叔齐之风骨，宁愿饥饿而亡，也不愿受英国人之驱使。本质上是将心中朴素的爱国主义精神投射在节马身上，更是用节马的事迹来宣扬陈连升父子的忠诚节义，这无不反映了中华民族思维深处的浩然正气。

在沙角之战中，不仅土家族爱国将领陈连升父子英勇牺牲，诸多守台将士也壮烈捐躯。1958年，沙角海军联队的几名战士在挖土时，挖出了一块墓碑和装有骸骨的瓷坛，墓碑上篆刻"节兵义坟"四个大字。这是在沙角之战中牺牲的无名战士之墓。如今，这座墓碑坐落在百草山北麓，绿树成荫，游客成群。草木丛生处，依稀还能看到将士们的无畏之躯，温和的海风里，似乎还飘荡着百年前的英雄战歌。

黄沙埋烈骨，碧海蹈忠魂。其实，在侵略者腥风血雨中倒下的，岂止陈连升和他麾下的六百将士？关天培、王锡朋、郑国鸿、葛云飞、裕谦、陈化成、海龄……他们用鲜血书写着一幕幕悲壮的史诗。这些来自中华民族大家庭中不同民族的英雄，他们的赤子之心里，洋溢着忠诚血脉和家国情怀。面对英国侵略者的"船坚炮利"，各民族人民同呼吸、共命运，心连心，用强大的凝聚力和非凡的创造力捍卫着中华文明的长盛不衰！面对敌人的勃勃野心，各民族像石榴籽一样紧紧抱在一起，英勇无畏，宁死不屈，用滚烫的鲜血铸起了保家卫国的钢铁长城！

▌注 释

① 《魏源全集》第三册，岳麓书社 2011 年版，第 603 页。

② 中国第一历史档案馆编：《鸦片战争档案史料》第三册，天津古籍出版社 1992 年版，第 111 页。

③ 徐珂：《清稗类钞》第十九册，商务印书馆 1917 年版，第 23 页。

④ 中国史学会主编：《中国近代史资料丛刊·鸦片战争》第五册，上海人民出版社 1957 年版，第 163 页。

⑤ 《魏源全集》第三册，岳麓书社 2011 年版，第 603 页。

⑥ 徐珂：《清稗类钞》第十九册，商务印书馆 1917 年版，第 24 页。

⑦ 中国史学会主编：《中国近代史资料丛刊·鸦片战争》第五册，上海人民出版社 1957 年版，第 164 页。

⑧ 中国第一历史档案馆编：《鸦片战争档案史料》第三册，天津古籍出版社 1992 年版，第 112 页。

⑨ 中国史学会主编：《中国近代史资料丛刊·鸦片战争》第四册，上海人民出版社 1957 年版，第 716 页。

⑩ 广州市文化局、广州市地方志办公室、广州市文物考古研究所编：《广州文物志》，广州出版社 2000 年版，第 187 页。

北京师范大学历史学院、北京师范大学史学理论与史学史研究中心

潘若天

"固结人心为第一要义"
——清末张荫棠整顿西藏事务之策

张荫棠（1866年—1937年），广东新会人，清光绪年间举人，捐官为内阁中书。其叔父为清朝浙江提督张其光，其兄为清朝第三任驻美公使张荫桓。张荫棠曾以举人、员外郎身份在总理衙门办理对英交涉事务。光绪三十年（1904年），英国迫使西藏地方当局商订《拉萨条约》。清朝派唐绍仪为全权代表，率领参赞梁士诒、张荫棠往印度与英方谈判。光绪三十一年（1905年）八月，唐绍仪奉调回国，留张荫棠与英方续商。在印度一年多的时间里，他目睹"敌谋之狡悍"，深感"藏事危险"，思考整顿西藏事务的策略。

光绪三十二年（1906年）正月，张荫棠向外务部上陈《英谋藏阴谋及治藏政策》奏折，分析西藏时局，指出英方的险恶用心，强调整顿西藏事务有刻不容缓之势。当年四月，《中英续订藏印条约》签订后，清朝派张荫棠入藏"查办藏事"。十月，张荫棠率领随员抵达拉萨，受到西藏地方政府及僧众万余人夹道欢迎。

此时，清政府在西藏施政面临严重困难。康雍乾时期，清朝国力强盛，能有力捍卫国家主权和领土完整，赢得了西藏上下的拥护。1888年，英国发动第一次侵藏战争，清政府对外妥协，不支持英勇抗击的藏军，反而压制西藏地方的抗英斗争。驻藏大臣多贪污腐败，被西藏地方所轻视，双方矛盾日深。1904年，英国发动第二次侵藏战争后，强迫签订不平等条约，让本就贫瘠的西藏陷入更深的苦难，还因此制造了清朝中央政府与西藏地方政府的隔阂。

张荫棠认为，"维系边疆人心，首在澄肃吏治"①。光绪三十三年（1907 年）正月，张荫棠奏参驻藏办事大臣有泰及官员十余人贪污媚外、鱼肉百姓、颠顸误国等罪，并奉旨将他们革职查办，任用了一批能坚决与英国划清界限的官员，恢复了中央政府在藏权威，受到了各族百姓称赞。

张荫棠着手筹议"善后办法"，与噶伦（西藏地方政府官员）、三大寺僧俗官员商议，广开言路，专门设置了意见箱，听取意见。经过反复磋商，张荫棠确定了《善后问题二十四条》草稿交由西藏各界广泛讨论，改订为《治藏刍议十九款》，上报外务部，建议对西藏的政治、经济、军事、对外交涉、教育、卫生、民俗等进行全方面改革。

张荫棠认为，西藏苟有挫失，蒙古、新疆、青海、川滇必一日不能安枕，能保西藏，则四川自形巩固。英国通过战争以及拉拢、挑拨、收买等手段，控制了西藏周边地区，虽然宣称"不占西藏土地、不干预政治"，但中国"非有实力做后盾"，才可自保。在张荫棠看来，抵抗外来侵略的关键在于内政的治理。所有内政、外交事宜，需由国家精心治理，恩威并施，这样才能使百姓实信国家深有可恃，倚仗之心益坚，不敢再萌异志，侵略者看到"我能自治，外人无隙可乘，自消其觊觎之心"。因此，"为今之计，自以破除汉番畛域，固结人心为第一要义，以收回政权、兴学、练兵为入手办法"②，中央要对西藏助以经费，派员办理农工商矿，以西藏之财办西藏之事，若能自固疆域，则边境安谧。

整顿西藏，非收政权不可，欲收政权，非加强治理不可，这是张荫棠的核心思想。他主张对达赖、班禅优加封号，使其专理宗教，"不令干预政治"③；创设督练局，负责编练新军，为治理西藏的后盾；对于西藏地方名目繁多的杂役，"应一律革除，以苏民困"④，宽厚刑法、减免税收；加强官员队伍管理，核查官员的任职、薪俸，革除弊政；结合西藏地方实际，将兴学、练兵列为最紧要的事。他在《藏俗改良》中提出，"儿童七八岁宜教汉字，学汉语，以便到内地为官或为商"⑤。他主持专门设立"学务局"，建立十多所各类新式学堂，打破了农奴主贵族长期垄断教育的局面；创设报馆、印书局等，传播新思想文化，"渐开民智"，增进西藏地方对国家的认同。

面对西藏地广人稀、生产技术落后、生产效率低的实际，张荫棠经过充分调查，规划振兴农、工、商业的方案。设立"农务局"，利用荒地，传播先进耕种方法，减免农牧业税收，奖励先进农业、畜牧业技术；设立"工商局"，落实引进先进工艺、购置机器，加工农牧业初级产品，丰富商品种类，提高商品质量，提升市场竞争力，达到"外抵洋商，内充民利"的目的；废除苛捐杂税，制定了新的关税、矿产税，并减免茶税，规范盐税，以合理的税目、税率以及税收管理措施，鼓励、促进实业发展。

张荫棠的举措，得到了西藏地方僧俗百姓的极大拥护。遗憾的是，张荫棠在藏时间过短，新政刚开始实施，他便被调往印度与英方协商江孜开埠事宜。但张荫棠治藏期间，加强了中央政府对西藏的主权管辖，取得了一定成就，主要体现在以下四个方面：一是坚决抵御外来侵略，维护中央在藏主权；二是加强中央对藏治权，提高管理能力；三是体恤百姓，保护民众利益；四是发展现代工商业、农业、教育，提高发展水平。

▌注　释

①② 张荫棠：《奏复西藏情形并善后事宜折》，《张荫棠奏稿》卷五，载吴丰培编：《清代藏事奏牍》第三册，商务印书馆1938年版，第1页。

③ 张荫棠：《致外务电请速整顿藏政收回政权》，《张荫棠奏稿》卷一，载吴丰培编：《清代藏事奏牍》第三册，商务印书馆1938年版，第12页。

④ 张荫棠:《致外部电陈治藏刍议》,《张荫棠奏稿》卷二,载吴丰培编:《清代藏事奏牍》第三册,商务印书馆1938年版,第32页。

⑤ 张荫棠:《颁发藏俗改良》,《张荫棠奏稿》卷三,载吴丰培编:《清代藏事奏牍》第三册,商务印书馆1938年版,第22页。

北京师范大学历史学院、北京师范大学史学理论与史学史研究中心

张双智

近代中华民族概念是如何产生与发展的？

费孝通先生曾经指出："中华民族作为一个自觉的民族实体，是近百年来中国和西方列强对抗中出现的，但作为一个自在的民族实体，则是在几千年的历史过程中形成的。"① 按照这一论断，自古以来，中华民族的形成乃至发展、壮大是一个自在的渐进过程，而非自觉过程。作为自觉的民族实体，中华民族形成的历史非常短，是近百年来的事情。那么，"自在"和"自觉"的中华民族有什么区别呢？同样作为"民族实体"，所谓"自在"的中华民族是指组成这一实体的各族人民，对于彼此之间客观存在、并不断得到发展和加强的内在联系与一体性，还缺乏自觉的认识，对于共同的利益安危在情感上还缺乏强烈的认同，在交往上也还存在着语言沟通等方面的隔阂等；所谓"自觉"的中华民族是指上述诸情形基本上都得到了改变，并且基于各民族间全方位一体性的强烈体认，还形成了一个共同拥有和一致认同的民族符号或名称——"中华民族"。如此说来，"中华民族"这一概念至关重要，它是近代民族认同的核心环节，它的出现乃至最终在全社会得以确立，方使得中华民族以自觉面目立于世界民族之林。

"中华"一词起源于魏晋，最初用于天文方面，是从"中国"与"华夏"两个名称各取一字复合而成。古人宗信"天人相与"②，天文分野，取与地理区域相配合，当时天文星野有"中华"名称，地理上当亦有此观念，而且作为地域名称，"中华"与"中国"相同。此外，魏晋之时，世家大姓自诩"衣冠华族"，备受尊崇，"中华"一词最初也许与这些"衣冠华族"相关，逐渐地扩及指传统文化和具有这种文化的人民。所以，在古代，"中华"既是地理名称，又是文化与民族称谓，尤其是指文化与民族。

"民族"一词在中国出现甚早，古书早有明载，如《南齐书》《太白阴》《三朝北盟会编》等文献中明确载有"民族"[3]；西晋"王浚妻华芳墓"的墓志中亦有"民族"一词，从考古层面证实了"民族"为中国固有词汇。[4] 不过在中国古代，"民族"一词往往有"民众"的含义。我们今天耳熟能详的"民族"概念，很大程度上是西学东渐的产物。19世纪30年代，普鲁士来华传教士郭士立所编撰的中文杂志和著作里，开始出现"民族"一词，且概念化程度较高。[5] 明治维新时期，来源于西方的"民族"概念在日本影响很大，并很快在戊戌变法之时及20世纪初年影响到先进的中国读书人。"中华"一词与这样的"民族"概念相组合，就构成了"中华民族"，相应的思想观念也就此产生。

从根本上说，"中华民族"概念及其思想观念的出现，是鸦片战争以来不断加剧的民族危机的产物。各国列强对中国一再变本加厉地侵略扩张，加重了中国境内各民族人民的灾难，同时也逐步唤醒了他们的民族意识，这一情形，在清朝末年尤为明显。这种民族意识，在各民族的先进分子中首先得到阐扬，并使得他们在救亡图存的政治活动中采取一致行动。

尽管严峻的民族危机和救亡图存的努力已使"中华民族"观念浮上水面，但其真正作为一个词汇被提出并得到认可，还是有一个过程的。从现有资料看，清末率先使用"中华民族"一词者，应该为梁启超。1902年，梁启超在《论中国学术思想变迁之大势》中开始提出并使用"中华民族"这个词汇，他说："齐，海国也。上古时代，我中华民族之有海思想者厥惟齐，故于其间产出两种观念焉：一曰国家观，二曰世界观。"⑥ 不过梁氏虽提出了"中华民族"词汇，但其内涵与我们今天心目中的"中华民族"还是有差异的。从其文章整体来看，其所谓"中华民族"仍指的是华夏族，即汉族。1905年，梁启超在《历史上中国民族之观察》一文中又数次使用"中华民族"一词，并明确指出，"今之中华民族，即普通俗称所谓汉族者"，但同时又以事实进行论证，说明先秦时华夏族之外的各个民族，最终大都融入华夏族，从而证明"中华民族自始本非一族，实由多数民族混合而成"⑦。这样的看法表明，尽管梁启超仍把"中华民族"作为汉族的代名词，但显然已不把汉族看作是单一民族，而是由多民族"混合而成"。这一点至关重要，因为是用"中华民族"概念来谈民族混合，而非用汉族概念来谈民族混合，所以即便"中华民族"在这里仍等同于汉族，但却从主体民族融化力和各民族不断融合化入的历史角度，明确昭示了主体民族将继续与其他民族融合的趋势。这也就意味着"中华民族"这一概念，最终必将是未来民族共同体的统一名称。

梁启超之后，杨度也使用"中华民族"一词，阐发他的民族观念和对于民族问题的看法。1907年，杨度在《金铁主义说》中言："中国向来虽无民族二字之名词，实有何等民族之称号。今人必目中国最旧之民族曰汉民族，其实汉为刘家天子时代之朝号，而非其民族之名也。中国自古有一文化较高、人数较多之民族在其国中，自命其国曰中国，自命其民族曰中华。即此义以求之，则一国家与一国家之别，别于地域，中国云者，以中外别地域远近也。一民族与一民族之别，别于文化，中华云者，以华夷别文化之高下也。即此以言，则中华之名词，不仅非一地域之国名，亦且非一血统之种名，乃为一文化之族名。"⑧ 这样的认识，实际是对中国特有的文化民族观念的现代阐发，依此，中华民族非种族概念，而是文化概念，"乃为一文化之族名"。从杨度的民族观念与民族认同意识来看，他的视野似乎更为开阔，其所认同的"中华民族"所包含的"民族"范围也比梁启超所言更广一些，甚至有了当今"中华民族"

观念含义的雏形。

总之，清朝末年，梁启超、杨度等思想家已提出并多次使用"中华民族"概念，尽管其内涵不同于我们今天的认识，但毕竟朝着中华民族整体认同之路迈出了一大步，加之立宪运动中朝野各界各民族间平等融合的"大民族"意识的增强，所有这些，都为"中华民族"后来成为中国境内各民族的统一族称作了良好铺垫。

关于"中华民族"，各种政治力量形成认同共识，基本是在辛亥革命后中华民国的建立与发展时期，这其中革命领袖孙中山的中华民族观发挥着至关重要的作用，而中华民国的建立则在体制上确保了中华民族认同的实现。

1912年中华民国的建立，为辛亥革命前已经萌生的中华民族概念的广泛流传，提供了广阔的舞台，为国内各民族的平等融合与整体化趋势发展提供了可能性。民国初期，孙中山接受"五族共和"思想作为处理国内民族关系的准则。所谓"五族共和"就是"合全国人民，无分汉、满、蒙、回、藏，相与共享人类之自由"，[9] 民族统一、民族平等是它的基本原则。"五族共和"从理论上打破了长期以来唯我独尊的民族关系，少数民族在观念上第一次被置于平等地位，从而使统一多民族共和思想开始深入人心。不仅如此，"五族共和"思想也十分有助于"中华民族"观念的流行与推广。孙中山就反对泛泛而谈所谓"五族共和"，他要求以汉族为主体，积极团结国内各民族，组成一个大中华民族。他在上海中国国民党本部会议的演讲中说："现在说五族共和，实在这五族的名词很不切当，我们国内何止五族呢？我的意思，应该把我们中国所有各民族融成一个中华民族，并且要把中华民族造成一个很文明的民族，现在实还没有做到。"[10] 很显然，这里提到的"中华民族"概念，已突破当年梁启超把"中华民族"等同于汉族的局限，而更近于我们今日所言之中华民族。

中华民国建立后，"中华民国"国号的使用本身，就极大增强了国人对"中华"一词所代表的中华民族共同体内涵的认同感与自觉归属感。《中华民国临时约法》则以法律形式将民族平等规定下来,如第一章总纲第二条"中华民国之主权属于国民全体"、第三条"中华民国领土为二十二行省,内外蒙古、西藏、青海",第二章第五条"中华民国人民一律平等,无种族、阶级、宗教之区别"。⑪这使得中华民族共同体的继续发展有了法律上的保护,至少实现了法律上平等的联合。如此的制度保障,有助于固化思想观念,自然也非常有利于"中华民族"概念的深入人心,使其渐被广泛接受。

五四运动时期,中华民族一体化观念在社会各界处于广泛传播阶段。各种政治、社会力量都将"中华民族"概念贯穿于言论和行动中,表明大家一致认同"中华民族"是生活在中国领土上所有民族的统一族称。

值得注意的是,"中华民族"概念虽在民初为世人所认同,但当时基本停留在族称层面,尚未认识到中华民族是包括中国境内各民族的民族实体、本体。尽管孙中山已有超越"五族共和"的大中华民族观念,但成为广泛社会共识,还有待时日。

┃ 注 释

① 费孝通主编:《中华民族多元一体格局》,中央民族大学出版社 1999 年版,第 3 页。

② 班固:《汉书》卷五六《董仲舒传》,中华书局 1962 年版,第 2498 页。原文为:"臣谨案《春秋》之中,视前世已行之事,以观天人相与之际,甚可畏也。"

③《南齐书·列传第三十五》有言:"今诸华士女,民族弗革,而露首偏踞,滥用夷礼,云于剪落之徒,全是胡人,国有旧风,法不可变。"(萧子显:《南齐书》,中华书局 1972 年版,第 934 页。)《太白阴经》写道:"智

人得之，以守封疆、挫劲敌；愚人得之，以倾宗社、灭民族。"（李荃：《太白阴经》序，清咸丰四年长恩书室丛书本。）《三朝北盟会编》也曾出现"民族"一词："是时，国奉卿以楚州既陷，居于赵琼寨中与琼谋劫其舟船，乃以二百余人夜掩不备劫之，有被虏贵官二十余家，各称其民族。"（徐梦莘：《三朝北盟会编》卷一四四，《四库全书》本。）

④ 原文为："其民族繁茂，中外隆盛，列爵显号，已具之铭表。"

⑤ 例如，《论约书亚降迦南国》中写道："昔以色列民族如行陆路渡约旦河也，正渡之际，皇上帝尔主宰令水涸，犹于江海（亦）然，则普天下之民认皇上帝之全能，且尔恒敬畏之也。"载爱汉者等编，黄时鉴整理：《东西洋每月统记传》，中华书局1997年影印本，第127页，转引自黄兴涛：《重塑中华：近代中国"中华民族"观念研究》，北京师范大学出版社2017年版，第52页。

⑥ 梁启超：《论中国学术思想变迁之大势》，上海古籍出版社2006年版，第23页。

⑦ 梁启超：《历史上中国民族之观察》，载《饮冰室合集（八）专集之四十一》，中华书局1989年版，第2—4页。

⑧ 杨度：《金铁主义说》，载左玉河编：《中国近代思想家文库杨度卷》，中国人民大学出版社2015年版，第123页。

⑨ 孙中山：《致贡桑诺尔布等蒙古各王公电》，载《孙中山全集》第二卷，中华书局1982年版，第48页。

⑩ 孙中山：《在上海中国国民党本部会议的演说》，载《孙中山全集》第五卷，中华书局1985年版，第394页。

⑪ 商务印书馆编：《中华民国临时约法》，商务印书馆1916年版，第1页。

北京师范大学历史学院、北京师范大学史学理论与史学史研究中心

李帆

《新中华民族主义》

　　真正具有独立的现代意义的"中华民族"概念，如何继起取代"五族共和"而传承至今？人们多引 1919 年后孙中山有关"中华民族"的说法，一笔带过，语焉不详。实则二者的转换，体现了国人民族观念的重要升华，而绝非泛泛的文字改易可比。据现有的资料表明，李大钊当是推动此次转换"临门一脚"的关键性人物。

　　1917 年 2 月，李大钊在《甲寅》上发表《新中华民族主义》一文，径直批评"五族共和"的说法不妥，并提出了必须高揭"新中华民族主义之赤帜"，以追求中华民族复兴的重要见解。他说，欧战后世界所面临的问题，不单是"国家之问题"，同时更重要的，"乃民族之问题"。从奥地利、爱尔兰以及英、美、德各国看，"或同一国内之各种民族有崩离之势，或殊异国中之同一民族有联系之情"，故一方面是各国的民族运动高涨；另一方面民族的撕裂与冲突又正深刻地影响着许多国家的稳定与分合的走向，而成"其最大之隐忧"。然而，反观中国，却让人深感欣慰："吾国历史相沿最久，积亚洲由来之多数民族冶融而成此中华民族，畛域不分、血统全泯也久矣，此实吾民族高远博大之精神有以铸成之也。"① 事物总是相比较而存有的，有比较才有鉴别。李大钊所谓"高远博大之精神"，就是指中国各族人民对于多民族统一的"中华民族"共同体的认同意识与执着追求；他也正是通过战后世界各国民族主义运动的比较，愈益看清了并坚信中华民族正由自在走向自觉的伟大觉醒。

也惟其如此，他公开批评"五族共和"提法之不当："今犹有所遗憾者，共和建立之初，尚有五族之称耳。"因为不仅"五族"，中国历史上各民族，其"文化已渐趋于一致"，更何况今天复同为共和国民？所以必须明确昭示这样的民族新观念："凡籍隶于中华民国之人，皆为新中华民族矣。"需要进一步指出的是，在李大钊眼里，"中华民族"不仅是一种民族共同体的客观存在和族体称谓，其本身更代表着中华"高远博大"的"主义"——"此之主义，即新中华民族主义也"。他主张，从今之后，凡国家"政教典刑"，即治国理政的方方面面，都务必将此"主义"一以贯之，弘扬光大，"以建立民族之精神，统一民族之思想"。李大钊充满激情，曾一再呼唤"青春中华之创建"，现在他又一次登高而呼："余于是揭新中华民族主义之赤帜，大声疾呼以号召于吾新中华民族少年之前。"②两个月后，他在另一篇文章中，再次提醒国人：中国欲自立于世界民族之林，"当以中华国家之再造，中华民族之复活为绝大之关键"③。这里的提法值得注意：中华民族作为自在的民族，出现在历史上"久矣"；当下要振兴中华，关键在于"中华民族之复活"！

可以说，其时还没有第二个人能像李大钊这样，以如此深邃的识见、清晰的语言与青春的激情，将现代意义的"中华民族"概念之深刻内涵完整地昭示于国人之前！换言之，李大钊《新中华民族主义》一文的发表，可以视为中华民族实现由自在转变为自觉的鲜明标志。

耐人寻味的是，两年之后，即从1919年起，孙中山也开始转而倡导使用"中华民族"的概念。如他在《三民主义》中说："夫汉族光复，满清倾覆，不过只达到民族主义之一消极目的而已，从此当努力猛进，以达民族主义之积极目的也。积极目的为何？即汉族当牺牲其血统、历史与夫自尊自大之名称，而与满、蒙、回、藏之人民相见于诚，合为一炉而治之，以成一中华民族之新主义……"④又说："现在说五族共和，实在这五族的名词很不切当。我们国内何止五族呢？我的意思，应该把我们中国所有各民族融成一个中华民族。"⑤这里需指出两点：其一，孙中山也意识到了"五族共和"的提法不切当，还是"中华民族"的提法为宜；其二，他也强调中国多民族的统一与大融合，体现的是一种"中华民族之新主义"，即在民族关系问题上的一种新精神与新境界，而非仅是称谓上的改易。孙中山后来的这些新见解，与上述李大钊的主张，其根本精神是完全一致的，甚至连用语都相同。前者是否受到了后者的启发或影响，可不置论；重要的在于，李大钊第一个高揭"新中华民族主义"之大旗，开创了近代国人从更加完整的意义上使用现代意义的"中华民族"概念之先河。李大钊强调多民族统一的中华民族在历史上的客观存在和在现实中觉醒的极端重要性，突出已然与应然的内在统一性，这在很大程度上，实开费孝通先生重要理论之先河。

概而言之，20世纪前20年，"中华民族"的概念，由萌生到内涵渐次升华，确立为现代意义的全新概念，这是中华民族最终实现由自在转向自觉的关键性时期；而李大钊与孙中山，先后都发出了"新中华民族主义"的呼声，则是此种民族自觉在观念形态上集中而鲜明的标志。

注　释

① ② 李大钊：《新中华民族主义》，载《李大钊文集》（上），人民出版社1984年版，第301—303页。

③ 李大钊：《大亚细亚主义》，载《李大钊文集》（上），人民出版社1984年版，第450页。

④ 孙中山：《三民主义》，载《孙中山全集》第五卷，中华书局1985年版，第186、187、188页。

⑤ 孙中山：《在上海中国国民党本部会议的演说》，载《孙中山全集》第五卷，中华书局1985年版，第394页。

北京师范大学铸牢中华民族共同体意识研究基地主任　郑师渠

第一次国共合作是如何推动中华民族共同体发展的？

  1917 年初，李大钊在《甲寅》上发表《新中华民族主义》一文，这是近代中华民族由自在转向自觉的鲜明标志①。值得注意的是，此文发表后不久，十月革命爆发，李大钊受其影响很快转向对马克思主义的信仰和追求，其"新中华民族主义"也因之与中国革命道路的选择这一根本性问题相联系而愈趋深化。其革命思想的演进包含这样的轨迹：从社会改造需先形成改革"重心"的认知出发，受俄国革命影响，首倡建立以中共为领导中国革命的"重心"所在；进而接受列宁关于民族与殖民地理论指导，复将原有中共"重心"说推向深化，极力支持共产国际代表马林提出的由国共合作推动国民革命的战略，成为中共党内最终促成国共合作最重要的推动力。与此相辅而行，其"新中华民族主义"的理想与实践，自然又与国共合作及国民革命融为一体。故李大钊在《狱中自述》中这样说：时代不同了，"今日谋中国民族之解放"，不能再走日本维新道路，采用资本主义制度，而当"采用一种新政策"——对外联合一切平等待我之民族，对内唤起民众，"共同团结于一个挽救全民族之政治纲领之下"，以抵抗列强，"而达到建立一恢复民族自主"与主权独立的现代国家的目的。"因此，我乃决心加入中国国民党。"②

  耐人寻味的是，倡导"新中华民族主义"是李大钊与孙中山心中共同的情结，两人联手最终促成国共合作与国民革命。孙中山也强调中国多民族的统一与大融合体现的是一种"中华民族之新主义",即在民族关系问题上的一种新精神与新境界。孙中山的新见解与上述李大钊"新中华民族主义"的主张,根本精神是一致的。

所以在国民党一大会上,孙中山重新解释了自己的民族主义,将之归结为两个方面:"一则中国民族自求解放,二则中国境内各民族一律平等。"他说,民国建立本当实现民族平等,但因军阀专制与列强压迫依旧,国民党的民族主义未能实现。"故今后国民党为求民族主义之贯彻,当得国内诸民族之谅解,时时晓示其在中国国民革命运动中之共同利益。今后国民党在宣传主义之时,正欲积集其热血,自当随国内革命势力之伸张,而渐与诸民族为有组织的联络,及讲求种种具体的解决民族问题之方法矣。"③ 不难看出,与1912年作为南京临时政府大总统时发布的宣言相较,孙中山对于中华民族问题的自觉已发生明显变化。故李大钊评论说,孙中山的民族主义于晚清限于满汉民族,于民初限于五族一家,而现在则是将之与反帝反军阀的革命斗争相联系,将中华民族的求解放视为了全世界被压迫民族解放事业的组成部分。

争取中国民族解放的"新中华民族主义",是国共两党的共同奋斗目标。1922年中共二大的宣言说,中共引导工人贫农与小资产阶级谋求建立革命联合战线,其奋斗目标就是要"推翻国际帝国主义的压迫,达到中华民族完全独立"④。1923年,中共机关报《向导》在《本报宣言》中也指出,军阀与帝国主义内外勾结是"箝制我们中华民族不能自由发展"的最大障碍,"因此我们中华民族为被压迫的民族自卫,势不得不起来反抗国际帝国主义的侵略,努力把中国造成一个完全的真正独立的国家"。⑤ 国共第一次合作期间,毛泽东曾任国民党中央代理宣传部长,并负责主编机关刊物《政治周报》。他在为该刊撰写的发刊词中提出的刊物根本宗旨,自然是代表了两党的共识:"为什么出版《政治周报》?为了革命。为什么要革命?为了使中华民族得到解放,为了实现人民的统治,为了使人民得到经济的幸福。"⑥

　　国共合作推动国民革命，以争取中华民族的共同解放，业已成为了社会共识。进入 20 世纪 20 年代后，民国以来国人耳熟能详的两个重要概念的使用，开始发生了明显改变：一是清末民初曾风行一时的"民族建国"一词，为"中华民族伟大解放万岁"的普遍性口号所取代；二是民初"五族共和"是流行语，"中华民族"一词虽然并行，但仅为前者附庸，且在 1917 年李大钊提出"新中华民族主义"之前，并不具有现代意义，然而在国共合作之后发生了逆转，现代意义上的"中华民族"一词广泛流行，而"五族共和"一词却开始淡出，偶有用之，也反为前者附庸。这只需看看在作为国民革命开端的五卅运动中，各种党派社团以及个人发表的多样化宣言、文告、文章，不仅都通用"中华民族"一词，且最后多以"中华民族伟大解放万岁"的口号结束，就不难理解这一点。

　　从概念史上看，名为实之归，上述的变动既是从观念形态上反映了国共合作后中国社会的变动，同时也反映了近代中华民族的自觉进一步走向了深化。当时英国历史学家威尔斯惊叹中国民族业已觉醒："中国迅速的以发展其自觉之威力，要求与欧美人以对等之地位发言，在广大之国基上，已表现一活的中国民族于世界矣。"《益世报》主编旨微在社评中引述了威尔斯的话后，评论说：这不是指一般物质力的发展，而是指中国民族思想"已不沾滞于所有受束缚的阶段，而能了然于现代社会的事实之适应之迈向。故其自觉为可惊，此一般政治当局所不可不注意者耳"⑦。威尔斯所谓中国民族"活"了，欲与欧美争平等地位，以自立于世界民族之林；旨微所谓中国民族思想已得解放，在明白了现实的被压迫民族地位后，开始迈向新时期，"故其自觉为可惊"，归根结底，皆是缘于看到了国人将"中华民族伟大解放万岁"的口号，第一次写在了国共合作领导的国民革命的大旗上，由此引起了震撼与反思。

注 释

① 郑师渠:《近代中华民族由自在转为自觉的鲜明标志——论李大钊的〈新中华民族主义〉》,《史学史研究》2020年第4期。

② 李大钊:《狱中自述》,载《李大钊文集》(下),人民出版社1984年版,第890页。

③《中国国民党第一次全国代表大会宣言》,载《孙中山选集》,人民出版社1981年版,第591、592页。

④《中国共产党第二次全国代表大会宣言》,载中央档案馆:《中共中央文件选集》第1册(一九二一——一九二五),中共中央党校出版社1991年版,第115页。

⑤《本报宣言》,《向导》1923年第1期。

⑥ 中共中央文献研究室编:《毛泽东文集》第一卷,人民出版社1993年版,第21页。

⑦ 旨微:《社会的过程与中国》,《益世报》1927年4月11日,第3版。

北京师范大学铸牢中华民族共同体意识研究基地主任 郑师渠

学术研究推动近代中华民族
共同体意识的深化

　　作为历史悠远的文明古国，中国很早就形成了多元一体的中华民族实体，而"中华民族作为一个自觉的民族实体，是近百年来中国和西方列强对抗中出现的"①。从甲午战争唤醒"天朝"迷梦，到辛亥革命奠定"五族共和"之国家制度，再到长达14年的全民浴血抗战，近代中华民族共同体熔铸及意识自觉，的确仰赖革命和战争等历史显性力量的强大作用。然而，我们还应当看到，这一恢宏进程的推进，同样离不开知识精英群体的努力和贡献。他们的思想和建言，实乃维系中华民族这一机体正常运转的"津液"和"骨血"。

　　知识分子是近代中国民族自觉的重要引领者。抛开繁复的学理论证不说，单就"民族""中华民族"等词汇的创制和流行，就足以彰显这一点。因为，古人鲜少使用的"民族"一词，正是在清末经由学者的引介才成为广为流传的大众名词；而将"中华"和"民族"二词合并为"中华民族"，更是出自20世纪初中国学者的首创。②民国时期，经由政学两界的共同形塑，"中华民族"概念还最终超越单一汉族，发展为涵盖国内诸族的多民族共同体称谓。这一历史性名词的出现，意味着中华民族结束了千百年来"有实无名"的状态，构建起了明确的身份认同符号，具有极其重大的历史象征意义。

　　在近代各门学科之中，史学的意识形态建构和民族动员功能最为突出。众所周知，现代统一多民族国家的建构，仅凭刚性的制度支撑显然是不够的，还需要柔性的文化黏合，这就为学术服务现实提供了重要舞台。进一步来说，民族国家的合法性诠释和认同塑造，需要国人从学术层面回答：中华民族从何处来，何以能够迭经外力冲击始终凝聚不散？民族复兴之路何在？首先主动回应上述重大时代课题的，正是中国最具根柢的古老学科——历史学。

历史学家对民族国家建构课题的主动回应，主要是通过民族史撰述来完成的。早在1905年，梁启超撰文对中华民族形成史做了初步探讨。民国以来，尤其是1920—1930年代，伴随着"五族共和"观念深入人心，包括吕思勉、王桐龄、尹达等在内的知名史家，相继推出多部名为《中国民族史》的贯通性著作，自觉地以学术方式推进中华民族一体化进程。经由史家的追源溯流，华夏—汉族—中华民族的演变史迹，汉族与少数民族交融的生动图景，第一次清晰而真切地呈现于国人眼前。"中华民族"的历史叙事因此得以超越神话传说和政治性宣传，成为翔实可征的"信史"。在这一意义上，我们完全可以说，史家的民族史撰述为国人创造了共同的国族历史记忆，为现代中国的文化认同提供了至关重要的核心资源。

时代巨变之下，刚刚从西方引入的民族学、人类学等新兴学科，也力图在政治需要与学术研究之间寻求契合点。"在真实的学识里寻出一条民族复兴的大道来"，成为一代学人的共识和期待。抗战时期，伴随着国家大后方战略的调整，政府和学界更不约而同地将目光转向边疆地区和少数民族，由此促成了中国学术生态的明显变化。在国民政府的支持之下，旨在研究边疆民族的"边政学"也应运而生。③此期，凌纯声、芮逸夫的苗族探源，于式玉的藏族考察，李景汉、费孝通等人对西南各族的社会调查，从生活方式、风俗习惯到宗教信仰，极大拓展了国人对边疆民族的认识，使得"中华民族"的概念内涵趋于饱满和完整。当然，边疆民族并非学术研究的终点，始终萦绕在学者心头的，还是如何在现有国家体制内推进多民族统一的根本问题。例如，一些民族学家从苗族等少数民族研究出发，最终落脚于苗、汉"文化同源"的论证。他们的具体观点不见得正确，但重视揭示各民族之间"你中有我，我中有你"的文化共性，对于凝聚整体性的中华民族意识，无疑又是十分有益的。总之，他们的相关思考和结论，构成了当代"中华民族多元一体格局"理论的重要来源。

超越"为学术而学术"的狭隘立场，立足于整体国家利益，是近代学术参与民族国家建构时所表现出来的一个重要特点。诚然，近代学人是借助从西方舶来的种族和民族主义学说，才获得了重新认识中国民族问题的理论工具。但是，即便身处"三千年未有之大变局"中，他们也并没有全然照搬西方模式，而是予以选择性吸收。民族主义理论本土化的集中表现，便是清末"大民族主义"观念的提出。最早倡导此一观念的梁启超如是呼吁："吾中国言民族者，当于小民主义之外，更提倡大民族义……大民族主义者何？合国内本部属部之诸族，以对于国外之诸族是也。"④ 立宪派领袖杨度也积极响应梁启超的主张，并乐观预言不远的将来，由各族融合而成的中华民族将"更加伟大，益加发达"。梁、杨等人掷地有声的大胆倡言，有力地破除了风行一时的欧洲"民族—国家"意识形态的危害，从理论上捍卫了多民族国家统一的合法性。

抗战时期，围绕"中华民族是一个"所引发的论争，是另外一个学术服务于政治的典型案例。面对日寇分裂中国的严峻危机，1935年，时任中央研究院历史语言研究所所长的傅斯年发表了名为《中华民族是整个的》雄文，以史学家的自信确凿指出："我们中华民族，说一种话，写一种字，据同一的文化，行同一的伦理，俨然是一个家族……'中华民族是整个的'一句话，是历史的事实，更是现在的事实。"⑤ 此后，以古史辨扬名学界的著名史学家顾颉刚，为消除日本人所谓"中国本部说"之流弊，也积极响应好友傅斯年的呼吁，公开撰文论证"中华民族是一个"。他们既以史学家的严谨立论，又以爱国者的衷肠呼吁，遂引发强烈反响。尽管也有少数学者从学理角度加以反对，但"中华民族是一个"无疑代表了学界的主流声音，彰显了学人民族国家利益至上的根本立场。

处于新旧中西之交的近代学人群体，立足历史和时代，深刻地参与了这一时期中华民族一体化的现实进程。他们在"学术救国"理念推动下，诉诸理性和学识，在夯实历史文化认同和探索多民族国家构筑路径等方面，做出了独特且重要的思想学术贡献。学者的努力和探索，给今人留下了宝贵的思想财富，对于当代中国中华民族共同体建设尤具借鉴意义。

▌注　释

① 费孝通：《中华民族的多元一体格局》，《北京大学学报（哲学社会科学版）》1989 年第 4 期。

② 黄兴涛：《现代"中华民族"观念形成的历史考察——兼论辛亥革命与中华民族认同之关系》，《浙江社会科学》2002 年第 1 期。

③ 李勇军：《时局与边疆：民国时期边政学的发展历程》，《中国边疆史地研究》2013 年第 3 期。

④ 梁启超：《政治学大家伯伦知理之学说》，载《饮冰室合集·文集第十三》，中华书局 1989 年版，第 75—76 页。

⑤ 傅斯年：《中华民族是整个的》，载《傅斯年全集》第四册，湖南教育出版社 2003 年版，第 125 页。

北京师范大学历史学院　湛晓白

"中华民族是一个"
——顾颉刚、傅斯年如是说

"中华民族是一个"，这是抗日战争初期的一个观点。最早发表文章明确提出这个观点的是顾颉刚。但顾颉刚写该文是受了傅斯年的启发。可以说，这是他们二人共同的观点。

1938 年 12 月，顾颉刚在昆明创办《益世报·边疆周刊》，目的是"要使一般人对于自己的边疆得到些认识，要使学者们时时刻刻不忘我们的民族史和疆域史，要使企业家肯向边疆的生产事业投资，要使有志的青年敢到边疆去作冒险的考察，要把边疆的情势尽量贡献给政府而请政府确立边疆政策，更要促进边疆人民和内地同胞合作开发的运动，并共同抵御野心国家的侵略"[①]。不久，他在《益世报·星期论评》发表《"中国本部"一名亟应废弃》，指出，"中国的历代政府从不曾规定某一部分地方叫做'本部'，中国的各个地理学家也不曾设想把某一部分国土定为'本部'，在四十年前我们自己的地理书里更不曾见讨这'本部'的称谓"，"这个名词就是从日本的地理教科书里抄来的"[②]，是日本人伪造、曲解历史来作窃取我国领土的凭证，因此必须废弃之。傅斯年对顾颉刚在《益世报》上创办《边疆周刊》，以及所发表的文章有所不满。他给顾颉刚写了一封信，责备他"在《益世报》办《边疆周刊》，登载文字多分析中华民族为若干民族，足以启分裂之祸"[③]。在信中傅斯年提出"'中华民族是一个'，这是信念，也是事实"。顾颉刚"读到这位老友恳切的来信，顿然起了极大的共鸣和同情"，第二天（1939 年 2 月 7 日）一早，他不顾身体的虚弱，扶杖到书桌前写了《中华民族是一个》，并发表在 1939 年 2 月 13 日的《益世报·边疆周刊》上。文章开宗明义地讲道："凡是中国人都是中华民族——在中华民族之内我们绝不该再析出什么民族——从今以后大家应当留神使用这'民族'二字。"④接着提到了傅斯年写给他的信，且叙述了这封信的主要内容。从傅乐成在《傅孟真先生的民族思想》中所引用的傅氏致顾氏的信看，顾颉刚的这篇文章的确是对傅斯年的观点和意见的发挥。傅斯年说："有两名词，在此地用之，宜必谨慎。其一为'边疆'……其次即所谓'民族'。""更当尽力发挥'中华民族是一个'之大义，证明夷汉之为一家，并可以历史为证。即如我辈，在北人谁敢保证其无胡人血统，在南人谁敢保证其无百粤苗黎血统，今日之云南，实即千百年前之江南巴蜀耳。此非曲学也。"⑤傅斯年在信中说的慎用"民族"，"发挥'中华民族是一个'之大义"，顾颉刚在文章的开头和结尾都强调了：开头直言要留神使用"民族"二字，在中华民族之内不再析出什么民族；结尾又说："我们从今以后要绝对郑重使用'民族'二字，我们对内没有什么民族之分，对外只有一个中华民族。"⑥

顾颉刚对"中华民族是一个"的论证，一是基于对历史的研究，二是源于他从社会调查中得到的感性认识。他说，自古以来的中国人只有文化的观念而没有种族的观念。到秦始皇统一时，"中华民族是一个"的意识就生根发芽了；晋朝五胡内迁，虽说大混乱了多少年，但中华民族却因此而扩大了一次；宋朝时辽、金和西夏迭来侵夺，然而到了后来仍然忘了种族的仇恨，彼此是一家人了。中华民族既不组织在血缘上，也不建立在同文化上。现有的汉人的文化是和非汉人的共同使用的，这不能称为汉人的文化，而只能称为"中华民族的文化"。不仅汉人文化不能称为汉人文化，就是这"汉人"二字也说不通。因为汉人在血缘上既非同源，在文化上也不是一元。中国人只是在一个政府之下共同生活的人，在中华民族之外决不该再有别的称谓。以前没有"中华民族"这个称谓时，没有办法，只得姑且认为汉人，现在就当舍弃以前不合理的"汉人"的称呼，而和那些因交通不便而致生活方式略略不同的边地人民共同集合在中华民族一名之下。他还分析了"五大民族"的由来，认为"五大民族"之说是中国人自己作茧自缚，成为帝国主义假借"民族自决"分化中国的口实。他对民族和种族作了区分，并根据自己的见闻，认为在民间，一般老百姓并不懂得民族的含义，不使用民族的说法，只是用教之不同来相互区分。这个教，实际是文化的别名。他说，在中国境内，如果要用文化来区分的话，有三个文化集团——汉文化集团、回文化集团和藏文化集团，但它们没有清楚的界限，而是互相牵连的。他根据所见所闻，列举出边地人不同意以某一民族称呼自己的事例；并说要谨防外国人利用种族问题到边疆从事分裂中国的行径。希望青年到边疆和边民通婚，使得种族的界限一代比一代淡下去，而中华民族的意识一代比一代高起来，这样，"中华民国就是一个永远打不破的金瓯了"[⑦]。这篇文章写得很有激情，历史与现实紧密联系，文献史料和实地调查相互结合，表达了作者积蕴多年的观点。

顾颉刚的这篇文章发表后，引起了很大的反响，重庆《中央日报》、南平《东南日报》、西安《西京平报》以及安徽屯溪、湖南衡阳、贵州、广东等地的报纸都纷纷转载。顾氏所主持的《边疆周刊》栏目也收到不少讨论文章。据查发表在《益世报》之《边疆周刊》或《星期论评》的信件和文章有：张维华的《读了顾颉刚先生的"中华民族是一个"之后》（署名"华"，1939年2月27日）、白寿彝的来函（后附顾颉刚的按语，1939年4月3日）、费孝通的《关于民族问题的讨论》（1939年5月1日）、马毅的《坚强"中华民族是一个"的信念》（1939年5月7日）、鲁格夫尔的来函两封（后附顾颉刚的"编者按"，1939年5月15日）、徐虚生（即徐旭生）的《用历史的观点对鲁格夫尔先生说几句话》（1939年6月12日）、杨向奎的《论所谓汉族》（1939年7月17日）。上述文章对顾颉刚的观点大多表示了赞同，特别是从当时的形势着眼，认为顾氏提出这一观点对团结抗战具有重要的现实意义。

但也有对顾氏观点表示不同意见的，费孝通就是其中之一。他给顾颉刚写了一封信。上面提到的发表在 1939 年 5 月 1 日《益世报·边疆周刊》的《关于民族问题的讨论》就是费孝通的信，题目盖是作为主编的顾颉刚加上的。为此顾颉刚在发表了费孝通的文章后，又连作两文《续论"中华民族是一个"——答费孝通先生》，分别发表在《益世报》1939 年 5 月 8 日《边疆周刊》第 20 期和 1939 年 5 月 29 日《边疆周刊》第 23 期上。此二文从其内在的逻辑联系上看，可分别称作二论、三论"中华民族是一个"。在其他学术刊物上也有回应顾颉刚的文章，如胡体乾的《关于"中华民族是一个"》（载《新动向》第 2 卷第 10 期）、杨成志的《西南边疆文化建设之三个建议》（载《青年中国季刊》1939 年第 1 期）、翦伯赞的《论中华民族与民族主义——读顾颉刚〈续论"中华民族是一个"〉以后》（载《中苏文化》第 6 卷第 1 期，1940 年 4 月）、何轩举的《中华民族发展的规律性》、黄举安的《中华民族是整个的》、席世镗的《中华民族起源问题质疑》等。

费孝通对顾颉刚的续篇（即二论、三论"中华民族是一个"）没有进一步申辩，而顾颉刚对翦伯赞的批评也没有反驳。在抗日战争时期，这个问题并没有达成一致意见，经过一阵密集讨论后最终不了了之。

54 年后，费孝通对这次论争作了回忆，对自己没有再写文章作了说明。他说："后来我明白了顾先生是激于爱国热情，针对当时日本帝国主义在东北成立'满洲国'，又在内蒙古煽动分裂，所以义愤膺胸，极力反对利用'民族'来分裂我国的侵略行为。他的政治立场我是完全拥护的。虽则我还是不同意他承认满、蒙是民族是作茧自缚或是授人以柄，成了引起帝国主义分裂我国的原因；而且认为只要不承认有这些'民族'就可以不致引狼入室。借口不是原因，卸下把柄不会使人不能动刀。但是这种牵涉到政治的辩论对当时的形势并不有利，所以我没有再写文章辩论下去。"⑧1988 年，费孝通应香港中文大学泰纳（Tanner）讲座的邀请，发表了"中华民族的多元一体格局"的演讲，提出中华民族多元一体的民族理论。次年演讲稿发表于《北京大学学报》，是一篇包含多学科知识、宏观研究和微观研究相结合的大文章，是作者几十年民族史研究的结晶。

回眸抗战初期关于"中华民族是一个"的争论，我们可以得到这样的认识：费孝通看到了中华民族的多元性，顾颉刚则强调了它的一体性。顾颉刚为了强调一体性而否定了多民族之存在，这使得他的理论带有严重的缺陷。但他对一体性的认识和论证，对费孝通以后提出"中华民族多元一体格局"的理论显然产生了很大影响。顾颉刚是历史学家，他对历史上人们心向统一、民族意识日益趋同等资料的梳理，对从历史学的角度论证中华民族的一体格局具有重要的意义。顾颉刚说："'中华民族是一个'，这话固然到了现在才说出来，但默默地实行却已有了二千数百年的历史了。"⑨ 这与费孝通后来所说的"自在的民族实体"和"自觉的民族实体"是相通的。费孝通说："中华民族作为一个自觉的民族实体，是近百年来中国和西方列强对抗中出现的，但作为一个自在的民族实体则是几千年的历史过程所形成的。"⑩

"中华民族是一个"作为一种民族理论，有其缺陷，但其中含有一些正确的思想因素；而关于"中华民族是一个"的争鸣，对新中国成立以后民族学界提出正确而完善的民族理论，则是一个值得重视的学术积淀。

▌注　释

① 顾颉刚：《边疆周刊发刊词》，《益世报》1938 年 12 月 19 日。

② 顾颉刚：《"中国本部"一名亟应废弃》，《益世报·星期评论》1939 年 1 月 1 日。

③ 顾颉刚 1939 年 2 月 7 日的日记，载《顾颉刚日记》第四卷，中华书局 2010 年版，第 197 页。

④ 顾颉刚：《中华民族是一个》，《益世报·边疆周刊》第 9 期，1939 年 2 月 13 日。

⑤ 傅乐成：《傅孟真先生年谱》，传记文学出版社 1979 年版，第 125—127 页。

⑥⑦ 顾颉刚：《中华民族是一个》，《益世报·边疆周刊》第 9 期，1939 年 2 月 13 日。

⑧ 费孝通：《顾颉刚先生百年祭》，载《费孝通文集》第十三卷，群言出版社 1999 年版，第 26—27 页。

⑨ 顾颉刚：《中华民族是一个》，《益世报·边疆周刊》第 9 期，1939 年 2 月 13 日。

⑩ 费孝通：《中华民族的多元一体格局》，《北京大学学报（哲学社会科学版）》1989 年第 4 期。

北京师范大学历史学院、北京师范大学史学理论与史学史研究中心

周文玖

抗日民族统一战线

　　1939 年，毛泽东在为《共产党人》写的发刊词中指出："统一战线、武装斗争、党的建设，是中国共产党在中国革命中战胜敌人的三个法宝，三个主要的法宝。"①2021 年，党的十九届六中全会审议通过的第三个历史决议，将"坚持统一战线"作为中国共产党百年奋斗的历史经验之一，再次强调"建立最广泛的统一战线，是党克敌制胜的重要法宝，也是党执政兴国的重要法宝"②。

　　党在抗日战争时期的统一战线就是抗日民族统一战线。它是中国共产党为团结全国各民族一切抗日力量，打败日本侵略者而制定的路线和策略。2014 年 7 月 7 日，习近平总书记在纪念全民族抗战爆发七十七周年仪式上的讲话中指出："在此民族危难之际，中国共产党秉持民族大义，担负起民族救亡的历史重任，呼吁建立以国共合作为基础的抗日民族统一战线，以抵抗日寇侵略、驱逐日寇出中国。"③

　　九一八事变后，日本侵占中国东北，中华民族面临着亡国灭种的严重危机。中国共产党为建立以国共合作为基础的抗日民族统一战线进行了长期不懈的努力。

　　1933 年 1 月，中国共产党发表关于在三个条件下与任何武装部队订立共同对日作战协定的宣言，开始调整政治策略。1934 年 10 月，中央革命根据地第五次反"围剿"失利后，中央红军被迫开始实行战略转移。1935 年 1 月，中共中央政治局在遵义召开扩大会议，结束了"左"

倾教条主义错误在中央的统治，确立了毛泽东在中共中央的领导地位，为以后转变党的政治路线提供了组织上的保证。④

1935年8月，在民族危机不断加深的形势下，中共驻共产国际代表团根据共产国际第七次代表大会关于建立反法西斯统一战线的精神，草拟了《为抗日救国告全体同胞书》，并于同年10月正式发表在法国巴黎《救国报》。这就是著名的《八一宣言》。宣言建议一切愿意参加抗日救国事业的党派、团体、名流学者、政治家和地方军政机关进行谈判，共同筹组国防政府和抗日联军，并呼吁各党派和军队首先停止内战，以便集中一切国力去为抗日救国的神圣事业而奋斗。这表明中共的政治策略开始发生新的转变。

中共中央到达陕北后，根据形势的变化和共产国际关于建立广泛的反法西斯统一战线的精神，1935年11月发表了与《八一宣言》内容基本相同的《抗日救国宣言》。中共的抗日救国主张，反映了当时大多数人的愿望和要求，在社会各阶层中引起了强烈反响，有力推动了全国抗日救亡运动的高涨。⑤

1935年底爆发的一二·九运动，极大地促进了中华民族的觉醒，使中共提出的"停止内战，一致抗日"的主张成为广大人民的共同呼声。正如毛泽东所指出："一二·九运动是动员全民族抗战的运动，它准备了抗战的思想，准备了抗战的人心，准备了抗战的干部。"因此，"一二·九运动将成为中国历史上的一个非常重要的纪念"⑥。

1935年12月，中共中央在瓦窑堡召开政治局扩大会议。会议从理论和政策上正式确立了中国共产党关于建立抗日民族统一战线策略的总路线，提出"党的任务就是把红军的活动和全国的工人、农民、学生、小资产阶级、民族资产阶级的一切活动汇合起来，成为一个统一的民族革命战线"⑦。

瓦窑堡会议后，中共一方面积极促进一二·九运动后全国日益高涨的抗日救亡运动的浪潮，另一方面尽可能地向国民党上层领导人和军队将领宣传共产党的抗日主张。

在日本步步紧逼的形势下，从 1935 年底开始，国民党政府有意改善同苏联的关系，同时也打算利用抗日的旗号，以极其苛刻的条件与中国共产党谈判，以达到"溶共"和收编红军的目的。此后，国民党在顽固坚持"攘外必先安内"错误方针的同时，也通过多种渠道秘密与共产党人接触。⑧

1936 年 5 月，中国共产党向国民党政府发出《停战议和一致抗日》的通电，将此前"抗日反蒋"政策调整为"逼蒋抗日"政策。8 月 25 日，中共中央公开发表《中国共产党致中国国民党书》，信中再次呼吁停止内战，建立抗日民族统一战线。

1936 年 12 月，西安事变爆发后，中国共产党迅速确定了和平解决的方针，并应张学良、杨虎城的邀请，派周恩来、叶剑英等人赴西安谈判。在各方努力下，蒋介石被迫接受停止内战、联共抗日等 6 项条件，使这一事变得到和平解决。西安事变的和平解决，打破日本期望中国发生新的内乱，以便趁火打劫的妄想，促进了国内和平的初步实现，显示了中华民族的团结与觉醒，成为扭转时局的关键。⑨

为了促进国共两党合作的实现，1937 年 2 月，中共中央致电国民党五届三中全会，提出了五项要求和四项保证，充分展示了团结对外的诚意。这是中国共产党"对国民党一个大的原则上的让步，其目的在于取消国内两个政权的对立，便利于组成抗日民族统一战线，一致的反对日本的侵略。这个让步是必须的，因为没有这个让步就不便于组织抗日民族统一战线，就不便于迅速实现对日抗战，这是中央前年十二月决议案与去年九月决议案的具体施行步骤之部分"⑩。这体现了中国共产党由"逼蒋抗日"向"联蒋抗日"方针的转变，推动了国共两党由对立走向合作。

1937 年 2 月中旬至 7 月中旬，中国共产党代表周恩来、秦邦宪、叶剑英、林伯渠等与国民党代表蒋介石、宋子文、顾祝同等，先后在西安、杭州、庐山进行了多次关于国共两党合作抗日的谈判。但因国民党方面坚持取消共产党组织上的独立性，取消红军，取消革命根据地的主张，双方未能达成协议。

七七事变爆发后，中共代表团向蒋介石提交了《中共中央为公布国共合作宣言》，再次显示了中国共产党以民族利益为重、促成国共两党正式合作、共同抗日的诚意。"八一三"事变后，蒋介石抗战的方针和政策有了根本性的转变，最终下定接受中共倡导的合作抗日的决心。9月22日，国民党中央通讯社发表了《中共中央为公布国共合作宣言》。次日，蒋介石发表谈话，实际上承认了共产党的合法地位。第二次国共合作正式开始。

至此，一个以国共两党合作为基础的，全国各族人民、各民主党派、各爱国军队、各阶层爱国人士以及海外华侨参加的抗日民族统一战线，最终形成。在这一过程中，中国共产党团结抗战的主张经由人民阵线、民族战线、联合战线、统一战线等多词混杂的状态，最终稳定为"抗日民族统一战线"这一具有排他性的规范表述。[11] 抗日民族统一战线的形成是大势所趋，人心所向，是中国共产党顺应历史潮流采取正确政策的结果，也是与中国国民党方针政策的转变分不开的。[12]

需要特别指出的是，针对日本侵略者企图利用中国边疆少数民族聚居区域复杂的民族关系和民族矛盾进行威胁、挑拨、拉拢、瓦解的状况，中国共产党在实施抗日民族统一战线政策的过程中高度重视民族问题。1937年8月中共洛川会议所提出的"十大救国纲领"中就明确将"抗日的民族团结"问题摆在十分重要的位置上，号召"动员蒙民、回民及其他少数民族"共同抗日，强调"只有全面的民族抗战才能彻底地战胜日寇"。1938年11月中共六届六中全会决议再次提出"团结中华各民族为统一的力量，共同抗日图存"。毛泽东同志在全会报告中对此作了详细阐述，明确提出："我们的抗日民族统一战线，不但是国内各个党派各个阶级的，而且是国内各个民族的"，把"团结各民族为一体，共同对付日寇"作为当前抗日的重要任务。他所提出的各项措施，不仅体现了中国共产党在抗日时期处理民族问题的基本方针，妥善解决了抗战特殊时期的民族关系问题，动员和吸引了少数民族民众投身抗战，也使中国共产党的民族工作理论和政策更加趋于成熟。[13]

中国共产党倡导的以国共合作为基础的抗日民族统一战线的建立，在中国革命史上开辟了一个新纪元。它对中国革命产生了广泛而又深刻的影响，对打败日本帝国主义发挥了决定性的作用。在整个全面抗战过程中，中国共产党团结各种爱国力量，以民族大义为重，与国民党顽固派进行了顽强的斗争，努力维护抗日民族统一战线，维系国共合作抗战到底的局面。可以说，离开国共合作为基础的抗日民族统一战线，抗日战争就很难取得最后的胜利。[14]

▌注 释

① 毛泽东:《〈共产党人〉发刊词（1939年10月4日）》，载《毛泽东选集》第二卷，人民出版社1991年版，第606页。

②《中共中央关于党的百年奋斗重大成就和历史经验的决议》，2021年11月11日中国共产党第十九届中央委员会第六次全体会议通过。

③ 习近平:《在纪念全民族抗战爆发七十七周年仪式上的讲话》（2014年7月7日），《人民日报》2014年7月8日，第2版。

④《中国抗日战争史》编写组:《中国抗日战争史》，人民出版社2011年版，第89—90页。

⑤《中国抗日战争史》编写组:《中国抗日战争史》，人民出版社2011年版，第91页。

⑥ 毛泽东:《一二·九运动的伟大意义（1939年12月9日）》，载中共中央文献研究室编:《毛泽东文集》第二卷，人民出版社1993年版，第250—258页。

⑦ 毛泽东:《论反对日本帝国主义的策略（1935年12月27日）》，载

《毛泽东选集》第一卷，人民出版社 1991 年版，第 151 页。

⑧《中国抗日战争史》编写组：《中国抗日战争史》，人民出版社 2011 年版，第 111—112 页。

⑨《中国抗日战争史》编写组：《中国抗日战争史》，人民出版社 2011 年版，第 118 页。

⑩《中央关于西安事变和平解决之意义及中央致国民党三中全会电宣传解释大纲》（1937 年 2 月 15 日），载中央档案馆编：《中共中央文件选集》第 11 册，中共中央党校出版社 1991 年版，第 160 页。

⑪ 夏清：《"词汇竞争"与"抗日民族统一战线"规范表述的生成》，《中共党史研究》2020 年第 2 期。

⑫《中国抗日战争史》编写组：《中国抗日战争史》，人民出版社 2011 年版，第 142 页。

⑬ 朱维群、孙冬冬：《中华民族共同体意识唤起巨大凝聚力》，《环球时报》2020 年 8 月 14 日，第 14 版。

⑭ 李燕奇：《论抗日民族统一战线的历史性功绩》，《北京社会科学》2005 年第 4 期。

北京师范大学历史学院、北京师范大学史学理论与史学史研究中心

林辉锋

东北抗日联军

2021 年，党的十九届六中全会审议通过的百年党史上的第三个决议写道："七七事变后，党实行正确的抗日民族统一战线政策，坚持全面抗战路线，提出和实施持久战的战略总方针和一整套人民战争的战略战术，开辟广大敌后战场和抗日根据地，领导八路军、新四军、东北抗日联军和其他人民抗日武装英勇作战，成为全民族抗战的中流砥柱，直到取得中国人民抗日战争最后胜利。"① 中国共产党创建和领导的东北各族人民的抗日武装——东北抗日联军，是中国乃至世界反法西斯战争中，抗敌最早、坚持最久、条件最恶劣的一支英雄部队。

九一八事变后短短 4 个多月时间里，东北全境沦陷。面对日本侵略者的猖狂进攻，国民政府奉行不抵抗政策，把希望寄托在国际联盟的调停之上。与此形成鲜明对比的是，广大东北民众和东北军部分爱国官兵，自发奋起反抗。中国共产党自始至终十分重视东北的抗日活动，在中共影响和领导下，东北地区的抗日武装更是风起云涌，蓬勃发展。总体上看，从九一八事变后到抗日战争最后胜利，东北地区主要的抗日武装经历了从东北抗日义勇军、东北抗日人民军到东北抗日联军的演变过程。

东北抗日义勇军是九一八事变后东北各族各阶层人民、部分爱国官兵和绿林武装等自发组织起来的各种抗日武装的通称。九一八事变后的第二天，东北地区就开始有义勇军的活动。11 月后，在中国共产党的影响、支持和全国抗日救亡运动的推动之下，义勇军迅速发展起来。据不完全统计，到1932年4月，东北三省义勇军总数已发展到30万人以上。由于成分复杂、缺乏集中统一领导、没有明确政治纲领和严格组织纪律，在日军重兵进攻之下，东北抗日义勇军遭受严重挫折，仅剩下4万余人分散在东北各地坚持抗日斗争，其中一部分人加入了中国共产党领导的抗日游击队。②

九一八事变后，中共中央和中共满洲省委不仅发出一系列指示加强对义勇军工作，还先后派出200多名党团员到各地义勇军工作。1932年3月，中共满洲省委讨论并通过了《抗日救国武装人民群众进行游击战争》的文件，并陆续派出共产党员领导干部杨林、杨靖宇、赵尚志、赵一曼等人到各地指导创建游击队的工作。中共满洲省委和各地党组织经过一段时间的努力，先后在东北各地创建了10多支抗日游击队。在东北抗日义勇军遭受挫折后，中共直接领导的东北人民抗日游击战开始逐渐成为东北敌后抗战的主体。③

1933年1月26日，中共驻共产国际代表团以中共中央的名义下达《中央给满洲各级党部及全体党员的信》（即"一·二六"指示信），首次提出在东北组织全民族的抗日统一战线策略。中共满洲省委及时总结前一段工作的经验教训，决定扩大党独立领导的抗日游击队，执行民族革命统一战线的策略，反对关门主义。党组织主动争取团结各种抗日力量，收编和改造各种义勇军。

经过一年多的努力，到1934年中共满洲省委在东北地区已建立起东北人民革命军第1军独立师与第2军独立师、东北抗日同盟军第4军、绥宁反日同盟军、东北反日游击队哈东支队、汤原游击队、饶河游击队等7支抗日队伍，形成了大小不一的7个抗日游击区。1935年后，又获得进一步的发展。东北人民革命军各军注重加强军队政治建设，进一步巩固和加强中国共产党的领导，成为新型的人民抗日武装。以东北人民革命军为核心，联合其他各种抗日武装力量，在东北地区初步形成了抗日统一战线。

东北人民革命军的不断壮大和抗日游击战争的迅速发展，给东北各地人民抗日武装力量提出了加强联合、统一编制、统一指挥的客观要求。日伪当局对东北抗日运动的残酷镇压，更使得这种"联合"和"统一"成为必要。由于中共上海中央局连续遭到破坏和中共中央正在长征途中，从1935年上半年开始，中共驻共产国际代表团直接领导中共满洲省委和东北各地的抗日武装力量。中共驻共产国际代表团致力于推动抗日统一战线的进一步发展。在其指导之下，1936年2月起东北各地的抗日武装力量陆续改编为东北抗日联军。④

随后两年里，东北抗日联军获得了很大的发展。至1937年7月，东北抗日联军已编成10个军、1个独立师，总人数达3万左右。其中第1军至第7军是中共党组织直接领导的武装，第8、9、10军和抗联独立师是与中国共产党有统战关系的抗日部队。东北抗日联军广泛开展游击战争，将东北地区的抗日游击战争推向高潮。他们的英勇斗争，牵制了数十万的日伪军，沉重打击日本侵略者对东北的殖民统治，支援、鼓舞和推动了全国抗日救亡运动。⑤

从1938年起，由于种种主客观原因，东北抗日联军各部在对敌斗争中遭受巨大损失，原有的抗日根据地和游击区大都丧失，大批重要领导干部相继壮烈牺牲，到1940年部队数量从原来的3万余人锐减到不足2000人，东北抗日游击战争进入极端艰难困苦阶段。⑥在极其不利的形势下，从1940年底开始，东北抗日联军残余主力部队以保存有生力量为目的，进入苏联境内，组成南、北两个野营进行整训，开始"战略转移时期"。1942年8月，南、北野营的抗联部队合编为东北抗日联军教导旅。该旅在苏联红军的帮助下，一面整训一面不断派小分队进入东北开展游击战，直至抗日战争胜利。东北抗日联军教导旅为苏联红军出兵东北对日作战作出了重要贡献。⑦

在中国共产党的领导和人民群众的支援下，东北抗日联军在极其恶劣和残酷的环境中长期坚持抗日游击战争，同日本侵略者进行了气壮山河的殊死斗争，沉重打击了日本侵略者的嚣张气焰，取得了十分辉煌的战果。14 年间，"东北抗日联军消灭敌人的数字难以准确统计，仅就日本陆军省于 1936 年 3 月 18 日所公布，从 1931 年九一八事变至 1935 年末，日本关东军战死达 4200 人，伤病 17.13 万人。日本关东军参谋部统计，1936 年至 1937 年 9 月，日军死伤 2662 人"⑧。

在 14 年抗日斗争中，东北抗日联军自身也付出了惨烈的牺牲。据不完全统计，包括杨靖宇、赵尚志、赵一曼等无数英烈在内的 10 万余名抗联将士为了中华民族的解放壮烈殉国。东北抗日联军的主要创建者和领导人大半牺牲，其中军以上干部 30 余人，师以上干部 110 余人。东北抗联将士在斗争中表现出来的坚贞不屈、不畏牺牲的精神，惊天地、泣鬼神。⑨

14 年抗战期间，东北地区出现一幅幅全体中华儿女团结一致、共同杀敌的动人画面。九一八事变后，朝鲜族、满族、达斡尔族、鄂伦春族、赫哲族、蒙古族、鄂温克族、回族等少数民族和汉族民众一起，参加和组织各种抗日团体和各种形式的抗日义勇军，勇敢地拿起武器同日本侵略者进行英勇博斗。1936 年 2 月，东北抗日联军正式成立后，同样有众多少数民族将士参与其中，体现出多民族团结开展战斗的特点。在无比残酷的战斗中，他们兄弟般地团结在一起，同呼吸共患难，并肩作战。著名抗日英雄陈翰章、周保中、李红光等，都是少数民族的优秀代表。⑩

在生与死、血与火的磨砺中，东北抗联将士铸就了以"勇赴国难、自觉担当、顽强苦斗、舍生取义、团结御侮"为主要内涵的东北抗联精神。东北抗联精神是中国共产党领导的东北抗日联军在 14 年抗击日本帝国主义侵略的艰苦斗争中形成的，是东北抗联将士崇高精神风貌和高尚思想品格的集中体现，是中国抗日战争史上气贯长虹的英雄史诗，是中华民族自强不息、百折不挠革命精神的彰显，是人类为了正义事业挑战自身极限的传奇典范。⑪

▎注　释

①《中共中央关于党的百年奋斗重大成就和历史经验的决议》，2021
年 11 月 11 日中国共产党第十九届中央委员会第六次全体会议通过。

②《中国抗日战争史》编写组：《中国抗日战争史》，人民出版社 2011
年版，第 59—61 页。

③《中国抗日战争史》编写组：《中国抗日战争史》，人民出版社 2011
年版，第 62—64 页。

④《中国抗日战争史》编写组：《中国抗日战争史》，人民出版社 2011
年版，第 107 页。

⑤《中国抗日战争史》编写组：《中国抗日战争史》，人民出版社 2011
年版，第 108—110 页。

⑥ 宁学峰：《从战争指导角度分析东北抗日联军遭遇重大挫折》，《世
纪桥》2017 年第 8 期。

⑦ 王惠宇：《〈苏日中立条约〉与东北抗日联军的"战略转移"》，《河
北学刊》2006 年第 6 期。

⑧《东北抗日联军史》编写组编：《东北抗日联军史》下册，中共党史
出版社 2015 年版，第 1045 页。

⑨ 汤重南：《东北抗联的历史地位和作用》，《北华大学学报（社会科
学版）》2019 年第 3 期。

⑩《中国抗日战争史》编写组：《中国抗日战争史》，人民出版社 2011
年版，第 277 页。

⑪《勿忘国耻！九一八事变 90 周年重温总书记这些话》，中央广播电
视总台央视网，2021 年 9 月 18 日。

北京师范大学历史学院、北京师范大学史学理论与史学史研究中心

林辉锋

回民支队

千百年来，中国各族人民一起生活在神州大地上，共同推动中华民族的文明发展和社会进步。1931年九一八事变后，日本侵略者烧杀抢掠，无恶不作。不仅如此，他们还妄图离间少数民族与汉族的关系，以达到分裂中国、变中国为其殖民地的罪恶目的。中国各族人民紧密团结，一致对外，为挽救中华民族危亡、争取抗日战争的伟大胜利作出了不可磨灭的历史贡献。①

14年抗战期间，涌现出了无数由各族人民共同组成的英雄队伍，回民支队就是其中的杰出代表。通常所说的回民支队，实际上包括华北地区两支著名的抗日队伍，即冀中回民支队和渤海回民支队。

1959年八一电影制片厂拍摄的抗战影片《回民支队》讲述的是马本斋领导冀中回民支队英勇杀敌的故事。七七事变后，平津一带相继沦陷。1937年9月，中共河北省委广泛发动群众武装抗日，保定回族知识分子刘文正受党组织委派，号召当地回族群众积极响应，在冀中地区建立起第一支回族抗日武装"回民队"。1938年初，"回民队"改编为"冀中人民自卫军回民干部教导队"。同年四五月间，刘文正到沧州地区扩充队伍，与同属回族、曾任奉军团长的马本斋联系，积极宣传党的全民族抗战主张，动员马本斋加入中国共产党领导的八路军抗战。在冀中军区指导下，当时已经弃官乡居的马本斋组织成立了"回民教导队"。同年，两支以回族兄弟为主体的"教导队"合编为"回民教导总队"，马本斋担任总队长。②

随着队伍不断扩大，大批汉族青年也踊跃加入"回民教导总队"。1939 年，回民教导总队改编为八路军第三纵队回民支队，由马本斋担任司令员。马本斋作战勇猛，身先士卒，在回民支队和广大群众中享有很高威望。改编后的冀中回民支队，在他的率领下，战斗力不断提高，部队也从数百人发展到 2000 人左右，成了冀中军区野战化最早、威震敌胆的部队之一。③

在党组织的教育下，在人民军队的大熔炉和抗日战争烽火硝烟的考验中，马本斋的政治觉悟迅速提高，他深刻感受到党的伟大，决心加入中国共产党，为打败日本侵略者，为祖国和民族的解放而奋斗。他在入党申请书中深情地写道："我甘心情愿把我的一切献给伟大的中国共产党，献给为回族解放和整个中华民族的解放而奋斗的伟业。"1938 年 10 月，马本斋光荣地加入了中国共产党。④

为了消灭冀中回民支队，日本侵略军无所不用其极，但都没有得逞。1941 年 8 月，在汉奸的配合下，恼羞成怒的日军抓走了马本斋的母亲白文冠，逼迫她给儿子写信劝降。深明大义的白文冠识破了敌人的阴谋诡计，义正词严地拒绝了敌人的要求，绝食 7 天后壮烈殉国。

在马本斋的带领下，冀中回民支队浴血作战，奋勇杀敌，在 1940 年 10 月冀中军区第 3 次政工会议上，荣获"无攻不克，无坚不摧，打不垮、拖不烂的铁军"锦旗。⑤ 毛泽东同志亲笔题字，称冀中回民支队是"百战百胜的回民支队"。⑥ 从 1938 年 6 月至 1944 年 2 月，冀中回民支队共歼灭日伪军 3.6 万余人。⑦1944 年 1 月底，按照党中央部署冀中回民支队开赴延安。马本斋由于病情加重，未能随行。同年 2 月，马本斋不幸病逝于冀鲁豫军区后方医院。在延安召开的追悼会上，他被誉为"民族英雄、吾党战士"。

另一支回民支队活跃于津浦线以东的冀鲁边区。20 世纪 20 年代，刘震寰、王连芳等回族青年便加入了党组织。卢沟桥事变爆发后，津南鲁北很多回族青年响应党的号召，投身全民族抗战。当时的冀鲁边区党委决定成立"回民抗日大队"，到 1940 年 8 月正式组建"冀鲁边区回民大队"，1941 年改编为"冀鲁边区回民支队"，发展到 4 个大队和 1 个手枪队。1944 年，冀鲁边区与清河军区合并为渤海军区，"冀鲁边区回民支队"也因此改名为"渤海军区回民支队"。⑧

回民支队的成立，极大地鼓舞着冀鲁边区回、汉人民的抗日斗志。在与津南、鲁北一带敌伪军的战斗中，这支队伍不断发展壮大。到 1945 年日本投降时，渤海军区回民支队由 200 多人发展到 1500 多人，建立了 7 个大队，后整编为 3 个营、1 个警卫连。其中每个营有 4 连，共 13 个连，武器装备也得到了很大改善，成为渤海地区的一支劲旅。⑨

根据不完全统计，渤海回民支队成立后至 1945 年抗战胜利，在渤海地区与日本侵略者英勇作战 100 余次，攻克敌人大小据点 40 多个，歼灭日伪军、汉奸 2300 多人。⑩

冀中、渤海两支回民支队，虽然发展历程、战斗区域各不相同，但都是中国共产党直接领导下的能征善战的英雄队伍。在发展壮大的过程中，都十分注意贯彻落实党的民族政策，成为抗日战争时期民族团结的典范。

马本斋从多次的战斗胜利中认识到，部队之所以取得胜利，离不开党的正确领导、战士们的英勇作战和人民群众的大力支援，所以他特别强调群众纪律和民族团结。在部队每次行军前的讲话中，他第一个问题总是强调群众纪律、民族团结。如果他发现哪个连队借了各族群众的东西没有归还或损坏东西没有赔偿，那么那个连队的干部就要受到严肃批评。正是由于有严明的群众纪律和民族团结政策，所以部队不管走到哪里都受到热烈的欢迎。⑪

渤海回民支队在战斗中也发生了很多可歌可泣的感人故事。一个曾经对汉族抱有"偏见"的年轻回族战士，在汉族大娘冒死掩护下，脱险归队，并认汉族大娘为"干妈"。有一次，青城县委副书记刘万勇为了躲避敌人，跑入一个回族老人家里。敌人尾随而至，情况万分危急，在回族老人的巧妙掩护之下刘万勇才最终得以脱险。王连芳在回忆这些事情时，感慨道："现回过头来想想，当时如果没有回汉军民的互相配合和冒死相救，单凭回民支队孤军作战，是很难渡过难关的。这种建立在共同理想、共同利益、共同命运之上的民族团结是牢不可破的。"⑫

从冀中、渤海两支回民支队的战斗历程可以看出，全国各族人民在整个抗战过程中患难与共，以国家民族的根本利益为重，发扬爱国主义的优良传统，都义无反顾地投身于争取中华民族的独立和解放事业，为抗战胜利作出了重要贡献。半个多世纪过去了，两支回民支队的英雄事迹仍然广为传颂，成为今天增进中华儿女大团结的一笔宝贵精神财富。

▮ 注　释

①《中国抗日战争史》编写组：《中国抗日战争史》，人民出版社 2011 年版，第 276 页。

②　刘韵智、冯峰：《冀中、渤海回民支队研究述评》，《回族研究》2021 年第 4 期。

③《原回民支队司令员马本斋烈士传略》，《档案天地》2022 年第 2 期。

④《"百战百胜的回民支队"司令员马本斋》，《世纪行》2011 年第 3 期。

⑤《原回民支队司令员马本斋烈士传略》，《档案天地》2022 年第 2 期。

⑥　马生祥、杨爱芹：《冀中回民支队"百战百胜"的原因探析》，《回族研究》2005 年第 3 期。

⑦　邢帅：《回民支队作战的起止时间及歼敌数量考证》，《沧州师范学院学报》2022 年第 3 期。

⑧　刘韵智、冯峰：《冀中、渤海回民支队研究述评》，《回族研究》2021 年第 4 期。

⑨　王连芳：《冀鲁边区回民支队成长的片断回忆》，《宁夏大学学报（社

会科学版）》1984 年第 1 期。

⑩ 赵慧:《渤海回民支队对抗日战争的贡献》,《山东师大学报（社会科学版）》1997 年第 3 期。

⑪《原回民支队司令员马本斋烈士传略》,《档案天地》2022 年第 2 期。

⑫ 王连芳:《冀鲁边区（渤海）回民支队初创时期遇到的几个特殊问题》(续),《回族研究》1992 年第 1 期。

北京师范大学历史学院、北京师范大学史学理论与史学史研究中心

林辉锋

第二次国共合作是如何推动中华民族共同体发展的？

　　1937 年毛泽东于第二次国共合作告成之际，说："中国的革命，自从一九二四年开始，就由国共两党的情况起着决定的作用。"[①] 这自是精辟的论断，涵盖面可以延展到 1949 年新民主主义革命的最终胜利。据此，可以引出以下认知：以两次国共合作为契机，高举"中华民族伟大解放"旗帜的国民革命的兴起与抗日民族统一战线的建立，并提出"中华民族是整个的"共同体坚定的民族信念，成为五四后约 20 年间近代中华民族自觉走向深化的重要标志。

　　九一八事变后国难临头，中华民族陷入了亡国灭种的空前民族危机之中。"中华民族到了最危险的时候"，中华民族共同体意识从来没有如此鲜明和得到强化——要求国共重新走向合作，以建立抗日民族统一战线，成了全社会的强烈诉求。中国撕裂的社会与政党，在民族大义下重新团结起来，创造了民族再造的新机遇。

　　中华民族抓住这个机遇，是经历了一个艰难曲折的过程的。中共是率先高举民族大义并身体力行，号召建立全国抗日民族统一战线的领导力量。1935 年 8 月 1 日，尚在长征途中的中共便发表了著名的《八一宣言》，明确提出："我国家、我民族，已处在千钧一发的生死关头。抗日则生，不抗日则死，抗日救国，已成为每个同胞的神圣天职！""大家都应当有'兄弟阋墙外御其侮'的真诚觉悟，立即停止内战！"其最后的口号是"大中华民族抗日救国大团结万岁!"②

民意终不可违。中共的主张得到各界广泛的响应。1935 年底,主张"停止内战,一致对外"的北平一二·九运动爆发并席卷全国,社会心理转向形成了一个普遍共识:政府是否值得拥护,取决于它是否能负起救国的责任——"政府必须负责领导救国。其最后同情拥护政府与否尤视此焉"③。次年 1 月,沈钧儒、章乃器等成立了上海各界救国联合会,5 月复扩充成立的全国各界救国联合会成了民间推动抗日救国运动高涨的一面旗帜。

西安事变和平解决后,国共最终实现了第二次合作。中共中央评价说:"这些正是中华民族解放运动的最重要的收获,同时也是整个中华民族亲密的战斗的团结的基础。"换言之,这是中华民族自觉与奋起的重要表征。所以,七七事变后,1938 年,毛泽东提出"团结中华各族,一致对日"的主张,他说"我们的抗日民族统一战线,不但是国内各个党派、各个阶级的,而且是国内各个民族的",故必须"团结各民族为一体,共同对付日寇"。④

国共再次合作,建立了抗日民族统一战线,中华民族的自觉及其作为共同体的客观存在,已然为国际所公认,并相信将取得民族自卫战争的伟大胜利。1938 年共产国际执行委员会主席团发表声明说:"毫无疑义的,团结一致的中华民族的英勇,将使它能打倒野蛮的日本军阀,获得完全胜利,而建立自由的独立的中华民主共和国,它将成为全世界上和平民主与进步的最重要柱石之一。"⑤

1943 年,为了制止国民党发动第三次反共浪潮,《解放日报》的社论曾写道:国共两党都是应乎"中华民族的历史发展要求"的产物,要想取消共产党,就如同要想取消"革命的国民党"一样,"都是违反历史发展的笑话奇谈"。历史实践证明,"两党实现了亲密的合作,第一次大革命就以排山倒海之势发展起来,我国民主革命史上就出现了黄金时代"。"在半殖民地的情况下,我们民族的盛衰,系于国共两党的政策",两党的关系好，"中华民族就强盛"，反之，"则中华民族立即衰弱下来"。所以，"为了中华民族，国共两党只应团结，不应分裂，团结越好，中华民族也愈加强盛，反之，分裂则将招致民族的大祸"⑥。社论强调国共的关系关乎中华民族的命运，合乎客观的历史实际，自然是对的；然而，人们却忽略了社论同时指出的问题的另一面，即反之亦然：中国共产党与"革命的国民党"，都是应乎"中华民族的历史发展要求"的产物，皆有自己的合理性，故不容取消；然而，若有一天，无论是谁不再应乎"中华民族的历史发展要求"了，其被取消将不再是笑谈，而成了无可避免的事。换言之，中华民族追求自身解放，既是民族的自觉，也是民族的大义，更是最大的民意，故顺之者昌，逆之者亡。明白了这一点就能理解，国共两度合作，以及抗战胜利后内战重起，国民党终归于失败，乃历史的必然。

注　释

① 毛泽东：《国共合作成立后的迫切任务（1937年9月29日）》，载《毛泽东选集》第二卷，人民出版社1991年版，第364页。

②《中国苏维埃政府、中国共产党中央为抗日救国告全体同胞书(八一宣言）》，载中央档案馆编：《中共中央文件选集》第10册（一九三四——一九三五），中共中央党校出版社1991年版，第519、522、525页。

③《政府与国民心理》，《大公报》1936年7月13日，第2版。

④ 中共中央文献研究室、中央档案馆：《建党以来重要文献选编（一九二一——一九四九）》第15册，中央文献出版社2011年版，第621页。

⑤《共产国际的决定与声明》，载中国人民解放军政治学院党史教研室编：《中共党史参考资料》第8册，第32、33页。

⑥《中国共产党与中华民族——为中共二十二周年纪念而作》，载中央档案馆编：《中共中央文件选集》第14册（一九四三——一九四四），中共中央党校出版社1992年版，第467—470页。

北京师范大学铸牢中华民族共同体意识研究基地主任　郑师渠

抗日歌曲对强化中华民族共同体意识具有什么影响？

据统计，从 1931 年九一八事变到 1937 年七七事变前后，在大后方抗战救亡歌曲约有 252 首；加上延安等抗日根据地和东北抗日联军中流行的歌曲作品，共 744 首（一说整个抗战时期抗战歌曲有 3000 余首）。① 冼星海等人于 1937 年编选并于次年出版的《抗日歌曲集》，共收 91 首，其中包括人们耳熟能详的著名抗战歌曲：《义勇军进行曲》《流民三千万》《救国进行曲》《抗战进行曲》《抗敌先锋歌》《打回老家去》《中华民族不会亡》等。

与此相应，民众抗战歌咏活动也随之兴起，上海等地陆续成立了"民众歌咏会""业余合唱团"等群众歌咏团体。一二·九运动，使群众歌咏活动传播得更为广泛。1935 年夏，由燕京大学音乐系主任范天祥任总指挥，组织北平 14 所大学与中学的 500 余名学生，在北平故宫的太和殿前演出大合唱，实为中国最早的"学生大合唱"。1936 年 6 月 7 日音乐家刘良模指挥民众歌咏会在上海举行千人"大会唱"。西安事变后抗日爱国群众歌咏活动在城乡社会各界掀起高潮。李抱忱在自己编译的《中国抗战歌曲集》序言中说："是为抗战的呐喊谱写的音乐，1931 年事变以后引发的悲痛，在大众的歌咏中得以宣泄。几乎是在一夜之间，爱国歌曲响遍全国。它们唤起民众一致抗日，发挥了巨大的作用。中国的坚定不仅表现在战场上，也被写入了人民所唱的歌曲。"②

抗战歌曲的共同特点，是其主旋律都在于高扬中华民族的共同体意识与呼唤同仇敌忾。例如，《中华民族不会亡》（野青词，吕骥曲）歌词："国难当头，不分党派齐奋斗！暴日欺凌，男女老少齐抵抗！齐心奋斗，合力抵抗，中华民族不会亡！"《公仇》（田汉词，张曙曲）歌词："同胞们，快停止私斗，来报我们中华民族的公仇！"歌词中所谓"不分党派齐奋斗""停止私斗，来报我们中华民族的公仇"，显然唱出了要求国共合作建立抗日民族统一战线的社会普遍的心声！

在抗战歌曲中，《义勇军进行曲》最具代表性，也最值得注意。一是歌词的变动在中华民族概念形成史上具有深意。1934年底田汉写成《风云儿女》电影故事，次年二月主题歌《义勇军进行曲》只写成部分歌词，他便被捕了，后由聂耳在日本修改完成后寄回国内。修改稿除了为适应谱曲需要作了更富艺术性的处理外，最重要的是将原词中的"中国民族"改为"中华民族"。音乐史家吴海勇先生评论说："这不是文字美化或是为了照顾节奏旋律的修改，看似一字之改，实含现代中华民族观念形成的历史深意"，因为改用"'中华民族'一词承担民族整合的功能也就更为恰当"。③ 这无疑是对的。此前田汉创作的《回春之曲》插曲《告别南洋》与《春回来了》的歌词，一个是用"中国民族"，另一个则是用"中华民族"。聂耳谱曲，将之统一调整为"中华民族"。田汉这次又用了"中国民族"，是否出于疏忽，可不置论；重要的在于，聂耳一以贯之，坚持将之改为"中华民族"，绝非偶然。这说明在他看来，后者最具"承担民族整合的功能"。所以，与其说这是他个人的执着，不如说是时代潮流使然。其后，随着歌曲的广泛传播，"中华民族"的概念愈益深入人心。

二是它成为闻名国内外的抗战歌曲代表作。电影播出后，《义勇军进行曲》迅速传遍大江南北，成为流行范围最广的抗日歌曲。其时上海的各种游行与集会，多高唱此曲。例如，1935年底上海召开纪念孙中山诞辰大会，新闻报道说："开会之前，由主席团派人指挥唱《义勇军进行曲》和《打回老家去》两支雄壮的歌曲，千余群众口中迸发出来的怒吼，震撼了那片广场，歌声响彻了云霄。从这歌声里，我们听到中华民族新生的欣欢；从这歌声里，我们发现这一群救亡伙伴们，脉搏跳动一致！迈进步伐的齐整！"④《义勇军进行曲》甚至传遍了穷乡僻壤。丰子恺曾感叹道："荒山中的三家村里，也有'起来起来''前进前进'的声音出之于村夫牧童之口……长沙的湖南婆婆，汉口的湖北军夫，都能唱'中华民族到了最危险的时候'。"⑤1939年前后，《义勇军进行曲》与《保卫黄河》一起在延安地区传唱。为了向国外宣传介绍中国的抗战情况和抗战歌曲，1939年秋天，国民党中央宣传部国际宣传处约请李抱忱编辑英文版的《中国抗战歌曲集》，内收12首歌曲，头两首是《党国歌》《国旗歌》，编者不能不选；但是，第三首便是《义勇军进行曲》，实为第一首名曲。"词曲作者注释"介绍说："此歌原用作电影片《风云儿女》的主题歌。这激动人心的'痛苦和愤怒的呐喊'像大火席卷全国，现在仍然是中国最流行的抗战歌曲。"⑥此歌曲在国外也深受欢迎。1940年，美国歌手罗伯逊翻唱《义勇军进行曲》，以《起来》为名录制唱片，宋庆龄为之撰写序言称："中国已经从新的群众传唱运动中发现了抵抗敌人的力量源泉。"二战结束时，《义勇军进行曲》成为盟军胜利凯旋曲目之一。

可以说，以《义勇军进行曲》为代表，上述抗日歌曲广为传唱的本身就是中华民族认同最具显示度的指标之一。

注　释

① 参见向延生：《李抱忱与英文版〈中国抗战歌曲集〉》，《中央音乐学院学报》2007年第4期。

② 向延生：《李抱忱与英文版〈中国抗战歌曲集〉》，《中央音乐学院学报》2007年第4期。

③ 吴海勇：《从"中国民族"到"中华民族"：试论聂耳对〈义勇军进行曲〉歌词的关键修改》，《史林》2019 年第 5 期。

④ 静芬：《悲壮盛大的中山先生诞辰纪念会》，载周天度、孙彩霞编：《救国会史料集》，中央编译出版社 2006 年版，第 194 页。

⑤ 丰子恺：《谈抗战歌曲》，《战地》1938 年第 1 卷第 4 期。

⑥ 参见向延生：《李抱忱与英文版〈中国抗战歌曲集〉》，《中央音乐学院学报》2007 年第 4 期。

北京师范大学铸牢中华民族共同体意识研究基地主任　郑师渠

爱国华侨陈嘉庚

在近代中国的历史上，广大海外华侨为中华民族的伟大复兴作出了卓越贡献，展现出同为中华儿女的强大民族凝聚力，以及对祖国、同胞的深深眷恋。辛亥革命时期，爱国华侨慷慨解囊，勇于牺牲，被孙中山誉为"革命之母"。新民主主义革命时期，大量华侨同胞投身于中国的革命与建设事业，为中华民族的富强和解放贡献自己的力量。陈嘉庚先生就是华侨群体中最伟大的爱国者之一，他被毛泽东赞扬为"华侨旗帜，民族光辉"①。

陈嘉庚出生在风雨如晦的晚清中国。尽管他在少年时代就远赴南洋，跟随父亲经商，但年幼时接触的故乡山水、儒家文化，早已在他的心灵里埋下了爱国爱乡的种子。他在东南亚的英国殖民地接触到先进的资本主义经济、政治制度，于是萌生了发展资本主义制度、振兴中国的理想。20世纪初，他开始同清末的资产阶级革命派接触，资助孙中山领导的革命运动，并亲身加入到中国同盟会当中，以推翻封建王朝、建立资产阶级共和国为志向。

辛亥革命后，作为革命功臣的陈嘉庚并没有选择从政，而是回到哺育他的家乡福建，在当地兴办实业，普及教育，在地方、在基层从事扎扎实实的国家建设事业。他自谦称"愧无其他才能参加政务或公共事业，只有自量绵力，回到家乡集美社创办小学校，及经营海产罐头蚝厂"②。就是这些"绵薄之力"，成为民国时期福建现代化进程中的重要推动力，并为中国和世界贡献了一所百年名校——厦门大学。

1921 年，厦门大学正式开办。这所与中国共产党同龄的大学，从一开始就倾注了陈嘉庚的全部心力。陈嘉庚认为："何谓根本？科学是也。今日之世界，一科学全盛之世界也。科学之发源，乃在专门大学。有专门大学之设立，则实业、教育、政治三者人才，乃能辈出。"③ 在五四新文化运动掀起的民主与科学的浪潮中，陈嘉庚捐出其长年实业经营的几乎全部资产，总计四百万元④，开始筹办厦门大学，为的是谋国家民族之复兴。当时著名的教育家黄炎培赞誉陈嘉庚"毁家兴学"，以"强毅而锐敏"之心力，"临事不惊，功成不居"的心态，⑤ 逐步将厦门大学打造成为民国时期知名的私立大学。一时之间，鲁迅、顾颉刚、沈兼士、林语堂、张星烺等顶尖学者纷纷加入厦大。毕业于厦大的莘莘学子，奉献于中华民族复兴的伟大事业，其中更有不少佼佼者在共和国时期成为中国科学院院士，为国家建设作出卓越贡献。

1937 年 7 月 7 日，日本发动了全面侵华战争。面对这一空前的民族危机，海外的 1100 多万华侨同胞与国内的中国人民共同为驱逐日本侵略者而奋斗。他们或毁家纾难，奉献出自己的财产，或毅然回国，亲自加入到抗战洪流当中。当时身在南洋的陈嘉庚也迅速行动起来。他坚信"抗战断无不胜，建国断无不成"⑥，利用自己在当地的影响力，组织侨民成立了"马来亚新加坡华侨筹赈祖国伤兵难民大会委员会"，号召侨胞为祖国捐输物资。在陈嘉庚的组织下，1938 年 10 月，东南亚各国的 45 个华侨救国团体代表在新加坡召开大会，宣布成立南洋华侨筹赈祖国难民总会。被选为主席的陈嘉庚呼吁华侨团结起来，"各尽所能，各竭所有，自策自鞭，自励自勉，踊跃慷慨，贡献于国家"，"加速民族解放之日之来临"⑦。在陈嘉庚等人的组织动员下，南洋侨胞踊跃向国家捐款，捐赠飞机、汽车、衣物、药品等各种战时物资，其中还有许多华侨回国参加交通运输、战地服务，乃至奔赴抗日前线，为国捐躯。在陈嘉庚的努力下，东南亚华侨在海外筑起了一道坚强的抗日长城，成为全民族抗战的一支重要力量。

作为一名伟大的爱国者，陈嘉庚在抗战期间就与中国共产党展开密切合作。1940 年初，陈嘉庚率慰问团回国访问重庆。在重庆期间，陈嘉庚观察到国民党政府的奢侈、腐败、醉生梦死，完全没有艰苦抗战的精神。抗战的希望在哪里？中国的前途在哪里？在这种忧郁的心境下，陈嘉庚开始将目光投向延安，投向中国共产党。当年 5 月，年已 67 岁的陈嘉庚不顾国民党阻挠，来到了延安，与中国共产党直接接触。通过这次延安之行，陈嘉庚看到了中国共产党廉洁、朴实的党风，陕甘宁边区和谐、勤俭的民风，以及军民同心，共同追求抗战胜利、民族解放的坚强意志，这与国民党治下的重庆大相径庭。他后来说："及至回国慰劳……至延安视察经过，耳闻目睹各事实，见其勤劳诚朴，忠勇奉公……余观感之余，衷心无限兴奋，梦寐神驰，为我大中华民族庆祝也。"⑧"中国的希望在延安。"⑨ 延安归来之后，经历了此番思想转变的陈嘉庚，在各种场合公开宣扬中国共产党的伟大之处，帮助中共在国统区和南洋地区澄清了许多不实的谣言，建立起崇高的社会威望，为抗日民族统一战线的巩固和发展贡献了重要力量。

自从认定了中国共产党是中国的救星之后，陈嘉庚的信仰再未动摇过。皖南事变后，他强烈谴责国民党"自为鹬蚌，势必利落渔人"，呼吁"弭止内争，加强团结"⑩，与中国共产党和中国社会的其他进步力量一同挫败了国民党的反共内战图谋。抗战胜利后，陈嘉庚创办《南侨日报》，发出反独裁、反内战的呼声，提出成立民主联合政府的建议，为拥护中国共产党而呐喊。⑪ 新中国成立前夕，毛泽东亲自邀请陈嘉庚回国参加新中国的筹备工作，陈嘉庚当选为全国政协常务委员和中央人民政府委员，为国家建设、华侨事务积极建言献策。晚年的陈嘉庚落叶归根，回归故里，在家乡的现代化建设中发挥余热。

陈嘉庚亲历了晚清、民国、共和国三个历史阶段，他的一生是不断为中国之崛起而奋斗的一生。这样的目标正与中国共产党的立党初心相一致。从实业救国、教育救国，到社会主义救中国，陈嘉庚晚年终于找到了正确的建国道路，成为中国共产党的拥护者、同路人，这是历史的必然，也是海外华侨同胞的光辉榜样。习近平总书记这样赞美陈嘉庚："他爱国兴学，投身救亡斗争，推动华侨团结，争取民族解放，是侨界的一代领袖和楷模。他艰苦创业、自强不息的精神，以国家为重、以民族为重的品格，关心祖国建设、倾心教育事业的诚心，永远值得学习。"⑫ 这是由陈嘉庚光辉的一生所凝筑的坚实评价。

▊ 注　释

① 廖承志:《华侨旗帜　民族光辉——悼念爱国老人陈嘉庚先生》，载陈嘉庚先生纪念册编辑委员会编:《陈嘉庚先生纪念册》，中华全国归国华侨联合会 1961 年版，第 7 页。

② 陈嘉庚:《陈嘉庚回忆录》，北京联合出版公司 2021 年版，第 5 页。

③《本报开幕之宣言（实业与教育之关系）》，载王增炳等编:《陈嘉庚教育文集》，福建教育出版社 1989 年版，第 185—186 页。

④ 朱水涌:《陈嘉庚传》，厦门大学出版社 2021 年版，第 102 页。

⑤《陈嘉庚毁家兴学记》，载田正平等编:《黄炎培教育论著选》，人民教育出版社 1993 年版，第 144 页。

⑥ 陈嘉庚:《陈嘉庚回忆录》，北京联合出版公司 2021 年版，第 60 页。

⑦ 陈嘉庚:《陈嘉庚回忆录》，北京联合出版公司 2021 年版，第 59、68 页。

⑧《弁言》，载陈嘉庚:《陈嘉庚回忆录》，北京联合出版公司 2021 年版，第 3—4 页。

⑨ 黄周规:《悼念陈校主嘉庚先生》，载陈嘉庚先生纪念册编辑委员会编:《陈嘉庚先生纪念册》，中华全国归国华侨联合会 1961 年版，第 47 页。

⑩ 任贵祥:《华夏向心力:华侨对祖国抗战的支援》，广西师范大学出版社 2015 年版，第 266 页。

⑪ 雷艳芝:《海外华侨与中国共产党形象的国际传播——以陈嘉庚为

例的分析》,《华侨华人历史研究》2021年第4期。

⑫《习近平总书记给厦门市集美校友总会回信》,《福建日报》2014年10月22日，第1版。

北京市社会科学院历史研究所　何思源

如何认识毛泽东的中华民族观？

毛泽东作为中国共产党的领导人，在坚定推进抗日民族统一战线建立与实施过程中，不断发展、丰富他的中华民族观，使之融入抗日民族统一战线之中，为抗日民族统一战线提供了理论支撑和民族革命实践的指南。以下主要谈谈毛泽东中华民族观的内涵、根源及其历史意义。

毛泽东的中华民族观的丰富内涵

毛泽东的中华民族观，是指毛泽东对中华民族的认识与论述，以及这一认识与论述在实际运用中的理论提升。1935 年，在日本帝国主义加紧侵华战争的严峻形势下，中国共产党提出建立抗日民族统一战线的策略方针。同年 12 月 27 日，毛泽东在《论反对日本帝国主义的策略》一文中明确提出"建立广泛的民族革命统一战线"[①]。此后，他在《中国革命和中国共产党》这篇重要历史文献中概括了中华民族的特质，即中华民族是历史悠久、文明发达、刻苦耐劳、酷爱自由、富于革命传统、拥有优秀历史遗产的伟大民族。

第一，关于中华民族的英雄气概。1935 年底，毛泽东在《论反对日本帝国主义的策略》一文中慨然写道："我们中华民族有同自己的敌人血战到底的气概，有在自力更生的基础上光复旧物的决心，有自立于世界民族之林的能力。"[②] 这三句气吞山河的豪言壮语，反映了中华民族的英雄气概、奋斗精神和自强自信的伟大品质。

第二，关于中华民族的爱国主义精神。中华民族的英雄气概是建立在中华民族的爱国主义基础之上的。毛泽东讲到"爱国主义和国际主义"③问题时指出："我们是国际主义者，我们又是爱国主义者，我们的口号是为保卫祖国反对侵略者而战。"④爱国主义和国际主义的结合，是中华民族爱国主义的一个特点，抗日战争和后来的抗美援朝、援越反美的历史，证明中华民族爱国主义精神的伟大。

第三，关于中华民族的整体利益和共同追求。在国难当头的抗日战争岁月里，中华民族所追求的目标是什么？在这方面，毛泽东使用最多的用语是"解放""独立""自由"，三者之中，中华民族的"解放"是根本，只有民族得到解放，才能使无产阶级和劳动人民得到解放。在《论持久战》中，毛泽东论述道："长期而又广大的抗日战争……这就是中华民族自求解放的战争形态，是半殖民地大国在二十世纪三十和四十年代举行的解放战争的特殊的形态。"⑤在当时，民族独立、人民解放就是中华民族的根本利益。

第四，关于中华民族文化。1940 年，毛泽东发表《新民主主义论》，论述了新民主主义的政治、经济、文化，并作出这样的论断："民族的科学的大众的文化，就是人民大众反帝反封建的文化，就是新民主主义的文化，就是中华民族的新文化。"⑥毛泽东也非常重视中华民族的古代文化，他说："从孔夫子到孙中山，我们应当给以总结，承继这一份珍贵的遗产。"

第五，关于中华民族的自信力。在抗日战争的艰苦年代，毛泽东一再号召说："只要四亿五千万同胞一齐努力，最后的胜利是属于中华民族的！""我们相信，在我党全体党员和友党友军及全体人民共同努力之下，克服投降，战胜困难，驱除日寇，还我河山的目的，是能够达到的，抗战的前途是光明的。"⑦不论是顺利还是困难，中华民族都始终保持这种自信力。

伟大的抗日战争，铸就了毛泽东的中华民族观。上述这些方面，合而观之，实为一完整的理论体系，反映了毛泽东中华民族观的丰富内涵，其每一个方面都对增强中华民族的自觉意识和自强精神发挥着重大的激励作用。

毛泽东的中华民族观的深厚根源

毛泽东的中华民族观的形成，有其历史的必然性和现实的根据。

第一，源于对中国历史的敬重。毛泽东对中国历史的崇敬和重视，具有非常的高度和深度。他在七七事变的第二年所撰写的《中国共产党在民族战争中的地位》中，明确地把"研究我们民族的历史"同"指导一个伟大的革命运动的政党"联系起来，[⑧]把"学习我们的历史遗产"同"今天的中国"联系起来，[⑨]这是何等深刻的见解、何等重要的任务，毛泽东的中华民族观与此联系又是何等紧密。

第二，源于毛泽东对中国现状的洞察。作为一个革命运动的领导者，毛泽东历来强调对于中国社会现状的了解，强调调查研究的重要性。今天，当我们再次翻阅毛泽东1930年所作的《寻乌调查》时，仍会受到震撼而陷入沉思！毛泽东对中国国情的了解，当然不限于社会调查，但社会调查所得的重要性却是别的方面所不能替代的，他说的"没有调查，没有发言权"[⑩]，实为至理名言。联想到他的《实践论》《矛盾论》等著作，都可以说明毛泽东对中国社会的洞察是他的中华民族观的一个重要根源。

第三，源于对民心民情的关注。毛泽东在努力推动抗日民族统一战线的过程中，始终把人民的利益放在重要地位。共同的利益是中华民族共同体的基础。这本是中国共产党的初衷，而在抗日战争的艰苦年代显得更为重要。毛泽东在《中国革命和中国共产党》中进一步指出："谁要是想撇开中国的无产阶级、农民阶级和其他小资产阶级，就一定不能解决中华民族的命运，一定不能解决中国的任何问题。"⑪ 这些主张和构想既反映了中国的民心民情，在抗日战争时期的人民解放区也已成为现实。民心民情所向代表着历史发展的潮流和趋势。毛泽东中华民族观的深厚基础即在于此。

第四，源于对国际形势的准确分析和正确判断。这个判断建立在对近代中国社会矛盾的认识之上。毛泽东指出："帝国主义和中华民族的矛盾，封建主义和人民大众的矛盾，这些就是近代中国社会的主要的矛盾……伟大的近代和现代的中国革命，是在这些基本矛盾的基础之上发生和发展起来的。"⑫ 在当时的历史条件下，毛泽东中华民族观同认识世界形势密不可分，同中国共产党领导革命的战略、策略密不可分。

毛泽东的中华民族观的历史意义

毛泽东的中华民族观的历史意义，一方面表现在作为抗日民族统一战线的理论支撑，另一方面表现在对中华民族共同体作为自觉的现实存在及其未来使命的揭示。

第一，毛泽东的中华民族观是抗日民族统一战线的理论支撑。在抗日战争时期，毛泽东始终致力于以他的不断丰富的中华民族观，阐释抗日民族统一战线的必要性、可行性和必胜的信心。习近平总书记在纪念中国人民抗日战争暨世界反法西斯战争胜利 75 周年座谈会上的讲话中指出："毛泽东同志在全国抗战开始后就明确提出：'我们主张全国人民总动员的完全的民族革命战争，或者叫作全面抗战。因为只有这种抗战，才是群众战争，才能达到保卫祖国的目的。'"⑬ 毛泽东的中华民族观从根本上反映了中华民族的利益和追求，这是全民族抗战取得胜利的基本保证。

第二，毛泽东的中华民族观因其丰富的内涵和深厚的根基以及鲜明的理论特点，从而最全面、最深刻地证明了中华民族共同体的现实存在及其基本利益和历史使命，赋予"中华民族"这一概念与实体以新的认识高度，极大地提升了中国人民对中华民族共同体的认识，丰富了现代中国人民的中华民族观。

历史发展到今天，在中国共产党领导下，中国进入建设社会主义现代化强国、迈向中华民族伟大复兴的新时代，在精神层面和实践过程中"铸牢中华民族共同体意识"⑭，是中华民族取得更大辉煌成就的思想基础和精神动力。

▌注　释

①　毛泽东：《论反对日本帝国主义的策略（1935年12月27日）》，载《毛泽东选集》第一卷，人民出版社1991年版，第152页。

②　毛泽东：《论反对日本帝国主义的策略（1935年12月27日）》，载《毛泽东选集》第一卷，人民出版社1991年版，第161页。

③④　毛泽东：《中国共产党在民族战争中的地位(1938年10月14日)》，载《毛泽东选集》第二卷，人民出版社1991年版，第520页。

⑤　毛泽东：《论持久战（1938年5月）》，载《毛泽东选集》第二卷，人民出版社1991年版，第474页。

⑥　毛泽东：《新民主主义论（1940年1月）》，载《毛泽东选集》第二卷，人民出版社1991年版，第708—709页。

⑦　毛泽东：《为动员一切力量争取抗战胜利而斗争（1937年8月25日）》，《团结到底（1940年7月5日）》，载《毛泽东选集》第二卷，人民出版社1991年版，第357、761页。

⑧　毛泽东：《中国共产党在民族战争中的地位（1938年10月14日）》，载《毛泽东选集》第二卷，人民出版社1991年版，第533页。

⑨　毛泽东：《中国共产党在民族战争中的地位（1938年10月14日）》，载《毛泽东选集》第二卷，人民出版社1991年版，第533—534页。

⑩　毛泽东：《反对本本主义（1930年5月）》，载《毛泽东选集》第一卷，人民出版社1991年版，第109页。

⑪ 毛泽东:《中国革命和中国共产党（1939年12月）》,载《毛泽东选集》第二卷, 人民出版社1991年版, 第649页。

⑫ 毛泽东:《中国革命和中国共产党（1939年12月）》,载《毛泽东选集》第二卷, 人民出版社1991年版, 第631页。

⑬ 习近平:《在纪念中国人民抗日战争暨世界反法西斯战争胜利75周年座谈会上的讲话》,人民出版社2020年版, 第6页。

⑭ 习近平:《决胜全面建成小康社会　夺取新时代中国特色社会主义伟大胜利——在中国共产党第十九次全国代表大会上的报告》,人民出版社2017年版, 第40页。

北京师范大学资深教授　瞿林东

近代以来民族观念的变化与
民族融合的发展

晚清民族观念的变化

清朝在民族观念上的一个重要变化是对传统的所谓"华夷"观念进行了变革。清初的很多士人，以严"华夷"之别宣传反清思想，认为孔子赞扬管仲的"攘夷狄"是最高的道德标准。雍正时期，出现了一起重大的文字狱——吕留良案。雍正不仅对当事人进行了严惩，还编纂了《大义觉迷录》一书，颁行全国，强调"华夷无别"，反驳吕留良、曾静等人主张的"华夷之分"等言论。他在书中，说舜是"东夷"之人，文王是"西夷"之人，自己虽是满人，但与舜、文王一样，完全可以合法地做中国的皇帝。

在高压政策下，士大夫不敢再妄议"夷夏之别"，"胡""夷""蛮""狄"等都是犯忌的字。但乾隆作为"中华天子"，却在诏书中使用"夷商"来称呼外国商人，以示轻蔑。鸦片战争后，中国民族危机日益加深。衰弱的清王朝，疲于应对西方列强的入侵，对文化领域的高压有所放松。有识之士在探讨御敌之策时也开始像乾隆皇帝一样把外国人称作"夷"。与之相对，"中国"则用来表示包括新疆、西藏等少数民族地区在内的整个清朝。这说明，在反对外国殖民主义的斗争中，中国传统的民族观和国家观开始近代化。

20 世纪前期，中华民族意识的不断自觉

19 世纪末，特别是中日甲午战争后，民族危机愈加严重，中国面临亡国灭种的危险。为摆脱这种局面，资产阶级维新改良派和革命派先后登上了历史舞台。由于二者对待清朝的态度不同，因此也出现了民族观念的分歧。资产阶级革命派决心把清政府彻底推翻，在进行革命宣传时，采取了比较激进的方式。他们提出"驱除鞑虏，恢复中华，创立合众政府"的口号。把"满族"说成"鞑虏"，意在激起国人对满族统治者的憎恨，以掀起推翻清朝统治的革命。进入 20 世纪，资产阶级革命派与改良派曾进行了长达数年的论战，其中就包含民族观念的论争。现在看来，改良派虽然在政治上落伍了，但他们的民族观点要比当时革命派的宣传更加理性，更加经得起时间的检验。如康有为不赞成把满族说成"夷狄"，且对清朝开拓疆土、巩固边疆的贡献做了肯定，说清朝"割地鬻民、赔款剥民，诚可痛恨，然此但太后、荣禄一二人之罪耳，于满洲全籍人无与也"①，并认为"自满、汉及蒙、回、藏既同隶一国，并当同为中华国人，不得殊异，其满人并赐汉姓，俾合同而化，永泯猜嫌。则团合大群，以强中国，莫善于此"②。梁启超较早地提出了"中国民族""中华民族"的概念，指出"吾中国言民族者，当于小民族主义之外，更提倡大民族主义……合汉、合满、合蒙、合回、合苗、合藏，组成一大民族"③。"现今之中华民族自始本非一族，实由多数民族混合而成。"④ 至 20 世纪 20 年代，梁启超的民族观点进一步完善，他发表了《中国历史上民族之研究》，正确地提出了"民族意识"对民族产生的根本意义："民族成立之唯一的要素，在'民族意识'之发现与确立。"⑤ 他对中国历史上民族的变化也作了符合实际的阐释："甲时代所谓夷狄者，乙时代已全部或一部编入诸夏之范围，而同时复有新接

触之夷狄发现，如是递续编入，递续接触，而今日硕大无朋之中华民族，遂得以成立。"⑥

在革命派与改良派的论战中，改良派的民族观点对革命派是有影响的。随着辛亥革命的胜利、中华民国的建立，资产阶级革命派的民族观点发生了明显改变。大致说来，资产阶级革命派民族观点的发展经过了三个阶段。第一阶段，辛亥革命以前，其民族主义带有狭隘反满的局限性。第二阶段，辛亥革命后至五四运动，提出"五族共和"。如孙中山在《中华民国临时大总统宣言书》中说："国家之本，在于人民。合汉、满、蒙、回、藏诸地为一国，即合汉、满、蒙、回、藏诸族为一人。——是曰民族之统一。"⑦《中华民国临时约法》规定："中华民国人民一律平等，无种族、阶级、宗教之区别。"但在一些著名革命派人士包括孙中山本人的讲话或文章中，仍然不时地带有一些大汉族主义痕迹。第三阶段，五四运动后，孙中山更加认清了帝国主义的本性，抛弃了某些幻想，对三民主义作了新的解释。关于民族主义，他指出："民族主义，有两方面之意义：一则中国民族自求解放；二则中国境内各民族一律平等。"⑧新三民主义理论，包括民族方面的观点，与成立不久的中国共产党的最低纲领基本一致。于是，国共两党的统一战线建立起来，中国的民族关系又进入了一个新的阶段。

1931年九一八事变后，特别是1937年七七事变后，"中华民族"的自觉意识进一步增强，"中华民族"的称谓得到全国各族人民的认同，这是与中国的民族危机、边疆危机分不开的，是与中国人民反对外来侵略、捍卫国家主权紧密相连的，它本身就含有民族团结、民族情愫、历史文化认同等意蕴。与"中华民族"同时出现的还有"华族""华夏族""中国民族""国族"等称谓，而且在一个相当长的时间内，这些称谓相互混用，可以相互代替。但抗战时期，"中华民族"得到广泛认同，其他称谓逐步被废弃。究其因在于，"中华民族"在加强民族团结，共同反抗外来侵略方面，展现了更加鲜明、更加强大的感召力。

抗日战争初期，顾颉刚在昆明创办《益世报·边疆周刊》，并发表文章《中华民族是一个》，引起众多学者的论辩。傅斯年、张维华、马毅等对顾氏的观点表示支持，费孝通和翦伯赞等则对顾氏的观点提出了质疑和商榷。因为战争和政治的原因，这个讨论没有充分展开。但这次讨论在反映了学者之间不同意见的同时，也表现出很多趋同的认识，提出了一些值得思索的问题，为民族理论的进一步发展打下了初步基础，对以后创造性地提出科学的民族理论产生了深远的影响。

"多元一体"民族理论和"多种形式的多民族统一"的历史理论

《中国革命和中国共产党》是毛泽东 1939 年 12 月写作的一篇重要文章。这篇文章专有一节"中华民族"，其中论述道："中华民族不但以刻苦耐劳著称于世，同时又是酷爱自由、富于革命传统的民族……中华民族的各族人民都反对外来民族的压迫，都要用反抗的手段解除这种压迫。他们赞成平等的联合，而不赞成互相压迫。在中华民族的几千年的历史中，产生了很多的民族英雄和革命领袖。所以，中华民族又是一个有光荣的革命传统和优秀的历史遗产的民族。"⑨ 这里的"中华民族的各族人民"之表述，说明"中华民族"与"各族"是不同层次的民族概念。马克思主义史学家的民族史著作，如 1941 年民族问题研究会在延安出版的《回回民族问题》，吕振羽 1948 年出版的《中国民族简史》，在探讨中国历史上的民族问题方面都有新的表述。毛泽东的文章和马克思主义史学对于中国民族问题的理论认识，与国民党的民族政策有明显的差别，对其大汉族主义进行了批判。

中华人民共和国成立前夕通过的《中国人民政治协商会议共同纲领》和 1954 年颁布的《中华人民共和国宪法》，都有关于民族的规定和表述，对此后的民族识别工作和民族理论、历史理论的进一步发展，产生了深远的影响。

1989 年，著名社会学家和民族学家费孝通发表《中华民族的多元一体格局》，提出中华民族作为一个自觉的民族实体，是近百年来中国和西方列强对抗中出现的，但作为一个自在的民族实体则是几千年的历史过程所形成的。多元是指中国疆域内的 50 多个民族单位，一体是指中华民族。这一理论得到了民族学界的广泛认同。在这一理论的启发下，产生了众多的民族史研究成果。与此同时，在历史学界，著名史学家白寿彝经过长期的探索，提出中国经历了"多种形式的多民族统一"的历史理论。他说中国"多民族国家的形成是经过一个漫长过程的"："自从有文字记载以来，中国就进入了多民族统一的过程，大致经历了各民族内部的统一、地区性的多民族的统一，而达到全国性的多民族的统一。全国性的多民族统一，也经历了多次的曲折而终于达到稳定的多民族的统一，并且建立了多民族统一的社会主义中华人民共和国。"⑩在这一民族理论指导下，他主持编纂了大型多卷本《中国通史》，实现了一个世纪以来几代史学家撰述大型中国通史的夙愿。费孝通的民族理论和白寿彝的历史理论交相辉映，有异曲同工之妙，这两种理论从不同学科反映了中国民族观念的新成果。

中华民族的民族认同意识和团结意识是在血与火的历史中形成的，而民族观的变化和民族理论的发展则是对客观的民族历史和现实的反映，并对现实社会中的民族关系产生重要影响。近代以来民族观念的变化，反映了中华民族义化认同的增强；近代以来民族理论的新成果，更是对民族关系的和谐起到了有力的推动作用。

"中华民族共同体"概念是在中华民族"多元一体"理论基础上提出的，体现了当代最新的民族理论成果。"铸牢中华民族共同体意识"不仅具有科学的民族理论依据，而且是谱写新时代民族团结进步事业的光辉篇章、实现中华民族伟大复兴必须高举的旗帜。

▌注 释

① 康有为:《答南北美洲诸华商论中国只可行立宪不可行革命书》,载《康有为全集》第六册,中国人民大学出版社 2007 年版,第 328—329 页。

② 康有为:《海外亚美欧非澳五洲二百埠中华宪政会侨民公上请愿书》,载《康有为全集》第八册,中国人民大学出版社 2007 年版,第 413 页。

③ 梁启超:《政治学大家伯伦知理之学说》,载《饮冰室合集·文集第十三》,中华书局 1989 年版,第 75—76 页。

④ 梁启超:《历史上中国民族之观察》,载《饮冰室合集·专集第四十一》,中华书局 1989 年版,第 4 页。

⑤ 梁启超:《中国历史上民族之研究》,载《饮冰室合集·专集第四十二》,中华书局 1989 年版,第 1 页。

⑥ 梁启超:《中国历史上民族之研究》,载《饮冰室合集·专集第四十二》,中华书局 1989 年版,第 8 页。

⑦ 孙中山:《中华民国临时大总统宣言书》,载《孙中山选集》,人民出版社 1981 年版,第 90 页。

⑧ 孙中山:《中国国民党第一次代表大会宣言》,载《孙中山选集》,人民出版社 1981 年版,第 591—592 页。

⑨ 毛泽东:《中国革命和中国共产党(1939 年 12 月)》,载《毛泽东选集》第二卷,人民出版社 1991 年版,第 623 页。

⑩ 白寿彝主编:《中国通史》第一卷,上海人民出版社 1989 年版,第 365 页。

北京师范大学历史学院、北京师范大学史学理论与史学史研究中心

周文玖

以史为鉴，"走好中国道路"

　　《复兴文库》是经党中央批准实施的重大文化工程，共五编。《复兴文库》第一至三编已出版发行，第四、五编正在编纂。编纂这部典籍继承了我国以史为鉴的优良传统，目的是助益于进一步推动中华民族伟大复兴事业的发展。《复兴文库》以思想史为基本线索，精选1840年鸦片战争以来同中华民族伟大复兴相关的重要文献，全景式记述了以中国共产党人为代表的中华优秀儿女为实现国家富强、民族振兴、人民幸福而不懈求索、百折不挠的历史足迹。其中，既体现了历史与逻辑的统一，也体现了历史发展多样性的统一。习近平总书记为《复兴文库》作的序言《在复兴之路上坚定前行》，高瞻远瞩，意涵深邃。习近平总书记指出："在我们党带领人民迈上全面建设社会主义现代化国家新征程之际，这部典籍的出版，对于我们坚定历史自信、把握时代大势、走好中国道路，以中国式现代化推进中华民族伟大复兴具有十分重要的意义。"① 在这里，习近平总书记强调的"坚定历史自信""把握时代大势""走好中国道路"，启人沉思。这既是对《复兴文库》的肯定，同时对于我们学好党史、新中国史、改革开放史、社会主义发展史、中华民族发展史，以史为鉴，坚定前行，也具有十分重要的指导意义。

　　历史是民族文化的结晶，也是民族的共同记忆和民族的根。惟其如此，坚定历史自信是一个民族永葆自信力的基石。梁启超说："苟能有其自信力，天下事何有焉？虽千万人，吾往矣！"② 个人如此，民族更是如此。龚自珍说："灭人之国，必先去其史。"③ 缺乏历史自信的民族，无异于"自灭其史"！鸦片战争后，中国逐步成为半殖民地半封建社会，国家蒙辱、人民蒙难、文明蒙尘，中华民族遭受了前所未有的劫难，坚定历史自信更成为志士仁人前仆后继、奋起救亡图存的精神脊梁。庚子事变后，中国岌岌可危，但严复却勉励时人：从历史上看，与西方民族常为分不同，中华民族"易为合而难为分"，足见其"实有可为强族大国之储能，虽摧斫而不可灭者"，待她奋起，"真五洲无此国也"。"世有深思之士，其将有感于吾言！"④ 一战后的中国依旧受列强欺凌，险象环生。梁启超游欧归来，重新审视中西文化，却断言硕大无朋的中华民族本身就是奇迹，她融合了世界 1/4 的人口，是对人类的一大贡献，相信她终究会对世界做出为他国所不能做的更大贡献。⑤ 同样，抗战期间，毛泽东在《中国革命和中国共产党》一文中豪迈宣言："中华民族又是一个有光荣的革命传统和优秀的历史遗产的民族。"⑥ 坚定历史自信，不仅是民族自信力的基石，同时也体现着民族强大的凝聚力。可以说，近代中国人民之所以百折不挠，执着于中华民族伟大复兴的中国梦，归根结底，正缘于此。

坚定的民族自信激励了志士仁人奋起救亡图存，但其成功与否，还取决于是否找到了一条能够实现中华民族伟大复兴的正确道路。太平天国运动、戊戌变法、义和团运动和辛亥革命，最终都不免于失败，说明了这一点；严复晚年成了开历史倒车者，也说明了这一点。梁启超晚年自谓对中国前途的观察，在精神上已由"消极变为积极"⑦，但他在政治上却同样落伍了。毛泽东曾谈道，"自从中国人学会了马克思列宁主义以后，中国人在精神上就由被动转入主动"⑧，那是指先进的中国人开始懂得运用马克思主义重新考察民族和国家命运，从此找到了中国革命正确的道路，中国革命的面貌从此焕然一新。所以，习近平总书记强调："中国共产党成立后，团结带领人民前仆后继，进行艰苦卓绝的斗争，坚持马克思主义指导地位，找到了实现中华民族伟大复兴的正确道路，通过革命、建设、改革各个历史时期的不懈努力，迎来了从站起来、富起来到强起来的伟大飞跃，谱写了中华民族发展进程中最为波澜壮阔的历史篇章，中华民族伟大复兴展现出前所未有的光明前景。"⑨"中国共产党为什么能，中国特色社会主义为什么好，归根到底是马克思主义行，是中国化时代化的马克思主义行。"⑩

习近平总书记说"把握时代大势"，就是强调马克思主义不是教条，要从中国实际出发，洞察时代大势，把握历史主动，不断推进马克思主义中国化时代化，更好推动中国特色社会主义事业不断向前发展。习近平总书记在庆祝中国共产党成立 100 周年大会上的讲话中指出，"洞察时代大势，把握历史主动"⑪。这是完全符合历史实际的：中国共产党创建之初，即促成了第一次国共合作，并积极推进国民革命运动；抗日战争时期，中国共产党以民族大义为重，促成第二次国共合作，建立了抗日民族统一战线；抗战胜利后，中华民族面临着两个前途、两种命运的决战，中国共产党领导广大军民以摧枯拉朽之势消灭了国民党反动派 800 万军队，解放了全中国。此后，开展社会主义革命与建设、实行改革开放、推进新时代中国特色社会主义事业等等，无一不是正确"把握时代大势"的结果，并推进了马克思主义中国化的不断深化，使我们党不断发展壮大、从胜利走向胜利。当下我们正面临着两个大局：一是中华民族伟大复兴的战略全局，二是世界百年未有之大变局。因此如何更好地"把握时代大势"，自然便成了时代的大考，提到了我们的面前。

中国共产党的创立之所以是"开天辟地的大事变"，那是因为她为中国人民找到了一条能够最终实现中华民族伟大复兴的正确之路——"中国道路"。经历革命、建设、改革不同的阶段，百年奋斗，百年探索，"中国道路"越走越宽广。中国人民从站起来、富起来到强起来，中华民族伟大复兴从未像现在这样接近最终的实现。故在序言中，习近平总书记指出，"历史是最好的教科书"⑫。为此，我们要在学好党史的基础上，学好中国近代史，学好中国历史，以史为鉴、察往知来。弄清楚我们从哪里来、要到哪里去，弄清楚中国共产党人是干什么的、已经干了什么、还要干什么，弄清楚过去我们为什么能够成功、未来怎样才能继续成功。

总之，要从坚定历史自信出发，以史为鉴，坚持马克思主义基本原理同中国具体实际相结合、同中华优秀传统文化相结合，"走好中国道路"，为中华民族伟大复兴"创造属于我们这一代人的业绩和荣光"⑬。

▌注　释

① 习近平：《在复兴之路上坚定前行——〈复兴文库〉序言》（2022年9月20日），《人民日报》2022年9月27日，第1版。

② 梁启超：《饮冰室自由书·自信力》，《清议报》1899年第30期。

③ 龚自珍：《龚自珍全集》第一辑《古史钩沉论二》，上海人民出版社1975年版，第22页。

④ 甄克思（E. Jenks）著，严复译：《社会通诠》，商务印书馆1981年版，第155页。

⑤ 梁启超：《欧游心影录》，商务印书馆2014年版，第51—52页。

⑥ 毛泽东：《中国革命和中国共产党（1939年12月）》，载《毛泽东选集》第二卷，人民出版社1991年版，第623页。

⑦ 梁启超：《梁任公在中国公学演说（续）》，《申报》1920年3月15日，第10版。

⑧ 毛泽东：《唯心历史观的破产（1949年9月16日）》，载《毛泽东选集》第四卷，人民出版社1991年版，第1516页。

⑨ 习近平：《在复兴之路上坚定前行——〈复兴文库〉序言》（2022年9月20日），《人民日报》2022年9月27日，第1版。

⑩ 习近平：《开辟马克思主义中国化时代化新境界》，《求是》2023年第20期。

⑪ 习近平:《在庆祝中国共产党成立 100 周年大会上的讲话》，人民出版社 2021 年版，第 12—13 页。

⑫⑬ 习近平:《在复兴之路上坚定前行——〈复兴文库〉序言》(2022 年 9 月 20 日),《人民日报》2022 年 9 月 27 日，第 1 版。

北京师范大学铸牢中华民族共同体意识研究基地主任　郑师渠

坚定历史自信，增强历史主动，全面推进中华民族共同体建设

　　我们伟大的祖国历史悠久、文化灿烂，已经连续走过了 5000 多年文明的历程；我们伟大的中华民族生生不息、绵亘不绝，不仅用艰辛的劳动雕塑着中华迷人的家园，而且用超常的智慧创造出无数的世界奇迹。我们为中华民族顽强的生命力而自豪，为中华民族旺盛的创造力而自豪，为各民族在长期奋斗中凝聚起来的团结如一、勇敢向未来的伟大同心力而自豪。

　　历经艰难险阻的中华儿女深深懂得："观今宜鉴古，无古不成今。"优秀的传统文化是我们的立足之魂，鲜活的历史经验是我们的发展之基。历史是最深刻的国情。历史与现实不能分离，更不能割裂。

　　一百多年来，中国共产党始终坚持马克思主义的历史主义分析方法，继承并发扬中华民族尊史崇史、学史治史这一优良传统，从历史中得到启迪、增强定力。

　　早在 1938 年 10 月，毛泽东同志就号召中国共产党人："今天的中国是历史的中国的一个发展；我们是马克思主义的历史主义者，我们不应当割断历史。从孔夫子到孙中山，我们应当给以总结，承继这一份珍贵的遗产。"① 新中国成立后，毛泽东同志一再告诫大家："如果要看前途，一定要看历史。"②"我们看历史，就会看到前途。"③ 邓小平同志指出："我们是历史唯物主义者，研究和解决任何问题都离不开一定的历史条件。"④ 江泽民同志告诫我们："一个民族如果忘记了自己的历史，

就不可能深刻地了解现在和正确地走向未来。"⑤ 胡锦涛同志指出："浩瀚而宝贵的历史知识既是人类总结昨天的记录，又是人类把握今天、创造明天的向导。"⑥

党的十八大以来，习近平总书记多次强调"历史是最好的教科书"，要总结历史经验、把握历史规律、坚定历史自信。2014 年 9 月，习近平总书记在纪念孔子诞辰 2565 周年国际学术研讨会暨国际儒学联合会第五届会员大会开幕会上的讲话中明确指出："当代中国是历史中国的延续和发展，当代中国思想文化也是中国传统思想文化的传承和升华，要认识今天的中国、今天的中国人，就要深入了解中国的文化血脉，准确把握滋养中国人的文化土壤。"⑦2016 年 5 月，习近平总书记再次强调："历史和现实都表明，一个抛弃了或者背叛了自己历史文化的民族，不仅不可能发展起来，而且很可能上演一场历史悲剧。"⑧2022 年 10 月，习近平总书记在党的二十大报告中号召全党同志："务必不忘初心、牢记使命，务必谦虚谨慎、艰苦奋斗，务必敢于斗争、善于斗争，坚定历史自信，增强历史主动，谱写新时代中国特色社会主义更加绚丽的华章。"⑨

历史是昨天的现实，现实就是明天的历史。历史表明：以史为鉴、重视历史是中华民族的优良传统和宝贵经验。我们有世界上最为完整的史书，有世界上最为丰富的纪事，更有世界上最长且连续不断的纪年。一部宏伟的《二十四史》实际上就是中国各民族史家在不断传承前辈史家史艺的基础上赓续中华文明根脉的群体之作，是值得全世界为之敬仰的"文化长城""图书长城"。我们以历史记述之详为荣，以历史记载之严密且自成体系而傲。

历史是人类最好的老师。对于中国人而言，"以史为鉴"是一种强烈的反思意识，更是一种自觉的行为准则。它提炼于人类无数次成功的经验和失败的教训，蕴含着丰富、深刻的哲理。历史中蕴藏着真相、家国以及中华大一统下各民族间的交往、交流与交融。历史离我们并不遥远。

从历史的自觉中走出昨天、走进今天并大步走向明天的中华民族，珍惜历史的价值，珍视历史给人的教诲。

历史深刻地昭示我们：

中国是统一的多民族国家。中华人民共和国成立以后，宪法明确规定："中华人民共和国是统一的多民族的国家。"1982 年 12 月 4 日，中华人民共和国第五届全国人民代表大会第五次会议通过新宪法。新宪法更为明确地规定："中华人民共和国是全国各族人民共同缔造的统一的多民族国家。"中国不是近代形成的西方式民族国家，不是西方古代型帝国、也不是西方民族国家型帝国。中国不搞侵略、不搞扩张，更没有殖民地。中国是酷爱和平的国家。

历史深刻地昭示我们：

形成并发展于中华大地的中华民族，是中国历史上一次又一次民族交融的结果。民族交融不但是中国历史发展的主流，而且也是中华民族形成和凝聚的根基，对中华文明的连续性发展影响深远。⑩ 中华民族多元一体，聚多元于一体之中，是客观的存在，而不是"想象""拼凑"的结果。中华民族多元一体是先人们留给我们的丰厚遗产，也是我国发展的巨大优势。

历史深刻地昭示我们：

中华民族的形成、发展、壮大，是与中国历史上政治大一统格局相一致的。民族的发展和民族关系的演进推动了政治格局的变化，而政治统一格局又巩固了民族交融的成果。这种民族交融与政治统一格局的积极互动，是中华民族共同体发展的一个基本规律。⑪ 中华民族是中华各民族共同塑造的统一体，是你中有我、我中有你，像石榴籽那样紧紧拥抱在一起的共同体，是休戚与共、荣辱与共、生死与共、命运与共的共同体，而不是简单意义上的族群相加。

历史深刻地昭示我们：

中华文明是中华各民族共同培育、共同创造的伟大文明。与其他古文明相比，中华文明是世界上唯一没有中断且以国家形态发展至今的具有旺盛生命力的文明。"今天生活在这片土地上的人就是那创造古老文明的先民之后裔。"[12] 伟大的中华文明不但具有文化根系发达、多源汇流、多元交融、开放包容、根深叶茂等特点，而且对世界一直产生着重大影响。中国发明的造纸术、印刷术、火药、指南针等大大地推进了世界文明的进步。改革开放以来，中国对人类的贡献更是举世瞩目，令人敬慕。

历史深刻地昭示我们：

在历史连续发展的过程中，中华各民族共同开拓了我们辽阔的疆域，共同书写了我们悠久的历史，共同创造了我们灿烂的文化，共同培育了我们伟大的精神。近代以后，面对亡国灭种的空前危机，各族人民共同写就了中华民族艰苦卓绝、气壮山河的伟大史诗。在百年抗争中，各族人民血流到了一起、心聚在了一起，共同体意识空前增强，中华民族实现了从自在到自觉的伟大转变。新中国成立以后，在中国共产党的领导下，中华民族迎来了从站起来、富起来到强起来的伟大飞跃，迎来了实现伟大复兴的光明前景。"中华民族是一个命运共同体，一荣俱荣、一损俱损。各民族只有把自己的命运同中华民族的命运紧密联系在一起，才有前途，才有希望。"[13]

历史是过去的，但也是现实的；历史是变化的，但也有不变的。历史中常常蕴含着普遍真理，同时也包含着认识世界的钥匙。

习近平总书记强调："只有回看走过的路、比较别人的路、远眺前行的路，弄清楚我们从哪儿来、往哪儿去，很多问题才能看得深、把得准。"⑭ 这就是历史的辩证法，是考镜源流法的现代升华，是指导中华民族行稳致远、走向伟大复兴的重要法宝。

清代学者龚自珍曾说过这样一句名言："欲知大道，必先为史。"在这里，龚自珍非常清晰地告诉我们："为史"是"识道"之前提，"为史"是"知道"之基础。"读史识道"，读史让我们更好地找到定力，坚定自信；"读史知道"，读史使我们更加深刻地了解我们伟大的祖国、珍爱我们伟大的时代。确实，我们是幸运的一代。因为我们赶上了全面建成社会主义现代化强国的伟大时代，我们赶上了全面推进中华民族伟大复兴的伟大时代。这是中华民族史上从未有过的时代，也是人类历史上从来没有出现过的时代。为全面建设社会主义现代化国家、全面推进中华民族伟大复兴而团结奋斗，这是中华民族共同的心愿，也是中华儿女共同奋斗的目标！

▌注　释

① 毛泽东：《中国共产党在民族战争中的地位（1938年10月14日）》，载《毛泽东选集》第二卷，人民出版社1991年版，第534页。

② 中共中央文献研究室编：《毛泽东文集》第八卷，人民出版社1999年版，第383页。

③ 中共中央文献研究室编：《毛泽东文集》第八卷，人民出版社1999年版，第385页。

④ 邓小平：《邓小平文选》（一九七五——一九八二），人民出版社1983年版，第114页。

⑤ 江泽民：《努力建设高素质的干部队伍》（1996年6月21日），载江泽民：《论党的建设》，中央文献出版社2001年版，第224页。

⑥《人民日报》以《进一步认识把握社会历史发展规律　增强推进改革发展的自觉性主动性》为题，报道了胡锦涛在主持中共中央政治局

第九次集体学习会上的讲话（2003年11月24日），《人民日报》2003年11月26日，第1版。

⑦ 习近平：《在纪念孔子诞辰2565周年国际学术研讨会暨国际儒学联合会第五届会员大会开幕会上的讲话》，人民出版社2014年版，第12页。

⑧ 习近平：《习近平谈治国理政》第二卷，外文出版社2017年版，第339页。

⑨ 习近平：《高举中国特色社会主义伟大旗帜　为全面建设社会主义现代化国家而团结奋斗——在中国共产党第二十次全国代表大会上的报告》，人民出版社2022年版，第1—2页。

⑩ 王延中：《正确认识中华民族历史观》，《历史研究》2022年第3期。

⑪ 瞿林东：《正确认识中华民族的几个问题》，《中国民族报》2022年1月11日，第5版。

⑫ 袁行霈等主编：《中华文明史》第一卷，北京大学出版社2006年版，第4页。

⑬《人民日报》评论部：《铸牢中华民族共同体意识》，《人民日报》2019年11月14日，第9版。

⑭ 习近平：《习近平谈治国理政》第三卷，外文出版社2020年版，第70页。

北京师范大学史学理论与史学史研究中心主任　杨共乐

参考文献

著作:

习近平:《习近平谈治国理政》,外文出版社 2014 年版。

习近平:《习近平谈治国理政》第二卷,外文出版社 2017 年版。

习近平:《习近平谈治国理政》第三卷,外文出版社 2020 年版。

习近平:《习近平谈治国理政》第四卷,外文出版社 2022 年版。

习近平:《在纪念孔子诞辰 2565 周年国际学术研讨会暨国际儒学联合会第五届会员大会开幕会上的讲话》,人民出版社 2014 年版。

习近平:《在全国民族团结进步表彰大会上的讲话》,人民出版社 2019 年版。

习近平:《在纪念中国人民抗日战争暨世界反法西斯战争胜利 75 周年座谈会上的讲话》,人民出版社 2020 年版。

习近平:《在庆祝中国共产党成立 100 周年大会上的讲话》,人民出版社 2021 年版。

习近平:《决胜全面建成小康社会　夺取新时代中国特色社会主义伟大胜利——在中国共产党第十九次全国代表大会上的报告》,人民出版社 2017 年版。

习近平:《高举中国特色社会主义伟大旗帜　为全面建设社会主义现代化国家而团结奋斗——在中国共产党第二十次全国代表大会上的报告》,人民出版社 2022 年版。

习近平:《在文化传承发展座谈会上的讲话》,人民出版社 2023 年版。

白寿彝:《白寿彝民族宗教论集》,北京师范大学出版社 1992 年版。

白寿彝总主编:《中国通史》,上海人民出版社 1989—1999 年版。

白寿彝主编:《中国史学史》,上海人民出版社 2006 年版。

陈其泰:《史学与民族精神》,学苑出版社 1999 年版。

陈其泰:《历史编纂与民族精神》,国家图书馆出版社 2011 年版。

陈其泰：《清代春秋公羊学通论》，华夏出版社 2018 年版。

陈其泰：《史学与民族精神》，华夏出版社 2018 年版。

陈其泰：《再建丰碑——班固与〈汉书〉》，华夏出版社 2018 年版。

陈其泰：《中华优秀传统文化何以通向马克思主义》，研究出版社 2023 年版。

陈寅恪：《隋唐制度渊源略论稿》，上海古籍出版社 1982 年版。

陈炳应：《西夏文物研究》，宁夏人民出版社 1985 年版。

《东北抗日联军史》编写组编：《东北抗日联军史》，中共党史出版社 2015 年版。

范长江著，沈谱编：《范长江新闻文集》，新华出版社 2001 年版。

费孝通主编：《中华民族多元一体格局》，中央民族大学出版社 1999 年版。

傅衣凌：《明清时代商人及商业资本》，人民出版社 1956 年版。

傅衣凌：《明清社会经济变迁论》，人民出版社 1989 年版。

冯科：《中国古代北方民族史·契丹卷》，科学出版社 2021 年版。

河北省文物研究所：《𰯜墓——战国中山国国王之墓》，文物出版社 1995 年版。

河南省文物局考古研究院编著：《曹操高陵》，中国社会科学出版社 2016 年版。

黄兴涛：《重塑中华：近代中国"中华民族"观念研究》，北京师范大学出版社 2017 年版。

季羡林主编：《敦煌学大辞典》，上海辞书出版社 1998 年版。

李斌城主编：《唐代文化》，中国社会科学出版社 2002 年版。

李伯重：《江南的早期工业化（1550~1850 年）》，社会科学文献出版社 2000 年版。

李帆、邱涛：《近代中国的民族国家建设》，商务印书馆 2015 年版。

李帆：《"夷夏之辨"和近代中国的民族国家认同》，河南人民出版社 2020 年版。

厉声等：《中国新疆历史与现状》，五洲传播出版社 2013 年版。

李珍：《民族史观与中国古代民族文化认同》，商务印书馆 2021 年版。

李守常：《史学要论》，商务印书馆 1999 年版。

李锡厚：《耶律阿保机传》，吉林教育出版社 1991 年版。

梁其姿：《施善与教化：明清的慈善组织》，河北教育出版社 2001 年版。

刘永华：《中国古代车舆马具》，清华大学出版社 2013 年版。

刘泽华主编：《中国政治思想史：秦汉魏晋南北朝卷》，浙江人民出版社 1996 年版。

刘志伟：《在国家与社会之间：明清广东里甲赋役制度研究》，中山大学出版社 1997 年版。

卢连成、胡智生：《宝鸡强国墓地》，文物出版社 1998 年版。

梁启超：《饮冰室合集》，中华书局 1989 年版。

钱穆：《中国近三百年学术史》，中华书局 1984 年版。

钱穆：《国史大纲（修订本）》，商务印书馆1996年版。

钱穆：《中国文化史导论》，商务印书馆2002年版。

瞿林东：《中国古代史学批评纵横》，中华书局1994年版。

瞿林东主编：《20世纪二十四史研究丛书》，中国大百科全书出版社2009年版。

瞿林东：《中国史学史纲》，北京师范大学出版社2010年版。

瞿林东主编：《中国古代历史理论》，人民出版社2022年版。

瞿林东主编：《历史文化认同与中国统一多民族国家》，河北人民出版社2013年版。

人民出版社编：《民族政策文件汇编》，人民出版社1958年版。

荣新江：《归义军史研究》，上海古籍出版社1996年版。

饶宗颐：《中国史学上之正统论》，上海远东出版社1996年版。

史金波、关志国：《中国民族史学史纲要》，中国社会科学出版社2018年版。

孙中山：《孙中山选集》，人民出版社2011年版。

汤一介：《魏晋南北朝时期的道教》，陕西师范大学出版社1988年版。

汤用彤：《汉魏两晋南北朝佛教史》，中华书局1983年版。

唐长孺：《魏晋南北朝隋唐史三论》，武汉大学出版社1993年版。

田余庆：《东晋门阀政治》，北京大学出版社1996年版。

汪高鑫：《二十四史的民族史撰述研究》，黄山书社2016年版。

汪高鑫：《传统史学与中国统一多民族国家》，河南人民出版社2019年版。

汪高鑫：《易学与中国古代史学》，河南人民出版社2019年版。

汪高鑫主编：《中国经史关系通史》，福建人民出版社2022年版。

王大文：《文献编纂与"大一统观念"：〈大清一统志〉研究》，方志出版社2016年版。

王国维：《观堂集林》，中华书局1959年版。

王志刚：《家国、夷夏与天人——十六国北朝史学探研》，北京师范大学出版社2013年版。

王锺翰：《清史杂考》，人民出版社1957年版。

王锺翰：《王锺翰清史论集》，中华书局2004年版。

王仲荦：《魏晋南北朝史》，上海人民出版社2003年版。

吴怀祺主编：《中国史学思想会通》，福建人民出版社2018年版。

吴怀祺主编：《中国史学思想通史》，黄山书社2002年版。

向达：《唐代长安与西域文明》，生活·读书·新知三联书店1957年版。

向燕南：《从历史到史学》，北京师范大学出版社2010年版。

薛虹、李澍田主编：《中国东北通史》，吉林文史出版社1991年版。

杨共乐：《不尽的江河不断流：比较视野下的中华文明》，北京师范大学出版社
2023 年版。

杨向奎：《大一统与儒家思想》，北京出版社 2011 年版。

张广达：《西域史地丛稿初编》，上海古籍出版社 1995 年版。

张越：《中国史学史研究入门》，北京大学出版社 2019 年版。

赵世瑜：《狂欢与日常：明清以来的庙会与民间社会》，生活·读书·新知三联
书店 2002 年版。

郑师渠主编：《中华民族精神研究》，北京师范大学出版社 2009 年版。

郑师渠、史革新：《历史视野下的中华民族精神》，广东人民出版社 2014 年版。

郑师渠：《中华民族精神通俗读本系列》（五卷本），广东人民出版社 2016 年版。

郑师渠：《梁启超论中华民族精神》，河南人民出版社 2019 年版。

《中国抗日战争史》编写组：《中国抗日战争史》，人民出版社 2011 年版。

中国社会科学院考古研究所：《中国考古学·两周卷》，中国社会科学出版社
2004 年版。

中共中央文献研究室编：《建国以来重要文献选编》，中央文献出版社 1992
年版。

中共中央文献研究室、国家民族事务委员会编：《毛泽东民族工作文选》，中央
文献出版社 2014 年版。

中共中央党史和文献研究院编：《十九大以来重要文献选编》，中央文献出版社
2023 年版。

周文玖：《因革之辨：关于历史本体、史学、史家的探讨》，北京师范大学出版
社 2010 年版。

周文玖：《民国时期中外史学交流》，河南人民出版社 2019 年版。

周文玖：《儒家史学理论》，河南人民出版社 2022 年版。

译著：

卡特：《中国印刷术的发明和它的西传》，吴泽炎译，商务印书馆 1957 年版。

李约瑟：《中国科学技术史》第一卷，袁翰青等译，科学出版社、上海古籍出
版社 1990 年版。

谢弗：《唐代的外来文明》，吴玉贵译，中国社会科学出版社 1995 年版。

论文：

习近平：《开辟马克思主义中国化时代化新境界》，《求是》2023 年第 20 期。

曹文柱：《略论魏晋南北朝时期文化结构的更新》，《史学集刊》2001 年第 2 期。

晁福林：《从"华夏"到"中华"——试论"中华民族"观念的渊源》，《史学史研究》

2020 年第 4 期。

晁福林：《导夫先路：中华民族形成过程中的观念认同》，《北京师范大学学报（社会科学版）》2022 年第 2 期。

晁福林：《"大夷"之力：中华民族形成过程的重要进阶》，《历史研究》2022 年第 3 期。

晁福林：《论中华民族形成过程中的国家认同》，《北京师范大学学报（社会科学版）》2022 年第 5 期。

晁福林：《"同""认同""国家认同"》，《河南师范大学学报（哲学社会科学版）》2022 年第 5 期。

陈琳国：《论前秦政治制度与民族政策》，《华侨大学学报（哲学社会科学版）》2007 年第 2 期。

陈学文：《土地契约文书与明清社会、经济、文化的研究》，《史学月刊》2005 年第 12 期。

达吾力江·叶尔哈力克：《汉武边塞与西域屯田——轮台、渠犁屯田考古发现初论》，《历史研究》2018 年第 6 期。

董世明：《从联邦制到民族区域自治——中国共产党民族政策的转变》，《湖北社会科学》2010 年第 11 期。

杜善永：《王安石与司马光民族关系思想比较研究》，《宁夏社会科学》2010 年第 5 期。

顾颉刚、王树民：《"夏"和"中国"——祖国古代的称号》，载史念海主编：《中国历史地理论丛》第 1 辑，陕西人民出版社 1981 年版。

黄爱平：《清代康雍乾三帝的统治思想与文化选择》，《中国社会科学院研究生院学报》2001 年第 4 期。

江湄：《正统论：中国文明的一个关键概念》，《开放时代》2021 年第 1 期。

江湄：《正统、道统与华夷之辨——论南宋的"中国"认同及其历史意义》，《中国哲学史》2022 年第 3 期。

李帆：《植根于中华文化的"中华民族"观念——以杨度〈金铁主义说〉为核心》，《北京师范大学学报（社会科学版）》2022 年第 2 期。

李帆：《中华民族自觉意识的初步觉醒——从清末民初的历史教科书谈起》，《史学史研究》2022 年第 4 期。

李帆：《清季历史教科书的双重认同》，《史学理论研究》2023 年第 2 期。

李学勤：《新整理清华简六种概述》，《文物》2012 年第 8 期。

李学勤：《战国题铭概述（上）》，《文物》1959 年第 7 期。

李学勤：《战国题铭概述（中）》，《文物》1959 年第 8 期。

李学勤：《战国题铭概述（下）》，《文物》1959 年第 9 期。

李燕奇：《论抗日民族统一战线的历史性功绩》，《北京社会科学》2005 年第 4 期。

刘进宝：《"丝绸之路"概念的形成及其在中国的传播》，《中国社会科学》2018 年第 11 期。

刘韵智、冯峰：《冀中、渤海回民支队研究述评》，《回族研究》2021 年第 4 期。

刘正寅：《"大一统"思想与中国古代疆域的形成》，《中国边疆史地研究》2010 年第 2 期。

罗炳良：《历史文化认同趋势中的"夷夏观"》，《学习与探索》2007 年第 4 期。

罗炳良：《略谈中国少数民族史学史的定义、研究对象及史料范围》，《郑州大学学报（哲学社会科学版）》2008 年第 1 期。

罗炳良：《明清大一统政治与历史认同观念》，《史学史研究》2014 年第 1 期。

罗新慧：《天命·天下·天下国家——华夏国家早期的共同意识》，《河南师范大学学报（哲学社会科学版）》2022 年第 5 期。

马生祥、杨爱芹：《冀中回民支队"百战百胜"的原因探析》，《回族研究》2005 年第 3 期。

孟凡人：《乌孙的活动地域和赤谷城的方位》，《甘肃师大学报（哲学社会科学版）》1978 年第 1 期。

宁学峰：《从战争指导角度分析东北抗日联军遭遇重大挫折》，《世纪桥》2017 年第 8 期。

潘晓瞳：《民国时期蒙藏学校对蒙藏学生"中华民族"意识的培养及其影响》，《中国藏学》2022 年第 2 期。

彭勇：《明代各民族交往交流交融论略》，《江汉论坛》2023 年第 9 期。

乔治忠：《论清高宗的史学思想》，《中国史研究》1992 年第 1 期。

乔治忠、崔岩：《略论清朝官方史学中的少数民族因素及其启示》，《郑州大学学报（哲学社会科学版）》2008 年第 3 期。

瞿林东：《中国历史上历史文化认同的传统》，《河北学刊》2005 年第 3 期。

瞿林东：《"道统""治统"与历史文化认同》，《群言》2005 年第 4 期。

瞿林东：《探索民族间的心灵沟通——深入研究中国历史上历史文化认同的传统》，《史学史研究》2010 年第 4 期。

瞿林东：《中国史学：中华民族共有的精神家园》，《史学史研究》2013 年第 2 期。

瞿林东：《略说撰写多民族历史传统的阶段性特征》，《史学理论与史学史学刊》2014 年卷。

瞿林东：《毛泽东中华民族观的内涵、根源和历史意义》，《史学史研究》2020 年第 4 期。

瞿林东：《中国史学之连续性发展的特点及其深远的历史意义》，《河北学刊》2020 年第 4 期。

瞿林东：《论中华民族形成和发展的历史》，《北京师范大学学报（社会科学版）》2022 年第 2 期。

汤重南：《东北抗联的历史地位和作用》，《北华大学学报（社会科学版）》2019 年第 3 期。

田敏、蒋满娟：《汉族与少数民族文化"三交"及影响——以明代贵州思南府地区为例》，《中南民族大学学报（人文社会科学版）》2021 年第 3 期。

汪高鑫：《多重视角下的中国古代史学史研究》，《史学理论研究》2022 年第 3 期。

王惠宇：《〈苏日中立条约〉与东北抗日联军的"战略转移"》，《河北学刊》2006 年第 6 期。

王记录：《史馆修史与清代帝王文治——以乾隆朝为中心》，《山西师大学报（社会科学版）》2006 年第 3 期。

王连芳：《冀鲁边区（渤海）回民支队初创时期遇到的几个特殊问题》（续），《回族研究》1992 年第 1 期。

王尧：《唐蕃会盟碑疏释》，《历史研究》1980 年第 4 期。

吴海勇：《从"中国民族"到"中华民族"：试论聂耳对〈义勇军进行曲〉歌词的关键修改》，《史林》2019 年第 5 期。

夏清：《"词汇竞争"与"抗日民族统一战线"规范表述的生成》，《中共党史研究》2020 年第 2 期。

向燕南：《从国家职能看明清官修史学》，《求是学刊》2005 年第 4 期。

向燕南：《历史文化认同与五代至鸦片战争前统一多民族国家的发展》，《史学史研究》2010 年第 4 期。

向燕南：《从政统和道统的认同看清统治者历史文化认同的问题——对新清史论者的一个回应》，《河南师范大学学报（哲学社会科学版）》2019 年第 5 期。

向燕南：《说历史编纂学：一个中西史学文化比较的立场》，《史学史研究》2019 年第 3 期。

向延生：《李抱忱与英文版〈中国抗战歌曲集〉》，《中央音乐学院学报》2007 年第 4 期。

《"百战百胜的回民支队"司令员马本斋》，《世纪行》2011 年第 3 期。

邢帅：《回民支队作战的起止时间及歼敌数量考证》，《沧州师范学院学报》2022 年第 3 期。

严雯：《原回民支队司令员马本斋烈士传略》，《档案天地》2022 年第 2 期。

杨共乐:《优秀传统文化应该成为中华民族的精神基因》,《北京师范大学学报(社会科学版)》2015 年第 1 期。

杨共乐:《中华文明及其对人类的重大贡献——中西文明比较的视角》,《北京师范大学学报 (社会科学版)》2022 年第 2 期。

杨共乐:《文明与文明观刍议》,《史学史研究》2022 年第 4 期。

杨共乐:《文明兴衰的两大关键因素——以罗马和两汉为例》,《河南师范大学学报 (哲学社会科学版)》2022 年第 5 期。

杨忠平、马军:《访抗战时期回民支队教长蔡永清》,《中国穆斯林》1985 年第 2 期。

张安福:《西域都护府乌垒城遗址考》,《齐鲁学刊》2013 年第 3 期。

张越:《范文澜与"汉民族形成问题争论"》,《中国社会科学》2020 年第 7 期。

赵慧:《渤海回民支队对抗日战争的贡献》,《山东师大学报(社会科学版)》1997 年第 3 期。

赵令志:《明末女真卫所衰落与建州女真的崛起——以穆昆塔坦档所载敕书为中心》,《历史研究》2022 年第 2 期。

赵轶峰:《明清史的大时代特征与明清史研究基本问题》,《清华大学学报(哲学社会科学版)》2022 年第 5 期。

郑师渠:《中华民族实现由自在转向自觉的鲜明标志——论李大钊的〈新中华民族主义〉》,《史学史研究》2020 年第 4 期。

郑师渠:《近代中华民族意识的自觉——以国共合作为中心的考察》,《北京师范大学学报 (社会科学版)》2021 年第 5 期。

郑师渠:《中华民族共同体意识的近代思想论争——从傅斯年、顾颉刚到费孝通、白寿彝》,《中国高校社会科学》2022 年第 1 期。

郑师渠:《欧战前后国人的历史自信与民族自信——近代中华民族共同体意识觉醒的重要表征》,《史学史研究》2022 年第 4 期。

郑师渠:《近代国人的现代国家认同——从戊戌变法到辛亥革命》,《北京师范大学学报 (社会科学版)》2023 年第 1 期。

郑师渠:《国共合作与近代中华民族意识的自觉》,《河南师范大学学报(哲学社会科学版)》2022 年第 5 期。

周文玖:《白寿彝先生对中国通史理论的构建——从〈中国历史上的十二个方面 346 个问题〉到〈中国通史·导论卷〉》,《史学史研究》2020 年第 4 期。

报纸:

习近平:《在纪念全民族抗战爆发七十七周年仪式上的讲话》,《人民日报》2014 年 7 月 8 日,第 2 版。

《习近平总书记给厦门市集美校友总会回信》,《福建日报》2014 年 10 月 22 日,第 1 版。

习近平:《在复兴之路上坚定前行——〈复兴文库〉序言》,《人民日报》2022 年 9 月 27 日,第 1 版。

陈涛、尹北直:《"相知无远近,万里尚为邻":唐朝这样走向世界》,《北京晚报》2019 年 4 月 25 日,副刊 37 版。

《进一步认识把握社会历史发展规律 增强推进改革发展的自觉性主动性》,《人民日报》2003 年 11 月 26 日,第 1 版。

芦狄:《毛泽东读二十四史》,《光明日报》1993 年 12 月 20 日,第 3 版。

瞿林东:《当代中国的重大国是——铸牢中华民族共同体意识的历史内涵与现实意义》,《中国民族报》2021 年 6 月 22 日,第 5 版。

瞿林东:《正确认识中华民族的几个问题》,《中国民族报》2022 年 1 月 11 日,第 5 版。

瞿林东:《坚持唯物史观 坚定历史自信》,《人民日报》2022 年 11 月 7 日,第 11 版。

瞿林东:《尊重历史 重视史学 守护中华民族共有精神家园》,《中国民族报》2023 年 2 月 14 日,第 6 版。

汪晓东、李翔、王洲:《共享民族复兴的伟大荣光——习近平总书记关于民族团结进步重要论述综述》,《人民日报》2021 年 8 月 25 日,第 1 版。

王巍:《多元一体,百川归海——论中华文明的统一性》,《光明日报》2023 年 9 月 4 日,第 6 版。

徐跃:《汉代瓦当:见证鼎盛时代》,《内蒙古日报》2021 年 3 月 23 日,第 4 版。

杨共乐:《坚定历史自信 增强历史主动 全面推进中华民族共同体建设》,《中国民族报》2023 年 2 月 7 日,第 6 版。

杨共乐:《推动把中国文明历史研究引向深入》,《人民日报》2023 年 4 月 24 日,第 9 版。

郑大发:《中国共产党民族理论与实践的百年启示》,《人民政协报》2021 年 7 月 8 日,第 8 版。

朱维群、孙冬冬:《中华民族共同体意识唤起巨大凝聚力》,《环球时报》2020 年 8 月 14 日,第 14 版。

后　记

　　《历史文化中的中华民族共同体 100 讲》以习近平总书记关于加强和改进民族工作的重要思想为指导，选取中国历史上典型的历史事例，阐发各民族交往交流交融的历史大势，论述"我们辽阔的疆域是各民族共同开拓的""我们悠久的历史是各民族共同书写的""我们灿烂的文化是各民族共同创造的""我们伟大的精神是各民族共同培育的"，深刻说明中华民族是"休戚与共、荣辱与共、生死与共、命运与共"的共同体。

　　在本书的编撰过程中，创作团队认真学习了白寿彝先生、费孝通先生以及瞿林东等先生的相关著作，并吸纳了前辈学者众多的优秀成果。在此特作说明，并深表感谢！本书成书前，部分篇目已在《人民日报》《光明日报》《中国民族报》《中国社会科学报》等报刊上发表或转载。为保证本书的质量，部分文章采用了作者旧作中的内容，但大部分是作者近期的原创作品。

　　在本书的编撰过程中，创作团队得到了全国政协民族和宗教委员会张裔炯同志、蒋建国同志、隋青同志等领导的有力指导，同时得到了北京师范大学资深教授瞿林东、铸牢中华民族共同体意识研究基地主任郑师渠和铸牢中华民族共同体意识研究基地首席专家晁福林等专家的热情支持，在此我们表示特别的感谢。人民出版社蒋茂凝社长、陈鹏鸣副总编辑、龚勋主任为本书的出版作出了重要贡献，我们特表谢忱！

本书编者

2024 年 3 月

责任编辑：龚　勋

责任校对：曲　静

封面设计：汪　莹

版式设计：严淑芬

图书在版编目（CIP）数据

历史文化中的中华民族共同体100讲／全国政协民族和宗教委员会办公室，
　北京师范大学史学理论与史学史研究中心 编写 . — 北京：人民出版社，
　2024.3（2025.1重印）

ISBN 978－7－01－026292－5

I.①历…　II.①全…②北…　III.①中华民族－民族意识－研究

　IV.① C955.2

中国国家版本馆 CIP 数据核字（2024）第 032542 号

历史文化中的中华民族共同体100讲

LISHI WENHUA ZHONG DE ZHONGHUA MINZU GONGTONGTI 100 JIANG

全 国 政 协 民 族 和 宗 教 委 员 会 办 公 室
　　　　　　　　　　　　　　　　　　　　　编写
北京师范大学史学理论与史学史研究中心

人民出版社 出版发行

（100706　北京市东城区隆福寺街 99 号）

北京中科印刷有限公司印刷　新华书店经销

2024 年 3 月第 1 版　2025 年 1 月北京第 4 次印刷

开本：710 毫米 ×1000 毫米 1/16　印张：28

字数：401 千字

ISBN 978－7－01－026292－5　定价：59.00 元

邮购地址 100706　北京市东城区隆福寺街 99 号

人民东方图书销售中心　电话（010）65250042　65289539